2022年12月11日，中国工商业联合会第十三次全国代表大会在京开幕。

2022年12月11日，全国政协副主席、全国工商联主席高云龙代表全国工商联第十二届执行委员会向中国工商业联合会第十三次全国代表大会作工作报告。

2022年12月12日，中华全国工商业联合会第十三届执行委员会第一次会议在京召开。

2022年11月18日，中华全国工商业联合会第十二届执行委员会第六次会议在京召开。

2022年9月28日，中华全国工商业联合会第十二届常务委员会第十次会议在京召开。

2022年7月2日至3日，中华全国工商业联合会第十二届常务委员会第九次会议在黑龙江省哈尔滨市召开。

2022年6月10日，全国政协副主席、全国工商联主席高云龙在国家电力投资集团有限公司，就“促进新能源产业高质量发展、推动构建新型电力系统”开展调研。

2022年6月23日，中央统战部副部长，全国工商联党组书记、常务副主席，中国光彩事业促进会会长徐乐江出席中国光彩事业基金会第四届理事会第一次会议并讲话。

2022年7月22日，全国工商联党组副书记、副主席樊友山在全国工商联知名企业委员会轮值主席交接仪式上向新任轮值主席、泰康保险集团股份有限公司董事长兼首席执行官陈东升授轮值主席旗。

2022年8月16日，全国工商联副主席黄荣在吉林省调研。

2022年7月6日，全国工商联党组成员、副主席李兆前在山东省调研。

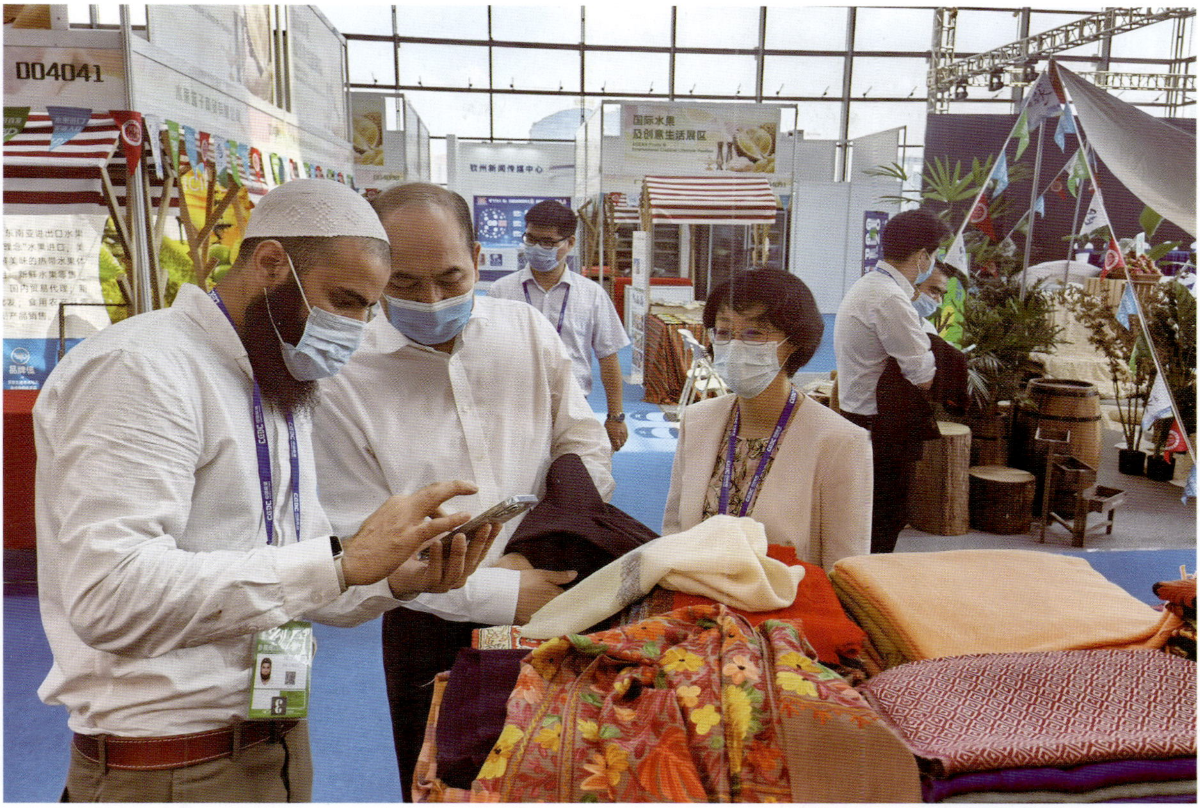

2022年9月16日，全国工商联党组成员、副主席邱小平出席第19届中国——东盟博览会并调研参展企业。

2022年8月24日，全国工商联党组成员、副主席鲁勇在吉林省调研。

中华全国工商业联合会

年　鉴

2022

中华全国工商业联合会　编著

中华工商联合出版社

图书在版编目（CIP）数据

中华全国工商业联合会年鉴. 2022 / 中华全国工商业联合会编著 . -- 北京 ：中华工商联合出版社，2023.12

ISBN 978-7-5158-3823-6

Ⅰ.①中… Ⅱ.①中… Ⅲ.①中华全国工商业联合会—2022—年鉴 Ⅳ.①D665.4-54

中国国家版本馆CIP数据核字（2023）第231477号

中华全国工商业联合会年鉴 2022

作　　者： 中华全国工商业联合会
出 品 人： 刘　刚
责任编辑： 李红霞　孟　丹
装帧设计： 山海慧（北京）文化传媒有限公司
责任审读： 付德华
责任印制： 陈德松
出版发行： 中华工商联合出版社有限责任公司
印　　刷： 北京毅峰迅捷印刷有限公司
版　　次： 2023 年 12 月第 1 版
印　　次： 2023 年 12 月第 1 次印刷
开　　本： 787mm×1092mm　1/16
字　　数： 430千字
印　　张： 17. 5
书　　号： ISBN 978-7-5158-3823-6
定　　价： 299.00 元

服务热线： 010－58301130－0（前台）
销售热线： 010－58302977（网店部）
010－58302166（门店部）
010－58302837（馆配部、新媒体部）
010－58302813（团购部）
地址邮编： 北京市西城区西环广场 A 座
19－20 层，100044
http://www. chgslcbs.cn
投稿热线： 010－58302907（总编室）
投稿邮箱： 1621239583@qq.com

《中华全国工商业联合会年鉴2022》编审委员会

目　录

第一部分　专题

第二部分　工作成果

第三部分 重要会议

第四部分 领导讲话

第五部分 全国工商联2022年大事记

第六部分　地方工商联工作

第一部分　专题

中国工商业联合会第十三次全国代表大会情况综述

在党中央、国务院亲切关怀下，在中央统战部具体领导下，2022年12月11日至12日，中国工商业联合会第十三次全国代表大会（以下简称十三大）在京召开。大会高举中国特色社会主义伟大旗帜，以深入学习贯彻党的二十大精神为鲜明基调，全面贯彻习近平新时代中国特色社会主义思想，紧扣促进非公有制经济健康发展和非公有制经济人士健康成长主题，传递党中央毫不动摇鼓励支持引导民营经济发展的决心，把思想政治引领摆在首位，认真总结过去五年成绩、谋划未来五年工作，切实改进会风文风，凝心聚力、求真务实，隆重热烈、高效简朴。十三大前，召开全国工商联十二届六次执委会议，研究十三大有关事项，为大会做好充分准备。十三大选举产生了十三届执行委员会。随后召开的全国工商联十三届一次执委会议，选举产生了全国工商联和中国民间商会领导班子，以及十三届执行委员会常务委员。有关情况报告如下。

一、党中央、国务院高度重视

中共中央政治局常委李强同志在开幕式上代表党中央、国务院致贺词，充分肯定了民营经济在国民经济中的重要地位和作用，高度评价了工商联发挥的不可替代作用和围绕中心、服务大局的积极作为，对各级工商联和广大民营经济人士学习贯彻党的二十大精神和习近平新时代中国特色社会主义思想提出明确要求，强调要始终坚持党的领导、努力促进民营企业高质量发展、积极引导民营企业促进共同富裕、大力推动全面构建亲清政商关系、扎实推进自身建设，勉励新一届工商联领导班子在全面建设社会主义现代化强国的新征程上再创新业、再建新功，为工商联不断开创事业发展新局面进一步指明了方向。与会代表深受鼓舞、倍感振奋。石泰峰、刘鹤、沈跃跃、郝明金、马飚、黄孟复、郑万通、王钦敏莅临大会。民建中央主席郝明金代表各民主党派中央，全国总工会副主席、书记处书记江广平代表各人民团体向大会致了贺词。中央有关部门单位的负责同志，各民主党派中央、有关人民团体、有关机构的负责同志，全国工商联老领导出席大会。

二、认真学习贯彻党的二十大精神

大会紧紧围绕学习贯彻党的二十大精神，把学习贯彻党的二十大精神体现在大会的各个方面、各个环节。

报告起草方面，高云龙同志代表十二届执行委员会所作的报告以学习贯彻党的二十大精神为主线，回顾和总结了过去五年工商联围绕中心服务大局、促进“两个健康”取得的新成果，提出做好工商联工作必须坚持党的领导、必须坚持着眼全局融入大局、必须坚持贴近基层贴近企业贴近企业家、必须坚持与时俱进开拓创新、必须坚持狠抓自身建设的规律性认识，并从加强民营经济人士思想政治引领，完整准确全面贯彻新发展理念，引导民营企业在助力共同富裕中作出更大贡献，推动全面构建亲清政商关系，积极培育中国特色商会组织，提升服务“两个健康”的质量和效能等方面对未来五年工作作出了重点部署，明确提出要把深入学习贯彻党的二十大精神和习近平新时代中国特色社会主义思想作为首要政治任务，团结引导广大民营经济人士在全面建设社会主义现代化国家的新征程上再创新业、再建新功。

章程修改方面，将党的二十大精神作为《中国工商业联合会章程》修改的重要遵循，将全面贯彻习近平新时代中国特色社会主义思想、坚持“两个毫不动摇”、优化民营企业发展环境、促进民营经济发展壮大等内容写入章程，充分体现新时代特别是党的十九大以来党中央各项决策部署，强化党的领导、突出党组作用，充实了加强和改进民营经济人士思想政治工作的内容，提出了一系列改革创新举措，体现了新时代十年来党中央关于“两个健康”和工商联工作的理论创新成果。

组织人事方面，将学习贯彻党的二十大精神作为重要遵循，认真贯彻落实习近平总书记关于做好工商联换届工作的重要指示精神，以民营经济发展和组织体系建设情况为参照，构建较为客观公正及平衡的统一数据模型，依据“三强一好”标准制定人选的正负面清单，树立鲜明用人导向。建设民营企业和民营企业家人才库，在对人选赋分排序的基础上反复比对、优中选优，选出最具代表性的人选。制定换届纪律“九不得”，针对廉政风险点制定相应防控措施。研究制定人选审核工作程序及要点，从8个方面对各方面推荐人选进行集体审核。

议程设置方面，邀请中央宣讲团成员曲青山同志在大会上作党的二十大精神学习辅导报告，号召广大民营经济人士和工商联干部要以强烈的政治责任感和使命感认真做好学习宣传贯彻党的二十大精神各项工作。同时，严格落实首都疫情防控政策要求，创新会议组织手段，在确保议程完备、程序严谨的基础上，十二届六次执委会议采取视频会议形式召开，并对十三大和十三届一次执委会议日程进行了压缩。

三、大会取得丰硕成果

本次大会是历史上民营经济人士比例最高的一次大会。代表中72.9%为民营经济人士，在民营经济人士人选中，党员民营企业家人选322名、占45.7%，45岁及以下的年轻一代231名、占32.8%；工商联所属商会主要负责人179名、占25.4%，人选数量和所占比例均比上届有较大幅度提高。代表们深入学习贯彻党的二十大精神和习近平新时代中国特色社会主义思想，认真履行职责，充分发扬民主，立足实际，畅所欲言，取得了系列喜人成果。大会认真学习讨论了党中央、国务院贺词，一致认为贺词体现了党中央、国务院对工商联工作的充分肯定，体现了对民营经济人士的亲切关怀，为民营经济发展和工商联各项工作指明了方向。大家表示备受振奋和鼓舞，一定要认真学习、深刻领会、深入贯彻，不辜负党中央、国务院的殷切期望。

大会通过了《中国工商业联合会第

十三次全国代表大会关于认真学习贯彻党的二十大精神的决议》，一致认为党的二十大是在全党全国各族人民迈上全面建设社会主义现代化国家新征程、向第二个百年奋斗目标进军的关键时刻召开的一次十分重要的大会，是党和国家事业发展史上的一个重大里程碑，广大民营经济人士和各级工商联干部要增强学习贯彻的主动性和坚定性，做到学思用贯通、知信行统一。

大会通过了《中国工商业联合会第十三次全国代表大会关于十二届执行委员会报告的决议》，同意对深入学习贯彻党的二十大精神作出的安排部署，同意报告提出的未来五年工作总体要求和重点任务。

大会通过了《中国工商业联合会第十三次全国代表大会关于中国工商业联合会章程（修正案）的决议》，认为章程修正案贯彻了习近平总书记和党中央关于工商联工作的指示要求，充分反映了工商联工作的理论创新与实践经验，能更好地适应新形势、新任务、新要求。

大会选举产生了由497人组成的全国工商联新一届执行委员会，其中，民营经济代表人士373名，占执委总数的75.1%。新一届执委会增加了年轻一代、所属商会主要负责人以及党员企业家的执委数量和比例，人员结构合理，综合素质较高，社会影响较大，有较广泛的社会代表性和参政议政能力。执委中的民营经济人士行业涉及面广，企业规模涵盖大、中、小、微型和个体工商户，以实体经济企业为主，注重向战略性新兴产业、高技术产业、先进制造业、现代服务业和现代农业倾斜。

在十三届一次执委会议上，选举高云龙同志为第十三届执行委员会主席、徐乐江同志为常务副主席，邱小平、安立佳、汪鸿雁、方光华、杨佑兴、丁世忠、白重恩、刘汉元、齐向东、汤亮、寿子琪、何超琼、冷友斌、沈彬、张新、张兴海、张宗真、黄代放、鲁伟鼎、曾毓群、温志芬、燕瑛为副主席；选举高云龙同志为中国民间商会会长，徐乐江、邱小平、安立佳、汪鸿雁、方光华、杨佑兴、马志成、王填、王煜、叶青、李书福、李湘平、吴相君、张荣华、郑志刚、南存辉、秦英林、夏华、黄立、景柱、曾智明、雷军、潘保春为副会长；丁佐宏等135人当选为全国工商联第十三届执委会常务委员。大会还宣读了致离任全国工商联领导岗位和领导机构的老领导、老同志和企业家的致敬信。

四、转变会风力求实效

这次大会是一次团结奋进、求真务实的大会，各项组织筹备工作受到了与会代表一致好评。大会克服疫情冲击不利影响，在部分代表染疫无法参会、部分工作人员因感染脱岗的情况下，努力保障会议出席率，确保大会程序严谨、顺利召开。严格厉行节俭，认真对标党的二十大节俭办会、不搞排场、务实高效等做法，坚决贯彻中央八项规定及其实施细则精神，大力改进工作作风、文风会风，仅用一天半时间完成所有议程，体现新面貌新气象，确保既隆重热烈又高效简朴。大会注重创新宣传工作，组织了大量生动多样的宣传报道，营造了喜庆热烈的氛围。通过在《中华工商时报》开设专栏、协调中国民营经济研究会围绕党的十九大以来党对民营经济的理论创新撰写理论文章等多种方式全面反映工商联五年来的工作成就。组织中央及统战系统媒体进行宣传报道，中央电视台新闻联播分别在大会开幕式、闭幕式和一次执委会后进行三次报道，新华社全文播发中共中央、国务院贺词，《人民日报》就大会召开刊发评论员文章，人民日报、新华社等中央媒体就十三大开幕、闭幕、相关背景情况，以及党的十九大以来工商联履行职责发挥作用、促进“两个健康”总体情况进行专题报道。《中华工商时报》《中国工商》杂志和门户网站、新媒体通过开设专栏、开辟专题、制作专刊等形式，围绕十三大组织了大量生动报道。

中共中央、国务院致中国工商业联合会第十三次全国代表大会的贺词

各位代表，同志们：

值此中国工商业联合会第十三次全国代表大会召开之际，党中央、国务院谨向大会表示热烈的祝贺！向全体代表，并通过你们向工商联全体会员、广大民营经济人士，向各级工商联工作人员致以诚挚的问候和良好的祝愿！

党的十九大以来，以习近平同志为核心的党中央坚持“两个毫不动摇”，出台一系列扶持民营经济发展的改革举措，不断为民营经济发展营造良好环境，我国民营经济规模和实力大幅提升，在推动发展、增加就业、改善民生、促进创新、深化改革、扩大开放等方面发挥了不可替代的重要作用。过去五年，各级工商联全面贯彻党的十九大和十九届历次全会精神以及中央统战工作会议精神，认真落实党中央对新时代民营经济统战工作的各项决策部署，着眼服务党和国家中心工作，紧紧围绕促进非公有制经济健康发展和非公有制经济人士健康成长的主题，引导广大民营经济人士听党话、跟党走，加大企业转型升级力度，积极助力打赢脱贫攻坚战和疫情防控阻击战，为全面建成小康社会、保持经济社会持续健康发展作出了突出贡献。实践充分证明，民营经济作为我国经济制度的内在要素，始终是坚持和发展中国特色社会主义的重要经济基础；民营经济人士作为我们自己人，始终是我们党长期执政必须团结和依靠的重要力量；工商联作为党领导下的人民团体和商会组织，始终是党和政府联系民营经济人士的桥梁纽带，是政府管理和服务民营经济的助手。

党的二十大是在全党全国各族人民迈上全面建设社会主义现代化国家新征程、向第二个百年奋斗目标进军的关键时刻召开的一次十分重要的大会。大会高举中国特色社会主义伟大旗帜，全面贯彻习近平新时代中国特色社会主义思想，回顾总结了过去五年的工作和新时代十年的伟大变革，阐述了开辟马克思主义中国化时代化新境界、中国式现代化的中国特色和本质要求等重大问题，为新时代新征程党和国家事业发展、实现第二个百年奋斗目标指明了前进方向、确立了行动指南，对鼓舞和动员全党全国各族人民坚持和发展中国特色社会主义、全面建设社会主义现代化国家、全面推进中华民族伟大复兴具有重大而深远的意义。大会强调坚持和完善社会主义基本经济制度、坚持“两个毫不动摇”，强调优化民营企业发展环境、促进民营经济发展壮大，弘扬企业家精神、加快建设世界一流企业，强调支持中小微企业和专精特新企业发展、强化企业科技创新主体地位，强调依法规范和引导资本健

康发展，强调全面构建亲清政商关系、促进非公有制经济健康发展和非公有制经济人士健康成长等。这些都为民营经济高质量发展进一步指明了方向，为做好新时代新征程工商联工作提出了新的更高要求。

在全面建设社会主义现代化国家新征程上，民营经济前景广阔、大有可为。各级工商联要坚持以习近平新时代中国特色社会主义思想为指导，深入学习贯彻党的二十大精神以及中央统战工作会议精神，认真贯彻习近平总书记关于做好新时代党的统一战线工作的重要思想，全面贯彻信任、团结、服务、引导、教育的方针，坚持政治建会、团结立会、服务兴会、改革强会，不断增强凝聚力、执行力、影响力，引导广大民营经济人士紧密团结在以习近平同志为核心的党中央周围，做爱国敬业、守法经营、创业创新、回报社会的典范，为全面建设社会主义现代化国家、全面推进中华民族伟大复兴作出更大贡献、展现更大作为。

要始终坚持党的领导。不断强化思想政治引领，深化理想信念教育，引导广大民营经济人士深刻领悟“两个确立”的决定性意义，增强“四个意识”、坚定“四个自信”、做到“两个维护”，做合格的中国特色社会主义事业建设者。坚持我国社会主义基本经济制度，牢牢把握“两个毫不动摇”方针，积极协助党委和政府制定、宣传、落实促进民营经济健康发展的方针政策和法律法规。积极探索发挥党组织作用和完善现代公司治理、现代商会治理有机融合的有效方式，扎实推进所属商会党建工作，积极参与和支持民营企业党建工作，更好发挥党组织在民营企业中的思想引领、组织凝聚等作用。

要努力促进民营企业高质量发展。引导民营企业完整、准确、全面贯彻新发展理念，积极参与构建新发展格局。助力高水平科技自立自强，引导民营企业坚持自主创新，加快数字化、高端化、智能化、绿色化转型，走专精特新发展道路。助力高水平对外开放，引导民营企业参与共建“一带一路”高质量发展，拓展国际发展空间。助力标准化建设，引导民营企业强化标准化意识、对标国际标准，促进产业变革和新旧动能转换。助力统筹发展和安全，协同有关部门做好大型企业经营风险防范化解等工作，加强安全发展教育，提高企业安全发展能力。

要积极引导民营企业促进共同富裕。引导广大民营经济人士践行以人民为中心的发展思想，为缩小区域差距、城乡差距、收入差距作贡献。引导民营企业积极参与“万企兴万村”行动，助力乡村振兴，踊跃投身光彩事业和公益慈善事业，在促进共同富裕的伟大实践中受教育、作贡献。要积极发挥民营企业在稳就业促增收中的重要作用，引导民营企业落实就业优先战略，大力构建和谐劳动关系。

要大力推动全面构建亲清政商关系。着力促进政策落实和政企沟通协商，营造宜商惠企的政策环境。着力推动依法保护民营企业产权和企业家权益，营造公平透明的法治环境。着力推动完善产权保护、市场准入、公平竞争、社会信用等市场经济基础制度，防止资本垄断和无序扩张，营造公平竞争的市场环境。着力加强正面宣传和舆论引导，营造亲商安商的社会环境。

要扎实推进自身建设。以党的政治建设为统领，全面加强思想建设、组织建设、作风建设、纪律建设，把制度建设贯穿其中，持续深化所属商会改革，探索推进现代商会制度建设，培育和发展中国特色商会组织，推动统战工作向商会组织有效覆盖，坚持重心下移、力量下沉，夯实基层基础、激发基层活力，不断提升工作整体效能。

促进非公有制经济健康发展和非公有制经济人士健康成长是重大经济问题，也是重大政治问题，工商联优势不可替代、作用不可或缺。各级党委要切实加强和改进对工商联工作的领导，研究解决事关工商联改革发展的实际问题。各级政府要加大对工商联工作的指导和支持力度，为工商联开展工作创造有利条件。

中国工商业联合会第十三次全国代表大会是在全面建设社会主义现代化国家开局起步的关键时期召开的一次重要会议。会议将深入学习贯彻党的二十大精神，认真总结全国工商联五年来的工作成绩和经验，明确今后一个时期的主要任务，选举产生新一届全国工商联领导机构。随后召开的中华全国工商业联合会十三届一次执委会将选举产生新一届全国工商联领导班子。新一届全国工商联领导机构和领导班子，要以高度的政治责任感和改革创新精神，坚定信心、扎实工作、奋发有为，不断开创工商联事业发展新局面。

各位代表、同志们，新的时代呼唤新的作为，新的伟业需要新的奋斗。让我们更加紧密地团结在以习近平同志为核心的党中央周围，高举中国特色社会主义伟大旗帜，全面贯彻习近平新时代中国特色社会主义思想，全面学习把握落实党的二十大精神，进一步坚定历史自信、增强历史主动，踔厉奋发、勇毅前行，为全面建设社会主义现代化国家、全面推进中华民族伟大复兴而团结奋斗！

祝中国工商业联合会第十三次全国代表大会圆满成功！

中共中央

国务院

2022年12月11日

各民主党派中央致中国工商业联合会第十三次全国代表大会的贺词

各位代表、各位同志：

在全国上下深入学习贯彻中国共产党第二十次全国代表大会精神之际，中国工商业联合会第十三次全国代表大会隆重开幕了。在此，我谨代表各民主党派中央向大会致以热烈的祝贺！

工商联是中国共产党领导的以民营企业和民营经济人士为主体，具有统战性、经济性、民间性有机统一基本特征的人民团体和商会组织，是中国共产党和政府联系民营经济人士的桥梁纽带，是政府管理和服务民营经济的助手，是中国人民政治协商会议的重要组成部分。工商联工作是统一战线工作和经济工作的重要内容。工商联事业是中国特色社会主义事业的重要组成部分。

五年来，工商联坚持以习近平新时代中国特色社会主义思想为指导，认真贯彻习近平总书记关于促进“两个健康”工作的重要讲话和指示批示精神，全面贯彻中共十九大和十九届历次全会精神，认真落实中共中央关于加强新时代民营经济统战工作和工商联工作的决策部署，紧扣促进非公有制经济健康发展和非公有制经济人士健康成长主题，坚持政治建会、团结立会、服务兴会、改革强会，助推民营企业把握新发展阶段、贯彻新发展理念、构建新发展格局、实现高质量发展，积极促进共同富裕；团结带领广大民营经济人士听党话、跟党走，大力弘扬企业家精神，积极助力打赢脱贫攻坚战和疫情防控阻击战，为保持经济社会稳定发展、全面建成小康社会作出了重要贡献，赢得了社会各界的高度评价和广泛赞誉，工商联的凝聚力、执行力和影响力不断提升。对此，我们感到由衷的钦佩和衷心的祝贺。

中国共产党领导的多党合作和政治协商制度是立足中国实际的伟大政治创造。爱国统一战线是中国共产党团结海内外全体中华儿女实现中华民族伟大复兴的重要法宝。民主党派和工商联都是爱国统一战线的重要组成部分。长期以来，全国工商联始终高度重视与各民主党派中央的沟通、协调与配合，建立了良好关系，结下了深厚友谊，取得了丰硕成果。

不久前胜利闭幕的中国共产党第二十次全国代表大会，是在全党全国各族人民迈上全面建设社会主义现代化国家新征程、向第二个百年奋斗目标进军的关键时刻召开的一次十分重要的大会。大会总结了过去五年的工作和新时代十年的伟大变革，阐述了开辟马克思主义中国化时代化新境界、中国式现代化的中国特色和本质要求等重大问题，对全面建设社会主义现代化国家、全面推进中华民族伟大复兴进行了战略部署。强调全面发展协商民主，推进协商民主广泛多层制度化发展，坚持和完善中国共产党领导的多党合作和政治协商制度；加快构建新发展格局，着力推动高质量发展，坚持和完善社会主义基本经济制度，坚持“两个毫不动摇”；优化民营企业发展环境，弘扬企业家精神，促进民营经济发展壮大；全面构建亲清政商关系，促进“两个健康”，扎实推进共同富裕等。这些重要部署和重大要求为民营经济发展指明了方向，为做好工商联工作提供了遵循。

中国工商业联合会第十三次全国代表大会和中华全国工商业联合会十三届一次执委会，将选举产生新一届全国工商联领导机构和领导班子。我们相信新一届全国工商联领导机构和领导班子必将团结带领各级工商联和广大民营经济人士，以更加饱满的热情和更加昂扬的斗志，续写新时代工商联事业的新篇章。让我们携起手来，更加紧密地团结在以习近平同志为核心的中共中央周围，高举中国特色社会主义伟大旗帜，认真学习贯彻中国共产党第二十次全国代表大会精神和习近平总书记关于做好新时代党的统一战线工作的重要思想，坚持围绕中心、服务大局，发挥各自优势，团结奋进，开拓创新，为全面建设社会主义现代化国家、实现中华民族伟大复兴作出新的更大贡献！

祝中国工商业联合会第十三次全国代表大会取得圆满成功！祝各位代表、同志们身体健康！

中国国民党革命委员会中央委员会
中国民主同盟中央委员会
中国民主建国会中央委员会
中国民主促进会中央委员会
中国农工民主党中央委员会
中国致公党中央委员会
九三学社中央委员会
台湾民主自治同盟中央委员会
2022年12月11日

有关人民团体致中国工商业联合会第十三次全国代表大会的贺词

各位代表、各位同志：

在全党全国各族人民认真学习宣传贯彻党的二十大精神之际，中国工商业联合会第十三次全国代表大会隆重开幕了。我谨代表各人民团体向大会致以热烈的祝贺！

改革开放以来，特别是党的十八大以来，在党的方针政策指引下，我国民营经济不断发展壮大，已经成为推动经济社会发展不可或缺的力量，是创业就业的主要领域、技术创新的重要主体、国家税收的重要来源，为我国社会主义市场经济发展、创新创造活力激发、“一带一路”建设、打赢脱贫攻坚战、全面建成小康社会等发挥了重要作用。五年来，各级工商联组织全面贯彻习近平新时代中国特色社会主义思想，深入贯彻落实党中央关于加强新时代民营经济统战工作和工商联工作的决策部署，始终坚持统战性、经济性、民间性有机统一，牢牢把握促进非公有制经济健康发展和非公有制经济人士健康成长主题，自觉围绕中心、服务大局，加强和改进民营经济人士思想政治工作，引导民营经济人士爱国敬业、守法经营、创业创新、回报社会，做合格的中国特色社会主义事业建设者；持续推动优化民营经济发展环境，助力民营企业把握新发展阶段、贯彻新发展理念、服务构建新发展格局、推动实现高质量发展；引导民营企业积极履行社会责任，参与“万企帮万村”行动和“万企兴万村”行动，助力脱贫攻坚和乡村振兴，促进共同富裕；全面推进工商联改革创新，各项工作取得新进展、迈上新台阶。工商联的凝聚力、影响力、执行力不断提升，工商联事业焕发出勃勃生机！

不久前胜利闭幕的中国共产党第二十次全国代表大会，是在全党全国各族人民迈上全面建设社会主义现代化国家新征程、向第二个百年奋斗目标进军的关键时刻召开的一次十分重要的大会。大会总结了过去五年的工作和新时代十年的伟大变革，阐述了开辟马克思主义中国化时代化新境界、中国式现代化的中国特色和本质要求等重大问题，对全面建设社会主义现代化国家、全面推进中华民族伟大复兴进行了战略部署。强调深化工会、共青团、妇联等群团组织改革和建设，有效发挥桥梁纽带作用；加快构建新发展格局，着力推动高质量发展，坚持和完善社会主义基本经济制度，坚持“两个毫不动摇”；优化民营企业发展环境，依法保护民营企业产权和企业家权益，促进民营经济发展壮大；全面构建亲清政商关系、促进“两个健康”等。党的二十大为促进“两个健康”指明了前进方向，为工商联事业发展提供了行动指南。我们相信，在以习近平同志为核心的党中央坚强领导下，全国工商联一定能够以高度的责任感和使命感，团结引导广大民营经济人士继往开来、踔厉奋发、勇毅前行，在新的历史起点上开创新时代工商联事业新局面！

群团事业是党的事业的重要组成部分。长期以来，各人民团体团结协作、共同奋斗，建立了良好的合作关系和深厚的友谊。今后，我们要一如既往地加强沟通，密切合作、相互支持，深入学习贯彻习近平总书记关于做好新时代党的统一战线工作的重要思想、关于群团工作和群团改革的重要论述，贯彻落实中央统战工作会议精神、中央党的群团工作会议精神和党中央关于群团改革发展的决策部署，把党的全面领导落实到工作的全过程各领域，走好中国特色社会主义群团发展道路，聚焦保持和增强政治性、先进性、群众性这条主线，以改革创新精神不断开创党的群团事业新局面，更好地服务党和国家工作大局。

同志们，新时代新征程赋予群团组织新使命新任务。让我们更加紧密地团结在以习近平同志为核心的党中央周围，深入学习宣传贯彻党的二十大精神，全面贯彻习近平新时代中国特色社会主义思想，深刻领悟“两个确立”的决定性意义，增强“四个意识”、坚定“四个自信”、做到“两个维护”，埋头苦干、奋勇前进，为全面建设社会主义现代化国家、全面推进中华民族伟大复兴作出新的更大贡献！

预祝大会圆满成功！

中华全国总工会
中国共产主义青年团中央委员会
中华全国妇女联合会
中华全国归国华侨联合会
中华全国台湾同胞联谊会
2022年12月11日

大力促进“两个健康”
为全面建设社会主义现代化国家而团结奋斗

——高云龙同志在中国工商业联合会第十三次全国代表大会上的报告

（2022年12月11日）

中国工商业联合会第十三次全国代表大会的主题是：高举中国特色社会主义伟大旗帜，全面贯彻习近平新时代中国特色社会主义思想，深入学习贯彻党的二十大精神，牢牢把握“两个健康”主题，为全面建设社会主义现代化国家、全面推进中华民族伟大复兴而团结奋斗。现在，我代表中华全国工商业联合会第十二届执行委员会向大会作报告，请审议。

一、过去五年工作回顾

党的十九大以来的五年极不寻常、极不平凡。以习近平同志为核心的党中央统筹中华民族伟大复兴战略全局和世界百年未有之大变局，有效应对严峻复杂的国际形势和接踵而至的巨大风险挑战，采取一系列战略性举措，推进一系列变革性实践，实现一系列突破性进展，取得一系列标志性成果，攻克了许多长期没有解决的难题，办成了许多事关长远的大事要事，开启了全面建设社会主义现代化国家新征程。对党和国家事业取得的历史性成就、发生的历史性变革，我们倍感自豪，深受鼓舞！

我们深切感受到以习近平同志为核

心的党中央对民营经济和民营经济人士的关心关怀。习近平总书记主持召开民营企业座谈会和企业家座谈会，多次重申坚持基本经济制度、坚持“两个毫不动摇”，多次亲临民营企业考察,亲自给“万企帮万村”行动中受表彰的民营企业家回信，就促进非公有制经济健康发展和非公有制经济人士健康成长多次发表重要讲话、作出重要指示批示，为“两个健康”指引航向。党中央、国务院出台一系列重大改革举措，中央统战工作会议、全国民营经济统战工作会议作出一系列决策部署，为“两个健康”增添动力。所有这些，极大推动了民营经济理论和实践的创新发展，民营经济人士倍感振奋和温暖、倍添信心和勇气。

过去五年，民营企业迎难而上、自强不息，为党分忧、为国效力、为民造福。当前，民营企业数量达4 700多万家，在国家级专精特新“小巨人”企业中占比超过80%，民营上市公司数量突破3 000家，民营经济对国家的税收贡献近60%、就业贡献超过80%。在脱贫攻坚战中，民营企业积极参与“万企帮万村”行动，产业投入超过1 100亿元，公益投入近170亿元，惠及1 800多万建档立卡贫困人口。在2020年上半年的疫情防控阻击战中，11万多家民营企业捐款170多亿元，捐物价值近120亿元，1 000家抗击疫情先进民营企业受到通报表扬。

过去五年，各级工商联深入贯彻落实习近平总书记对新时代民营经济统战工作和工商联工作的重要指示，深入贯彻党的十九大和十九届历次全会精神以及党中央关于经济工作、统战工作决策部署，牢牢把握政治建会、团结立会、服务兴会、改革强会总要求，紧紧围绕“两个健康”主题履行职责、发挥作用，开创了新时代工商联事业发展新局面。

（一）坚持政治建会，旗帜鲜明讲政治成为工商联系统的高度自觉

我们始终把学深悟透习近平新时代中国特色社会主义思想作为最大政治任务，始终把“两个维护”作为最高政治原则和根本政治规矩，始终把政治性作为工商联机关第一属性，做到了总书记有号令、党中央有部署、工商联有行动、企业家有作为。

坚决有力贯彻落实习近平总书记重要指示批示精神和党中央决策部署。始终把贯彻落实习近平总书记重要讲话和重要指示批示精神是否有力有效，作为衡量是否做到“两个维护”的首要标尺。制定学习贯彻的专项办法和工作流程，做到件件有落实、事事有回音。对习近平总书记在民营企业座谈会、企业家座谈会、党外人士座谈会和迎新春座谈会上的重要讲话，第一时间作出学习贯彻部署，并持续跟踪落实进展情况。

不断夯实奋斗奋进的共同思想政治基础。推动理想信念教育常态化长效化，教育引导民营经济人士用习近平新时代中国特色社会主义思想武装头脑、指导实践。以庆祝建党一百周年、新中国成立七十周年、改革开放四十周年等为契机，发挥民营经济人士理想信念教育基地作用，组织民营经济人士加强党的理论和路线方针政策学习。扎实开展“不忘初心、牢记使命”主题教育、党史学习教育和“四史”宣传教育，开展民营经济发展史、工商联发展史、老一辈企业家现身说法等特色教育活动，组织开展多种形式教育培训，其中，全国民营经济人士理想信念教育基地举办教育培训活动800多期、累计5万余人次参加，进一步夯实了民营经济人士“四个自信”的思想政治基础。

有效服务党和政府科学决策。认真贯彻落实《中国共产党政治协商工作条例》和中央政协工作会议精神，通过重大

建言、政协提案、信息专报和社情民意，就宪法修改、“十四五”规划编制、促进民间投资、关键核心技术创新、壮大国家战略科技力量、新能源产业发展等重大问题，提出政策建议，得到中央高度重视。五年来，共提交204件全国政协团体提案，其中5件被评为十三届政协优秀提案，5件被评为年度好提案，参与民法典等200多部法律法规的制定和修订。信息工作多次获得中办、国办表彰。先后组织20场“政企面对面”活动，搭建企业同政策制定部门对话平台。开展全国民营企业季度运行情况调查，为党中央、国务院研判经济形势提供参考，并定期在全国政协宏观经济形势季度分析会上发布报告。

持续加强民营经济领域党建工作。按照党章规定和党中央关于加强社会组织党建工作的部署，积极推进商会党建破题。全国工商联成立直属商会综合党委，29个省级工商联成立总商会党委、商会综合党委等机构，进一步理顺了商会党建工作管理体制。不断扩大商会党建覆盖面，所属商会中有15 000多家已单独成立党组织或加入联合党组织。积极支持和参与民营企业党建工作，全国工商联执委企业实现党的组织和工作覆盖，与有关部门联合举办民营企业党组织书记培训示范班和党建工作现场会，支持企业党组织更好发挥在职工群众中的政治核心作用、在企业发展中的政治引领作用。

（二）坚持团结立会，民营经济人士听党话、跟党走更加坚定

我们牢牢把握凝聚人心、汇聚力量这一统战工作的根本任务，不断强化政治引领，一手抓鼓励支持，一手抓教育引导，推动新时代民营经济统战工作创新发展，广大民营经济人士更加紧密地团结在党的周围。

加强民营经济人士思想引导。完善谈心谈话、思想交流机制，定期开展思想状况调研，及时回应思想关切和利益诉求，稳定企业发展预期。加强典型示范引领，与有关部门联合开展优秀中国特色社会主义事业建设者、改革开放40年百名杰出民营企业家、全国抗击新冠肺炎疫情民营经济先进个人、全国就业与社会保障先进民营企业暨关爱员工实现双赢等表彰活动。实施年轻一代民营经济人士健康成长促进计划，建立青年企业家委员会，召开全国青年企业家峰会，举办年轻一代培训班和报告会；各地建立年轻一代企业家组织达333家，开展“青蓝接力”等行动，一支有理想、有本领、有担当、有作为的年轻一代队伍逐步形成。

优化民营经济人士干事创业环境。与最高法、最高检等单位共同举办四届民营经济法治建设峰会，各级工商联成立法律维权服务机构，积极办理涉企维权案件，开展商会调解案件6.9万余件，保护民营企业合法权益。培育法治民企，建立涉案企业合规第三方监督评估机制，推进民营企业内部腐败治理。深化企业信用体系建设，指导失信企业进行信用修复。连续五年开展万家民营企业评营商环境调查，持续推动优化营商环境。与浙江省委、省政府在温州市创建新时代“两个健康”先行区，举办四届中国（温州）新时代“两个健康”论坛，自2022年起，在全国12个市（区）开展创建经验推广试点工作。加强舆情研判和应对处置工作，传递党和政府鼓励支持民营经济发展的坚定立场，增强民营企业发展信心。

团结民营经济人士担责出力。广泛发动民营企业稳岗保就业，举办民企招聘月、金秋招聘月、校联招聘季等活动，促进重点群体就业。与教育部共同开展“民企高校携手促就业行动”，得到习近平总

书记充分肯定。有效组织民营企业参与抗击疫情，2020年初新冠疫情发生后，第一时间建立信息收集报送机制、系统联动机制、防疫物资对接机制，动员广大民营企业驰援抗疫一线。在全国抗疫表彰大会上，习近平总书记充分肯定各类民营企业、民办医院积极出力。动员民营企业参与河南、山西等地抗洪抢险救灾，8 000多家民营企业累计捐款捐物达47亿元。连续四年发布中国民营企业社会责任报告，推动构建和谐劳动关系，展现企业担当作为，强化正向激励导向。

（三）坚持服务兴会，促进民营经济高质量发展和区域协调发展、城乡融合发展取得新成效

我们自觉在大局下定位、主动在大局中作为，想企业之所想，急企业之所急，引导广大民营企业投入社会主义现代化建设，在服务经济社会高质量发展中取得了丰硕成果。

积极服务区域协调发展。围绕推动西部大开发形成新格局、东北振兴取得新突破、中部地区加快崛起、东部地区加快推进现代化，促进京津冀协同发展、长江经济带发展、粤港澳大湾区建设、长三角一体化发展、黄河流域生态保护和高质量发展，在13个省市举办民营企业助推地方经济发展活动，累计促成合作项目4 708个，合同金额达3.36万亿元。参与国家重大经贸活动，搭建民营企业境内外合作对接平台。开展民营企业南疆行、光彩事业西藏行和凉山行等活动，引导企业在援藏援疆、对口支援、定点帮扶、东西部协作中贡献力量。

积极服务脱贫攻坚与乡村振兴战略。与原国务院扶贫办、中国光彩会、中国农业发展银行，合力推进“万企帮万村”行动，进入行动台账的12.7万家民营企业帮扶近14万个村，聚焦“三区三州”深度贫困地区，着力解决“两不愁三保障”突出问题。107家民营企业和6个工商联组织获评全国脱贫攻坚先进集体，156名民营企业家获评全国脱贫攻坚先进个人。习近平总书记11次对“万企帮万村”行动作出重要指示批示，并在全国脱贫攻坚总结表彰大会上充分肯定：民营企业热情参与，“万企帮万村”行动蓬勃开展。“万企帮万村”的成功实践，充分彰显了中国特色社会主义的制度优势，充分展现了中国民营企业的责任担当，也为世界减贫事业贡献了中国模式、中国方案。在总结经验基础上，我们全面启动了“万企兴万村”行动，掀起了广大民营企业投身乡村振兴的新热潮。

积极服务民营企业高质量发展。聚焦科技创新，召开首次民营企业科技创新工作会议，加强与科技部合作，支持创建民营科技领军企业，开展创新型成长型民营企业赋能行动，加快推动企业数字化转型，支持专精特新企业发展。与生态环境部建立合作机制，支持民营企业绿色发展、打好污染防治攻坚战。注重标准引领，成立全国工商联标准化工作委员会，与市场监管总局联合召开民营经济标准创新大会，与国家标准委共同制定商会团体标准化工作指导意见，培育民营企业标准“领跑者”、商会团体标准“领先者”。统筹发展和安全，开展民营企业国家发展和安全培训，引导民营企业家树立总体国家安全观，更好维护国家安全和企业发展安全。积极参与大型民营企业监管和防范化解风险工作，帮助企业纾困解难。

积极服务民营企业国际化发展。以“两送一防”行动为主抓手，持续宣介国家鼓励企业对外投资政策，发布推送境外经贸合作区投资指南等信息，开展护航民营企业“走出去”专项行动和民营企业境外合规建设专项服务行动，加强对外风险

防范、RCEP等系列专题培训，举办我驻外使领馆、外国驻华使领馆与民营企业面对面活动，建立“一带一路”信息服务平台，健全重点“走出去”民营企业联系服务机制，不断优化政策、信息、安全等服务。举办“一带一路”企业家大会、中非民营经济合作论坛、中国-东盟民营企业家峰会、RCEP经贸合作工商高峰论坛等系列国际经贸交流活动，创办首届民营企业共建“一带一路”峰会，搭建中非民间投资促进平台。开展中国民营经济国际化百强企业调研，引导民营企业高质量参与国际市场开拓。进一步加强与重点国家和地区工商社团及驻华机构交流合作，深化与港澳台侨工商社团的联系，为民营企业开展国际合作提供支持服务。

（四）坚持改革强会，工商联面貌焕然一新

我们深入贯彻中央统战工作会议和中央党的群团工作会议精神，大力推进组织体制、运行机制、工作方式、干部管理等各方面创新，坚持统战性、经济性、民间性有机统一，不断增强政治性、先进性、群众性，持续提升凝聚力、执行力、影响力，工商联展现出新的时代风貌，焕发出新的组织活力。

更加注重夯实基层基础。改进会领导基层联系点工作，建立机关干部“进企业进商会”的常态化机制。全面开展联系调研，五年间组织企业家执委600余人次，走访了2 420个县级工商联、1 300多家商会和3 500多家市场主体，了解情况、听取意见。建立省级工商联、直属商会评价机制，加强对地方工商联和所属商会的指导。县级工商联建设有了新进展，61%的县级工商联达到“五好”建设标准。商会改革发展取得新成效，所属和联系的商会达5.4万家，实现乡镇街道商会和22个省份异地商会的归口管理。解决了16家全国工商联直属商会登记注册历史遗留问题，实现应登尽登。

更加注重优化运行机制。大力改进各类会议活动和培训工作，鼓励民营经济人士站前台、唱主角，采取线上线下相结合方式放大活动效果，做靓中国民营企业500强峰会等已有品牌，创办德胜门大讲堂、工商联大讲堂等新品牌。积极推进“网上工商联”建设，实现办公、调研、会员登记、信息报送等多个系统上线服务，促进了各级工商联信息互通、业务协同。深化与国家有关部门合作，新建8个部际合作机制，推动资源共享、工作联动。持续精文减会，减轻基层负担。

更加注重扩大工作覆盖。实施会员制改革和代表任期制，省级以上工商联只发展团体会员，市县工商联不设置会员资产门槛。提高民营经济人士、中小微企业和基层组织代表在执委、常委中的比例，合理安排年轻一代民营经济人士，增强了领导机构成员的进步性、广泛性和代表性。成立小微企业工作委员会，会同国家税务总局开展“春雨润苗”专项行动,会同金融机构实施“无接触贷款助微计划”、推出“八融”措施、建立“八平台”，更加精准服务中小微企业。组建知名企业、餐饮业、大数据运维（网络安全）、人力资源服务业、物联网、物流业、高端装备制造与仪器仪表、养老与家政服务业等行业委员会，扩大了服务领域。

更加注重工作实际成效。建立代表人士日常履职管理机制，加强企业家副主席、副会长行为规范，开展全国工商联执委年度述职和履职情况评价，促进代表人士切实发挥作用。大幅减少形式大于内容的活动，用更多时间和精力与民营经济人士谈心谈话，在深度交流中了解情况、凝聚共识，交思想上、事业上的朋友。在经贸活动中，加强前期考察论证、后续跟踪服务，促进投资合作项目落地见效。注重为商会赋能，强化团结教育、维护权益、服务会员功能。

同时，进一步加强干部队伍建设和机关党建工作。首次召开全国工商联人才工作会议，改进干部选拔任用机制，注重年轻干部锻炼培养，推行“计评对”工作机制，严格干部教育管理。实行党建“六好”工作机制，实施战斗堡垒攻坚项目，着力创建“四强”党支部，深化政治机关建设。强化正风肃纪反腐，出台工商联系统践行亲清政商关系正负面清单，实现对直属单位内部巡视全覆盖。

同志们，五年来，民营企业社会贡献度不断提高，工商联社会影响力不断扩大！成绩步步踏实，根本在于以习近平同志为核心的党中央掌舵领航和习近平新时代中国特色社会主义思想科学指引，是各级党委政府、各级统战部门、社会各界大力支持的结果，也是广大民营经济人士和全体工商联干部职工共同奋斗、工商联历届领导班子接续奋斗的结果。我代表十二届执行委员会，向长期关心支持工商联工作的各级党委、人大、政府、政协、统战部门和社会各界，向各级工商联干部职工，向工商联系统的老领导、老同志，表示崇高敬意和衷心感谢！

回顾过去五年，我们深刻体会到：只有坚持中国共产党的领导，不断增强“四个意识”，坚定“四个自信”，忠诚拥护“两个确立”、坚决做到“两个维护”，才能确保工商联发展方向正确。只有坚持着眼全局、融入大局，把大局所需与职责所能有机结合，才能确保工商联事业天地广阔。只有坚持贴近基层、贴近企业、贴近企业家，不断提升工作针对性和实效性，才能确保工商联服务精准到位。只有坚持与时俱进、不断推动工作创新，才能确保工商联工作始终朝气蓬勃。只有坚持狠抓自身建设，持续健全组织、建强队伍、锻造作风，才能不断增强工商联凝聚力、执行力和影响力。

在肯定成绩的同时，我们也要清醒地看到，对标新时代党中央对“两个健康”的新要求，对照民营企业和民营经济人士的新期盼，当前工商联工作和自身建设还有不适应的地方，主要有：政治引领、思想引导、团结教育的方法不够丰富，服务企业高质量发展、助力企业纾困解难还存在一些薄弱环节，商会发展、基层建设的步伐还有待加快，人才队伍仍然存在明显短板。我们一定要正视和解决好这些问题，在新的起点上把工商联工作不断推向前进。

二、全面学习、深刻领会党的二十大精神

刚刚胜利闭幕的党的二十大，是在全党全国各族人民迈上全面建设社会主义现代化国家新征程、向第二个百年奋斗目标进军的关键时刻召开的一次十分重要的大会。党的二十大全面贯彻习近平新时代中国特色社会主义思想，回顾总结了过去五年的工作和新时代十年的伟大变革，阐述了开辟马克思主义中国化时代化新境界、中国式现代化的中国特色和本质要求等重大问题，对全面建设社会主义现代化国家、全面推进中华民族伟大复兴进行了战略谋划，对统筹推进“五位一体”总体布局、协调推进“四个全面”战略布局作出了全面部署，为新时代新征程党和国家事业发展、实现第二个百年奋斗目标指明了前进方向、确立了行动指南。当前和今后一个时期，工商联的首要政治任务，就是学习宣传贯彻党的二十大精神，团结引导广大民营经济人士把思想和行动统一到党的二十大精神上来，把智慧和力量凝聚到党的二十大确定的目标任务上来。在学习贯彻中，要重点把握以下五个方面。

（一）深刻领会过去五年工作和新时代十年伟大变革的重大意义

过去五年和新时代以来的十年，在以习近平同志为核心的党中央坚强领导下，全党全国各族人民勠力同心、团结奋斗，党和国家事业取得历史性成就、发生历史性变革。党的二十大在总结过去五年工作的基础上，概括指出十年来对党和人民事业具有重大现实意义和深远历史意义的三件大事，从十六个方面对新时代十年的伟大变革进行了集中阐述。新时代十年的伟大变革，在党史、新中国史、改革开放史、社会主义发展史、中华民族发展史上具有里程碑意义，书写了经济快速发展和社会长期稳定两大奇迹的新篇章，标志着中华民族伟大复兴进入了不可逆转的历史进程，极大激发了全国人民前进的动力和必胜的信心。新时代十年的伟大变革是全方位、全领域的，民营经济高质量发展和民营经济人士高素质成长取得的显著成绩，工商联不断深化自身改革建设、强“三性”去“四化”、服务“两个健康”取得的丰硕成果，都是新时代十年伟大变革的生动缩影。实践证明，党的十八大以来党中央的各项大政方针和决策部署是完全正确的，中国特色社会主义道路是真正符合中国实际、反映中国人民意愿、适应时代发展要求的，不仅走得对、走得通，而且走得稳、走得好。各级工商联干部和广大民营经济人士要从新时代十年伟大变革中，深刻认识“两个确立”对新时代党和国家事业发展、对推进中华民族伟大复兴历史进程的决定性意义，增强“四个意识”、坚定“四个自信”、做到“两个维护”，自觉在思想上政治上行动上同以习近平同志为核心的党中央保持高度一致。

（二）深刻领会开辟马克思主义中国化时代化新境界

党的十八大以来，以习近平同志为核心的党中央坚持把马克思主义基本原理同中国具体实际相结合、同中华优秀传统文化相结合，深入回答了关系党和国家事业发展、党治国理政的一系列重大时代课题，创立了习近平新时代中国特色社会主义思想。这一光辉思想是当代中国马克思主义、二十一世纪马克思主义，是中华文化和中国精神的时代精华，实现了马克思主义中国化的新飞跃。党的二十大强调，继续推进实践基础上的理论创新，首先要把握好习近平新时代中国特色社会主义思想的世界观和方法论，坚持好、运用好贯穿其中的立场观点方法，坚持人民至上、坚持自信自立、坚持守正创新、坚持问题导向、坚持系统观念、坚持胸怀天下。在新的伟大征程上，广大民营经济人士要更加自觉坚定地用习近平新时代中国特色社会主义思想武装头脑、指导实践、谋划发展。各级工商联要坚持用习近平新时代中国特色社会主义思想武装全体干部和广大民营经济人士，坚持用党的科学理论观察、研究关系“两个健康”的新情况新问题，不断提出解决问题的新思路新办法，为推进党在民营经济领域的理论创新、实践创新、制度创新作出新贡献。

（三）深刻领会新时代新征程中国共产党的使命任务

党的二十大提出，从现在起，中国共产党的中心任务就是团结带领全国各族人民全面建成社会主义现代化强国、实现第二个百年奋斗目标，以中国式现代化全面推进中华民族伟大复兴。围绕这个中心任务，党的二十大系统概括了中国式现代化的中国特色，强调我们推进的现代化，是中国共产党领导的社会主义现代化，是人口规模巨大、全体人民共同富裕、物质文明和精神文明相协调、人与自然和谐共生、走和平发展道路的现代化；深刻揭示了中国式现代化的本质要求，即坚持中国共产党领导，坚持中国特色社会主义，实现高质量发展，发展全过程人民民主，丰富人民精神世界，实现全体人民共同富裕，促进人与自然和谐共生，推动构建人类命运共同体，创造人类文明新形态；明确提出了全面建成社会主义现代化强国总的战略安排，以及到2035年我国发展的总体目标和未来五年的主要目标任务；深入分析了世界百年未有之大变局加速演进的新形势和我国改革发展稳定面临的深层次矛盾，作出了我国发展进入战略机遇和风险挑战并存、不确定难预料因素增多的时期这一重要判断，强调前进道路上，必须牢牢把握五个方面的重大原则，即坚持和加强党的全面领导、坚持中国特色社会主义道路、坚持以人民为中心的发展思想、坚持深化改革开放、坚持发扬斗争精神。民营经济是我们党团结带领全国人民实现中华民族伟大复兴中国梦的重要力量。在新的伟大征程上，广大民营经济人士要深刻理解中国式现代化与西方国家现代化的本质区别，深刻认识以中国式现代化全面推进中华民族伟大复兴的光明前景，不断增强战略定力，主动融入和服务大局，为全面建成社会主义现代化强国再立新功。

（四）深刻领会全面建设社会主义现代化国家的首要任务

党的二十大明确提出，高质量发展是全面建设社会主义现代化国家的首要任务，并围绕这一首要任务作出一系列部署。党的二十大再次强调发展是党执政兴国的第一要务，重申坚持以经济建设为中心、坚持社会主义市场经济改革方向，提出构建高水平社会主义市场经济体制，完善产权保护、市场准入、公平竞争、社会信用等市场经济基础制度，为构建新发展格局、推进高质量发展提供了更有利环境和更有力保障。党的二十大对建设现代化产业体系、全面推进乡村振兴、促进区域协调发展、推进高水平对外开放、加快发展方式绿色转型、积极稳妥推进碳达峰碳中和等作出重要安排，提出把实施扩大内需战略同深化供给侧结构性改革有机结合起来，增强国内大循环内生动力和可靠性，加快建设制造强国、质量强国、网络强国、贸易强国、农业强国等，推动战略性新兴产业融合集群发展、促进数字经济和实体经济深度融合、构建优质高效服务业新体系，进一步明确了高质量发展的战略方向和重点。党的二十大对实施科教兴国战略、创新驱动发展战略、人才强国战略作出部署，强调完善科技创新体系、坚决打赢关键领域核心技术攻坚战、优化科技领军企业定位和布局、加强企业主导的产学研深度融合、加快建设国家战略人才力量等，这必将为推进高质量发展提供强大动力。党的二十大围绕统筹发展与安全，提出强化经济、重大基础设施、金融、网络、数据、资源等安全保障体系和海外安全保障能力建设，健全反制裁、反干涉、反“长臂管辖”机制，确保粮食、能源资源、重要产业链供应链安全，以新安全格局保障新发展格局，这将为推进高质量发展提供坚实安全保障。

党的二十大高度重视支持民营经济高质量发展。再次重申坚持和完善社会主义基本经济制度，坚持“两个毫不动摇”，有利于民营经济人士进一步稳定发展预期、提振发展信心。党的二十大明确提出，优化民营企业发展环境，依法保护民营企业产权和企业家权益，促进民营经济发展壮大；完善中国特色现代企业制度，弘扬企业家精神，加快建设世界一流企业；加强反垄断和反不正当竞争，依法规范和引导资本健康发展；支持中小微企业和专精特新企业发展；发挥科技型骨干企业引领支撑作用，营造有利于科技型中小微企业成长的良好环境。所有这些，进一步指明了民营经济高质量发展的前进目标，也必将为民营企业推进改革创新、走向更加广阔的舞台营造更好环境。广大民营企业要按照党的二十大指引的方向，用好战略机遇和政策红利，不断增强企业创新能力和核心竞争力，努力成为推动高质量发展的生力军。

（五）深刻领会加强新时代民营经济统战工作的决策部署

党的二十大强调统一战线是凝聚人心、汇聚力量的强大法宝，对巩固和发展最广泛的爱国统一战线作出全面部署，并提出全面构建亲清政商关系、促进非公有制经济健康发展和非公有制经济人士健康成长，为做好新时代民营经济统战工作和工商联工作进一步指明了前进方向和主要任务。党的二十大围绕发展全过程人民民主、推进法治中国建设、推进文化自信自强、增进民生福祉、坚定不移全面从严治党等所作出的一系列重大决策部署，都为更好促进“两个健康”提供了重要遵循，我们要系统学习领会、全面贯彻落实。党的二十大提出，扩大人民有序政治参与、加快建设法治社会、深入开展社会主义核心价值观宣传教育、推动理想信念教育常态化制度化、实施就业优先战略、规范财富积累机制、引导支持有意愿有能力的企业积极参与公益慈善事业等，对引领民营经济人士健康成长都具有十分重要的指导意义。党的二十大提出营造市场化、法治化、国际化一流营商环境，坚决查处政治问题和经济问题交织的腐败，坚决治理政商勾连破坏政治生态和经济发展环境问题，坚持受贿行贿一起查等重大举措，必将更好促进落实亲清理念、规范政商交往。党的二十大提出，深化群团组织改革和建设、有效发挥群团组织桥梁纽带作用，统筹推进政党协商、政协协商、人民团体协商等各种民主协商，健全各种制度化协商平台，加强非公有制企业党建工作、理顺商会党建工作管理体制等重要部署，都为工商联履行职责提供了更有力保障、提出了更高要求。各级工商联及所属商会在推进党的二十大精神学习贯彻工作中，要结合学习贯彻中央统战工作会议精神，把习近平总书记关于做好新时代党的统一战线工作的重要思想和党中央对新时代民营经济统战工作的具体部署作为重要内容，在促进“两个健康”中彰显更大优势、发挥更大作用。

三、奋力谱写工商联事业发展新篇章

未来五年，工商联工作的总体要求是：全面贯彻习近平新时代中国特色社会主义思想，深入学习贯彻党的二十大精神，认真落实中央统战工作会议精神，服从和服务于新时代党的中心任务，坚持“信任、团结、服务、引导、教育”方针，坚持政治建会、团结立会、服务兴会、改革强会，坚持统战性、经济性、民间性有机统一，不断增强凝聚力、执行力、影响力，以进一步增强党对民营经济的领导力和民营经济人士的凝聚力为己任，围绕“两个健康”主题，充分发挥在民营经济人士思想政治建设中的引导作用、在民营企业改革发展中的服务作用，推动民营经济高质量发展，积极引导广大民营经济人士争当爱国敬业、守法经营、创业创新、回报社会的典范，做合格的中国特色社会主义事业建设者，为全面建设社会主义现代化国家、实现中华民族伟大复兴作出新的更大贡献。

（一）广泛凝聚共识，进一步加强民营经济人士思想政治引领

凝聚广大民营经济人士智慧和力量，为全面建设社会主义现代化国家而奋斗，是新时代工商联的根本任务。各级工商联要持续深化理想信念教育和社会主义核心

价值观教育，用党的科学理论培养人、用党的伟大事业感召人、用党倡导的先进文化引领人，用务实举措稳定人心、鼓舞人心、凝聚人心。

加强科学理论武装。将深入学习宣传贯彻党的二十大精神作为加强民营经济人士思想政治引领的首要任务，在学深悟透习近平新时代中国特色社会主义思想上下功夫。贯彻落实中央统战工作会议精神，提高政策解读水平，开展多形式、分层次、广覆盖的学习培训，引导民营经济人士在政治立场、政治方向、政治原则、政治道路上同党中央保持高度一致。加强民营经济领域意识形态阵地建设，加强舆情研判，及时回应企业家思想关切。

深化理想信念教育。开展"同心建功新时代"系列活动，建好用好民营经济人士理想信念教育基地，加强世情国情党情教育，推动理想信念教育常态化制度化，持续抓好"四史"宣传教育，引导民营经济人士不断增强在党的领导下走中国特色社会主义道路的信心和决心。持续实施年轻一代健康成长促进计划，开展"薪火相传"行动，加大培养力度，创新教育形式和话语体系，筑牢年轻一代听党话、跟党走的思想根基。

强化价值观引领。引导民营经济人士树立正确的国家观、法治观、事业观、财富观，弘扬企业家精神和工匠精神，加大对优秀企业家的正面宣传。推进法治民企、诚信民企、清廉民企一体建设，引导企业家树立法治意识、契约精神、守约观念，做诚信守法的表率。选树先进典范，加强舆论引导，打造"网络课堂"，落实执委学习制度，不断增强民营经济人士自我学习、自我教育、自我提升的意识和能力。积极稳妥推广温州新时代"两个健康"先行区建设经验，抓好推广试点工作。大力倡导资本向善、商业向善、科技向善、财富向善，引导民营资本服从和服务于人民利益、国家利益，引导民营企业讲信用信义、重社会责任、走人间正道。

（二）完整准确全面贯彻新发展理念，服务民营经济高质量发展

民营经济是推动高质量发展的重要主体。要坚决贯彻落实党中央的决策部署，把握时代大势、遵循经济规律，主动作为、靠前服务，探索全周期、全方位、全要素为民营企业赋能的服务机制，帮助企业践行新发展理念、融入新发展格局，实现高质量发展。

积极推动科技创新。支持民营领军企业组建创新联合体、实施关键核心技术攻关、建设国家科技创新平台、创建科技领军企业，强化国家战略科技力量。持续开展创新型成长型民营企业赋能行动和民营企业科技创新基地创建工作，推动民营企业参与重点产业链供应链建设，助力培育更多专精特新"小巨人"、隐形冠军和单项冠军企业，促进大中小企业融通创新。举办民营企业家科技创新战略和政策培训，定期发布研发投入前1 000家民营企业创新状况报告。推进民营经济领域标准创新，培育更多标准"领跑者""领先者"，带动行业提升创新水平。

积极推动企业治理现代化。引导民营企业苦练内功，建立健全现代经营模式和公司治理体系，实现治理结构完善、产权结构清晰、股东行为规范、内部监督有效、经营管理合规、财会制度健全、风险管控有力。推动有条件的企业，特别是工商联执委企业，带头建立现代企业制度，争创世界一流企业。支持民营企业积极借鉴国有企业等先进企业规范化运作的有益经验。引导民营经济人士增强现代治理理念和能力，在做人做事、创业创富中恪守法治和道德规范，彰显当代中国优秀企业家的良好素质和形象。

积极推动数字化转型和绿色低碳发展。大力实施数字化转型伙伴行动、民营企业数字化转型赋能行动、民营企业绿色低碳发展行动，鼓励企业加快转型升级，协同做好碳达峰碳中和工作。积极搭建企业数字化转型、生态环境治理技术等服务平台，办好全国民营企业家绿色低碳发展、林业草原专题培训，加强与专业服务机构的合作，不断优化政策解读、技术咨询、教育培训等服务。着眼纵深推进产业链数字化转型，支持行业领军企业和平台企业创新数字化服务、释放大数据潜力，赋能中小微企业发展。持续发布中国民营企业绿色发展报告，组织企业打好污染防治攻坚战。

积极推动开放发展。扎实推进“两送一防”行动，为民营企业高质量走出去提供政策咨询、信息、法律、投融资、安保等服务，探索开展民营企业国际化发展调研评价工作，引导企业提升境外投资质量效益、有效防范境外风险。协同指导推动民营境外合作园区建设，引导企业“抱团出海”参与国际合作与竞争。进一步密切与国外工商团体、港澳台工商社团的机制性交流合作，持续举办中非民营经济合作论坛、中拉民营经济合作论坛、RCEP经贸合作工商高峰论坛等重点经贸交流品牌活动，参与举办世界华侨华人工商大会，办好民营企业共建“一带一路”峰会，支持服务民营企业高质量参与共建“一带一路”。

积极推动安全发展。开展重点民营企业风险监测，与有关部门建立信息共享和工作协调机制，积极参与大型民营企业监管和防范化解风险工作。引导企业建立风险防控机制，压实企业风险自救主体责任，坚决守住不发生系统性风险的底线。引导民营企业树立“红绿灯”意识，法律禁止的领域坚决不进，损害公众利益的事坚决不做，促进资本健康发展。引导民营企业加快关键核心技术攻关和关键零部件的自主研发，提高产业链供应链韧性和安全水平。

（三）引导民营企业积极回报社会，投身促进共同富裕的伟大实践

共同富裕是社会主义的本质要求，是中国式现代化的重要特征。民营经济是富民经济，要引导民营经济人士自觉践行共享发展理念，在助力共同富裕的伟大实践中受教育、作贡献。

积极助推乡村振兴。以实施“万企兴万村”行动为总抓手，广泛发动民营企业深度参与乡村振兴，为缩小城乡差距作贡献。把巩固拓展脱贫攻坚成果作为首要任务，抓好“万企兴万村”与“万企帮万村”有效衔接。以乡村产业振兴为主攻方向，扎实推进实验项目体系建设和民营企业回报家乡专项行动，倾斜支持160个国家乡村振兴重点帮扶县。创建“万企兴万村”行动典型县、典型乡、典型村，培树典型企业和示范项目。加强与地方政府和金融机构合作，为“万企兴万村”行动提供政策和资金支持。

助推区域协调发展。服务和融入区域协调发展战略、区域重大战略、主体功能区战略、新型城镇化战略。高质量举办全国工商联主席高端峰会、民营企业500强峰会、全国优强民营企业助推地方发展大会等活动，组织动员民营企业参加区域性经贸活动，搭好企业与地方对接平台，加强跟踪服务，促进投资项目落地。持续开展民营企业南疆行、光彩事业西藏行等活动，引导民营企业在促进区域协调发展中发挥作用。

助力稳就业促增收。贯彻落实就业优先战略，引导民营企业在稳就业保就业中发挥主力军作用，积极构建和谐劳动关系，为缩小收入差距作贡献。深入开展援企稳岗行动，鼓励支持企业发展新模式新

业态，创造更多就业岗位。深化“民企高校携手促就业行动”，持续开展民营企业招聘月、金秋招聘月活动，促进高校毕业生、农民工和退役军人就业。大力倡导共建共享理念，推动企业完善收入分配制度，健全工资合理增长机制，让员工共享企业发展成果。

积极参与社会建设和公益事业。继续发布民营企业社会责任报告、积极宣传优秀案例，探索发布民营企业参与公益慈善事业100强榜单，建立健全民营企业投身光彩事业和公益事业的激励机制。引导民营企业积极参与养老、医疗卫生、文化、体育、职业教育、社区服务和环境保护等社会事业。

（四）推动全面构建亲清政商关系，不断优化“两个健康”环境

好环境成就好企业，增信心重在优环境。各级工商联要充分发挥参与政治协商、民主监督和参政议政的职能作用，当好桥梁纽带和助手，推动全面构建亲清政商关系，帮助民营企业解决实际问题，营造有利于民营经济高质量发展和民营经济人士高素质成长的政策环境、法治环境、市场环境和社会环境。

推动营造宜商惠企的政策环境。聚焦民营经济发展的难点、堵点和痛点，深入开展调查研究和民营企业季度运行调查，掌握企业政策需求。用好重大建言、政协提案、信息专报、社情民意等议政建言渠道，助推企业急需政策应出尽出。做好政策宣传解读，及时将政策传达给企业，确保企业应知尽知。协同推动政策落实落细，持续跟踪政策落地效果，及时将企业对政策的真实感受传递给政府，推动好政策落地生根、企业应享尽享。优化政企面对面、政企直通车、亲清恳谈会、德胜门大讲堂等平台，着力推进政企沟通协商常态化、制度化和规范化。持续做好万家民营企业评营商环境。

推动营造公正透明的法治环境。建好工商联系统上下联通、公检法司协作联动、社会资源有机联合的法律服务体系，用好立法协商、法律维权、法治宣传、商会调解、企业合规等工作载体，持续办好民营经济法治建设峰会，用法治护航“两个健康”。依法维护民营企业产权和企业家权益，加强中小微企业法律服务，着力促进清理拖欠中小企业账款，更好实现权利平等、机会平等、规则平等。

推动营造公平竞争的市场环境。围绕加快建设全国统一大市场，及时反映市场主体诉求，推动落实市场准入负面清单、行政许可告知承诺等制度，有效防止行业垄断、地方保护、市场分割，消除影响投资创业和要素流动的“隐性壁垒”。发挥商会自治作用，加强自我管理、自我规范、自我约束，促进行业自律，维护公平竞争。发挥行业领军企业作用，引导产业链上下游企业供需对接、创新协作，优化分工、促进合作，推动构建大中小企业协同发展、互利共赢的产业生态。加强反垄断和反不正当竞争宣传教育，支持政府部门开展公平统一的市场监管，引导民营企业主动接受监管、健康有序发展。

推动营造尊商亲商的社会环境。完善工商联大宣传工作格局，建立发挥宣传员队伍作用的工作机制，用好主流媒体、自媒体和互联网平台，发挥中华工商时报等自有媒体作用，广泛宣传民营企业和企业家正面典型，展示民营经济人士良好风貌，营造有利于企业家干事创业的社会氛围。引导企业加强品牌维护，提升舆情处置能力，塑造良好形象。完善民营经济领域舆情工作机制，紧盯重要节点、活跃话题，加强舆情预判处置。配合有关部门依法打击造谣抹黑、新闻敲诈等行为，为“两个健康”营造清朗的舆论环境。

（五）推动商会改革发展，积极培育中国特色商会组织

商会组织是现代市场经济体系的重要环节，是民营经济统战工作的重要组织依托。要着眼更好实现党对民营经济的领导、提升社会治理效能，切实承担起培育和发展中国特色商会组织责任，推动统战工作向商会组织有效覆盖，更好发挥商会在促进“两个健康”中的重要作用。

完善商会组织体系，提升商会发展质量。构建商会梯度培育格局，提供精准培育服务，强化分类指导。以“六有”为基准，推动所属商会规范化建设，五年内基本实现“六有”建设目标。以“四好”为示范，持续开展“学一防一推送一”工作，五年内实现20%的商会达到“四好”建设标准。以“五个一流”为目标，力争在全国和省级层面培育打造一批中国特色一流商会。有序扩大商会组织覆盖和会员覆盖，在战略性新兴产业、国民经济支柱性产业、区域经济主体产业加大组建商会力度，五年内所属商会在现有基础上增长10%。推动县级工商联在同级党委政府的领导下，切实履行对乡镇街道商会的业务主管职责。持续推进异地商会的归口管理。探索组建民营境外经贸合作区商会组织。

助推现代商会制度建设，优化商会内部治理。开展现代商会制度课题研究，推动以专项立法规范和促进商会发展，探索中国特色商会组织发展道路。以党建为引领、以章程为遵循，着力提升商会治理规范化、法治化水平。推动商会完善法人治理结构，形成科学完备的内部制度体系，健全决策科学、管理有序、执行高效、监督有力的组织机构，加强商会领导班子建设和秘书处职业化建设，扩大常务会长会、轮值制试点范围，将民主办会各项要求落到实处。

推动承接政府职能转移，切实发挥商会职能作用。健全商会引领行业发展的功能，指导商会开展行业监测和研究，反映行业动态和诉求。健全商会团体标准化职能，鼓励商会牵头组建产业技术创新联盟。支持商会承接政府转移职能、提供公共服务和社会服务。健全商会政治引导、经济服务、诉求反映、权益维护、诚信自律、协同参与社会治理等职能。指导商会开展调解工作，有效化解企业经济纠纷和劳动争议。

加强商会党建工作，增强商会党组织政治功能。坚持以党建带会建，突出所属商会统战属性和政治功能，持续推进商会实现党的组织和工作全覆盖。抓好商会党组织组建工作，工商联新成立的商会同步建立党的组织，探索商会党组织发挥作用的有效模式，适时推出一批商会党建工作典型。完善工商联党组织领导和管理所属商会党建工作的有效机制，落实工商联党组对所属商会党建工作的全面从严治党主体责任。推行商会管理层党员和党组织成员双向进入、交叉任职，推动商会党员负责人担任党组织书记，强化商会党组织把方向、议大事、促落实的职能作用，协助做好会员企业出资人统战工作。

（六）继续加强自身建设，提升服务“两个健康”的质量和效能

面向新时代，工商联必须适应国家治理体系和治理能力现代化要求，不断提升组织和工作的现代化水平。要深入贯彻落实党中央关于群团组织强“三性”、去“四化”的改革要求，继续推进工商联及所属商会改革发展，更高质量做好促进“两个健康”的各项工作。

以党的政治建设为统领，建设让党中央放心、让人民群众满意的模范机关。始终坚持以习近平新时代中国特色社会主义思想武装工商联干部，深入学习贯彻党的二十大精神，认真落实习近平总书

记关于做好新时代党的统一战线工作的重要思想，深刻领悟“两个确立”的决定性意义，增强“四个意识”，坚定“四个自信”，做到“两个维护”。常态化开展学习教育、调查研究，抓好领导班子政治建设和思想建设。制定实施工商联人才队伍建设规划，优化干部队伍结构，创新干部成长路径，突出年轻干部教育培养和监督管理，提高“听得懂、帮得上、导得好”的本领，努力建设一支党性坚定、能力过硬、学识丰富、作风优良的干部队伍。落实全面从严治党要求，深化巡视整改及成果运用，严格执行中央八项规定及其实施细则精神，坚决反对“四风”。实施基层党组织战斗堡垒攻坚项目，持续推进党建工作与业务工作融合，营造团结奋进、严肃认真、风清气正、干事创业的机关氛围。

以健全会员制、代表任期制、专委会制度为关键，优化组织结构、激发组织活力。深入推进会员制改革，以所属商会为主体发展团体会员，构建以所属商会为主阵地、以全体民营企业和民营经济人士为工作对象的格局。着力规范会员管理，制定会员管理办法，完善会员准入和退出机制。深化代表任期制改革，积极探索代表发挥作用的途径与方式，明确代表权利和职责，建立代表联络服务工作机制，开展代表任期内学习培训，强化代表意识，提高履职能力。进一步健全执委会、常委会运行机制，规范对企业家执委、常委履职情况的考核评价，改进对企业家副主席、副会长遵守行为规范情况监督管理。推进各类行业委员会、专业委员会规范有效运行，参照商会治理模式，支持其以购买服务方式承接机关课题和会议活动，有效延长工商联工作手臂。

以平台化、机制化、数字化为牵引，改进工作方式、提升服务质效。持续加强工商联服务平台和工作品牌建设，在建好现有平台、做靓已有品牌基础上，结合新时代新任务，聚焦服务中小微企业、全面构建亲清政商关系、维护企业合法权益等方面，搭建新平台、打造新品牌。积极参与国家层面专项工作机制，深化与国家有关部门合作，建成常态化、系统化、实效化协作机制。深化大数据、云计算、人工智能等前沿技术运用，推动加大各级资金投入，打造更加智慧、更加高效的网上工商联、掌上工商联、数字工商联，推进信息共享、业务重组、流程再造与部门协同。深入开展机关基础管理提升专项建设，健全常态化基础管理提升机制。

以重心下移、力量下沉为保障，推进任务落实和工作创新。以“五好”建设为重点，完善激励和引导体系，推动县级工商联建设取得新进展。深化和创新联系调研工作，聚焦国家乡村振兴重点帮扶县，完善会领导联系基层工作机制，创新企业家站前台、唱主角的工作载体，以讲政策、摸情况、促发展为主要任务，带动县级工商联强内功、激活力。大力整治形式主义，不断健全为基层减负长效机制。及时总结推广基层创新实践经验，支持基层结合实际，在机构设置、组织体制、运行机制、工作方式等方面大胆探索创新。依托乡镇街道商会，满足中小微企业多层次、差异化需求，打通服务基层的“最后一公里”。

各位代表、同志们！各级工商联和广大民营经济人士在各个历史时期发挥的作用、作出的贡献都载入了党和国家史册。奋进新征程，建功新时代。让我们更加紧密地团结在以习近平同志为核心的党中央周围，以永不懈怠的拼搏精神和一往无前的奋斗姿态，奋力开创促进“两个健康”工作新局面、续写工商联事业新篇章，为全面建设社会主义现代化国家、全面推进中华民族伟大复兴不断作出新的更大贡献！

徐乐江同志在中国工商业联合会第十三次全国代表大会第二次全体会议上的讲话

（2022年12月10日）

旗帜引领方向，使命凝聚力量。乘着中国共产党第二十次全国代表大会的东风，在党中央的坚强领导和全体代表的共同努力下，中国工商业联合会第十三次全国代表大会圆满完成各项议程，今天就要闭幕了。大会认真学习贯彻党的二十大精神，牢牢把握“两个健康”主题，再次传递了以习近平同志为核心的党中央坚定不移、毫不动摇鼓励支持引导民营经济发展的信心和决心，是一次以党的二十大精神为指引，高举旗帜、凝心聚力的大会，是一次服务党和国家全局，群策群力、求真务实的大会，是一次谋划工商联事业，继往开来、砥砺前行的大会，充分展现了新征程上工商联饱满的热情和昂扬的状态，是一次团结的大会、胜利的大会、奋进的大会。

大会认真学习讨论了中共中央政治局常委李强同志代表党中央、国务院所致的贺词。党中央、国务院充分肯定了民营经济和民营经济人士为保持经济社会稳定发展、全面建成小康社会作出的突出贡献，高度评价了工商联事业实现新发展、工商联组织展现新气象。在全面建成社会主义现代化强国、实现第二个百年奋斗目标新征程上，党中央、国务院对各级工商联深入学习贯彻党的二十大精神以及中央统战工作会议精神，坚持“四会”要求、促进“两个健康”提出了明确要求，强调要始终坚持党的领导，努力促进民营企业高质量发展，积极引导民营企业促进共同富裕，大力推动全面构建亲清政商关系，扎实推进自身建设；要求各级党委切实加强和改进对工商联工作的领导，研究解决事关工商联改革发展的实际问题；要求各级政府加大对工商联工作的指导和支持力度，为工商联开展工作创造有利条件；勉励新一届工商联领导班子以高度的政治责任感和改革创新精神，不断开创工商联事业发展新局面。与会代表备受鼓舞，深感责任重大、使命光荣。

大会通过了《关于认真学习贯彻党的二十大精神的决议》。党的二十大是在进入全面建设社会主义现代化国家新征程的关键时刻，召开的一次十分重要的大会，会议对开辟马克思主义中国化时代化新境界、中国式现代化道路进行了深入阐述，对全面建成社会主义现代化强国“两步走”战略安排进行了系统谋划，对未来五年的主要任务目标和2035年发展战略目标作出了重点部署，为民营经济发展开辟了更广阔空间，对工商联工作提出了新的更高要求，是工商联事业发展的根本遵循和行动指南。深入学习贯彻党的二十大精神是工商联的首要政治任务和头等大事，要进一步统一思想，提高认识，自觉用习近平新时代中国特色社会主义思想武装头脑、凝聚共识、指导实践、推动工作。要组织广大民营经济人士学习好、宣传好、贯彻好党的二十大精神，进一步坚定走中国特色社会主义道路的信心，不断深化政治认同、思想认同、情感认同，坚定不移听党话、感党恩、跟党走，做合格的中国特色社会主义事业建设者。

大会通过了《关于中华全国工商业联合会十二届执行委员会报告的决议》。十二届执行委员会报告回顾和总结了过去五年工商联以“四会”要求为统领，紧紧围绕“两个健康”主题履职尽责、发挥作用，提出了学习贯彻习近平新时代中国特色社会主义思想和党的二十大精神的新要求，分析了新时代工商联事业面临的新形势、新任务，从加强思想政治引领、服务民营经济高质量发展、助力共同富裕、不断优化环境、推动商会改革、完善自身建设等方面对未来五年工作作出了重点部署，必须结合实际，开拓进取，认真抓好贯彻落实。

大会通过了《关于中国工商业联合会章程（修正案）的决议》。修改后的章程，充分体现马克思主义中国化最新成果，将习近平新时代中国特色社会主义思想贯彻到章程中；充分体现中国式现代化最新要求，将党中央对工商联工作的最新指示体现到章程中；充分体现守正创新的最新实践，把工商联实践检验行之有效、较为成熟的创新成果融汇到章程中，是适应新形势新任务新要求、促进“两个健康”和加强工商联工作的客观需要，是统一思想行动、凝聚广大民营经济人士智慧与力量的重要举措，为推动工商联及所属商会改革奠定了坚实基础，要认真学习、抓好贯彻。

大会选举产生了全国工商联新一届执行委员会。新一届执委会任期的五年，是全面建设社会主义现代化国家开局起步的关键五年。实现第二个百年奋斗目标的新征程上，民营经济地位重要、作用突出，工商联使命在肩、责无旁贷。历史从不等待犹豫者、懈怠者，机遇总是垂青有理想、有担当的人。各位工商联执委要始终坚持党的领导，筑牢理想信念根基，继续保持“赶考”的清醒和奋进的姿态，把握历史脉搏，与时代共命运，紧紧围绕“两个健康”主题，继续深化政治建会、团结立会、服务兴会、改革强会，不断增强凝聚力、执行力、影响力。

各位代表、同志们，行而不辍，万里可期。本次大会高举中国特色社会主义伟大旗帜，坚持以习近平新时代中国特色社会主义思想为指导，深入学习贯彻党的二十大精神，服务和服从于新时代党的使命任务，坚持“四会”要求，对工商联未来五年工作进行了科学谋划和部署。当前和今后一段时期，要把深入学习贯彻党的二十大精神作为首要政治任务，切实把思想和行动统一到党的二十大精神上来，把准工商联工作的着力点，抓好党中央各项决策部署的贯彻落实，更好地在党和国家工作大局中发挥作用。大会结束后，各级工商联要及时向党委、政府汇报大会精神；要迅速组织传达学习，学习宣传贯彻好党中央、国务院贺词，十二届执行委员会报告，修改后的工商联章程；要把工商联十三大精神体现到各项工作中，始终坚持把思想政治建设摆在首要位置，全面贯彻“信任、团结、服务、引导、教育”方针，以进一步增强党对民营经济人士的领导力和凝聚力为己任，推进“两个健康”工作取得新进展。希望各位企业家代表坚决拥护党的领导，继续做爱国敬业、守法经营、创业创新、回报社会的表率和践行亲清政商关系的典范，带动更多民营企业成为世界一流企业、更多民营经济人士成为优秀企业家，为国家繁荣、民族复兴、人民幸福作出民营经济新的更大贡献。

各位代表、同志们，一代人有一代人的使命,一代人有一代人的担当。在中国工商业联合会第十三次全国代表大会即将闭幕之际，我代表大会主席团，向高度重视民营经济健康发展和民营经济人士健康成长、支持工商联事业发展的各级党委政府表示衷心感谢！向各级工商联组织和广大民营经济人士表示衷心感谢！向为工商联事业作出重要贡献的老前辈、老领导、老同志们致以崇高敬意！向出席大会的全体代表、各位来宾，给予大会帮助和支持的有关部门和新闻单位的同志们，以及为大会付出辛勤劳动的全体工作人员表示诚挚的谢意！

各位代表，同志们！新时代是奋斗者的时代，更是建功立业的壮阔舞台。惟奋斗者进，惟奋斗者强，惟奋斗者胜。让我们更加紧密地团结在以习近平同志为核心的党中央周围，高举中国特色社会主义伟大旗帜，坚持以习近平新时代中国特色社会主义思想为指导，深入学习贯彻党的二十大精神以及中央统战工作会议精神，认真贯彻落实习近平总书记关于做好新时代党的统一战线工作的重要思想，进一步增强“四个意识”，坚定“四个自信”，捍卫“两个确立”，做到“两个维护”，充分发挥工商联桥梁纽带和政府助手作用，更好发挥民营企业和民营经济人士的积极作用，为谱写全面建设社会主义现代化国家新篇章，夺取中国特色社会主义新胜利，实现中华民族伟大复兴踔厉奋发、勇毅前行、接续奋斗，创造出无愧于人民、无愧于时代、无愧于历史的崭新业绩！

全国工商联第十三届执行委员会主席、常务副主席、副主席名单

主席（1名）

高云龙

常务副主席（1名）

徐乐江

副主席（22名）

邱小平　安立佳　汪鸿雁　方光华　杨佑兴　丁世忠　白重恩　刘汉元　齐向东
汤　亮　寿子琪　何超琼　冷友斌　沈　彬　张　新　张兴海　张宗真　黄代放
鲁伟鼎　曾毓群　温志芬　燕　瑛

中国民间商会会长、副会长名单

会长（1名）

高云龙

副会长（23名）

徐乐江　邱小平　安立佳　汪鸿雁　方光华　杨佑兴　马志成　王　填　王　煜
叶　青　李书福　李湘平　吴相君　张荣华　郑志刚　南存辉　秦英林　夏　华
黄　立　景　柱　曾智明　雷　军　潘保春

全国工商联第十三届执行委员会常务委员名单（135名）

（按姓氏笔画为序排列）

丁佐宏　王　喆　王　臻　王光远　王秀娥　王国华　王念东　王学来　王建沂
王随莲　王翠凤　王霄汉　尹建敏　卢能干　卢锦钦　旦增列单　任清华　向文波
多吉次珠　刘　伟　刘　勇　刘　斌　刘　聪　刘延云　刘会军　刘军国　刘伯林
刘事青　刘顺妮　刘振东　闫凯境　江　云　江　岩　江　南　安润生　许明哲
阮世忠　阮建昆　阮鸿献　孙陶然　严　琦　严立淼　李　青　李　燕　李汉宇
李红录　李岳德　李素英　李维斗　杨　晖　杨华勇　杨志泰　轩景泉　肖　伟
肖凯旋　时清霜　吴　铁　吴文忠　吴红梅　吴海宝　何晓勇　宋汉平　宋慧华
张　健　张　鲲　张洪斌　张跃光　张耀宇　陆　风　陈　晞　陈旭忠　陈志列
陈丽文　其　实　林　胜　易如波　周兆川　周群飞　庞维仁　宗馥莉　赵玉金
赵立新　赵延庆　赵德江　郝　旭　郝树民　胡冬梅　胡汉阳　胡成中　胡春华
胡勇政　柯希平　钟　波　钟宝申　俞敏洪　施卫东　姜　滨　娄　杰　洪　杰
贺增林　莫志伟　夏曙东　顾万峰　钱素文　徐志群　徐国龙　栾立新　高　峰
高迎欣　高晓谋　高鹰群　郭奇志　唐　岳　唐　强　唐　燕　谈继强　黄少良
梅章记　曹　晖　眭国华　阎　志　梁淑琴　梁耀铭　尉立东　董　凡　蒋　立
景普秋　曾垂瑞　谢　茹　褚　浚　潘红伟　薛　婷　薛景霞　霍　涛
穆坦里甫·买提托合提

中华全国工商业联合会第十三届执行委员会委员名单（497名）

（按姓氏笔画为序排列）

丁世忠　丁立国　丁佐宏　于本宏　于永良　于晓怡　干祥土　万国江　马志成

马金泰　马春玲　王　兴　王　喆　王　填　王　煜　王　磊　王　臻　王　麒
王文银　王正通　王永胜　王光远　王伟明　王伟波　王均金　王秀娥　王坤晓
王茂新　王国华　王念东　王学来　王建沂　王树华　王俊峰　王浩宇　王淑惠
王随莲　王楠波　王翠凤　王霄汉　王毅然　牛　腾　毛　铁　公晓颖
乌布力艾散·乌布力喀斯木　方　毅　方加亮　方光华　尹建敏　邓正明
邓秀汕　石聚领　卢军国　卢能干　卢朝霞　卢锦钦　旦增列单　叶　青
田纯刚　付胜龙　白重恩　印　奇　冯　雷　冯仁强　冯彦辉　吉　权　吉小冬
吕子安　吕建中　吕联勤　朱琳琳　任红军　任清华　华祥斌　向文波　多吉次珠
刘　伟　刘　军　刘　勇　刘　斌　刘　斌　刘　聪　刘卫平　刘长云　刘长来
刘长战　刘文新　刘汉元　刘延云　刘会军　刘江明　刘军国　刘伯林　刘英姿
刘事青　刘思川　刘顺妮　刘振东　刘锋杰　刘溪笔　齐向东　闫凯境　关慧明
江　云　江　岩　江　南　江　楠　江沁霖　江浩然　汤　亮　安立佳　安润生
许大红　许开华　许文曲　许明哲　许泽玮　许清流　阮世忠　阮建昆　阮鸿献
孙　锋　孙　震　孙杏娟　孙莉莉　孙陶然　寿子琪　严　琦　严立淼　劳建铭
苏　斌　杜成强　李　玮　李　青　李　忠　李　建　李　响　李　涛　李　彪
李　辉　李　强　李　磊　李　燕　李万清　李云峰　李文斌　李书福　李仙德
李汉宇　李成勇　李红录　李连柱　李茂津　李范忠　李忠民　李岳德　李治辉
李思瑾　李素英　李晓冬　李积回　李维斗　李湘平　李稳根　李慧明　李德祥
李德清　杨　英　杨　晖　杨　毅　杨龙辉　杨永岗　杨华勇　杨志泰　杨利荣
杨佑兴　杨凯山　杨绪清　杨履世　轩景泉　肖　伟　肖凯旋　时清霜　吴　铁
吴丰礼　吴文忠　吴成月　吴红梅　吴荣照　吴相君　吴俊峰　吴海宝　吴培服
邱　伟　邱小平　何晓勇　何超琼　邹　华　邹小武　邹连和　邹剑寒　应洪巨
冷友斌　汪力成　汪东颖　汪鸿雁　沈　彬　沈根莲　宋汉平　宋慧华　张　飞
张　华　张　钊　张　勇　张　健　张　竞　张　雷　张　新　张　鲲　张广军
张天任　张文凯　张立国　张亚波　张兴海　张红伟　张时荣　张国祥　张宗真
张建凤　张荣华　张剑秋　张彦森　张洪斌　张晓辰　张海洋　张跃光　张耀宇
陆　风　陆晓琳　陈　丹　陈　南　陈　俊　陈　亮　陈　涛　陈　晞　陈　睿
陈　鲲　陈伟聪　陈旭忠　陈旭荣　陈志列　陈丽文　陈丽芬　陈启章　陈季敏
陈建成　陈姣姣　陈晓林　陈恩斌　陈海佳　邵根伙　拉巴赤列　其　实
苗拥军　范存艳　林　胜　林孝发　林来嵘　林凯文　林家伟　郁　亮　郁瑞芬
易　明　易如波　季昕华　周少雄　周自吉　周伊凡　周兆川　周志专　周群飞
周曙光　庞维仁　庞超贻　郑　峰　郑月明　郑文青　郑志刚　郑春阳　单　勇
宗馥莉　宛　斌　孟宪明　赵　品　赵　燕　赵心竹　赵玉金　赵立新　赵延庆
赵德江　郝　旭　郝向峰　郝连根　郝树民　胡巧华　胡冬梅　胡汉阳　胡成中
胡林辉　胡春华　胡柏藩　胡勇政　胡恩雪　胡爱娣　胡德兆　南　逸　南存辉
柯　潇　柯希平　郦海星　钟　竹　钟　波　钟宝申　郜春海　修　远　侯　巍
俞敏洪　施　競　施卫东　姜　滨　姜文娟　娄　杰　洪　杰　洪忠进　洪忠信
姚劲波　姚奎章　姚锦龙　贺增林　秦英林　袁　荣　袁凌椿　聂鹏举　莫志伟
莫金枝　贾　锋　夏　华　夏　祥　夏曙东　顾万峰　顾明华　党彦宝　钱素文

倪海琼 徐　伟 徐　迅 徐　晓 徐仁彬 徐玉美 徐乐江 徐志宗 徐志群
徐国龙 徐胜杰 徐爱华 徐浩宇 徐登权 栾立新 高　勇 高　峰 高云龙
高迎欣 高晓谋 高鹰群 郭龙鑫 郭代军 郭奇志 郭忠诚 郭建华 郭建君
郭孟谦 唐　岳 唐　强 唐　燕 谈继强 桑　遥 黄　东 黄　立 黄　利
黄　海 黄一新 黄少良 黄仁民 黄代放 黄伟潮 黄俊辉 黄健慧 黄嘉豪
梅章记 曹　晖 曹文洁 龚　斌 眭国华 崔　作 崔　巍 崔凤祥 崔立新
崔荣华 符　曜 康镇麟 阎　志 梁　勤 梁泽泉 梁淑琴 梁耀铭 尉立东
屠红燕 彭　晖 彭文成 彭永东 彭庆民 彭国远 葛敬高 董　凡 董力源
董旭明 董清世 蒋　立 蒋志祥 蒋凌峰 蒋继明 韩　力 韩　温 韩东成
韩红安 韩泽华 景　柱 景　浓 景普秋 程阿罗 程晓虎 傅　春 傅　盛
傅志伟 傅芬芳 舒　畅 鲁　贺 鲁伟鼎 鲁鸿宙 曾　彬 曾国勇 曾垂瑞
曾智明 曾毓群 温志芬 游　林 游洪涛 谢　茹 谢伟东 谢志强 谢应波
谢识才 谢晓林 雷　军 雷文勇 雷红红 詹国海 褚　浚 蔡志坚 蔡志婷
廖　俊 廖平元 谭　鑫 翟志海 缪文彬 颜泽文 潘卫东 潘月胜 潘红伟
潘保春 额尔敦木图 燕　瑛 薛　驰 薛　婷 薛景霞 霍　涛 霍启山
穆太力普·努尔麦麦提 穆坦里甫·买提托合提 穆映江 戴　扬 戴　迪
戴正立 戴立忠 魏云章 魏海金

中国工商业联合会 第十三次全国代表大会代表名单（967名）

（按姓氏笔画为序排列）

北京团（31名）

王　兴 叶　青 田　明 印　奇 任　壮 刘振东 齐向东 许泽玮 孙陶然
张　伟 张新武 邵根伙 郑庆禹 赵　燕 赵玉金 胡桓宇 柳培虎 钟　竹
郜春海 夏曙东 徐　岩 高迎欣 黄　建 黄学英 梁博聪 尉立东 彭永东
斯琴格日勒 雷　军 赫金峰 燕　瑛

天津团（28名）

马爱琴 朱　凯 闫凯境 关章军 江浩然 李　响 李守军 李茂津 杨　晖
杨国一 时锦霞 张　巍 张书月 张荣华 张彦森 张晓辰 林谷春 岳　洋
郑春阳 官成路 郝树民 侯云昌 娄　杰 栾大伟 黄　荣 崔凤祥 彭文成
黎昌晋

河北团（35名）

王子峥 王树华 王贵东 王炳章 尤文武 石晟阳 叶逢光 田纯刚 刘延云

孙清良　李红录　李高斯　李银祥　李慧明　杨勇峰　时清霜　吴红梅　吴宝通
吴相君　张洪顺　陈金端　屈国旺　孟宪明　赵　辉　宣武兵　姚奎章　贾　锋
倪海琼　郭龙鑫　董旭明　韩　力　靳军辉　詹国海　潘卫东　魏海金

山西团（30名）

王　渊　王正通　王国华　付国军　伊纪余　刘红星　刘若亮　李　强　李树林
杨履世　吴晓年　何　进　张　洪　张子玉　陈旭忠　武海军　赵文闪　郝　旭
姚锦龙　贾世庆　郭伦铭　郭俊陆　黄志强　龚大立　韩　温　景普秋　温雪洁
谢丽举　窦力奋　穆映江

内蒙古团（27名）

于海龙　王　靖　王　臻　王志军　包立群　关晓光　安润生　孙治华　孙恒波
李　威　应洪巨　沈丽霞　张　竞　张建军　张剑秋　林来嵘　周　勇　聂永胜
格日乐图雅　郭建军　郭建君　梁淑琴　韩　平　韩成东　程晓虎　樊小平
额尔敦木图

辽宁团（35名）

于本宏　王伟波　王尚康　王学来　卢朝霞　丛新一　刘守礼　刘溪笔　关慧明
孙延娜　孙庆明　孙克文　李　涛　李范忠　李治辉　李海生　杨　彬　杨绪清
吴文忠　邹存兵　张国辉　张震宇　陈云环　陈文贤　范业民　范存艳　周宏伟
赵延庆　胡冬梅　胡军义　侯　巍　钱　鑫　曾庆彬　解从阁　谭　鑫

吉林团（22名）

于广臣　王　喆　王化来　王文生　公晓颖　冯彦辉　刘　放　刘永军　许明哲
李学明　李维斗　李耀权　轩景泉　邹连和　宋伟才　张照生　陈甲伟　修　远
郭建华　董　闯　傅　春　鲁　贺

黑龙江团（28名）

马旭春　王伟华　王俊峰　王增夺　江　岩　李　军　杨昌仁　吴海宝　吴景林
何国强　冷友斌　沈召富　张立国　陆晓琳　陈姣姣　林珈旭　周春玲　单　勇
孟繁中　赵德江　姚松林　袁晓丽　徐　伟　梅章记　梁　艳　隋熙凤　焦　强
戴　迪

上海团（35名）

王　煜　王均金　王霄汉　仇瑜峰　方加亮　吕名礼　朱军红　朱建弟　刘　伟
汤　亮　安立佳　寿子琪　杨　冰　杨　彬　陆　风　陆　贤　陈　睿　其　实
林凯文　郁瑞芬　季昕华　郑春颖　赵立新　南　逸　洪清华　徐仁彬　郭纯青
黄　震　曹文洁　章　毅　喻会蛟　谢应波　谭黎敏　潘　晶　穆竟伟

江苏团（44名）

丁　铭　于　辉　王　雷　王益冰　王海永　王燕清　朱钰峰　刘　聪　刘海涛
江　楠　李晓冬　李瑞华　杨永岗　肖　伟　吴培服　何　健　沈　彬　张　飞
陈春源　陈雪源　邵丹薇　邵建华　居黛霞　郦海星　顾万峰　顾明华　徐　翔
徐浩宇　殷爱国　高云龙　唐冠玉　唐黎萍　桑　遥　黄一新　黄婧婧　崔　巍
梁　勤　梁泽泉　董力源　蒋　立　傅志伟　缪文彬　薛　驰　戴凌云

浙江团（38名）

王建沂　元成茂　方　毅　冯仁强　任海亮　庄伟意　李　伟　李书福　吴　跃
邹　华　沈王英　宋汉平　张　彦　张天任　张亚波　张建生　陈　蕾　陈水清
陈全满　陈保华　罗叶中　金罕岗　宗馥莉　胡成中　胡林辉　胡柏藩　南存辉
姚贤君　钱素文　徐　迅　徐国龙　徐爱华　黄伟潮　章卡鹏　屠红燕　蒋晓萌
鲁伟鼎　谢识才

安徽团（31名）

王　磊　王翠凤　付和平　冯　雷　吕　彬　朱宝童　刘红岩　江　茜　许大红
许礼进　杨　林　吴成月　汪良恩　汪鸿雁　邰紫鹏　金　棕　周伊凡　郑　峰
郝连根　胡春华　俞爱斌　施卫东　姚亚妹　徐玉美　徐海波　高晓谋　葛敬高
韩东成　储昭节　潘保春　潘道伟

福建团（32名）

丁世忠　王光远　白重恩　朱剑水　朱昶凯　华祥斌　许金泰　许清流　李有财
杨龙辉　肖文华　吴荣照　邹剑寒　陈　晞　陈　锦　陈成辉　林　润　林　湫
林孝发　周少雄　郑玉琳　柯希平　洪　杰　洪忠信　徐燕蕴　黄仕塔　曹　晖
章高路　景　浓　傅天龙　傅芬芳　谢伟东

江西团（26名）

马　君　艾磊华　叶修记　刘芦萍　李仙德　李强祖　杨小妹　张辉勇　陈恩斌
陈堃源　林　敏　周自吉　胡巧华　胡恩雪　洪守伟　凌　晨　高鹰群　黄代放
龚　斌　傅　盛　曾　彬　谢　茹　谢　婷　褚　浚　熊志刚　潘　峰

山东团（39名）

于晓怡　王永胜　王坤晓　王随莲　牛　腾　从　峰　冯能斌　刘锋杰　孙明香
孙宪法　杜利峰　李　燕　李贤军　李佳珊　李湘平　杨佑兴　张　勇　张　鲲
陈　亮　陈　鲲　陈崇波　邵化颖　林　波　卓克忠　郑月明　宛　斌　赵叶青
姜　滨　姜文娟　秦　文　徐承飞　唐地源　曹志程　崔　作　崔立新　康志民
梁训美　彭庆民　潘月胜

河南团（36名）

王汉武　王若飞　孔火团　石聚领　卢庆中　代纪玲　任红军　刘　斌　刘卫平
刘文新　孙　锋　李　建　李山海　李云峰　杨云霄　张海洋　陈　南　陈海涛
陈湘婷　苗拥军　周　铭　郑文青　胡汉阳　祝春华　秦英林　秦晓艺　顿瑞敏
徐　晓　徐胜杰　高栓记　郭启文　常　远　韩红安　曾垂瑞　雷红红　薛景霞

湖北团（33名）

王楠波　卢　静　吕志新　任习东　刘　萌　刘长云　刘长来　刘顺妮　许开华
李　刚　李　果　李万清　杨　华　杨义祖　杨红才　肖凯旋　吴俊峰　何中林
张　蕊　张文旗　陈晓林　陈继承　陈鸿杰　周志专　胡勇政　胡爱娣　黄　立
阎　志　程阿罗　鲁　勇　温欣艳　游　林　谢耀煌

湖南团（34名）

王　填　王薪程　毛　铁　方豪杰　田昌旺　向文波　刘　婧　刘　超　刘事青
刘黎明　许国勇　李　涛　李稳根　何青峰　张　健　陈飞豹　陈旭荣　林泽炎

金 卉 周 湘 周奇志 周群飞 胡 硕 侯培林 姚玓波 聂鹏举 高新生
唐 岳 曹 军 康镇麟 蒋志祥 覃凤英 谭光辉 戴立忠

广东团（45名）

万国江 王 岚 王文银 王明旺 王福亮 王毅然 孔令炬 江 南 李 勇
李立勉 李连柱 李积回 吴丰礼 吴木棠 邱小平 邱辛峰 汪东颖 张红伟
张春华 张燕航 陈 涛 陈 翀 陈东平 陈志列 陈丽文 陈宏海 陈国良
林水栖 郁 亮 赵心竹 赵莉瑜 胡德兆 徐耀目 郭清海 黄俊辉 黄健慧
梁耀铭 彭国远 彭晋谦 董 凡 温志芬 谢 萌 蔡仲光 廖平元 魏国华

广西团（24名）

毛淑美 邓秀汕 卢能干 兰吉阳 江沁霖 劳建铭 苏秀清 李 华 李 鲁
李羽娜 杨 英 吴志英 何 懿 陈 俊 周文皓 施瑞明 莫玉和 莫金枝
黄 东 眭国华 彭 晖 曾 锋 谢志强 樊友山

海南团（16名）

邢丹丹 吉 贵 任清华 李 玮 李 辉 杨 坤 张跃光 林 胜 林明宁
黄 海 黄 琅 黄召华 符 曜 梁小喜 景 柱 戴 扬

重庆团（27名）

尹顺新 吉 权 巩书凯 刘光伦 刘思伦 闫 可 严 琦 李 兴 李云强
吴 怡 张兴海 张国祥 张洪斌 陈 玮 易如波 周 伟 洪忠进 袁凌楠
徐登权 涂 文 彭光远 蒋凌峰 舒 畅 游洪涛 谢绍刚 裴小红 熊 英

四川团（36名）

王 麒 王启刚 文 涛 朱琳琳 刘 斌 刘文胜 刘汉元 刘远东 刘思川
刘晓丽 江 云 李 飞 李 涛 李杰华 李瑶盖 邱 伟 张 华 陆 川
陈启章 陈博文 罗 帆 柯 潇 钟 波 洪 磊 胥福全 姚 慰 郭代军
唐 强 唐 燕 韩辉军 曾国勇 谢泽波 雷文勇 廖 俊 熊利娟 颜泽文

贵州团（26名）

王宝平 毛 鹃 邓 一 邓正明 甘红梅 田 亚 向 静 刘江明 李汉宇
李岳德 李春临 李德祥 张 钊 张 雷 张春新 陈 罡 陈元静 罗 青
郑敏超 夏 华 曹 敏 窦雅琪 蔡少韧 臧 侃 霍 涛 戴正立

云南团（24名）

王建荣 刘 军 刘长战 阮鸿献 苏 燕 李 彪 李如华 杨四龙 杨利荣
杨应宝 张 华 陆学伟 陈 誌 郑晓城 赵 晗 施 竸 袁 荣 高 峰
郭忠诚 曹荣根 曾新生 蓝 波 熊启先 潘红伟

西藏团（15名）

干祥土 才旺晋美 王念东 扎 塔 方 堃 旦增列单 多吉次珠 赤列央金
苏 斌 宋慧华 拉巴赤列 卓玛德吉 易 明 徐子凌 韩 宇

陕西团（28名）

王文斌 王亚龙 王淑惠 方光华 冯西见 刘 勇 齐 峰 米 磊 孙杏娟
纪晓明 杜成强 李 磊 李天举 吴 铁 邹小武 张勇敢 范保强 周素琴
周曙光 赵 力 赵雁鸿 贺增林 董小军 谢晓林 樊延都 薛云峰 魏云章

魏存成

甘肃团（21名）

马鹏举　马慧慧　王广里　王友斌　王浩宇　韦诗彬　尹建敏　田炫宏　朱　平
汤东武　安春锋　李成勇　连　锴　张建凤　张建忠　张耀宇　夏　祥　党锡江
郭奇志　韩泽华　鲁鸿宙

青海团（16名）

马金泰　马育林　王伟明　王政邦　刘伯林　李　青　李思瑾　李洪岭　李德清
杨振涛　张吉青　阿生青　周启伦　徐志群　郭宏刚　薛　婷

宁夏团（16名）

王心安　王红艳　卢军国　朱彦华　阮世忠　李玉忠　李宏伟　杨志泰　何晓勇
张时荣　张雪芹　周兆川　郑子盛　郝向峰　党彦宝　黄添进

新疆团（19名）

于　芳　马文斋　马金岩　乌布力艾散·乌布力喀斯木　刘　伟　刘　斌　刘会军
李素英　杨蕾雅　肖建利　张　新　张文凯　依不拉音木·喀迪尔江　周海慧
徐乐江　徐志宗　谈继强　韩键刚　穆太力普·努尔麦麦提

新疆生产建设兵团（11名）

于永良　刘　浙　刘军国　苏现合　赵　品　荣　成　夏军民　栾立新　康小平
蒋胧菁　穆坦里甫·买提托合提

香港团（20名）

马春玲　卢锦钦　吕联勤　李文斌　杨　毅　杨华勇　杨凯山　何超琼　张广军
陈伟聪　庞维仁　庞超贻　郑志刚　黄少良　董清世　曾智明　曾毓群　蔡志坚
蔡志婷　霍启山

澳门团（10名）

马志成　吕子安　许文曲　阮建昆　张宗真　陈季敏　林家伟　莫志伟　黄仁民
黄嘉豪

全国工商联直属商会（行业委员会　团体会员）（29名）

丁立国　丁佐宏　王秀娥　王茂新　付胜龙　吉小冬　吕建中　刘英姿　孙　震
孙莉莉　严立淼　李　忠　李忠民　汪力成　沈根莲　张　跃　陈　丹　陈丽芬
陈建成　陈海佳　周袁红　钟宝申　俞敏洪　高　勇　郭孟谦　黄　利　崔荣华
蒋继明　翟志海

第二部分　工作成果

民营经济人士理想信念教育实践活动

【举办年轻一代民营经济人士理想信念报告会】2022年7月3日，年轻一代民营经济人士理想信念报告会在哈尔滨举办。报告会以“喜迎二十大 强国复兴有我”为主题，旨在深入贯彻落实习近平总书记关于加强年轻一代民营经济人士教育培养的重要指示精神，引导年轻一代民营经济人士坚定理想信念、弘扬优秀企业家精神，以优异成绩迎接党的二十大胜利召开。全国政协副主席、全国工商联主席高云龙出席报告会。中央统战部副部长，全国工商联党组书记、常务副主席徐乐江出席报告会并讲话。全国工商联党组成员、副主席李兆前主持报告会。

徐乐江在讲话中指出，党的十八大以来，在习近平总书记和党中央的高度重视、亲切关怀下，年轻一代民营经济人士不断涌现、茁壮成长。六位青年企业家所作的报告，展示了年轻一代民营经济人士听党话、跟党走、继承和弘扬优秀企业家精神的良好形象，必将进一步激发广大民营经济人士为全面建成社会主义现代化强国而奋斗的信心力量。

徐乐江强调，建成社会主义现代化强国、实现中华民族伟大复兴，是一场接力跑。年轻一代民营经济人士跑好这场接力赛，事关民营经济高质量发展大局，事关社会主义现代化强国建设全局。要增强产业报国、实业强国的志气，把稳思想之舵、厚植爱国情怀，把个人奋斗的“小目标”融入党和国家事业的“大蓝图”，做根植中华大地、扎根中国市场的“实业家”“工业家”。要坚定创新创造、自立自强的骨气，在攻克“卡脖子”技术上勇于发力，走“专精特新”发展和大中小企业的融通创新之路。要弘扬回报社会、向上向善的正气，秉持饮水思源、懂得回报的感恩之心，自觉践行社会主义核心价值观，积极参与“万企兴万村”行动、光彩事业和公益慈善事业。要保持自我学习、不断提升的朝气，深挖自身潜力，从党的奋斗历程中汲取奋进动力，拓展国际视野、紧跟时代步伐，以新理念引领企业，增强核心竞争力，打造更多具有全球竞争力的世界一流企业。

零壹空间董事长兼CEO舒畅，科德数控股份有限公司董事长于本宏，海澜集团有限公司党委书记、董事长周立宸，天士力控股集团党委书记、董事局主席闫凯境，哈尔滨鹏博普华科技公司董事长杨亚宁，上海泰坦科技股份有限公司董事长谢应波，分别以《砥砺奋进新时代共筑航天强国梦》《在实业报国中展现青春担当》《走好新长征 不负新时代》《牢记“国之大者” 践行“产业公能”》《让理想信念在创业奋斗中升华》《怀揣产业报国心 践行科技创业梦》为题，从不同角度作报告。

出席全国工商联十二届九次常委会的全国工商联副主席、中国民间商会副会长、常委，中央统战部相关部门负责人，部分年轻一代民营企业家代表在现场参加会议。全国工商联机关、各省级工商联设置分会场，组织工商联机关干部、年轻一代民营企业家以视频方式参会。

（罗雕）

【开展民营经济人士思想状况调研】为贯彻落实党中央关于新时代加强和改进思想政治工作的要求，了解当前民营经济人士所思所想所盼，切实做好民营经济人士思想政治工作，在前期工作基础上，2022年全国工商联开展了两次民营经济人士思想状况专题调研。

2022年上半年的思想状况调研围绕迎接党的二十大、防风险、稳发展等部署，以各级工商联企业家副主席、副会长、执常委等民营经济代表人士为主要调研对象，组织访谈了1 000多位民营经济人士，开展了6万多家民营企业参与的在线调查，深入了解对当前形势的看法，分析投资信心不足的深层次原因，提出建设性意见建议。

2022年下半年，以各级工商联新任执常委为主要调研对象，开展2022年第二次民营经济人士思想状况调研。聚焦党的二十大后民营经济人士在发展信心、政策获得感等方面的思想变化，通过现场访谈、电话沟通、座谈交流等多种方式，与近500位民营经济人士进行访谈调研。同时，开展了近2.8万家民营企业参加的线上问卷调研。深入了解党的二十大后民营经济人士思想感受和期盼，提出意见建议。

在认真梳理相关材料、汇总各方情况的基础上，起草形成2022年上半年和下半年《民营经济人士思想状况调研报告》，经中央统战部转呈党中央。

（罗雕）

【举办“学政策、稳信心、促发展”网络培训班】2022年7月，全国工商联举办“学政策、稳信心、促发展”网络培训班。采取“录制视频+网络播放”的方式组织，共设置《2022年政府工作报告解读》《推进科技政策扎实落地 发挥企业创新主体作用》《落实组合式税费支持政策 助力稳住宏观经济大盘》《统一完善市场监管规则 促进经济行稳致远——市场监管领域法律制度简介》《支持实体经济发展 维护资本市场稳定》《俄乌冲突对国际安全形势的影响与民营企业的挑战与机遇》《正确认识统筹发展与安全辩证关系》《征信业务交流》8场专题讲座。全国各级工商联执委常委、各直属商会会员为主的民营经济人士，各级工商联干部参训，网上浏览量达4万多人次。

（李和盛）

【举办全国年轻一代民营经济人士网络培训班】2022年8月，全国工商联举办全国年轻一代民营经济人士网络培训班。采取“录制视频+网络播放”的方式组织，共设置《中央经济工作会议精神解读》《民营经济走向更加广阔的舞台》《国学精粹与企业管理》《党建工作与民营企业发展》《民营企业党建与提高企业核心竞争力》《新时代民营公司如何守法诚信经营》《新老面对面：“听党话 跟党走”民企才能做优、做强、做久》8场专题讲座。全国各级工商联、工商联所属商会担任职务或有代表性的年轻一代民营企业家（年龄45周岁及以下）及各级工商联干部参训，网上浏览量达2万多人次。

（李和盛）

【新设全国民营经济人士理想信念教育基地并举办年轻一代民营经济人士理想信念教育培训示范班（厦门）】2022年8月1日，全国工商联在福建省厦门市挂牌设立全国民营经济人士理想信念教育基地，并举办了为期3天的年轻一代民营经济人士理想信念教育培训示范班。中央统战部副部长，全国工商联党组书记、常务副主席徐乐江出席授牌仪式并讲话。全国工商联党组成员、副主席李兆前主持授牌仪式。福建省委常委、厦门市委书记崔永辉，福建省委常委、统战部部长王永礼，福建省政协副主席、省工商联主席王光远出席仪式。培训班采取专题讲座、现场教学、交流研讨等多种形式开展理想信念教育，来自全国工商联青委会、各省区市和新疆生产建设兵团的102位年轻一代民营经济人士参训。学员纷纷表示，这次培训班主题鲜明、内容丰富，通过培训获益良多，作为青年企业家将把培训心得运用到企业管理实践中，坚定信心、振奋精神、再接再厉，以实际行动迎接党的二十大胜利召开。

（李和盛）

【召开工商联系统为迎接党的二十大营造良好环境工作部署会议】8月31日，全国工商联召开为迎接党的二十大营造良好环境工作部署会议。中央统战部副部长，全国工商联党组书记、常务副主席徐乐江出席会议并讲话。全国工商联党组成员、副主席李兆前部署相关工作。北京、湖北、江苏、四川等省市工商联交流发言。

会议指出，即将召开的党的二十大，是党和国家政治生活中的一件大事。当前，民营经济在稳定增长、促进创新、增加就业、改善民生等方面发挥着重要作用，对政治、经济和社会稳定具有举足轻重的影响。要提高政治站位，深刻认识民营经济领域为党的二十大营造良好环境的重要意义，以“时时放心不下”的责任感切实做好促进“两个健康”各项工作。

会议强调，要全面学习贯彻习近平新时代中国特色社会主义思想，自觉把思想和行动统一到习近平总书记重要讲话精神上来，统一到党中央的决策部署上来。要加强政策宣传解读和思想政治引领，团结引导广大民营经济人士进一步深刻领悟“两个确立”的决定性意义，坚定不移听党话、跟党走，激发企业家精神，坚守实业、做精主业、防控风险、行稳致远。要大力开展形式多样的“盛赞新成就，喜迎二十大”主题宣传活动，展现民营经济人士爱国敬业、守法经营、创业创新、回报社会的良好精神风貌。

会议要求，各级统战部相关部门、各级工商联要站在维护党的政治安全的角度，增强忧患意识，健全工作机制，加强对民营经济领域风险隐患的研判和防范，慎重稳进、谋定后动，坚定捍卫“两个确立”、坚决做到“两个维护”，为保持平稳健康的经济环境、国泰民安的社会环境、风清气正的政治环境作出积极贡献，以实际行动迎接党的二十大胜利召开。

会议采取“主会场+分会场”视频形式召开。全国工商联党组成员、秘书长赵德江，中央统战部四局局长张天昱，综合协调局、宣传办、信息中心有关同志，全国工商联机关各部门主要负责同志、各直属单位领导班子成员，各直属商会秘书长或党支部书记在主会场参会。各省级工商联领导班子成员、各省级党委统战部经济处负责同志，在各分会场参会。

（刘亚康）

【开展“盛赞新成就，喜迎二十大”年度主题宣传】2022年，全国工商联宣传工作把迎接、宣传、贯彻党的二十大作为主线，以宣传员队伍为重要参与主体开展“盛赞新成就，喜迎二十大”年度主题宣传系列活动，主要包括五个方面重点内容。一是开展“喜迎二十大·非凡十年”作品征集活动，深入宣传党和政府支持民营经济发展的政策举措，组织民营经济人士撰写感悟文章，鼓励民营经济人士听党话、感党恩、跟党走的生动实践。二是开展“喜迎二十大·高质量发展”专题宣传，宣传一批积极践行新发展理念，主动融入和参与构建新发展格局，自觉走高质量发展路子的民营企业典型。三是开展“喜迎二十大·共同富裕”专题宣传，做好“万企兴万村”“光彩行”系列活动报道，深入宣传发展乡村产业、参与乡村建设的先进典型，致力于公益慈善的先进典型，努力吸纳就业、关爱员工、劳动关系和谐的先进典型。四是开展“喜迎二十大·奋进新征程”专题宣传，做好工商联换届宣传报道，展示过去五年工作成绩、展望未来五年工作规划，充分展现换届后各级工商联以昂扬姿态推动工商联事业和民营经济发展再上新台阶的“精气神”。五是开展“喜迎二十大·学习新精神”专题宣传，深入宣传解读党的二十大精神，充分展示民营经济领域学习贯彻党的二十大精神的积极反响和行动举措。

中央和地方主要媒体、工商联系统媒体对“盛赞新成就，喜迎二十大”年度主题宣传给予大力支持，推出大量报道，积极为党的二十大胜利召开营造良好舆论环境，在工商联系统和民营经济领域掀起学习宣传贯彻党的二十大精神热潮。

（周晓敏）

【召开2022年全国工商联宣教工作会议】1月26日，2022年全国工商联宣教工作会议在京召开。会议以习近平新时代中国特色社会主义思想为指导，深入学习贯彻全国宣传部长会议、全国统战部长会议和全国工商联十二届五次执委会会议精神，总结2021年工商联系统宣教工作，研判宣传教育工作面临的新形势、新任务，部署下一阶段重点工作。全国政协副主席、全国工商联主席高云龙，中央统战部副部长、全国工商联党组书记、常务副主席徐乐江对宣教工作提出要求。全国工商联党组成员、副主席李兆前出席会议并讲话。全国工商联宣教部部长王尚康主持会议。

高云龙指出，宣教工作承担着举旗帜、聚民心、育新人、兴文化、展形象的使命任务，是工商联坚持“政治建会”的重要方面和促进“两个健康”的重要途径。2021年，工商联宣教工作坚持围绕中心、服务大局，大力唱响庆祝建党百年的昂扬旋律，广泛凝聚民营经济人士奋进新征程的强大力量，在宣传贯彻习近平新时代中国特色社会主义思想、加强民营经济人士思想引导、深化民营经济人士理想信念教育、进一步拓展工商联影响力等方面做了很多积极有效的工作，为促进“两个健康”提供了有力的思想保证、舆论支持。希望各级工商联在2022年再接再厉，围绕迎接宣传贯彻党的二十大，扎实开展各项工作，努力展现新形象、新担当、新作为，以优异成绩迎接党的二十大胜利召开。

徐乐江指出，中国工商联十二大以来，各级工商联把宣教工作摆在重要位置，积极适应不断发展变化的新形势，坚持稳中求进、守正创新，宣教工作不断取得新成绩。特别是去年以来，各级工商联紧扣庆祝建党100周年主题，深入宣传贯彻习近平新时代中国特色社会主义思想，扎实推进民营经济人士理想信念教育，不断强化思想引导和舆论引导，宣教工作迈上新的台阶。2022年是新时代新征程中具有特殊重要性的一年。各级工商联要突出迎接宣传贯彻党的二十大工作主线，在丰富工作内容、创新工作形式、健全工作机制上多下功夫，激励引导广大民营经济人士满怀信心奋进新征程、建功新时代。各级工商联要更加重视宣教工作，加强领导、配强力量、形成合力，不断开创新形势下工商联宣教工作新局面。

李兆前总结了2021年工商联系统宣教工作，分析了宣教工作面临的新形势，明确了2022年的重点任务。他强调，要以习近平新时代中国特色社会主义思想为指导，突出迎接、宣传、贯彻党的二十大主线，按照全国宣传部长会议、全国统战部长会议部署，深入学习宣传贯彻习近平总书记关于民营经济统战工作和工商联工作的重要指示批示精神，坚持稳中求进、守正创新工作总基调，加强政治引领和思想引导，以创新理论武装头脑，巩固广大民营经济人士团结奋斗的共同思想基础；以正确舆论引导方向，唱响奋进新征程的时代主旋律；以思想引导凝聚共识，持续深化民营经济人士理想信念教育；以强化培训加强能力建设，不断提升教育引导工作水平，努力开创新时代工商联宣传教育工作新局面，以优异成绩迎接党的二十大的胜利召开。

会议通报了2022年全国工商联宣教工作要点，江苏、河南、四川、河北、广东、北京6个省市工商联分别围绕民营经济人士理想信念教育、发挥民营经济人士典型示范作用、民营经济人士教育培训、大宣传格局建设、以党史为重点的“四史”宣传教育、民营经济领域舆情工作等作交流发言。中华工商时报社介绍了《中华工商时报》《中国工商》杂志2022年宣传工作思路。

会议采用线上线下相结合方式召开，全国工商联机关设主会场，各省级工商联和全国工商联各直属商会设分会场。全国工商联机关各部门、信息中心、人才中心有关负责同志，直属新闻单位领导班子成员，宣教部全体干部在主会场参会。各省级工商联分管宣教工作的副主席、宣教部门全体干部，全国工商联各直属商会有关负责人在分会场视频参会。

（于雪）

【深化民营经济领域意识形态风险防范化解】2022年，全国工商联党组以习近平新时代中国特色社会主义思想为指导，以迎接、宣传、贯彻党的二十大为主线，围绕促进“两个健康”主题，严格落实意识形态工作责任制，着力防范化解民营经济领域意识形态风险。聚焦防患未然，年初研判民营经济领域可能产生的风险点，持续监测民营经济领域重点舆论动态，上报舆情报告。召开舆情研判会、防范化解意识形态风险隐患会议，针对疫情反复与俄乌冲突对我国外贸行业的影响、大型民营企业密集减持等热点话题，及时梳理研判，报送有关部门参考。强化统筹推进，徐乐江同志主持召开工商联系统为迎接党的二十大营造良好环境工作部署会议，进一步强调做好统战领域防范化解风险隐患工作，筑牢民营经济领域意识形态安全防线。紧扣中央要求，认真贯彻中央领导关于共同富裕、思想政治工作等方面的重要批示精神，深入调研相关问题背后深层次原因，有针对性地加强宣传阐释和思想引导。加强应对处置，针对可能引发重大风险的舆情事件和话题与工作机制单位密切沟通，及时开展工作，切实将防范化解风险任务落地、落实。

（于雪）

【开展全国工商联宣传员队伍“创四优”竞赛活动】为深入贯彻落实习近平总书记关于网络强国重要思想，进一步加强宣传员队伍组织建设和能力素质提升，推动宣传员队伍围绕促进“两个健康”工作，在弘扬主旋律、壮大正能量方面发挥更大作用，2022年9月26日，全国工商联下发《关于印发〈全国工商联宣传员队伍“创四优”竞赛活动工作方案〉的通知》（全联厅发〔2022〕49号），组织开展了2022年度宣传员队伍“创四优”竞赛活动。竞赛活动共设置4项竞赛内容，分别为“创四优”竞赛活动表现突出集体、“创四优”竞赛活动表现突出个人、优秀宣传账号及优秀宣传作品。通过各地工商联逐级推荐、省级工商联审核把关，竞赛活动共收到26个省级工商联报送的推荐材料441份。经全国工商联组织评选，认定“创四优”竞赛活动表现突出集体30个、“创四优”竞赛活动表现突出个人50名、优秀宣传账号25个、优秀宣传作品40个，于2023年2月13日下发《关于2022年度全国工商联宣传员队伍“创四优”竞赛活动的通报》（全联厅发〔2023〕7号）进行表扬。部分获奖对象经全国工商联推荐，参加中央网信办网络社会工作局和中国互联网发展基金会共同主办的2022年度网评工作“创四优”竞赛活动，获评网评工作“创四优”竞赛表现突出集体1个、网评工作“创四优”竞赛表现突出个人1名、优秀网评账号2个、优秀网评作品1个。中央网信办网络社会工作局和中国互联网发展基金会联合发布通报，对获奖的集体、个人、账号和作品进行表扬，并颁发证书。

（周晓敏）

【完成中华全国工商业联合会会史陈列布展工作】2022年10月，中华全国工商业联合会会史陈列完成验收工作，正式投入使用。展览位于全国工商联办公旧址北河沿大街93号一楼大厅。陈列以新中国成立后工商联的发展为主线，纵向划分“开启新纪元”“探索中发展”“焕发新活力”“开创新局面”“科学发展新阶段”“筑梦新时代”6个部分，系统展示了全国工商联自成立以来，在中国共产党领导下，在社会主义革命和建设、改革开放和社会主义现代化建设的不同历史时期，始终围绕党和国家中心工作履职尽责、发挥作用的光辉历程。陈列聚焦展示工商联和民营经济发展历程中的重大时间、事件节点，综合运用图片、实物、视频、互动屏等多种元素，强化历史纵深感、发展成就感和新旧对比感，生动鲜活地展现了工商联70多年的发展历史，重点展示了改革开放40多年的伟大成就和宝贵经验，突出展示了党的十八大以来，在以习近平同志为核心的党中央领导下，工商联工作和民营经济取得的新成就。

（于雪）

【与中国科协共同举办2022年企业自主创新研讨系列活动暨企业云课堂活动】2022年，全国工商联与中国科协合作开展了企业自主创新研讨系列活动暨企业云课堂活动。期间，在南宁、大兴安岭、天津、北京举办4期活动，组织近20个行业领域的400名企业负责人参加现场活动，近10万人次线上观看直播。同时，面向企业家、企业高管、企业科技人才、企业一线工程师成长需求，重点围绕政策解读、绿色发展、精细管理、质量控制、创新方法、创意设计、知识产权运营与保护、创投与融资、数字化转型9个板块，先后上线课程99课时，点击量达1 014万人次。通过系列活动，有效提升了企业自主创新能力，助力了企业科技自力自强和高质量发展。

（李和盛）

【与中华职教社共同举办全国校企合作经验交流会】2022年9月15日，由全国工商联、中华职教社共同主办的全国校企合作经验交流会在京召开。会议以“构建校企合作命运共同体”为主题，深入学习贯彻习近平总书记关于职业教育的重要指示批示精神和全国职业教育大会精神，进一步发挥工商联和职教社的各自优势，搭建合作平台，推动产教融合、校企合作深度实施，促进职业院校与民营企业融合发展。全国人大常委会副委员长、中华职教社理事长郝明金出席会议并讲话。中央统战部副部长，全国工商联党组书记、常务副主席徐乐江出席会议并讲话。全国工商联党组成员杨佑兴宣读《全国工商联中华职教社共同推动产教融合校企合作倡议书》。中华职教社党组书记、总干事方乃纯主持会议。会上，山西省工商联、山西省职教社、山东省职教社、山西工程职业学院、山西安泰控股集团、宁波职业技术学院、全国工商联民办教育出资者商会代表作了交流发言。会议采取“现场会议+视频会议”形式召开，在全国工商联机关设主会场，各省级工商联设分会场。全国工商联党组成员、秘书长赵德江，中华职教社副总干事、党组成员付强，全国工商联、中华职教社有关部门负责同志在主会场参会。各省级工商联有关人员、企业代表，各省级职教社有关人员、院校代表，全国工商联各直属商会有关人员在各分会场参会。

（李和盛）

理论研究和建言献策

【综述】2022年，全国工商联深入学习贯彻习近平新时代中国特色社会主义思想和党的二十大精神，聚焦主责主业，围绕中心大局，深入开展调查研究，积极参政议政，理论研究和建言献策工作再上新台阶。

一、坚持高质高效，全力完成换届文件组工作

在会党组的领导下，在黄荣、李兆前、杨佑兴副主席和赵德江秘书长的指导下，高位谋划、科学统筹、制订方案、明确分工，精益求精完成文件组全部文稿。一是全力以赴完成换届报告。把起草换届报告作为文件组工作的重中之重。组织8场专题工作会议，推动起草工作。征求4轮意见，充分吸收会领导、企业家副主席副会长、执委委员、机关各部门以及地方工商联的建议。精心谋划报告框架，认真撰写报告，反复修改讨论、不断推敲打磨，历时9个月，修改20余稿，报告得到会领导和十三大代表高度肯定。二是高标准起草党中央国务院贺词代拟稿。提前思考谋划，提高政治站位，认真收集材料，开展对比研究，多轮讨论修改，征求会领导、中央统战部四局和机关各部门意见，形成审议稿。党的二十大召开后，加班加点，在全面学习大会精神的基础上修改完善，形成报送稿，及时报送中办。三是统筹做好党派贺词及大会决议等16篇文稿。加强调度，积极推进，完成各民主党派贺词、人民团体贺词、学习党的二十大精神的决议、向老同志的致敬信、十二届六次执委会议和十三届一次执委会议材料等。会同组织部起草修改致省级、副省级城市工商联换届的贺信47份。

二、坚持以文辅政，精心服务重大建言和重要文稿

采取有效措施，强化集体研讨，努力提高各类文稿的思想性和指导性。一是精心做好为党的二十大建言工作。围绕党的二十大议题征集、党的二十大报告（征求意见稿）、党章修改等，研究形成6份向党中央和总书记汇报的建言稿。二是精心服务中央经济工作会议和政府工作报告建言工作。组织召开专家闭门会，深入开展专题研究，认真听取会领导意见，形成高质量重大建言稿，为中央科学决策、有效施策提供了参考。三是高质量完成100多篇重要文稿。完成各次执委会议、常委会议报告和讲话稿。起草会领导班子总结、党组民主生活会对照检查材料、党组相关文件、总结和材料等30余篇。服务会主要领导会议讲话、署名文章等40余篇。完成工商联新文件相关建议、我会落实《政府工作报告》实施方案、情况报告等。

三、坚持聚焦“两个健康”，深入开展调查研究积极建言献策

加强统筹协调，制订全国工商联年度调研计划和课题研究计划，推动提高调研质效。一是组织完成年度重点调研。围绕促进新能源产业高质量发展、推动构建新型电力系统主题，牵头制订调研方案，邀请部委、专家、企业、商会共同参与网络调研和线上座谈。汇总起草调研主报告，报送中央统战部和国务院。派员参加中央统战部专项课题研究并起草报告。起草联系调研宣讲稿提供机关各部门。二是加强专题调研，信息专报工作成为全年工作一大亮点。将报送信息专报作为参政议政、调研成果转化的重要渠道。召开专题会，研讨形成提高信息专报时效性的举措。共报送34篇专报信息，12篇被中办、国办采用，采用率达35%。3篇专报获得中央领导同志批示；2篇专报被中办评为“2022年度优秀调研信息”，占中办全部25篇获奖篇目的8%，成绩非常突出。三是深度配合发改委起草关于促进“两个健康”、促进民营经济发展壮大的文件。高度重视、深度参与中央深改委确定的这项年度重点任务。召开与发改委体改司调研座谈会，研究提出关于“两个健康”文件的框架和重大观点内容，对文件初稿、征求意见稿、报审稿3次研提意见，反馈发改委。四是组织开展重大理论和实践问题研究。围绕习近平总书记提出的5个重大理论和实践问题，组成4个研究小组开展研究，形成政策解读材料，用于党课稿、联系调研宣讲稿中。

四、积极参与政协工作，助力建言资政和凝聚共识双向发力

切实用好政协工作平台，为民营经济发展鼓与呼。一是做好团体提案工作，转化政策见成效。提交44件团体提案和7篇大会书面发言，7件提案被列为全国政协年度重点提案。5件提案被评为第十三届全国政协优秀提案，荣获提案工作最高荣誉。各承办单位高度重视全国工商联提案，很多建议被采纳，直接推动行业协会商会立法列入十三届全国人大常委会立法规划。完成51件人大建议和37件政协提案办理工作。二是反映社情民意信息工作有提升，自主撰写信息质量得到认可。报送社情民意信息1 522篇，政协采用209篇，中办采用10篇，在各民主党派和工商联排名中实现争先进位，继续上升1名，排名第6。加大自主撰写力度，自主撰写54篇信息，中办采用5篇，1篇得到习近平总书记批示。就国内统一大市场建设、优化民间投资环境等专题组织约稿35次。组织专题培训3次。设立社情民意信息基地75家，评选先进单位15家、先进个人11人。三是服务民营经济代表人士参政议政，更多参与政协活动建言发声。推荐5名委员在全国政协十三届五次会议上作大会发言、联组会发言，1名委员参加“委员通道”集体采访。推荐14名委员参加政协常委会、专题协商会、远程协商会并做口头和书面发言，协助起草修改发言稿。推荐1名委员在“加强中华儿女大团结”主题线上读书群作讲解。四是加强与全国政协各部门联系交流，推动全方位合作。与提案委召开座谈会，走访政协经济委，派员赴信息局借调半年，加强与各委办局合作。起草“两会”联组会中央领导同志讲话参考要点、新闻座谈会材料。派员参加“两会”服务。围绕《中国共产党政治协商工作条例》，制订全国工商联贯彻落实方案，起草全国工商联在人民日报和人民政协报的署名文章。

五、坚持小改进微创新，持续深化相关品牌工作

推行重大任务项目制，促进品牌工作更具影响力。一是推进全国民营企业季度运行情况调查工作。完成四次季度运行调查和营商环境调查，累计回收有效问卷35万份。编制综合性报告、专题报告超20篇，多篇报告得到中央领导批示。每季度在全国政协季度宏观经济形势分析座谈会上发布综合报告，得到与会领导和政协委员的广泛好评，汪洋主席在有关会议场合连续3年对工商联组织实施的全国民营企业运行情况调查工作给予充分肯定。二是完成2022年度万家民营企业评营商环境工作。首次通过商务谈判，确定年度合作单位。科学设计调查问卷，组织全国近9万家民营企业参与调查。11月向社会发布主要结论，人民日报、新华社、中国日报等中央媒体予以报道。形成2份专报送中办、国办并被采用。为31个省份和新疆生产建设兵团、温州及12个“两个健康”先行区经验试点推广单位所在城市出具评价报告，通过以评促改推动各地进一步重视和优化民营经济发展环境。三是完成第五届中国企业论坛相关工作。服务高主席视频致辞和杨佑兴副主席现场参会，推荐8名企业家演讲发言并修改发言稿，协助做好论坛宣传报道，支持济南市工商联举办市长会客厅。

举办工商联系统调查研究工作会议，在重点调研和专项调研工作中注重发挥相关省级工商联的作用，开展年度优秀调研成果评选和理论研究创新成果评选，始终凝聚起全系统力量，推动工商联调查研究和建言献策工作不断提质增效。

（梁岩涓）

【服务全国工商联重大建言】为提高重大建言针对性、专业性和实效性，通过组织重大建言专家闭门会、重大建议实地调研、专家一对一会客厅等，深入与专家和企业家交流研讨，紧紧围绕“两个健康”主题，提出具有工商联特点的政策建议，服务中央党外人士座谈会、高层政治协商、中央调研协商、与中央领导同志谈心谈话等重大建言活动6场。具体包括：

（一）党外人士座谈会4场

1.2022年1月25日，中共中央政治局常委、国务院总理李克强主持召开座谈会，听取各民主党派中央、全国工商联负责人和无党派人士代表对《政府工作报告

（征求意见稿）》的意见建议。全国工商联主席高云龙出席会议并发言。

2.2022年7月25日，中共中央在中南海召开党外人士座谈会，就当前经济形势和下半年经济工作听取各民主党派中央、全国工商联负责人和无党派人士代表的意见和建议。全国工商联主席高云龙出席座谈会并发言，全国工商联副主席黄荣出席会议。

3.2022年8月31日，中共中央在中南海召开党外人士座谈会，就中共二十大报告征求意见稿听取各民主党派中央、全国工商联负责人和无党派人士代表的意见和建议。全国工商联主席高云龙出席座谈会并发言。

4.2022年12月2日，中共中央在中南海召开党外人士座谈会，就今年经济形势和明年经济工作听取各民主党派中央、全国工商联负责人和无党派人士代表的意见和建议。全国工商联主席高云龙出席会议并发言，全国工商联副主席黄荣出席会议。

会上，习近平发表了重要讲话，对各民主党派、全国工商联和无党派人士提出3点希望。一是深入学习贯彻中共二十大精神，始终同党中央保持高度一致，不忘合作初心，传承优良传统。二是把思想和行动统一到中共中央关于明年经济工作的决策部署上来，围绕科学精准做好疫情防控、有效扩大内需、实现高水平科技自立自强、激发微观经营主体活力等重大问题，深入调查研究，提出有分量的意见建议。三是以换届为契机深入做好政治交接，认真组织好换届工作，顺利实现人事更替，进一步夯实多党合作的共同思想政治基础和组织基础，确保多党合作事业根基永固、薪火相传。

（二）中央调研协商座谈会1场

2022年7月5日，中共中央统战部在京召开调研协商座谈会，就有关民主党派中央和全国工商联开展的“统筹推进碳达峰碳中和”调研成果进行协商。中共中央政治局常委、全国政协主席汪洋出席会议并讲话。中共中央书记处书记、中央统战部部长尤权主持会议。全国工商联主席高云龙在座谈会上介绍调研成果，聚焦推动构建新型电力系统，建议深化电力市场化改革，扩大碳市场交易范围，加大用户侧市场激励，更好发挥民营企业在新能源投资开发、技术创新、国际合作中的作用。

（三）与中央领导同志谈心谈话1次

2022年1月27日，全国政协副主席、全国工商联主席高云龙同志与全国政协主席汪洋同志谈心谈话。

（王晶）

【开展“促进新能源产业高质量发展、推动构建新型电力系统”重点调研】 2022年3-6月，全国工商联以“促进新能源产业高质量发展，推动构建新型电力系统”为主题，举系统之力开展调研，同时组织7家省级工商联同步开展省内调研，委托全国工商联新能源商会等6家商协会和研究机构分别开展行业研究，并通过全国民营企业调查系统对61 683家民营企业使用绿电情况进行了线上调查。调研发现，我国新型电力系统的构建取得明显成效，但也存在五个方面主要问题。在调研的基础上，提出四个统筹建议。调研报告按照要求报送国务院和中央统战部。

（冯东海）

【开展2022年度万家民营企业评营商环境工作】 年初，在组织召开东部、西部相关省级工商联和有关研究机构座谈调研会的基础上，认真制订2022年度万家民营企业评营商环境工作方案。经认真考察相关研究单位，6月，组织开展商务谈判，确定2022年度开展评价的合作单位。8月至10月，组织实施评价调查。继续通过由民营企业在线填报调查问卷的方式，对所在城市和省份的营商环境进行评价。共有8.9万多家大中小微民营企业参与调查，评价对象包括全国31个省（自治区、直辖市）和新疆生产建设兵团。评价形成主报告和2份专题报告，并报送中央有关部门。11月4日，在温州新时代“两个健康”先行区创建推广试点工作交流会上，发布2022年度万家民营企业评营商环境主要调查结论，人民日报、新华社、中国日报、光明日报等中央主要媒体予以报道。形成31个省、自治区、直辖市和新疆生产建设兵团以及东北三省营商环境评价报告，反馈各省级工商联，并为温州市和12个“两个健康”先行区经验试点推广单位所在城市出具评价报告。各地党委政府高度重视万家民营企业评营商环境的评价结果，要求相关单位部门对照评价数据及报告，查找问题和不足，积极改进提升。万家民营企业评营商环境工作持续发挥“以评促改”作用，有力推动了各地进一步重视和优化民营经济发展环境。

（梁岩涓）

【开展民营企业季度运行状况调查和涉企政策落实情况调查】为更好促进“两个健康”，按照全国工商联调查点年度工作计划安排，在3月、6月、9月、12月开展4次民营企业季度运行状况调查和涉企政策落实情况调查，对调查结果进行统计分析，形成了4份数据分析报告。数据分析报告报送中办、国办、中财办，并获得中央领导同志批示；主要内容在全国政协季度宏观经济形势分析会上定期发布，获得各方认可。

（冯东海）

【持续加强民营企业调查点建设】认真落实民营企业调查点工作管理办法，制订年度工作计划，对季度调查工作、企业入库和填报工作、年度考核激励和工作经费使用提出明确要求，持续指导各省级工商联开展民营企业调查点建设。支持各地工商联开展培训，组织部分基层工商联同志参加代培。开展2022年度民营企业调查点工作先进示范单位通报表彰，激励各级工商联同志认真履职。目前，民营企业调查点工作已经成为工商联系统的品牌工作，调查点入库企业近20万家，平均填报率达到50%。

（冯东海）

【开展2022年度团体提案工作】对各省级工商联、副省级城市工商联、直属商会和行业委员会、中国民营经济研究会、代表性企业提交的316件团体提案初稿进行精心筛选，经认真把关修改，报主席办公会议审议，形成大会团体提案44件、大会书面发言7篇。其中，7件提案被全国政协列为重点提案，《关于加强“一带一路”项目税务风险防控的提案》被评为年度好提案。另有5件提案被评为政协第十三届全国委员会优秀提案。10月11日，全国政协提案委员会主任李智勇带队走访全国工商联，围绕加强和改进提案工作交流座谈，全国政协副主席、全国工商联主席高云龙出席并讲话。

（张明凡）

【承办2022年度全国人大代表建议和全国政协团体提案工作】承办51件全国人大建议和36件全国政协提案，期间召开交办会1次，开展集中督办2次。细化工作流程，对答复函内容格式、审签报送流程等作出明确要求，办理工作更加规范，办理质量显著提升。将与人大代表、政协委员的沟通反馈贯穿办理全过程，做到办理前了解、办理中沟通、办理后汇报，实现了代表委员100%沟通，沟通100%满意。

（张明凡）

【组织、服务民营经济代表人士参加全国政协有关会议】政协大会期间，推荐刘振东委员在全国政协大会上作《切实发挥民营企业在稳增长中的积极作用》的口头发言。推荐李汉宇等4名委员在汪洋主席出席的民建工商联界别联组会上发言，推荐林凡儒参加大会“委员通道”集体采访活动，协助完成发言稿起草工作。政协大会后，推荐南存辉、叶青参加全国政协常委会并发言；推荐刘振东参加“推动数字经济持续健康发展”专题协商会并发言，推荐燕瑛、磨长英、范晓忻、刘峰等作书面发言；推荐官金仙参加“加快智慧物流发展”远程协商会并发言。协助完成上述发言稿起草和修改工作。

（房安文）

【开展2022年度反映社情民意信息工作】全年向全国政协报送社情民意信息1 522篇，采用209篇。发挥系统合力，组织线上线下专题培训3次，不断提高基层单位信息选题和撰写能力。积极研判形势热点，围绕房地产、民间投资、民企内部腐败、金融资本等问题开展不同范围专题约稿35次。评选表扬年度社情民意信息工作先进单位15家、先进个人11家。

（陈明琪）

【开展2022年工商联系统优秀调研成果评选】2022年工商联系统优秀调研成果评选工作7月启动后，各省级工商联、副省级城市工商联和全国工商联部分直属商会积极参与，共推荐报送参评成果375篇，包括4类成果，分别是：调研报告105篇，民营企业调查系统数据分析报告90篇，团体提案91篇，社情民意信息89篇。根据《全国工商联优秀调研成果评选办法》，经初步筛选、专家评审、研究室审核把关、会议审定、公示监督等各项程序，评出调研报告一等奖10篇、二等奖15篇、三等奖20篇，数据分析报告一等奖3篇、二等奖4篇、三等奖6篇，团体提案一等奖5篇、二等奖7篇、三等奖10篇，社情民意信息一等奖10篇、二等奖15篇、三等奖20篇。评选结果及表彰建议经主席办公会传签审议后，印发“关于表扬2022年全国工商联系统优秀调研成果的决定”，并将评选中获得一等奖的成果汇编成册，并附二、三等奖获奖名单，印发各省级工商联、副省级城市工商联、各直属单位、各直属商会交流学习。

（徐海波）

【工商联系统调查研究工作会议在京召开】2022年1月6日，2022年度工商联系统调查研究工作会议在京召开。会议以习近平新时代中国特色社会主义思想为指导，深入学习贯彻党的十九届六中全会精神和中央经济工作会议精神，认真落实全国工商联十二届五次执委会议部署，总结2021年调查研究和参政议政工作，部署2022年工作。会议传达学习了全国政协副主席、全国工商联主席高云龙重要批示。全国工商联副主席黄荣，全国工商联党组成员、副主席李兆前出席会议并讲话。全国工商联研究室主任胡林辉主持会议。

高云龙在批示中充分肯定了近年来

各级工商联调查研究工作和参政议政工作取得的成绩。他强调，调查研究是工商联服务“两个健康”的基础性工作，是工商联履行好参政议政职能的重要前提。他指出，进入新时代、迈向新征程，工商联事业面临新机遇新挑战，党中央对工商联工作提出新的更高要求。希望各级工商联胸怀“国之大者”，聚焦“两个健康”，大兴调查研究之风，苦练调查研究之功，更好发挥桥梁纽带和助手作用，更好服务党和国家工作大局。希望调查研究部门不断提升政治把握能力和调查研究能力，努力多出精品力作，在提升工商联参政议政水平和建言献策质量、更好促进“两个健康”中实现更大作为。

会议要求，各部门各单位参会同志要及时向主要领导报告高云龙主席重要批示，认真组织学习，抓好贯彻落实。

黄荣在讲话中指出，2021年，在全系统共同努力下，工商联在团体提案、反映社情民意信息、参加协商、发挥界别委员作用等工作中取得了良好成效。他对2022年参与政协工作作出部署，强调要强化工商联系统参与各级政协工作重要性的认识，自下而上形成参与政协工作的系统合力；要提高提案和反映社情民意信息工作质量，推动工作从注重“做了什么”“做了多少”向更加重视“做得怎么样”转变；要注重协商议政成果转化，把跟踪问效作为重要的工作环节，在推动落实上下功夫；要加强与政协有关部门的合作，建立与政协各委员会、各部门的常态化联系对接机制；要围绕更好参与政协工作，抓好队伍建设、业务建设、制度建设，解决好“有人做事”“有力办好”“有章可循”的问题。

李兆前在讲话中指出，2021年各级工商联围绕中心服务大局，推动议政建言、调查研究、理论研究、品牌建设取得新成效。他强调，工商联调查研究部门必须做到对党中央重大决策部署先学一步、学深一层，当前最重要的是深入学习领会习近平新时代中国特色社会主义思想，特别是关于促进“两个健康”的重要论述，深入学习领会党的十九届六中全会精神和中央经济工作会议精神。他提出，要坚决贯彻落实“稳字当头、稳中求进”总要求，高质量做好2022年工作。要全力服务工商联换届工作，研究好重大理论问题，总结好本届重点工作，谋划好未来五年工作；要抓好重点调研，围绕稳定宏观经济和社会大局选好主题，形成高质量调研成果；要加强多渠道建言献策，进一步提升重大建言的精准性和专业性；要不断改进民营企业运行调查和万家民营企业评营商环境调查，增强调查实效；要着力加强干部素质能力建设，不断提升调查研究工作质量和水平。

会上，围绕做好反映社情民意信息、提案、调查研究、推动构建亲清政商关系、调查点等工作，全国工商联农业产业商会、广西壮族自治区工商联、浙江省工商联、成都市工商联、山东省日照市东港区石臼街道商会、江苏省工商联、江西省工商联、上海市工商联、湖北省黄石市工商联等单位负责同志分别作交流发言。胡林辉通报了2021年全国工商联系统优秀调研成果获奖情况，全国工商联研究室副主任吴建辉通报了工商联系统2021年理论研究成果获奖情况，全国工商联研究室一级巡视员李飞通报了2021年度反映社情民意信息工作先进单位和先进个人。

会议以视频形式召开，在全国工商联设主会场，在各省级工商联和副省级城市工商联设分会场。全国工商联机关各部门、各直属单位负责同志，行业委员会、直属商会代表，各省级工商联、副省级工商联分管调查研究工作的副主席和调查研究部门全体同志共200余人参加会议。

（梁岩涓）

【联合指导第五届中国企业论坛】 2022年11月6日至8日，全国工商联与国务院国资委、山东省人民政府、新华通讯社联合指导的第五届中国企业论坛在山东济南举办。论坛深入学习宣传贯彻党的二十大精神，以“中国企业新征程新跨越”为主题，倡导和推动中国企业为全面建设社会主义现代化国家、全面推进中华民族伟大复兴作出新的更大贡献。论坛设置1场主题论坛、5场平行论坛和科学家讲坛、市长会客厅、中外企业家对话等活动。武汉高德红外股份有限公司董事长黄立在主题论坛作演讲。正泰集团股份有限公司副总裁郭嵋俊，三一重工股份有限公司首席信息官吕青海，芯视界北京科技有限公司副总裁范显辉，西安建苑集团控股有限公司总裁刘勇，北京尚融资本管理有限公司总裁尉立东，云账户天津共享经济信息咨询有限公司董事长杨晖，网智天元科技集团股份有限公司总裁蔡锦森等企业家围绕加快建设世界一流企业、共建ESG生态共促可持续发展、工业互联网加快数字化转型等内容在相关平行论坛、市长会客厅等活动中作演讲交流。

山东省委书记李干杰，国务院国资委党委书记、主任郝鹏，新华社党组书记、社长傅华等出席并致辞，中国社会科学院副院长、学部委员高培勇作了发言。国务院国资委党委委员、秘书长彭华岗，山东省副省长凌文分别主持论坛致辞和主题演讲环节。全国工商联主席高云龙作视频致辞，副主席杨佑兴出席论坛。企业家、政府部门代表和专家学者300多位嘉宾通过线上线下方式参加论坛。

（徐海波）

服务民营经济高质量发展

【综述】 2022年在我们党和国家历史上是极为重要、影响深远的一年，对工商联而言也是承前启后、继往开来的一年。在全国工商联党组的坚强领导、分管副主席的直接领导、各级工商联经济服务部门和各直属商会大力支持和配合下，经济服务工作坚持以习近平新时代中国特色社会主义思想为指导，深入贯彻落实习近平总书记关于新时代民营经济统战工作和工商联工作重要论述和重要指示批示精神，贯彻落实党中央有关决策部署，聚焦“两个健康”主题，坚持政治引领、思想引导与经济服务深度融合，坚持精进与创新的工作理念，围绕中心、服务大局，扎实推进各项工作取得新成效。

一、贯彻落实习近平总书记重要指示批示精神和党中央决策部署

旗帜鲜明讲政治，将贯彻落实总书记指示批示精神作为最重要政治任务，扎实推进中央有关决策部署落地落实，十余次报送贯彻落实中央领导指示批示精神、各项重要任务分工报告等。贯彻落实总书记指示批示精神。向中央报送《贯彻落实总书记关于大型民营企业风险重要指示批

示的报告》。在辽宁、北京举办两期民营企业国家发展和安全培训班。制定《贯彻落实习近平总书记致2022全国专精特新中小企业发展大会贺信精神工作举措》。贯彻落实重要会议文件精神。起草报送《全国工商联贯彻落实〈上半年经济形势和做好下半年经济工作的建议〉有关情况的报告》《全国工商联贯彻落实国务院领导同志批示精神的报告》《支持民间投资发展有关分工任务报告》等。对重点、热点问题开展调研。召开6场全国稳住经济大盘会议精神贯彻落实情况视频调研会，以信息专报形式报送。开展重点领域民营企业发展状况调研，形成多篇信息专报报相关部门。针对可再生能源发电补贴有关核查问题向有关部门研提建议。及时反馈相关情况。报送全国工商联贯彻落实2021年政府工作报告情况；报送贯彻落实49号文件情况报告；起草领导参加人大财经委2021年和2022年一季度经济运行情况座谈会、政协就业形势座谈会等发言材料；起草关于民营科技领军企业发展制约因素和对策建议的中办约稿。

二、积极防范化解民营企业风险

牵头制订防范化解促进“两个健康”工作领域风险隐患方案、防范化解民营金融机构风险工作方案，会同有关方面共同推进相关工作。根据中央部署，会同国家发展改革委共同处置企业间不正当竞争事件。按月形成民营上市公司股票质押情况和民营企业债券融资、信托融资情况报告，报两办、中央统战部、中央财办、国务院金融稳定委、一行两会，并通报有关省级工商联。加强与有关部委、地方政府和金融机构的沟通协调，持续推进泛海、新华联、中民投、苏宁控股、洛娃集团、博天环境、桑德环境、国美电器等重点企业的纾困工作，及时将有关情况上报国务院金融稳定委。开展民营企业“黑名单”比对，将比对结果通报有关省级工商联和直属商会，督促协助有关企业开展信用修复。

三、持续推进民营企业科技创新

推动科技政策扎实落地。制定《贯彻落实科技体制改革三年攻坚方案的分工方案》《贯彻落实“十四五”国家科技创新规划任务分工方案》。与科技部召开会商会议暨共同培育科技领军企业座谈会，引导支持民营龙头企业创建科技领军企业、强化国家战略科技力量；共同指导小米公司牵头组建3C智能制造创新联合体。与中国科协签署全面战略合作协议，从九个方面加大对民营企业的政策引导和创新服务力度。持续开展创新型成长型民营企业赋能行动。举办第一期资金赋能路演活动。与工商银行开展服务民营企业科技创新专项行动，通报表扬行动先进单位。组织开展“慧眼行动”，共征集民营企业科技项目230项，推荐185项。组织开展第十二次军民两用技术专项调查，征集300多家优势民营企业的1 000多项技术产品。会同工信部等单位共同主办第五届中国先进技术转化应用大赛。推荐民营企业科技人才参加中国青年科技奖、中国青年女科学家奖、中华技能大奖、全国技术能手等评选，4人获“全国技术能手”称号，1人获国家技能人才培育突出贡献个人称号。推动民营企业“专精特新”发展。印发推动民营企业“专精特新”发展的意见及任务分工，会同工信部等共同印发开展“携手行动”促进大中小企业融通创新的通知，印发全国工商联贯彻落实工作方案。发布研发投入、发明专利榜单和研发投入前1 000家民营企业创新状况报告。

四、持续赋能推动民营企业高质量发展

推动民营企业数字化转型。起草民营企业数字化转型情况调查报告并向有关部门报送。开展以“稳中求进 数字赋能”“深入学习贯彻党的二十大精神 助力民营企业绿色低碳发展”等为主题的线上活动，累计超355万人次收看。与工信部等单位共同主办第四届中国工业互联网大赛。持续参与数字化转型伙伴行动，跟踪联合倡议企业落实情况。引导服务民营企业碳达峰碳中和。印发关于引导服务民营企业做好碳达峰碳中和工作的意见，指导地方工商联和商会开展“双碳”工作。启动能源领域民营企业生产经营状况摸底调查，参与“促进新能源产业高质量发展，推动构建新型电力系统”重点调研。推动民营企业参与混合所有制改革。与国家发改委体改司、上海联合产权交易所合作，推进混改项目对接。与国务院国资委共同支持举办2022年混合所有制暨国企民企协同发展项目推介会。充分发挥大企业和先行区在高质量发展中的引领示范带动作用。开展第24次全国工商联上规模民营企业调研，2022年上规模调研共有8 602家上年度营收5亿元以上的民营企业参加，创历史新高。在京举办以“抢抓新机遇 共创新未来”为主题的2022中国民营企业500强峰会。推动温州新时代“两个健康”先行区创建工作，确定内蒙古鄂尔多斯市工商联等12家单位为温州新时代“两个健康”先行区创建经验推广试点单位。以“学习二十大、促进两个健康”为主题召开温州新时代“两个健康”先行区创建经验推广试点工作交流会。

五、持续深化金融服务

推进与建设银行的战略合作，以“雨润花开向春晖”为题进行总结宣传，围绕金融征信、财税新政等面向广大民营企业开展政策宣讲和培训，2万多家民营企业在线参加培训。配合建设银行开展“惠市·惠企”集惠专项行动，共同推动小微普惠金融服务提质增效。与中信银行签订战略合作协议，围绕中小微民营企业扶持、民营企业科技创新等开展合作。与浙江网商银行签订全面战略合作协议，共同实施“两计划、六行动”，持续加大对小微、三农等市场主体的金融支持力度。召开全国工商联助微计划推进会，发布2022年度助微计划倡议书，助微计划开展2年多来，共有127家银行参与其中，累计服务小微企业和个体工商户超3 700万户、累计发放贷款4.28万亿元。会同国税总局共同开展2022助力小微市场主体发展“春雨润苗”专项行动。会同证监会等有关部门共同发布支持上市公司健康发展、推动债券市场更好支持民营企业改革发展等文件，推动金融市场稳定和民营企业高质量发展。

六、助推区域经济发展

与有关省市共同举办全国优强民营企业助推黑龙江高质量发展大会、民营企业助力海南自贸港发展大会，两项活动实现签约项目160个，金额超1 738亿元。举办优势民营企业辽宁行活动，在鞍山、沈阳、大连分别举办对接撮合和推介交流活动，140多位民营企业家参会。总结党的十八大以来全国工商联引导服务民营企业参与区域协调发展战略情况，形成报告报送中办。向各省级工商联和试点城市工商联印发《全国工商联关于贯彻落实营商环境创新试点工作举措汇总》。与上海联合产权交易所等部门共同举办“同心抗疫、助企纾困、携企同行”为主题的5期系列线上培训活动，帮助上海市企业克服疫情影响、有序复工复产。

七、服务中小微企业健康发展

积极履行国务院促进中小企业发展工作领导小组成员单位职责，起草报送有关工作总结和计划，制定印发贯彻落实领导小组关于专精特新服务清单、提升中小企业竞争力文件的工作举措，起草全国工商联关于贯彻落实《促进中小企业发展“十四五”规划》任务工作方案。梳理党的十九大以来全国工商联中小企业工作情况并形成报告，牵头起草全国工商联全面贯彻落实中小企业“十四五”规划的分工方案。连续召开3场小微企业座谈会，并与有关省级工商联、直属商会、研究机构进行合作，形成多篇信息专报报两办等。多次就有关政策文件向全国工商联小微企业工作委员会200多位委员征求意见建议。

八、积极参与其他重点工作

开展民营经济人士思想状况调研，宣传党的二十大精神，就经济社会发展以及行业和企业发展等情况进行摸底，及时了解反映民营经济人士思想动态。积极参与中国工商联十三大筹备工作，完成相关文稿起草、上会人员服务等。扎实做好联系调研工作，先后赴内蒙古、陕西、辽宁开展调研，2022年共走访135个县级工商联，5年累计走访县级工商联263家，最终覆盖率80.67%，完成调研任务。

（孙昱）

【举办2022全国工商联主席高端峰会暨全国优强民营企业助推黑龙江高质量发展大会】7月2日，2022全国工商联主席高端峰会暨全国优强民营企业助推黑龙江高质量发展大会在哈尔滨举行。会议以“携手奋进新征程 助力龙江新辉煌”为主题，深入贯彻落实党的十九大、十九届历次全会精神，深入贯彻落实习近平总书记关于“疫情要防住、经济要稳住、发展要安全”和对黑龙江发展的重要指示精神，围绕“两个健康”主题，助力落实稳住经济大盘一揽子政策措施，引导广大民营企业把握形势、坚定信心，积极投身全面建设社会主义现代化国家新征程，促进黑龙江经济社会发展。全国政协副主席、全国工商联主席高云龙出席会议并讲话；黑龙江省委书记、省人大常委会主任许勤出席会议并致辞；中央统战部副部长、全国工商联党组书记、常务副主席徐乐江，黑龙江省政协主席黄建盛出席会议；黑龙江省委副书记、省长胡昌升作主题推介。大会共组织签约合作项目124个，投资金额1 538.02亿元，涉及数字经济、生物经济、冰雪经济、能源、食品等17个产业领域，其中28个项目现场签约。这些项目投资落地将对黑龙江民营经济实现更快发展、推动黑龙江全面振兴全方位振兴起到积极的推动作用。

（袁爽）

【举办2022中国民营企业500强峰会】9月7日，全国工商联在京举办2022中国民营企业500强峰会。峰会以“抢抓新机遇共创新未来”为主题，深入贯彻落实党的十九大、十九届历次全会精神和中央统战工作会议精神，认真落实习近平总书记关于促进民营经济发展重要讲话精神，促进“两个健康”，引导广大民营企业准确把握形势，坚定发展信心，积极投身全面建设社会主义现代化国家新征程，以优异成绩迎接党的二十大胜利召开。

全国政协副主席、全国工商联主席高云龙，工业和信息化部党组成员、总工程师田玉龙，市场监管总局党组成员、副局长蒲淳，国家乡村振兴局党组成员、副局长黄艳，中国工商银行党委委员、副行长张文武，中国建设银行党委委员、副行长崔勇分别致辞。中央统战部副部长、全国工商联党组书记、常务副主席徐乐江，全国工商联智库委员、万博新经济研究院院长滕泰，中国民间商会副会长、赛力斯集团股份有限公司董事长张兴海分别作主旨演讲。

高云龙在致辞中指出，中国民营企业500强发布已走过十三个春秋，中国民营企业500强峰会已成为民营企业展示、分享、交流的重要平台，已成为提振信心、激发活力、引领民营企业创新发展的年度盛会。近年来，民营企业500强入围门槛持续攀升、产业结构持续调整、创新能力持续增强、社会贡献力度持续加大，在民营企业转型升级、高质量发展、履行社会责任中发挥了示范、引领和带动作用。

高云龙强调，我国发展仍具有“五个战略性有利条件”，民营经济仍具备多方面的发展机遇。要坚信党领导全国人民统筹疫情防控和经济社会发展的能力决心，坚信我国经济韧性强、潜力大、活力足的总体优势，坚信党中央支持民营经济发展的方针政策不会改变。希望广大民营企业把握大势、稳中求进，主动融入国家战略，积极履行社会责任，更加紧密地团结在以习近平同志为核心的党中央周围，踔厉奋发、笃行不怠，向着全面建成社会主义现代化强国、实现中华民族伟大复兴不断前进，以实际行动迎接党的二十大胜利召开。

徐乐江在主旨演讲中指出，广大民营企业要旗帜鲜明讲政治，深刻领悟“两个确立”的决定性意义，增强“四个意识”、坚定“四个自信”、做到“两个维护”，心系民族复兴，坚定不移跟党走；要切实提高政治站位，科学研判形势，高效统筹疫情防控和生产经营，巩固企稳向好态势，坚定发展信心；要坚持全球眼光，坚持深耕细作，坚持自主创新，提升利用两个市场、两种资源的能力，争创世界一流企业；要参与大中小企业融通，制定和实施符合企业实际的发展战略，不断增强发展韧性，形成“各美其美、美美与共、和谐共生”的良性发展生态；要坚持底线思维，在防范风险中履行主体责任，尽早发现风险漏洞，及时采取行动，有效防范化解风险；要胸怀“国之大者”，积极履行社会责任，主动融入、服务国家发展战略，在疫情防控、绿色发展、乡村振兴、社会治理等方面多作贡献。

全国工商联党组副书记、副主席樊友山主持峰会，并发布“2022中国民营企业500强”“2022中国制造业民营企业500强”和“2022中国服务业民营企业100强”榜单。京东集团、阿里巴巴（中国）有限公司、恒力集团有限公司位列“2022中国民营企业500强”榜单前三名；恒力集团有限公司、正威国际集团有限公司、华为投资控股有限公司位列“2022中国制造业民营企业500强”榜单前三名；京东集团、阿里巴巴（中国）有限公司、腾讯控股有限公司位列“2022中国服务业民营企业100强”榜单前三名。

全国工商联副主席黄荣发布《2022中国民营企业500强调研分析报告》。报告显示，民营企业500强整体规模稳步提升，产业结构调整优化，纳税总额小幅上涨，科技创新和品牌培育持续加力，依法合规诚信经营能力不断增强。2022中国民营企业500强入围门槛达263.67亿元，比上年增加28.66亿元。19家500强企业营业收入超3 000亿元，88家500强企业资产总额超过千亿元规模。共有28家民营企业500强入围世界500强。受世纪疫情冲击和“三重压力”影响，民营企业500强的个别经营指标出现波动，生产经营、市场化融资等方面仍面临不少困难，需要进一步稳定预期、提升抵御风险的能力。

会上还发布了《研发投入前1 000家民营企业创新状况报告》。全国工商联在对8 602家上年度营业收入5亿元以上民营企业科技创新情况研究基础上，选取研发投入前1 000家民营企业作为样本，从研发投入、产业和区域分布、专利和标准、经营情况等方面进行了分析。

峰会采取“线下+线上”方式召开，全国工商联机关设主会场，各省级工商联设分会场。全国工商联有关领导同志，中央统战部及全国工商联有关部门负责同志，企业和商会代表在主会场参会。各省级工商联负责人、当地民营企业和商会代表在各分会场参会。

（孙昱）

【举办民营企业助力海南自贸港发展大会暨重点项目集中签约活动】7月24日，全国工商联、海南省人民政府在海口联合举行民营企业助力海南自贸港发展大会暨重点项目签约活动。本次活动以“民企共扬帆，奔腾入‘海’来”为主题，会上举办了重点项目签约仪式，签署投资合作协议36个，意向投资金额超200亿元人民币，签约项目涵盖医疗、文旅等领域。

中央统战部副部长，全国工商联党组书记、常务副主席徐乐江，海南省人民政府省长冯飞分别通过视频连线方式致辞，海南省政协主席毛万春出席。

（袁爽）

【召开全国工商联科技部会商暨共同培育科技领军企业座谈会】4月2日，科技部与全国工商联举行会商会议暨共同培育科技领军企业工作座谈会，深入学习贯彻习近平总书记关于科技创新的重要论述，贯彻落实党中央、国务院决策部署，共同就聚焦支持民营龙头企业创建科技领军企业，强化国家战略科技力量听取意见建议，研究部署政策措施，加快建设科技领军企业和世界一流企业。科技部党组书记、部长王志刚，中央统战部副部长、全国工商联党组书记徐乐江出席会议并讲话。科技部党组成员、副部长邵新宇，全国工商联副主席黄荣分别介绍了深化两部门协作机制的重点工作安排和推动民营企业科技创新有关情况。科技部党组成员、副部长李萌主持会议。

徐乐江指出，近年来，在科技部的大力支持下，工商联科技服务工作扎实开展，民营企业创新发展环境持续优化，企业创新能力稳步提升。要进一步提高政治站位，深入学习贯彻习近平总书记关于科技创新和民营经济重要论述精神，将党中央关于培育科技领军企业、强化国家战略科技力量的系列决策部署，作为引导支持民营龙头企业创建科技领军企业的根本遵循。徐乐江强调，要直面现实问题，充分发挥民营企业科技创新主体的重要作用。要务实创新，共同加强对民营企业的政治引领和思想引导，共同做好民营科技企业风险防范化解工作，共同支持民营龙头企业创建科技领军企业，共同支持创新型中小企业发展壮大。

王志刚指出，习近平总书记关于战略科技力量的重要指示精神，是我们新时期强化企业创新能力，加快培育科技领军企业和世界一流企业的根本遵循。把民营科技领军企业作为国家战略科技力量进行培育建设，是实现中国特色高水平科技自立自强的现实选择。要加快培育一批具有较强自主创新能力和国际竞争力的民营科技领军企业。要突出战略定位，切实发挥民营企业在关键核心技术攻关中的重要作用。要持续提升民营企业创新能力，在创新基地、人才建设、科研投入等方面加大对民营企业的支持。要加强政策引导与服务，积极为各类市场主体营造稳定、透明、可预期的发展环境，优化面向民营龙头企业的创新服务，引导民营企业健康发展。王志刚强调，民营科技领军企业要胸怀“国之大者”，紧密围绕国家重大战略需求，勇担使命任务。科技部将会同全国工商联认真贯彻落实好党中央、国务院关于科技创新和促进民营企业健康发展的决策部署，落实好两部门定期会商机制，围绕强化政治引领做好民营龙头企业与国家科技战略对接、强化信心引领优化面向民营龙头企业的创新服务、强化发展引领支持民营龙头企业发挥原创技术“策源地”作用、强化责任引领支持民营龙头企业发挥产业链“链长”作用四个方面，共同支持民营企业提升自主创新能力，创建科技领军企业和世界一流企业，强化国家战略科技力量。

会上，高德红外、伊利、小米、华为、百度、京东、三一集团、首药控股、大北农科技9家民营企业负责同志围绕强化国家战略科技力量的特色做法、工作考虑及意见建议等作了交流发言。全国工商联党组成员、秘书长赵德江，科技部、全国工商联有关司局（部）负责人参加会议。

（刘小青）

【召开温州“两个健康”先行区创建经验推广试点工作交流会】2022年11月4日，温州新时代“两个健康”先行区创建经验推广试点工作交流会在京召开。会议以“学习二十大精神，促进‘两个健康’”为主题，认真学习领会党的二十大精神，深入贯彻落实习近平总书记在中央统战工作会议上的重要讲话精神和关于促进“两个健康”的重要论述精神，通过交流研讨、发布报告、成果展示，持续推动先行区创建及经验推广试点工作扩面提质、走深走实。全国工商联党组副书记、副主席樊友山出席会议并讲话。全国工商联副主席黄荣主持会议。全国工商联党组成员、副主席杨佑兴发布万家民营企业评营商环境主要结论。浙江省委常委、温州市委书记刘小涛，浙江省委常委、统战部部长邱启文致辞。会上，温州市委副书记、市长张振丰作“两个健康”先行区创建经验交流发言，浙江省委统战部副部长、省工商联党组书记徐国龙作交流发言。12家推广试点单位中的常州市工商联、青岛市工商联、长沙市工商联、深圳市工商联、重庆市渝北区工商联、宝鸡市工商联在线发言，鄂尔多斯市工商联、通化市工商联、赣州市工商联、鹤壁市工商联、黄石市工商联、昆明市工商联书面发言。会议采取“线下+线上”方式召开，全国工商联机关设主会场，各省级工商联、各推广试点单位及温州市设分会场。中央统战部非公有制经济工作局负责同志、全国工商联机关各部门负责同志，各省级工商联、各推广试点单位、浙江省及温州市有关方面负责同志等参加会议。

（陆军）

【召开2022年全国工商联经济服务工作会议】1月13日，2022年全国工商联经济服务工作会议在京召开。会议深入学习贯彻党的十九大和十九届历次全会精神、习近平总书记重要指示批示精神，学习贯彻中央经济工作会议精神，落实全国工商联十二届五次执委会议工作部署，总结交流2021年工商联经济服务工作，部署2022年经济服务重点工作。全国工商联副主席黄荣出席会议并讲话。

黄荣同志对工商联系统做好2022年经济服务重点工作提出要求。他强调，要积极参与防范化解民营企业风险工作，加强风险隐患排查，积极参与企业日常监管，积极参与风险处置，形成切实做好民营企业风险防范化解的工作合力；要扎实推进民营企业科技创新服务，推动民营企业“专精特新”发展，支持民营龙头企业组建创新联合体，推动民营企业参与重点产业链供应链建设，推动民营科技创新示范基地创建，加强与金融机构合作；要积极推进民营企业信用体系建设，切实贯彻落实全国工商联民营企业信用体系建设工作会议精神，形成民营企业信用体系建设情况年度工作报告制度，高度重视“黑名单”比对和信用修复工作；要积极做好温州新时代“两个健康”先行区创建经验的推广试点，确定好推广试点单位，把握好时间节点，落实好有关工作要求。

会上，全国工商联副秘书长、经济部部长林泽炎对2021年经济服务工作进行了总结，并结合坚持政治引领、思想引导与经济服务深度融合促进“两个健康”的工作目标，坚持精进与创新的工作原则，从推动民营企业科技创新和“专精特新”发展、推进民营企业信用体系建设工作、持续做好民营企业防范化解风险工作、推动民营企业数字化转型、引导服务民营企业做好碳达峰碳中和工作、服务中小微企业健康发展等10个方面对2022年重点工作进行了部署。天津市、安徽省、广西壮族自治区、重庆市工商联和全联城市基础设施商会有关负责同志就各自在经济服务方面的创新亮点工作进行了交流发言。

会议采取“线下+线上”方式召开，全国工商联机关设主会场，各省级和副省级城市工商联设分会场。全国工商联经济部副部长、一级巡视员罗力主持会议，全国工商联经济部副部长袁媛，机关各部门和有关直属单位负责同志，各省、自治区、直辖市，新疆生产建设兵团和副省级城市工商联分管经济工作的负责同志和经济处室同志，全国工商联各直属商会负责同志，全国工商联小微企业工作委员会委员，全国工商联经济部有关同志共200余人参会。

（苏谦）

【召开全国工商联“助微计划”推进会】2022年7月5日，全国工商联助微计划推进会以现场和视频会议相结合方式在京举行。中央统战部副部长，全国工商联党组书记徐乐江出席会议并讲话。中国银保监会普惠金融部主任丁晓芳，中国银行业协会党委书记、专职副会长邢炜参加会议并讲话。全国工商联副主席黄荣主持会议。会上，全国工商联发布了助微计划推进情况报告及2022年度助微计划倡议书。报告显示，自2020年3月以来，在金融监管部门支持下，全国工商联会同有关协会以及相关金融机构，连续两年开展助微计划，帮助小微企业、个体工商户应对疫情冲击，推动实现高质量发展。两年来共有127家银行参与助微计划，平均每月服务小微客户超300万，累计发放贷款超4万亿元，有大量此前没有被金融机构覆盖或覆盖不足的小微经营者群体得到有效的金融服务。

（陆军）

【开展民营企业家国家安全教育培训】为深入贯彻落实党中央决策部署，不断增强民营企业家国家安全意识、责任担当意识，积极维护和塑造国家安全，促进“两个健康”，全国工商联分别于2022年8月15日至18日、9月12日至18日在辽宁省鞍山市、国际关系学院，组织第三期、第四期民营企业国家发展和安全培训班。来自各省区市的200余位民营企业、工商联、商会代表参加培训。中央军民融合办、科技部、国家安全部等单位领导，中央党校、中国科学院、中国社会科学院、清华大学、中国现代国际关系研究院、国际关系学院、奇安信集团等单位的专家为培训班授课。黄荣副主席出席开班式并作动员讲话。他要求广大民营企业家深刻学习领会习近平总书记关于坚持总体国家安全观的有关论述，切实增强国家安全意识，在政治安全、网络安全、科技安全、海外利益安全等方面积极维护和塑造国家安全，黄荣副主席对工商联加强教育培训工作、促进“两个健康”提出具体要求。

（张志伟）

【与中国建设银行共同举办“深度解读财税新政 金融创新共享红利”线上培训】2022年4月14日，为深入贯彻落实党中央、国务院实施新的组合式税费支持政策决策部署，宣传解读减税降费新政，有效应对疫情冲击助企纾困，坚定民营企业发展信心，全国工商联经济服务部与中国建设银行公司业务部、建信融资租赁公司共同举办“深度解读财税新政，金融创新共享红利”线上培训。培训采取视频直播形式，在全国工商联机关设主会场，全国工商联各直属商会秘书处有关负责同志和会员企业代表，以及来自全国各地的民营企业和基层商会通过视频参加培训。培训期间，建信金融租赁公司负责同志对政策条款进行了细致的解读，超2.2万位民营企业和商会代表在线参加培训，1 100人次参与交流互动。

（陆军）

【举办“同心抗疫、助企纾困、携企同行”线上培训活动】2022年5月至9月，经济服务部与上海市工商联、深圳证券交易所、上海联合产权交易所等单位机构共同举办以“同心抗疫、助企纾困、携企同行”为主题的5期系列线上培训活动，帮助上海市企业克服疫情影响、有序复工复产。培训活动吸引超过32 000人次实时在线观看直播，受到企业的广泛欢迎和普遍好评，人民网、中国新闻网、新民晚报、新浪网等多家媒体进行了报道，取得了积极的培训成效和广泛的社会影响。

（袁爽）

【开展生活性服务业企业发展情况调研】2022年3–4月，为全面掌握生活性服务业企业的发展现状，深入了解企业当前经营中的困难和问题，调研了解《关于促进服务业领域困难行业恢复发展的若干政策》的贯彻落实情况，全国工商联围绕生活性服务业企业发展情况开展调研。调研以实地调研、组织省级工商联调研、开展问卷调查及委托机构和直属商会调研等多种形式展开，并形成《生活性服务业企业发展情况调研报告》《小微主体受疫情冲击严重 经营状况继续下滑》《生活性服务业企业受疫情冲击严重 步履维艰》等多篇调研成果。

（陆军）

【开展稳经济政策措施贯彻落实情况调研】2022年6–7月，为贯彻落实全国稳住经济大盘电视电话会议精神，跟踪了解国务院常务会议确定的6方面33项稳经济政策措施的落实情况，掌握民营企业真实感受，充分听取民营企业对政策措施贯彻落实的意见建议，全国工商联分片区召开多场视频会议，邀请民营企业代表、省级工商联和全国工商联直属商会代表参加，就稳经济政策措施在各地区的贯彻落实情况、面临的主要困难以及有关意见建议等内容开展座谈交流。会后，围绕小微企业、制造业企业发展情况形成多篇调研成果。

（陆军）

【制定全国工商联贯彻落实习近平总书记致2022全国专精特新中小企业发展大会贺信精神工作举措】2022年9月8日，习近平总书记向2022全国专精特新中小企业发展大会致贺信，充分肯定了中小企业的重要地位和作用，对中小企业专精特新发展提出殷切期望，对做好中小企业工作提出明确要求。为深入学习宣传贯彻习近平总书记贺信精神，全国工商联制定印发《贯彻落实习近平总书记致2022全国专精特新中小企业发展大会贺信精神工作举措》（以下简称《举措》），提出了2个方面14项具体工作。《举措》提出，要深刻学习领会习近平总书记贺信精神，把学习习近平总书记贺信精神与学习贯彻党的二十大精神紧密结合，要利用走访调研、座谈交流、谈心谈话等时机深入宣传，要注重发掘民营企业“专精特新”发展典型，并加强宣传推广，发挥好典型示范作用。《举措》明确，要全面贯彻落实习近平总书记贺信精神，推动惠企政策落实，促进大中小企业融通创新，推动中小企业数字化转型，加强企业融资服务，开展创新人才服务。

（张志伟）

【与中国科协签署全面战略合作协议】2月，为深入贯彻落实习近平总书记关于科技创新、人才工作和民营经济发展的重要论述精神，发挥科协系统的人才优势和工商联系统的组织优势，全国工商联与中国科协签署了全面战略合作协议，拟围绕开展调研和智库合作、开展科技政策宣讲、举荐培养民营企业科技人才、开展科学家进民营企业活动、推动“科创中国”为民营企业赋能、推动民营企业参与科学普及、推动民营企业科协组织建设、宣传民营企业科技创新典型案例和优秀创新人才、推动地方工商联与科协建立协作机制九个方面深入合作。3月，两部门联合印发通知，要求各级工商联、科协以此为契机，建立或深化工作协作机制，共同做好全面战略合作协议的落地实施，加大对民营企业的政策引导和创新服务力度，为民营企业营造良好的科技创新环境，团结引领广大民营企业科技工作者以高水平科技自立自强支撑民营经济高质量发展。

（刘小青）

【与贵州省人民政府签署战略合作协议】为深入贯彻党的二十大精神，共同推动党中央、国务院支持贵州高质量发展系列决策部署的全面落实，12月2日，全国工商联与贵州省人民政府签署战略合作协议。双方就共同推动贵州“四区一高地”建设、共同推进贵州巩固拓展脱贫攻坚成果与乡村振兴有效衔接、共同推动贵州“两个健康”工作再上新台阶、共同推动毕节建设高质量发展示范区暨织金县“万企兴万村”典型县建设、共同推动贵州省工商联组织建设五个方面达成协议。为落实协议，双方将建立合作会商机制，成立领导小组，共同研究解决实施中存在的问题。

（袁爽）

【与中信银行签署战略合作协议】10月26日，全国工商联与中信银行在北京中信大厦举行战略合作启动仪式，全国政协副主席、全国工商联主席高云龙，中信集团董事长朱鹤新出席活动并签署战略合作协议。双方明确将围绕中小微民营企业扶持、企业家综合服务、民营企业科技创新、数字化转型、碳达峰碳中和、参与混合所有制改革六大场景开展系列合作，发挥各自优势，凝心聚力，共同推动民营经济持续健康发展。

（袁爽）

【与浙江网商银行签订全面战略合作协议】2022年4月，为深入贯彻习近平新时代中国特色社会主义思想，全面落实党中央、国务院关于支持中小微企业健康发展、发展普惠金融、做好三农工作等决策部署，全国工商联与浙江网商银行签署了全面战略合作协议，旨在共同构建支持小微、支持三农的金融服务体系，推进数字经济与实体经济深度融合，助力小微企业、助力乡村振兴，促进非公有制经济健康发展和非公有制经济人士健康成长。全国工商联积极推动金融支持民营企业、小微企业发展，近年来与多家金融机构建立战略合作关系。根据与浙江网商银行签署的全面战略合作协议，双方将本着互信互通、共同发展的理念，建立全面、紧密的战略合作关系，结合小微生产经营需求和数字普惠金融创新实践，共同实施“两计划、六行动”，即深化助微计划、推进助农计划，开展助力小微、助农振兴、共促科创、数字赋能、服务就业、践行公益等六项行动，持续加大对小微、三农的信贷支持与综合服务力度。

（陆军）

【推动民营企业数字化转型】深入贯彻落实《全国工商联关于推动民营企业加快数字化转型发展的意见》，积极开展调查研究，加强建言献策，推动民营企业数字化转型发展。与腾讯研究院合作开展民营企业数字化转型情况问卷调查，撰写《关于民营企业数字化转型情况调查的报告》，送有关部门参阅。与大成企业研究院合作开展民营工业互联网平台企业调研，撰写《把握工业互联网发展机遇，加速民营企业数字化转型》的调研报告，形成9份典型案例，加强宣传。参加推动数字经济持续健康发展专题调研座谈会，反映民营企业数字化转型问题并研提建议。举办“稳中求进 数字赋能”第48期德胜门大讲堂活动，通过“以会代训”的方式，进一步深化民营企业对数字化转型的认识，引导服务民营企业转型升级，实现高质量发展。与工信部等单位共同主办第四届中国工业互联网大赛，组织民营企业参赛，借助大赛平台展示创新成果，促进交流对接和技术推广。

（袁爽）

【引导服务民营企业碳达峰碳中和】印发《全国工商联关于引导服务民营企业做好碳达峰碳中和工作的意见》，从民营企业加快绿色低碳转型发展、各级工商联加强引导服务、积极发挥商会作用三方面提出17条具体意见，指导地方工商联和商会开展双碳工作。12月10日，举办“深入学习贯彻党的二十大精神 助力民营企业绿色低碳发展”德胜门大讲堂活动，通过政策解读、研讨交流，为工商联、商会做好双碳工作，为民营企业加快绿色转型提供参考和借鉴。开展能源领域民营企业生产经营状况摸底调查。

（袁爽）

【推动民营企业参与混合所有制改革】与国资委共同支持举办2022年混合所有制暨国企民企协同发展项目推介会，常兆华副主席代表全国工商联出席会议并致辞，组织部分民营企业参会发言、推荐民营企业项目参与现场推介。参加全国人大组织的混合所有制改革专题座谈会，介绍民营资本参与混合所有制改革的相关情况。与国家发展改革委体改司、上海联合产权交易所合作，持续推进混改项目对接。

（袁爽）

【开展创新型成长型民营企业赋能行动】金融服务方面，与工商银行开展服务民营企业科技创新专项行动，支持创新型成长型民营企业304户，贷款余额50.96亿元；举办第一期创新型成长型民营企业资金赋能路演活动，10家科技含量高、成长型较好的民营企业作项目路演，30多家机构投资者参加。技术服务方面，会同工信部等共同印发开展“携手行动”促进大中小企业融通创新的通知，共同主办第五届中国先进技术转化应用大赛；组织开展第十二次军民两用技术专项调查，共征集到300多家优势民营企业的1 000多项技术产品，208家企业的技术产品入选推荐目录。在人才服务方面，举荐了10位中国青年科技奖候选人、3位中国青年女科学家奖候选人、1个青年女科学家奖候选团队、2位中华技能大奖候选人、5位全国技术能手候选人、1位国家技能人才培育突出贡献个人候选人和1家突出贡献单位候选单位。

（刘小青）

【联合举办经贸活动，助推区域经济发展】积极推动民营企业参与区域重大战略和区域协调发展战略，在助推地方经济发展的同时，实现自身更好发展。向各省级工商联和试点城市工商联印发《全国工商联关于贯彻落实营商环境创新试点工作举措汇总》。与有关省市共同举办全国优强民营企业助推黑龙江高质量发展大会、民营企业助力海南自贸港发展大会，两项活动实现签约项目160个，金额超1 738亿元。举办优势民营企业辽宁行活动，在鞍山、沈阳、大连分别举办对接撮合和推介交流活动，140多位民营企业家参会。总结党的十八大以来全国工商联引导服务民营企业参与区域协调发展战略情况，形成报告报送中办。

（袁爽）

【举办优势民营企业辽宁行活动】为深入贯彻落实习近平总书记关于东北、辽宁振兴发展的重要讲话精神，2022年8月16日至19日，全国工商联经济服务部与辽宁省工商联共同举办“优势民营企业辽宁行活动”。黄荣副主席、辽宁省工商联主要领导、鞍山市委市政府主要领导、大连市委统战部和市工商联领导出席有关活动。

活动中，来自黑龙江、吉林、江苏、浙江、广东5省的140名民营企业家分成三个考察团，分别参加了沈阳、大连、鞍山三地推介活动。在沈阳，企业家参加了辽商总会头部企业对接撮合会，了解了东软集团、新松机器人、特变电工等13家企业的本地配套意向及企业应用场景。在东北科技大市场参加抚顺、本溪、锦州、葫芦岛等市的项目推介活动。考察了沈鼓集团、特变电工等沈阳头部企业。在大连，企业家参加了大连推介会及甘井子区项目推介会，参观了大连市创新创业创投公共服务平台，实地考察了大连东兴机械有限公司、大连豪森设备制造股份有限公司等重点头部企业。在鞍山，举办了“全国工商联优势企业鞍山行项目撮合对接会”，企业家与鞍山市各县（市、区）进行了“一对一”对接交流，分别考察了铁西区、立山区、高新区、经开区重点头部企业。

（张志伟）

【与工商银行开展服务民营企业科技创新专项行动】2月18日，为深入学习贯彻党的十九届六中全会精神，认真落实创新驱动发展战略，更好服务民营企业创新发展，全国工商联与中国工商银行在京联合启动服务民营企业科技创新专项行动，全国工商联副主席黄荣、中国工商银行副行长王景武出席会议并讲话。会上，中国工商银行公司金融业务部介绍了服务民营企业科技创新行动方案，广州市工商联、全联科技装备业商会、工商银行北京市分行、森特士兴集团等代表作了交流发言。会议还举行了服务民营企业科技创新专项行动启动仪式和创新型成长型民营企业银企合作签约仪式，工商银行各分行与首批近150家创成型民营企业签署战略合作协议。经过各级工商联和工商银行分支机构的共同努力，专项行动取得了预期效果。12月，全国工商联、中国工商银行印发通知，对北京市工商联、工商银行北京分行等32家服务民营企业科技创新行动先进单位进行了表扬，并汇编了专项行动总结材料供各地参考。

（刘小青）

【会同国家税务总局共同开展2022年助力小微市场主体发展“春雨润苗”专项行动】为深入贯彻落实党中央、国务院实施新的组合式税费支持政策决策部署，持续推进落实《关于进一步深化税收征管改革的意见》，进一步巩固拓展党史学习教育成果，国家税务总局与全国工商联联合开展2022年助力小微市场主体发展“春雨润苗”专项行动，推出“政策暖心、服务省心、解难舒心、护助可心”4大类主题活动12项行动措施，切实为小微市场主体办实事、解难题。“春雨润苗”专项行动是2022年“我为纳税人缴费人办实事暨便民办税春风行动2.0版”的重要内容，其中聚焦聚力服务小微市场主体。“春雨润苗”专项行动基于纳税人缴费人需求调查、小微企业直联直报和快速响应机制等渠道收集的重点诉求，聚焦小微市场主体这一核心对象，通过各项“惠苗”“助苗”“扶苗”“护苗”措施，持续滋润“小微之苗”，积极为其纾困解难，助力健康成长。

（陆军）

【开展第十六届高技能人才评选推荐工作】认真组织开展第十六届高技能人才推荐工作，在向各省级工商联、全国工商联直属商会征集候选人选和候选单位的基础上，进行形式审查、专家评审，形成推荐建议名单并报请党组会审议通过后向人力资源和社会保障部全国技能人才评选表彰办公室推荐。最终全国工商联推荐的德龙钢铁有限公司郭彦刚、宁波市恒菲机械科技制造有限公司周英芳、山东华泰纸业股份有限公司周景蓬、江苏永钢集团有限公司杨正荣4位人选荣获“全国技术能手”称号，贵阳欣博尔商贸有限公司鄢益龙获评“国家技能人才培育突出贡献个人”。

（袁爽）

法律服务

【综述】2022年，法律服务部深入学习贯彻党的二十大精神，落实习近平法治思想和中央决策部署，围绕促进“两个健康”工作主题，根植人民团体维护权益主体职能，以相关品牌活动和重点任务为牵引，以立法、普法、执法司法联动协作机制为抓手，以法律服务机构和法律服务信息平台为依托，全力推动工商联法律服务工作迈上新台阶。

一、深化法治民企行动，举办民营经济法治建设峰会

成功举办第四届民营经济法治建设峰会，展示了新时代特别是党的十九大以来民营经济法治建设成就，发布了新时代加强民营经济法治建设十大事件，举行了工商联与公检法司机关沟通联系机制及“万所联万会”机制典型事例单位代表颁证仪式，发布了法治民企报告（2021—2022）和《商会调解培育培优行动方案（2022—2023）》。开展“企业家学法”活动，录制并发布“专家讲法”视频39部。开展民营企业诉讼风险研究，线上举办民营企业法律风险防范与合规管理培训。截至2022年12月底，全国共有2万家律师事务所与2.4万家工商联所属商会、2 600多家县级工商联建立了联系合作机制。

二、积极反映立法诉求，持续优化法治环境

发挥工商联组织立法协商职能，向立法机关及时反馈商会、民营企业等对于相关法律法规规章立改废释的意见和建议，通过参与立法工作着力降低民营企业制度性交易成本，促进法治化营商环境不断优化。共参与公司法、企业破产法、反垄断法等30部法律法规制修订，其中《促进个体工商户发展条例》在征求意见稿中对商业汇票的使用明确予以禁止，我们提出的相对放松商业汇票的限制等诉求，被立法机关采纳；积极推动将《商会法》列入十四届全国人大常委会立法规划；组织、参与企业破产法、民诉法涉外编、公司法、仲裁法等征求意见座谈会。

三、维护企业合法权益，加强内部腐败治理

高度重视民营企业权益维护和民营企业家财产、人身安全保护，积极发挥群团组织维护权益职能，加强制度建设，合理合法反映诉求，扎实推进个案维权服务工作，引导民营企业诚信守法经营、依法维权。制定印发《中华全国工商业联合会公职律师管理办法（试行）》《全国工商联法律维权工作规则（试行）》，充分利用公职律师、律师团等法律资源，开展疑难案件会商，截至目前处置维权案件30余起。认真落实中央领导同志关于民营企业内部腐败治理有关批示要求，制发相关工作举措，定期报送内部腐败研究情况和工作进展，汇编民企内部腐败典型案例，并研究初步形成民营企业反贿赂管理指引。

四、推动高标准引领，助力高质量发展

全国工商联与多部门联合印发《关于促进团体标准规范优质发展的意见》和《关于印发贯彻实施〈国家标准化发展纲要〉行动计划的通知》。成功举办2022民营经济标准创新大会暨民营经济标准创新周，首创央地协同、全国联动新机制，在北京、山东、江苏、杭州、成都、深圳六地开展具有地方特色的主题专场活动。接续开展年度企业标准领跑者、商会团体标准领先者活动，形成商会团体标准领先者名单，举办两期民营企业标准化公益大讲堂。组织民营经济领域“中国标准创新贡献奖”评选提名，全国工商联共提名9项，其中两项列入奖项建议名单。

五、推进商会调解规范化，实施培育培优行动

印发实施《全国工商联商会调解工作办法（试行）》。会同最高法、司法部、人社部共同下发《商会调解培育培优行动方案（2022—2023）》。举办商会调解培育培优培训班，全面提升商会调解能力水平，服务保障民营经济健康发展。参与劳动争议预防调解工作，会同人社部等多部门共同印发《进一步加强劳动人事争议协商调解工作的意见》。积极参与“总对总”在线诉调对接工作，完善商会调解平台建设，宣传推广在线诉调对接典型案例。

六、加强企业合规建设，深化第三方评估机制

推进企业合规第三方机制成员单位扩容，新增人社部、应急管理部、海关总署、中国证监会作为成员单位。组织召开企业合规第三方监督评估工作推进会暨

2022企业合规管理高端对话活动，深入总结企业合规改革和第三方机制建设成效，推进全国范围全面推开第三方机制。会上，全国工商联党组成员、副主席鲁勇发布了企业合规第三方机制一年来的建设成果，企业合规第三方机制管委会推出了企业合规第三方监督评估实践案例；最高检、全国工商联等13个部门共同启动企业合规第三方监督评估信息化服务平台。牵头印发《涉案企业合规建设、评估和审查办法》。举办2022企业合规管理高端对话暨第47期“德胜门大讲堂”，国家和地方第三方机制有关人员，各类商会、企业和公司法务负责人共97.1万余人次通过相关直播平台线上参加活动。

七、构建和谐劳动关系，开展惠企政策解读

参与组织全国和谐劳动关系创建示范经验交流会，总结和谐劳动关系创建工作取得的成绩，交流经验做法。印发《全国工商联劳动关系监测调查工作管理办法》。2022年共开展一次劳动关系年度监测、三次季度监测，形成年度数据分析和信息专报8篇。开展民营企业春季开工用工情况调查，发布年度民营企业劳动关系报告，举办2022年度劳动法进民企暨企业规范用工“云”讲堂。

八、聚焦“关键少数”，加强依法治会

全国工商联首次召开主要负责人年度述法工作会。徐乐江书记带头作述法报告并明确了把全面依法治国贯穿落实到工商联促进“两个健康”各领域和全过程的具体要求。会上，发布了工商联机关部门和直属单位主要负责同志履行推进法治建设第一责任人职责清单。加强公职律师队伍建设，新发展公职律师6人，为依法治企提供重要智力支撑。

（刘晓琳）

【发布“这十年，民营经济法治建设取得历史性成就”】民营经济是我国基本经济制度的内在要素，是推动社会主义市场经济发展的重要力量。党的十八大以来，各级公检法司机关、法学会、工商联以及有关部门坚持以习近平法治思想为指导，切实履职尽责、通力协作配合，一体推进法治营商环境和法治民企建设，为新时代民营经济高质量发展提供了坚实的法治保障。在党的二十大即将胜利召开之际，全国工商联会同最高人民法院、最高人民检察院、公安部、司法部、中国法学会共组课题团队，全面总结新时代特别是党的十九大以来民营经济法治建设成就与经验，形成课题总报告。报告聚焦学习贯彻习近平法治思想特别是习近平总书记关于民营经济法治建设的重要论述，系统总结了近十年来公检法司机关、法学会、工商联及有关部门服务保障民营经济健康发展的重大举措、重要经验和重要成果。在第四届峰会上发布了新时代民营经济法治建设成就专题片，举办十年成就展览。

（袁堂军）

【发布“这十年，工商联法律服务在行动”】新时代特别是党的十九大以来，各级工商联及所属商会坚持以习近平法治思想为指导，坚持“两个毫不动摇”，始终锚定“两个健康”工作主题，全面推进新时代工商联法律服务工作打开了新局面、迈上了新台阶。

（一）弘扬法治——助力民营企业持续练好内功

法治民企建设全面铺开。启动“法治民企”工程，发布法治民企报告。在首届“民营经济法治建设峰会”上，组织民营企业家发出“法治民企倡议”。与司法部联合印发《法治民企行动方案（2021—2025年）》。

法治宣传活动接续开展。与司法部、全国普法办联合开展“法律三进”活动，《中华工商时报》开设“法律三进”专栏，刊登法治报道160余篇。与公检法司、中国法学会联合开展“企业家学法活动”，发布“专家讲法”视频34部。

法律服务专项扎实推进。开展常态化“法治体检”，2020年以来全国范围内开展活动3万多场次，覆盖民营企业17万多家。2021年，与司法部、全国律协联合推进“万所联万会”，目前全国已有1.95万家律师事务所与2.1万家工商联所属商会、2 100多家县级工商联建立了联系合作机制。

（二）立法协商——不断推动优化法治化营商环境

助力涉企法规不断完善。2012年以来，累计参与制定修订涉企法律法规及规范性文件347部。作为企业破产法（修改）起草组成员单位，多次参与破产法修改专题调研，积极参与全国人大常委会重大涉企法律法规的执法检查。

推动营商环境不断优化。自2018年起，连续5年组织开展万家民营企业评营商环境调查，持续建设中财办、国研室等建言献策权威渠道，开展民营企业季度运行状况调查、中国企业论坛、社情民意信息反映等品牌活动。

坚持不懈推动商会立法。2019年7月，安徽省十三届人大常委会通过《安徽省商会条例》。2021年和2022年，全国工商联接续提交有关加快推进商会立法、将《商会法》列入十四届全国人大常委会立法规划的提案。

（三）连线搭桥——携手协力共促依法平等保护

公检法司联系机制全覆盖。党的十八大以来，在多方努力下，全国工商联实现与公检法司沟通联系机制全覆盖。2022年，工商联与公检法司联合开展沟通联系机制落实情况调研。通过选树先进典型，营造比学赶帮超的浓厚氛围。

搭建法治交流新平台。2019年起，连续举办四届民营经济法治建设峰会，现已成了工商联与公检法司部门共同营造高层重视、社会关注、企业参与的法治化营商环境的品牌工程。

政府助手作用不断深化。围绕法治建设、政策法规解读等热点难点，定期举办“政企面对面”活动为民营企业答疑解惑。

（四）商会调解——助力定分止争，减轻企业诉累

致力打造商会调解品牌。近年来，与司法部、最高法院联合推进商会调解建设，指导工商联所属商会成立人民调解委员会，推动商会调解与仲裁调解、诉讼调解、劳动争议调解相接相融。

调解工作已驶入“快车道”。调解组织数量从2013年170家发展至2021年3 001家，呈现成倍增长态势；目前工商联有调解员9 789名，2018年以来调解纠纷13万件、标的额近200亿元。

“一站式”“信息化”初见规模。联合开发商会调解服务平台，入驻各级工商联2 759家、商会调解组织2 357家、调解员3 658名，在线开展诉调对接案件3.5万件，平均调解时长12天，70%的调解成功案件在4天内办结，其中最快的15分钟达成调解协议，大大降低了企业解纷成本。

（五）标准引领——开发商会团体标准提升自律能力

探索民营经济领域标准化工作新路径。2020年，全国工商联正式成为国务院标准化工作部际协调联席会议成员单位，与国家标准委共同印发《关于鼓励、引导和规范工商联所属商会开展团体标准化工作的意见（试行）》，专门成立全国工商联标准化工作委员会。广泛开展民营企业

标准“领跑者”和商会团体标准“领先者”活动。

打造民营经济标准化工作品牌。召开民营经济领域标准化工作推进会、举办民营经济标准创新大会，与国家标准委共同出台《标准化促进民营经济高质量发展行动计划（2022—2023年）》。今年9月将接续举办“民营经济标准创新周”活动。

（六）企业合规——助推企业在合法合规中提高企业竞争能力

深入推进企业合规管理与建设。2021年6月以来，全国工商联与最高检等九部委联合印发《关于建立涉案企业合规第三方监督评估机制的指导意见（试行）》，组建成立国家层面第三方机制管委会，由全国工商联承担管委会办公室日常工作。2022年6月，举办企业合规第三方监督评估工作推进会，深入总结企业合规改革成效，部署在全国范围内推开第三方机制建设。

（七）依法维权——让企业家在每一个案件中感受到公平正义

依法稳慎开展个案维权。全国工商联十二大以来，累计办理民营企业维权事宜300余件，2018年5月31日最高人民法院宣判物美集团创始人张文中无罪，2019年4月10日对顾雏军案再审改判，极大提振了广大民营经济人士依法经营、干事创业的信心。

维权制度体系不断健全。成立全国工商联法律维权服务中心，制定《全国工商联法律维权工作规则（试行）》《全国工商联公职律师管理办法（试行）》。

法治是最好的营商环境，畅行法治方能行稳致远。展望未来，工商联始终坚持以习近平法治思想为指导，深入贯彻落实党中央全面依法治国决策部署，全力推动“建良法”“育法商”“筑法企”“施善治”，助力民营经济步入更加广阔的舞台。

（刘晓琳）

【发布新时代加强民营经济法治建设十大事件】8月18日上午，新时代加强民营经济法治建设十大事件推选结果在第四届民营经济法治建设峰会上揭晓，颁布实施《优化营商环境条例》、甄别纠正张文中等涉产权冤错案件、开展涉案企业合规改革、开展“昆仑”专项行动依法严厉打击侵犯知识产权犯罪、推进民营经济领域纠纷多元化解机制建设等入选“十大事件”。

为全面总结新时代特别是党的十九大以来民营经济法治建设重要事件和典型案例，今年以来，全国工商联会同最高人民法院、最高人民检察院、公安部、司法部联合开展了新时代加强民营经济法治建设十大事件推选活动。

推选活动坚持以习近平法治思想为指导，深入领会习近平总书记在全国政协十二届四次会议民建工商联界别委员联组会、中央统战工作会议、民营企业座谈会、企业家座谈会上关于民营经济法治建设的重要论述，认真学习党的十八大以来推进全面依法治国取得的重大成就，结合公检法司机关和工商联推进民营经济领域法治建设实践，展开了系统推选、筛选初评、专家评审和多方征求意见。经统筹考虑，形成了十大事件名单和15个提名名单。

（袁堂军）

【发布工商联与公检法司机关建立沟通联系机制结硕果“五个一百”典型事例】新时代特别是党的十九大以来，全国工商联与最高人民法院、最高人民检察院、公安部、司法部分别印发指导意见，推动工商联与同级公检法司机关层层建立健全沟通联系机制，加强沟通协作，一体推进法治营商环境和法治民企建设，共促以法治护航民营经济健康发展。在第四届民营经济法治建设峰会上，公检法司机关分别与全国工商联联合通报了沟通联系机制建设落实情况及调研中发现的“四个一百”典型事例，司法部还与全国工商联通报了“万所联万会”机制建设落实情况及一百个典型事例。

最高人民法院与全国工商联推出一百对沟通联系机制典型事例。2020年，双方共同印发《关于建立健全人民法院与工商联沟通联系机制的意见》，推动县级及以上人民法院和工商联建立联系沟通机制，提出建立常态化联系、民主监督、联合调研等沟通联系机制，建立层层联系、常态沟通新格局。截至目前，31个省区市和新疆生产建设兵团工商联、151个市级工商联、413个县级工商联已经与同级人民法院建立沟通联系机制。全国工商联与最高人民法院联合调研发现，通过层层建立联系沟通机制，创新“总对总”在线诉调对接新模式，加大矛盾纠纷源头预防、一站式多元解纷力度，依法及时高效化解了大量矛盾纠纷。本届峰会上，最高人民法院、全国工商联联合推出了北京市东城区工商联、东城区人民法院等一百对共建沟通联系机制的典型事例。

最高人民检察院与全国工商联推出一百对沟通联系机制典型事例。2019年，最高检与全国工商联共同制定出台《关于建立健全检察机关与工商联沟通联系机制的意见》，明确健全日常联系机制、建立联合调研机制、健全民主监督机制、推动双方信息互通共享、联合开展宣传培训、明确责任部门等方面内容。目前，32个省级工商联、人民检察院全部联合出台文件，建立健全沟通联系机制。大部分市级工商联、人民检察院已建立相关机制，天津、山西等多个省份实现沟通联系机制全覆盖。本届峰会上，最高人民检察院、全国工商联联合推出了北京市西城区工商联、西城区人民检察院等一百对工商联与检察机关沟通联系机制典型事例。

公安部与全国工商联推出一百对沟通联系机制典型事例。2020年，双方签署《公安部、中华全国工商业联合会关于加强服务保障民营经济合作框架协议》。2021年，双方研究制定了《公安部、中华全国工商业联合会关于建立健全沟通联系合作机制的意见》。截至目前，绝大多数省级工商联与公安机关已经联合会签印发机制建设文件，联合部署相关工作。同时，积极指导市、县两级工商联与公安机关参照建立符合自身实际需要的联系机制，携手共促本地区民营企业健康发展。本届峰会上，公安部、全国工商联联合推出了北京市朝阳区工商联、朝阳公安分局等一百对工商联与公安机关沟通联系机制典型事例。

司法部与全国工商联推出沟通联系机制和“万所联万会”典型事例各一百对。2021年，司法部与全国工商联联合印发《关于建立健全司法行政机关与工商联沟通联系机制的意见》。目前，沟通联系机制已在全国范围内有效覆盖。2021年，司法部、全国工商联联合部署开展“万所联万会”活动，动员全国万家律师事务所与万家工商联所属商会、县级工商联建立沟通联系机制，做深做实民营企业法律服务工作。截至2022年6月底，全国已有1.95万家律师事务所与2.1万家工商联所属商会、2 100多家县级工商联建立了联系合作机制。本届峰会上，司法部、全国工商联联合推出了北京市通州区工商联、通州区司法局等一百对工商联与司法行政机关沟通联系机制典型事例；北京市尚公律师事务所、北京莆田企业商会等一百对“万所联万会”机制典型事例。

（袁堂军）

【举办第四届民营经济法治建设峰会】由全国工商联主办，最高人民法院、最高人民检察院、公安部、司法部、中国法学会支持的第四届民营经济法治建设峰会于8月18日在京举行。

本届峰会旨在深入贯彻落实习近平法治思想和中央全面依法治国战略部署，全面总结新时代特别是党的十九大以来民营经济法治建设成就与经验，一体推进法治营商环境和法治民企建设，共商全面建设社会主义现代化国家新征程中的民营经济法治建设推进举措。

峰会将发布多项成果和报告，包括新时代特别是党的十九大以来民营经济法治建设成就，新时代加强民营经济法治建设十大事件，工商联与公检法司机关建立沟通联系机制及“万所联万会”机制“五个一百”典型事例，发布法治民企报告和商会调解培育培优行动方案等。

峰会期间，以“法治护航、行稳致远”为主题，以“线下+线上VR”形式举办民营经济法治建设十年成就展。

（袁堂军）

【组织召开企业合规第三方监督评估工作推进会】6月14日上午，企业合规第三方监督评估工作推进会在京召开。会议由国家层面企业合规第三方机制管委会主办，旨在深入贯彻习近平法治思想，有效落实习近平总书记关于“法治是最好的营商环境”“在合法合规中提高企业竞争能力”等重要指示精神，深入总结企业合规改革成效，部署在全国范围内推开第三方机制建设，共同助力稳主体、提信心、促发展。全国政协副主席、全国工商联主席高云龙，最高人民检察院党组副书记、常务副检察长童建明，财政部党组成员、副部长朱忠明，应急管理部党委委员孙广宇出席会议并讲话，国务院国资委党委委员、副主任翁杰明视频讲话。中国证监会党委委员、副主席方星海专门委托中国证监会首席律师兼法律部主任焦津洪代其讲话。中央统战部副部长，全国工商联党组书记、常务副主席徐乐江主持。会上，全国工商联党组成员、副主席鲁勇发布了企业合规第三方机制一年来的建设成果，企业合规第三方机制管委会推出了企业合规第三方监督评估实践案例。最高人民检察院、司法部、财政部、人社部、生态环境部、应急管理部、国务院国资委、海关总署、税务总局、市场监管总局、中国证监会、全国工商联、中国贸促会十三个部门，共同启动企业合规第三方监督评估信息化服务平台。山东省检察院、广州市工商联、武汉高德红外股份有限公司、中国石油化工集团有限公司、北京市金杜律师事务所及相关企业代表作了交流发言。

（秦宏伟）

【举办2022民营经济标准创新大会暨标准创新周活动】2022年9月5日至9日，全国工商联与市场监管总局共同举办了2022民营经济标准创新大会暨标准创新周活动。

本次活动采取“主会场+分会场、主场活动+专场活动、线上+线下”形式举行。主会场设在全国工商联，开幕式上，全国政协副主席、全国工商联主席高云龙，市场监管总局党组书记、局长罗文作主旨讲话；举办了商会团体标准“领先者”云颁证仪式；宁德时代董事长曾毓群，新希望集团董事长刘永好，亨通集团董事局主席崔根良，ISO原主席、全国工商联标委会主任张晓刚等作主题发言，会上还启动了民营经济标准创新周活动。市场监管总局、全国工商联有关领导和有关部门负责同志，全国工商联标委会在京专家，在京商会和民营企业代表在北京主会场参会，各省级工商联、市场监管部门有关领导同志在分会场参会，省级以下市场监管部门、工商联及所属商会、民营企业代表共约1.3万人扫码参会。标准创新周期间，北京、山东、江苏、杭州、深圳举办了地方专场活动，并以新闻发布形式公布了标准创新周活动相关成果。

自2021年起接续举办民营经济标准创新大会，2022年开创举办标准创新周活动，是助推民营经济以高标准实现高质量发展、喜迎党的二十大胜利召开的务实举措。持续一周举办的民营经济标准创新活动，取得了丰硕的成果。

一是聚焦学习贯彻习近平总书记关于标准化工作重要论述这一主旨，进一步凝聚了共识。会议活动将习近平总书记重要论述精神和党中央国务院系列决策部署作为根本遵循，贯彻落实到会议活动各环节全过程，靶向聚焦民营经济、聚力标准创新、聚集商会力量，发挥标准创新在民营企业转型升级和高质量发展中的“助攻手”“安全网”“压舱石”“硬支撑”作用，协力共促民营经济质量变革、效率变革、动力变革，助推商会组织增强自律、自治、法治、德治能力，深化了工商联与市场监管部门的标准协力，让广大民营企业和商会在勇当企业标准“领跑者”、商会团体标准“领先者”中，深刻领会了习近平总书记关于标准化工作的殷殷嘱托。

二是突出系统总结党的十九大以来民营经济标准化新成就新经验这一主题，进一步鼓舞了人心。活动期间，通过开展联合调研、制作综述视频，集中展示了近年来全国工商联与市场监管总局（标准委）通过举办标准化工作推进会、标准创新大会、签订战略合作协议、启动“领跑者”行动和“领先者”评选、举办标准化公益大讲堂，以及联合出台《关于鼓励、引导和规范工商联所属商会开展团体标准化工作的意见（试行）》《标准化促进民营经济高质量发展行动计划（2022—2023年）》等系列“组合拳”取得的工作成就。新时代民营企业标准化的成功实践，进一步提振了企业运用标准规范发展、抢占创新话语权的信心和决心。

三是聚力以标准创新助推“两个健康”这一目标，进一步提升了能力。活动期间，以“推进民企标准创新 助稳经济大盘”为主题举办第7期标准化公益大讲堂，共计120万人次参加听讲。大讲堂首次以“一把手话标准”形式组织国家机关司局长、地方政府区县长、知名民企董事长畅谈标准，指导企业提升对标达标用标创标能力。为落实深化标准化工作改革的要求，将团体标准作为商会优化行业竞争秩序的有力抓手、发挥自律作用的有效载体、延伸服务会员企业的工作手臂，以及赋能提能中国特色商会组织的重要切入点和发力点，连续两年推出商会团体标准“领先者”品牌，2022年从93个商（协）会申报的232个项目中评定了15个团体标准“领先者”。

四是创新工商联与市场监管部门合作、央地联动、多方协同共促标准化这一机制，进一步夯实了基础。2022年首次举办民营经济标准创新周，是工商联与市场监管部门共同贯彻落实《国家标准化发展纲要》而采取的一项创新举措，是2022年国家标准化委员会的一项重点工作。主场与专场统一会议名称、标识，围绕民营经济标准创新，五地分别结合自身区域特点、发展实际和产业优势，集各方商会、专家、企业力量，呈现了内容丰富、亮点纷呈的标准创新成果饕餮盛宴，有力促进了标准化工作在地方和基层的落地生根。同时，各地活动采取在线直播方式，与全国同步分享标准化工作有益成效和新鲜经验，在不同地域间引发强烈的同频共振和共鸣效应，受到社会各界的广泛关注，多地表达了参与明年标准创新周的期盼，活动辐射带动效应正在显现。

五是贯穿以标准助攻高技术创新、推动高质量发展、服务高品质生活、促进高水平开放这一红线，进一步明确了方向。地方专场活动各具特色、各有侧重，充分展现了标准在服务高技术创新、经济高质量发展、人民高品质生活、国家高水平开放上的基础性和引领性作用。北京专场聚焦我国钢铁行业转型升级和“双碳”标准主题，以标准化引领钢铁行业走绿色低碳、高质量发展之路。山东专场以“乡村振兴·标准引领——山东地理标志在行动”为主题，发布了全省乡村振兴领域18项标准，推介了农业标准化和地理标志成果，着力以标准化推动乡村振兴进程。江苏专场聚焦“新技术、新标准、新经济”，展示了智能物联、数字健康、智能制造等领域标准创新成效。杭州专场聚力数字经济的标准创新，推动数字经济领域民企实施标准化战略、以高质量发展助力“两个先行”。深圳专场聚焦5G、人工智能、工业互联网、生命健康等行业领域，引导企业走好专精特新之路，同时展示了实施“深圳标准”战略、优化标准治理结构、建设标准国际开放合作新高地上取得的明显成效，宣介了广东研制实施湾区标准，加快粤港澳三地规则衔接、要素流动的进展情况。

（吕菊萍）

【深入开展立法协商工作】2022年，全国工商联积极推动涉企法律法规和政策体系不断完善，通过推动相关法律法规立改废释降低民营企业的制度性交易成本，促进法治化营商环境不断优化。常规性组织立法协商基层联系点、法律关系委员会专家、大型民营企业法务高管座谈，深入听取商会、民营企业和民营经济人士立法诉求。多次参加全国人大常委会有关专委会以及司法部有关座谈会，向立法机关研究提出关于公司法、企业破产法、反垄断法、民诉法涉外编、公司法、仲裁法等30部法律法规制修订的意见建议。《促进个体工商户发展条例》在征求意见稿中对商业汇票的使用明确予以禁止，我们提出的相对放松商业汇票的限制等诉求，被立法机关采纳。立法机关高度重视我们提出的关于建立个人破产制度的建议，多次邀请会领导及有关民营企业参与立法征求意见座谈会，深入研究有关问题。积极利用团体提案等渠道，推动将《商会法》列入十四届全国人大常委会立法规划。加强立法储备，会同中国法学会启动商会立法、民营经济促进法立法和企业传承法治立法三个课题研究。

下一步，我们将聚焦持续提升工商联参与立法协商质效，密切与全国人大法工委、司法部等立法机构的沟通联系，研究制定立法协商联系点扩容意见，不断畅通基层工商联和商会组织参与立法建言的渠道，会同中国法学会及有关高等院校，持续推进商会立法等课题研究，为民营经济高质量发展营造更好法治化营商环境。

（王琦）

【持续开展法治宣传活动】为深入贯彻落实国家“八五”法治宣传教育规划，提升企业家特别是民营中小企业主要负责人和经营管理人员尊法学法守法用法意识和能力水平，2022年4月，全国工商联会同最高法、最高检、公安部、司法部、中国法学会等有关部门联合印发《关于开展企业家学法活动的通知》，明确了“法学家讲法”“以案例释法”“企业家说法”“进法庭听法”“检察开放日”等系列活动安排。在法学家讲法活动中，来自中国人民大学、中国政法大学等高等院校的10余位知名法学专家，重点围绕宪法、民法典、刑法、公司法、反垄断法等涉企法律法规制作了39个学法视频，在全国工商联官网、中国普法网等网站发布，广受民营经济人士好评。在企业家说法活动中，邀请张文中、李书福两位知名民营企业家在8月18日召开的第四届民营经济法治建设峰会上，分享他们尊法学法守法用法的心得体会，发挥示范引领作用。在党的二十大胜利召开、宪法宣传周、民法典颁布纪念日等重要时间节点，指导各地举办系列学法活动。全年累计在机关宣传屏滚动播放普法材料77期，积极营造有利于民营经济发展的良好氛围。

（王琦）

【推进“万所联万会”活动】2021年4月，司法部、全国工商联、全国律协联合印发《关于建立“万所联万会”机制的意见》，组织动员全国万家律师事务所与万家工商联所属商会、县级工商联建立联系合作机制，在“法治体检”和“法律三进”基础上开展“万所联万会”活动，做深做实民营企业法律服务工作，助力打造法治化营商环境，努力为民营经济健康发展和民营经济人士健康成长提供优质法律服务和坚实法治保障。

2022年以来，部级层面持续强化指导推动，各地多措并举推动机制建设落实落地。“万所联万会”机制建设被纳入中央统一战线工作领导小组年度工作要点，全国工商联、司法部联合组织开展调研，组织各地工商联和司法行政机关选树了“万所联万会”机制典型事例100对，在第四届民营经济法治建设峰会上发布，并邀请部分代表到场接受颁证，充分发挥示范引领作用，进一步扩大活动效果。各省工商联和司法行政机关、律师协会高度重视，精心部署，结合实际情况制订实施方案，通过积极开展法治宣传、发挥专业优势助力矛盾化解、推动企业强化合规管理、强化考核问效、加大宣传力度等具体措施，推动机制建设落地见效。截至2022年12月底，全国已有2万家律师事务所与2.4万家工商联所属商会、2 600多家县级工商联建立了联系合作机制。据不完全统计，各地依托“万所联万会”机制，累计为民营企业提供法律服务数十万件（场）次，在各地商会和民营企业中得到了积极反响。

下一步，全国工商联将与司法部、全国律协进一步密切协同配合，加强工作指导，加快推动“万所联万会”机制建设落实落地。一是扩大工作覆盖。加强对各地工商联、司法行政机关、律师协会的工作指导，深入推进“万所联万会”活动开展，力争在今年年底全面实现3万多家工商联所属商会、2 800多家县级工商联均与律师事务所建立联系并实际开展工作。二是拓展服务深度。加强对各地活动的分类指导，立足当地民营企业实际需求，按照符合实际、贴近需要的原则，组织开展多元化、多层次的法律服务活动，增强服务针对性、实效性，帮助民营企业有效防范法律风险，建立健全规章制度，持续提高依法经营、合规管理水平。三是强化工作保障。积极为参与“万所联万会”活动的律师事务所提供经费保障和工作便利，通过表彰表扬等方式给予工作激励，调动工作积极性。通过各类新闻媒体广泛报道活动进展、成效、经验和案例，为活动开展营造良好舆论氛围，扩大活动参与度和影响力。

（王琦）

【发布法治民企报告（2021—2022）】8月18日上午，在第四届民营经济法治建设峰会上，全国工商联副主席鲁勇发布了法治民企报告（2021—2022）。报告显示，面对新冠疫情冲击挑战，面临复杂严峻国际环境、经济发展下行压力，民营企业认真领会中央统筹疫情防控和经济社会发展部署，弘扬企业家精神，勇担社会责任，稳企业、稳岗位，重合规、促发展，诚信守法意识和合规经营能力有了新的提升。

报告显示，90.38%的民营企业了解公司章程防风险的作用，相较2020年提高了2.6个百分点，也越来越关注和解决章程同质化问题；九成以上民营企业重视合同和公章使用管理；76.77%的民营企业重视商业模式合法性，相较2020年提高了1.43个百分点；公司治理机制建设水平稳中有升，近半民营企业设立了股东会、董事会、监事会；依法用工的管理情形持续向好，98.3%的民营企业能基本执行国家劳动工时和休息休假制度，82%拥有基本完善的劳动合同制度；对消费者权益保护程度在不断提高，超八成民营企业表示基本可以及时有效地处理消费者投诉；主动防治内部腐败的成效明显提升。

报告指出，法治民营企业建设还需持续发力，公司治理结构仍需进一步优化，民主管理制度尚有提升空间、内部腐败防治机制建设仍有待加强。另外，一些民营企业法律风险防范措施和力量落地还不实，企业经营管理人员仍需不断增强法商素养，公司的法务存在作用缺位、聘而不用等现象。

报告提出，推进法治民企建设既需外力更需内功，必须在外优法治环境、内强合规筋骨上持续发力。要深入领会习近平法治思想，持续贯彻习近平总书记“法治是最好的营商环境”和“在合法合规中提高企业竞争能力”等重要指示和中央推进全面依法治国战略部署，协同发力，坚持问题导向，有针对性地强弱项、补短板。要大力践行新发展理念、弘扬企业家精神，履行社会责任、展现企业家才能，进一步畅通联系沟通机制，有针对性地健全内部治理结构，强化企业合规环境和文化建设，用好企业合规第三方监督评估机制，用实劳动关系三方协商机制，以务实举措、主动作为，稳企业、稳岗位、稳发展，为平稳健康的经济环境、风清气正的政治环境、国泰民安的社会环境，为党的二十大胜利召开作出实实在在的贡献。

（刘晓琳）

【组织开展2022年民营企业标准“领跑者”和商会团体标准“领先者”活动】为深入贯彻习近平总书记关于标准化工作的重要论述，持续推进民营经济领域标准化工作，充分发挥典型示范引领带动作用，按照全国工商联与国家标准委联合印发的《关于鼓励、引导和规范工商联所属商会开展团体标准化工作的意见（试行）》，全国工商联开展了2022年民营企业企业标准“领跑者”和商会团体标准“领先者”活动。在广大民营企业和商会积极参与下，经中国标准化研究院遴选并经全国工商联标准化工作委员会审议，推选出2022年第一批231项民营企业企业标准“领跑者”，全国工商联标准化工作委员会商国家市场监管总局标准审评中心从93个商（协）会申报的232个项目中遴选出了2022年15项全国工商联商会团体标准“领先者”。

企业标准“领跑者”和商会团体标准“领先者”活动有效推动广大民营企业和商会组织积极借鉴、广泛参与，在贯彻新发展理念、构建新发展格局、促进高质量发展中，更充分地发挥标准的引领作用，深入推进对标、达标、用标、创标活动，努力以标准助力创新发展、协调发展、绿色发展、开放发展、共享发展，为推动质量变革、效率变革、动力变革，促进民营企业提质升级、迈向高质量作出新的更大贡献。

（吕菊萍）

【举办2022年民营企业标准化公益大讲堂】为强化标准化意识、普及标准化知识、践行标准化要求、推动标准化实践，以高标准助力民营企业迈向高质量发展，以标准化为商会提能赋能扩能、增强自律作用，2022年全国工商联法律服务部与市场监管总局（标准委）标准创新管理司联合举办了三期民营企业标准化公益大讲堂，邀请中国标准化研究院、国家标准技术审评中心等单位专家为各地工商联及所属商会、广大民营企业开展在线培训，推动标准化理念、标准化知识入民企、进商会。如邀请了中国标准化研究院资源环境研究分院院长林翎研究员作标准“领跑者”助力企业高质量发展的演讲，目的在于帮助大家做好企业标准“领跑者”的宣传和参评组织工作，引导更多民营企业声明公开更高质量标准，帮助更多有条件的商会参与企业标准“领跑者”的第三方评估工作。同时依托“德胜门大讲堂”开展了司局长、区县长、董事长一把手话标准活动。

全年累计培训工商联、民营企业、商会标准化人员近130万人次，通过举办公益大讲堂，广泛动员民营企业、商会深入学习领会习近平总书记关于“标准助推创新发展，标准引领时代进步”“以高标准助力高技术创新，促进高水平开放，引领高质量发展”等重要论述精神，结合实际抓好《国家标准化发展纲要》等重要决策部署的宣传贯彻，有效提升了民营经济领域标准化工作的能力水平。

（吕菊萍）

【组织2022年中国标准创新贡献奖提名工作】为调动标准化工作者的积极性和创造性，激发全社会标准化创新活力，推进实施《国家标准化发展纲要》，市场监管总局（标准委）组织了2022年中国标准创新贡献奖评选活动。全国工商联作为提名单位，获得9个提名名额，分别为标准项目奖（5个）、组织奖（1个）、终身成就奖（1个）、突出贡献奖（1个）和优秀青年奖（1个）。

全国工商联法律服务部按照《市场监管总局关于开展2022年中国标准创新贡献奖提名工作的通知》研究了2022年中国标准创新贡献奖提名事宜，制订了提名工作方案，印发通知，广泛动员各省级工商联和全国工商联直属商会作为申报组织单位。上海、浙江、江苏、广东、贵州、湖南、黑龙江、内蒙古、四川、吉林、广西、山东等十多个省级工商联，以及中国民营经济国际合作商会、女企业家商会、科技装备业商会、农业产业商会、城市基础设施商会、房地产商会等多家商会积极动员商会、企业、个人等申报提交材料57份，其中标准项目35份，组织奖8份，突出贡献奖9份，优秀青年奖4份，终身成就奖1份。

法律服务部根据提名工作方案制订了评审工作方案，组成了由会领导担任评审组组长，由全国工商联标准化工作委员会专家组成员、法律服务部、组织建设部、宣传教育部、经济服务部、国际合作部相关负责人共同组成的评审组。评审工作组按《中国标准创新贡献奖管理办法》第三章表彰范围和评审标准及《市场监管总局关于开展2022年中国标准创新贡献奖提名工作的通知》要求进行审核评选，进行了客观公正的投票。根据投票结果，产生轮胎用射频识别（RFID）电子标签（标准编号：ISO 20909：2019）、化学气相沉积炉（标准编号：YS/T 1031-2015）、中医药—脉象触力传感器（标准编号：ISO 19614：2017）、天然气（CNG/LNG）发动机用催化转化器技术要求和试验方法（标准编号：JB/T 13055-2017）等四个标准项目、工业机器人线缆第1部分：工业机器人线缆总则等5项标准（标准编号：T/GDWCA0050-2019）团体标准额外提名项目、软通智慧科技有限公司、张晓刚（全国工商联标准化工作委员会主任）、许惠康（环球传动泰州有限公司总工程师）、刘卓铭（深圳领威科技有限公司行政总裁）提名名单。评选结果报主席办公会议审定后，通过全国工商联官网等自有媒体平台，对提名对象进行不少于5个工作日的公示，最后法律服务部向市场监管总局和中国标准创新贡献奖评选系统提交提名材料。经市场监管部门最终评选，中医药—脉象触力传感器（标准编号：ISO 19614：2017）获得标准项目奖三等奖，张晓刚（全国工商联标准化工作委员会主任）获终身成就奖。

（吕莉萍）

【服务民营企业法律维权】法律服务部始终高度重视民营企业权益维护和民营企业家财产、人身安全保护，积极发挥群团组织维护权益职能，加强制度建设，合理合法反映诉求，扎实推进个案维权服务工作，引导民营企业诚信守法经营、依法维权。制定印发《中华全国工商业联合会公职律师管理办法（试行）》《全国工商联法律维权工作规则（试行）》，推进维权工作机制建设。全年共处置维权案件30余起，向最高法、最高检发函4个，其他函转7个。参与新华联、博天、泛海、苏宁、国美等的风险化解和司法重整工作。汇总梳理近年来维权工作情况，撰写形成专题材料，对民营企业重点维权问题作分析，提出意见建议。

（侯雅婧）

【全面推开涉案企业合规改革试点工作】4月2日上午，最高人民检察院会同全国工商联专门召开会议，深入总结两年来检察机关涉案企业合规改革试点工作情况，并对全面推开改革试点工作作出具体部署。最高检党组副书记、常务副检察长童建明，全国工商联党组成员、副主席鲁勇出席并讲话，最高检党组成员、副检察长杨春雷主持会议。童建明强调，各级检察机关要提高政治站位，紧扣关键环节，全力推进涉案企业合规改革各项工作。要聚焦选好“案”，准确把握企业合规案件及第三方机制适用条件。聚焦搭好“台”，加快建立完善第三方机制管委会及专业人员库。聚焦立好“规”，立足标本兼治，“因罪施救”“因案明规”，确保涉案企业整改“合规计划”真合身、真管用。聚焦督促“改”，加强与第三方机制管委会沟通协调，加强对第三方组织组建以及涉案企业合规计划制订、执行等审查把关，促涉案企业真整改、真合规。聚焦促进“治”，在第三方监督评估基础上，严格依法作出处理决定，以依法办案、能动履职实现治罪与治理并重，促进系统治理、诉源治理。聚焦提升“效”，通过健全第三方监督评估机制、完善典型案例培育制发、深化检校合作等，进一步健全第三方机制各项配套制度。鲁勇强调，全国工商联将携手国家层面第三方机制管委会各成员单位，推动各地同步建起用好第三方机制，顺应检察机关对第三方监管质效的新要求，推动企业进一步加强合规教育、合规管理、合规体检、合规预警、合规整改等工作。在涉案企业合规第三方监督评估机制管委会及其办公室的日常工作中，各级工商联要站到位不抢位、做到位不缺位，围绕充分发挥桥梁纽带作用的角色定位，做好联通沟通、协同协力、主动服务工作，努力开创涉案企业合规第三方监督评估机制新局面。会议以电视电话会议形式召开。江苏省检察院、广东省深圳市检察院、湖北省随州市检察院、上海市闵行区检察院及山东省工商联、浙江省宁波市工商联分别作大会交流发言。

（秦宏伟）

【履行第三方机制管委会办公室工作职责】在最高人民检察院的指导和第三方机制管委会多部门的支持下，全国工商联积极履行涉案企业合规第三方监督评估机制管委会办公室工作职责，推进改革进程。深化制度机制建设，牵头会签印发《涉案企业合规建设、评估和审查办法》，制定印发《第三方机制管委会办公室工作规则》和2023年管委会办公室工作要点。大力推进经费保障工作，会同最高检、财政部多次召开专题会议，研究推进第三方机制经费保障建设工作，向财政部申请197万元专项经费，给每个省2万元经费支持。推进成员单位扩容和专业人员库建设，人社部、应急管理部、海关总署、中国证监会等单位正式成为成员单位，协商推荐确定第二批国家层面专业人员库；指导湖北武汉工商联、吉林省工商联举办两期第三方机制研讨培训班。推进信息化建设，与最高检业务部门和技术部门共同研究开发第三方机制业务办理系统，在工商联官网建设第三方机制综合服务平台。加强调查研究和梳理总结工作，全面梳理工作情况，撰写形成改革情况综合分析报告，征集地方机制建设和工作情况，形成制度规定（101个制度文件）、工作经验汇编（24篇）、典型案例（20个）三本资料汇编，拍摄制作第三方机制案例指导专题片。截至2022年年底，全国检察机关累计办理涉案企业合规案件5 150件，其中适用第三方监督评估机制案件3 577件，对整改合规的1 498家企业、3 051人依法作出不起诉决定。

（侯雅婧）

【举办民营企业合规管理高端对话活动】6月14日下午，2022企业合规管理高端对话暨第47期“德胜门大讲堂”线上举办。该活动由国家层面企业合规第三方监督评估机制管理委员会主办，全国工商联组织建设部协办，来自检察机关、工商联、高校、研究机构、民营企业和法律服务机构等领域人士聚焦企业合规管理进行了分享交流。活动由全国工商联法律服务部部长涂文、最高人民检察院法律政策研究室副主任郭立新主持。在主题演讲环节，中国政法大学刑事司法学院院长刘艳红表示，第三方机制是企业合规改革重大制度创新，机制启动以来在组织建设、制度建设、机制运行等方面取得积极成效，同时需要关注合规有效性标准、合规监管人选任管理、第三方机制管委会职能等关键问题。中国标准化研究院标准化理论战略研究所所长王益谊、生态环境部南京环境科学研究所研究员张后虎、重庆睿捷税务师事务所有限公司董事长梁恒青、中国社会科学院大学竞争法研究中心执行主任韩伟、中国国际贸易促进委员会商事法律服务中心副主任张顺等专家，分别就企业合规管理体系建设、环保合规、税收合规、反垄断合规、境外合规等方面进行了专题演讲。最高人民检察院检察理论研究所所长谢鹏程就《涉案企业合规建设、评估和审查办法（试行）》的基本思路、主要特点和基本制度进行了政策解读。在交流访谈环节，宁波市人民检察院检察长何小华介绍了合规案件选择确定、企业合规计划审查、合规考察报告审查、检察听证等内容，张家港市工商联副主席许海萍介绍了第三方组织抽组建立、服务保障等情况，中国建筑集团战略研究院研究员樊光中作为第三方专业人员介绍了评估方案制订、日常监督评估、考察报告制作等，北京首农食品集团有限公司总法律顾问兼法律与风险防控部部长王钤，福建协进律师事务所主任蔡晓辉介绍了企业合规管理机构设置、合规计划制订与执行等内容。第十三届全国人大代表、最高人民检察院特约监督员、全国工商联执委、四川启阳集团董事长王麒畅谈了对企业合规改革立法的意见建议，全国工商联青年企业家专委会秘书长、91科技集团董事长许泽玮作为企业代表分享了对合规的认识感受。国家和地方第三方机制有关人员，各类商会、企业和公司法务负责人等，共97.1万余人次通过新华社现场云、新浪新闻、新浪微博、和商务、云现场等直播平台线上参加活动。

（焦鑫）

【举办全国工商联2022年民营企业法律风险防范与合规管理培训活动】为提升民营企业法律风险防范与合规管理水平，保障民营经济在法治轨道上行稳致远，2022年，全国工商联线上举办5期民营企业法律风险防范与合规管理专题培训。培训结合近年来民企涉诉高发风险点以及相关热点问题，设置内部腐败治理、反垄断、安全生产、电信诈骗、走私犯罪等相关课程，邀请最高法、公安部、海关总署、应急管理部、市场监管总局等有关领导或推荐专家，为各地工商联及所属商会、广大民营企业开展专题授课，线上参训总计5万余人次。

（焦鑫）

【开展民营企业内部腐败治理工作】落实中央领导同志批示要求，加强民营企业内部腐败治理工作。一是跟进研究梳理情况，1月份，根据数据分析报告形成5篇信息专报送中办，民营企业内部腐败篇得到多位中央领导同志批示；8月份应中办约稿，梳理今年民营企业涉内部腐败情况，专题报送综合分析报告。二是配合其他部门推进工作，给中央依法治国办、最高法回函，共同协商推进落实中央领导同志批示工作；2月22日参加中央依法治国办专题会议，对中央依法治国办牵头制定的惩治行贿犯罪意见和研究报告提出意见建议，多项内容被采纳；撰写形成修订刑事法律加大行贿犯罪打击力度的提案，作为全国工商联重点提案报全国政协。三是研究制定和推进落实工作举措，3月份牵头机关部门制定贯彻中央领导同志批示要求加强民企内部腐败治理的工作举措，从6个方面提出20条工作举措。四是及时向中央报告工作情况，每月梳理工作情况报送会领导，多次向中办值班室、中央统战部四局汇报情况，1月底会领导专题向尤权同志汇报情况，分别于3月份、8月份两次向中央统战部专题报告。五是重点推进法治警示教育工作，会同最高法刑二庭梳理和修改形成民营企业行贿犯罪8个典型案例，执委会期间最高法领导作专题法治警示教育。六是调研了解民营企业的意见建议，贯彻落实最高检和全国工商联主要领导关于合作共同推进民企内部腐败治理的指示要求，向最高检四厅提供有关材料，共同组织召开民营企业内部腐败治理座谈会，听取商协会和民营企业的意见建议。

（焦鑫）

【完成《民营企业涉诉司法大数据分析报告》《民营企业高管刑事法律风险和企业合规研究报告》】《民营企业涉诉司

法大数据分析报告》依托人民法院大数据管理和服务平台，就2021年全国各级人民法院一审新收及已结的民营企业涉刑事、民事和行政诉讼案件情况进行了专项研究。报告内容包括研究思路、案件基本情况、民事案件情况、知识产权案件情况、刑事案件情况、行政案件情况、企业家涉刑事情况、破产案件情况、结论和建议九大部分，通过对2021年企业涉诉数据的分析，提炼总结了民营企业涉诉的基本情况和特点，并提出对策建议，对引导企业防范法律风险、加强合规建设具有指导借鉴意义。

《民营企业高管刑事法律风险和企业合规研究报告》依托中国裁判文书网，就2017年以来尤其是2021年全国各级人民法院公开的涉民营企业高管刑事犯罪的判决文书数据进行了专项研究。报告以2021年的统计分析为基准，并与前四年的数据进行有针对性对照，以展示近五年来民营企业和企业家刑事风险的结构性变化。报告由三部分组成，即“民营企业高管犯罪概况”“民营企业高管刑事风险高发指数分析”“民营企业刑事风险防控对策建议”三部分，全文近3万字。通过5年数据，对比总结出民营企业高管刑事犯罪总体情况、高发环节及高频罪名的基本情况和主要特点，并提出了相应的风险预警与防控建议，对于我们进一步综合掌握民企高管犯罪情况、引导企业防范刑事法律风险、有效防控民营企业和企业家刑事风险，促进民营企业和企业家在依法合规道路上行稳致远具有指导借鉴意义。

（焦鑫）

【组织商会调解培育培优培训】为推进《商会调解培育培优行动方案（2022—2023）》实施，全面提升商会调解能力水平，服务保障民营经济健康发展，全国工商联先后分片区举办两期商会调解培育培优示范培训班。9月26–28日，在武汉市举办全国工商联商会调解培育培优示范培训班，安排中南财经政法大学教授韩桂君、安徽省商会调解中心主任严高上、湖北观筑律师事务所主任何新权、新视云科技股份有限公司项目专员李雪雁、武汉市人社局仲裁调解处副处长孙艳进行了坚持发展“枫桥经验”合力化解矛盾纠纷、商会调解培育培优经验做法、商会调解技巧、全国工商联调解服务平台使用培训、劳动争议调解和构建和谐劳动关系等主题讲座。10月31日至11月3日，在广西百色市举办全国工商联商会调解培育培优培训班，学习贯彻落实党的二十大精神，全面提升商会调解能力水平，服务保障民营经济健康发展。全国工商联法律服务部副部长李强、自治区工商联副主席叶俊茂出席培训班开班仪式并讲话。培训班得到广西自治区高级人民法院、自治区司法厅、自治区人社厅、广西律师协会的大力支持并积极协助选派商会调解专家为培训班授课。培训课程得到参训学员一致好评，学员们纷纷表示将以此次培训为契机，认真履职，不断促进全区商会调解能力和水平更上台阶，积极参与社会综合治理。培训活动采取线下＋线上相结合方式进行，广西各级工商联商会调解平台管理员、商会调解员代表现场参加培训，全国各地工商联（商会）有关同志通过直播平台线上参训。

（张永利）

【开展民营企业劳动关系监测调查】为及时了解民营企业劳动关系状况，研判劳动关系形势，从2014年起，全国工商联会同中国劳动和社会保障科学研究院开展了劳动关系监测工作，2022年共开展1次年度监测、3次季度监测。监测调查在全国范围内开展，覆盖31个省、自治区、直辖市和新疆生产建设兵团，企业样本量近两万家。

2022年年度监测显示：在以习近平同志为核心的党中央坚强领导下，各类纾困惠企政策持续加力，民营经济稳步前行，民营企业劳动关系总体和谐稳定。同时，受疫情冲击、百年变局加速演进以及国内外不确定性因素影响，民营企业面临工资支付压力增大、规模性裁员增加、内部劳动关系协调机制不够健全等挑战。

民营企业劳动关系监测调查，经过几年的探索和实践，逐步建立了涵盖劳动用工、工资分配、工时休假、社会保险、协商协调机制建设等内容的监测框架。为了更好适应新时代新阶段新要求，推动劳动关系监测调查工作高质量和规范化开展，2022年3月，起草并下发了《全国工商联劳动关系监测调查工作管理办法》。下一步，工商联系统将认真贯彻落实习近平总书记关于构建和谐劳动关系的重要指示精神和党中央国务院决策部署，围绕两个健康工作主题，认真履行企业代表组织职能，积极参与三方协调机制，引导民营企业构建和谐劳动关系，通过加强常态化监测体系建设，有效扩大覆盖面，反映聚焦难点问题，形成长期坚持、定期发布的特色品牌。

（刘静）

【会同国家三方共同举办全国和谐劳动关系创建示范经验交流会】9月22日，国家协调劳动关系三方召开全国和谐劳动关系创建示范经验交流会。会议深入学习贯彻习近平总书记关于构建和谐劳动关系的重要论述，总结和谐劳动关系创建工作取得的成绩，交流经验做法，研究部署当前和今后一个时期重点任务。人社部党组书记、部长周祖翼，人社部党组成员、副部长俞家栋，全国总工会党组成员、副主席、书记处书记谭天星，全国总工会党组成员杨宇栋，中国企联党委书记、常务副会长兼理事长朱宏任，全国工商联党组成员、副主席鲁勇出席会议。

会议指出，构建和谐劳动关系事关广大职工和企业的切身利益，事关经济发展和社会和谐稳定。近年来，各级协调劳动关系三方机制广泛深入开展和谐劳动关系创建活动，推动中国特色和谐劳动关系的建立和完善，促进了经济持续健康发展和社会和谐稳定。会议强调，要以习近平新时代中国特色社会主义思想为指导，全面落实党中央、国务院关于构建和谐劳动关系的决策部署，不断提高劳动者权益保障水平，全力推进中国特色和谐劳动关系高质量发展。

会议要求，各级协调劳动关系三方要提高政治站位，增强新时代构建中国特色和谐劳动关系的责任感紧迫感，紧扣目标任务，压实主体责任，主动担当作为，确保各项工作任务落地见效。广大企业和工业园区要以和谐劳动关系创建示范单位为榜样，坚持企业和职工共建共享，自觉履行社会责任，维护就业大局稳定，以实际行动迎接党的二十大胜利召开。

会议宣读了命名全国和谐劳动关系创建示范企业与工业园区决定和构建和谐劳动关系倡议书，向全国和谐劳动关系创建示范企业与工业园区代表颁授了铭牌。山东省、重庆市人民政府负责人作了发言，创建示范企业和工业园区代表交流了经验。

（张永利）

社会服务

【综述】2022年，社会服务部坚持以习近平新时代中国特色社会主义思想为指导，认真贯彻党的十九大及十九届历次全会精神，深入学习贯彻党的二十大精神，全面贯彻落实习近平总书记对新时代民营经济统战工作和工商联工作的重要指示批示精神，围绕两个健康工作主题，以乡村振兴、促进就业、绿色低碳发展为重点，统筹开展援藏援疆、定点帮扶对口支援、公益慈善和光彩活动，引导民营企业积极履行社会责任，探索民营企业参与教育、医疗、养老等社会事业工作，工作取得新成效。

一、扎实推进“万企兴万村”行动

1.注重顶层设计，加强分类指导。召开行动领导小组成员单位议事协调会，明确将巩固拓展脱贫攻坚成果作为行动今后五年重点任务；高规格召开全国行动推进工作会，部署抓好有效衔接、强化东西协作等七项重点任务；印发《关于充分发挥商会在“万企兴万村”行动中作用的意见》，指导商会完善工作机制，组织会员企业优先与脱贫地区结对；印发《共创“联企兴村贷”金融服务模式的实施方案》，为行动提供更加精准有效的金融服务。

2.多措并举有序推进行动。同国家乡村振兴局等7部门共同召开推进巩固拓展脱贫攻坚成果同乡村振兴有效衔接工作电视电话会议；认真落实《“万企兴万村”行动倾斜支持国家乡村振兴重点帮扶县专项工作方案》，指导东西部协作省际间和西部部分省份将行动向国家乡村振兴重点帮扶县聚焦；开展“万企帮万村”行动“回头看”，指导支持参与原“万企帮万村”行动的企业稳定帮扶关系，企业退出的及时组织新增企业接续帮扶；完成“万企兴万村”行动台账管理系统的开发和上线运行，开展培训指导各地做好民营企业填报和数据审核；指导推动“联企兴村贷”等金融服务政策落实落地，与各大银行开展“金融服务进民企”专项活动和“助农振兴”行动，加大支持参与行动的民营企业；印发《关于开展“万企兴万村”行动先进典型选树创建工作的通知》，推进行动实施项目体系建设。

二、引导民营企业稳岗拓岗，助力充分就业

1.全面启动“民企高校携手促就业行动”。与教育部共同启动“民企高校携手促就业行动”，指导各省举办招聘活动4 688场，13万家民营企业参加招聘活动，提供岗位信息169.5万条；2.1万家民营企业提供见习岗位32.5万个，企校建立实训、实习基地3 274个；举办直播带岗活动并组织蚂蚁集团、格力集团等全国知名民营企业参与，组织动员东部地区工商联开展西藏籍高校毕业生就业帮扶和西藏籍学生的直播带岗活动，促进3.3万余名少数民族地区高校学生就业。7月25日，习近平总书记在党外人士座谈会上肯定“全国工商联发挥职能优势，启动‘民企高校携手促就业行动’”。

2.巩固促就业品牌，助力重点群体就业。与人力资源和社会保障部等7部门联合开展全国民营企业招聘月活动，各地共有15.6万家企业参加此次活动，其中民营企业14万家，提供各类岗位信息384.5万条，共举办招聘活动8 020次，43.7万名求职者与用人单位达成就业意向；与人力资源和社会保障部等5部门联合开展金秋招聘月活动，各地共组织25.7万家企业参加活动，其中民营企业20.4万家，举办招聘活动6 828场次，提供岗位信息573.7万条，76.8万名求职者与用人单位达成就业意向；联合印发《关于引导和鼓励民营企业招用自主就业退役军人的意见》，为积极招用自主就业退役军人的民营企业提供政策支持；联合印发《关于实施百万就业见习岗位募集计划的通知》，引导民营企业积极设立见习岗位，帮助高校毕业生等青年增强岗位实践经验。

3.开展宣传表彰，探索职业教育促就业。联合开展全国就业与社会保障先进民营企业暨关爱员工实现双赢表彰活动，鼓励引导广大民营企业坚持稳中求进，坚定信心推进高质量发展，稳定和扩大就业，积极构建和谐劳动关系；依托民营企业调查系统开展全国民营企业季度用工状况调查分析，形成《关于平台企业用工情况的调研报告》，被国办采纳；联合印发《教育部办公厅等五部门关于实施职业教育现场工程师专项培养计划的通知》，联合启动职业教育现场工程师专项培养计划。

三、深入推进民营企业绿色低碳发展

1.深入调研献策，为绿色发展助力。组织开展中国民营企业绿色发展调研、问卷调查和优秀案例申报，编制出版《中国民营企业绿色发展报告（2022）》，同时研究起草《民营战略性新兴产业企业绿色低碳发展的情况、问题及对策建议》报中办、国办；加强构建民营企业绿色发展指标体系和指数模型的探索研究。

2.开展专题培训，加强绿色升级引导。举办“第四期全国民营企业家及工商联干部绿色低碳发展专题网络培训班”，受到民营企业的广泛欢迎，工作成效得到徐乐江书记肯定批示；与中国光彩会联合举办“第十八期全国民营企业家林业草原专题网络培训班”，培训视频浏览量6 985次，访问客户端数量2 775个。

3.加强宣传表彰，发挥榜样示范作用。联合开展第九届“光彩事业国土绿化贡献奖”评选表彰活动，表彰40名积极参与国土绿化、生态保护与修复，推动林草经济高质量发展，积极履行社会责任，为生态文明和美丽中国建设作出重要贡献的民营企业家。

四、持续引导民营企业履行社会责任

1.编制发布民营企业社会责任报告。开展年度民营企业社会责任调研，出版并发布《中国民营企业社会责任报告（2022）》和《中国民营企业社会责任优秀案例（2022）》；印发《民营企业社会责任评价指南》，供地方工商联和全国工商联直属商会在民营企业社会责任评价工作中参照使用；创新性开展中国民营上市公司环境、社会及治理（ESG）研究；制定《民营企业履行社会责任宣传工作方案》，在《中华工商时报》连载民营企业社会责任优秀案例。

2.引导民营企业参与社会事业。开展民营企业参与养老产业专题调研，征集典型案例并编印《引导民营企业参与养老产业工作指南》；遴选159家民营企业参与职业教育现场工程师专项培养计划，开展《民营企业参与产教融合现状、模式、问题及建议》课题研究。

3.引导民营企业参与公益慈善和民族工作。组织开展第十二届“中华慈善奖”

表彰评选工作，推荐17家民营企业、民营企业家和5个慈善项目；捐赠100万元用于四川省泸定县、石棉县灾后抗疫工作；联合印发《“各族群众互嵌式发展计划”实施意见》；与国家民委共同组织召开各族群众互嵌式发展计划动员部署会，联合起草《“民营企业进边疆”行动实施方案》。

五、引导民营企业助推区域协调发展

1.扎实推进援藏援疆工作。与中央统战部四局等单位共同组织筹备“光彩事业西藏行”“民营企业助推南疆发展大会”；组织动员15个省市的87家民营企业和商会参与西藏“百企连百村”助边行动，结对帮扶83个村。

2.加强定点帮扶工作。同织金县召开定点帮扶工作会，谋划制订全年定点帮扶计划，推进选派干部挂职工作；完善《全国工商联善款募集管理办法》，募集定点帮扶资金1 700余万元，用于助力织金巩固脱贫攻坚成果；实施部分脱贫群众危房改建、供水设施、垃圾清运改造等项目，共计投入350余万元；及时调整定点帮扶资金使用计划，拨付500万元专项用于织金县疫情防控；培训织金县各业人员千余人，提高生产技能和组织管理能力；机关开展消费帮扶，购买贫困地区农副产品18.98万元，帮助销售1.62亿元农产品；认真落实《中央纪委国家监委机关定点帮扶工作要点》关于助力马边县、雷波县巩固拓展脱贫成果的要求，组织民营企业考察调研，开展招商引资，并积极促使项目落地。

3.持续开展对口支援革命老区工作。制定印发《全国工商联2022年对口支援上犹县工作方案》，指导对口支援工作；组织商会和企业赴上犹县考察投资，促使上犹县工商联与广东、深圳工商联结成友好工商联，助力区域经济发展；加强致富带头人培训工作。

（薛峰）

【召开“万企兴万村”行动领导小组成员单位议事协调会】7月25日，全国“万企兴万村”行动领导小组办公室组织召开了行动领导小组成员单位议事工作会议，全国工商联、农业农村部、国家乡村振兴局、中国光彩会、中国农业发展银行、中国农业银行相关部门同志参加。会议通报了上半年全国“万企兴万村”行动进展情况，就部分成员单位有关人员调整和工作机制调整作了说明，审议了《关于在“万企兴万村”行动中充分发挥先进典型带动作用的意见》和《2022年全国“万企兴万村”行动工作推进会方案》，与会人员对下一步推进行动工作提出了工作建议。

（王立吉）

【召开全国“万企兴万村”行动工作推进会】9月7日，全国工商联、农业农村部、国家乡村振兴局、中国光彩会、中国农业发展银行、中国农业银行围绕深入学习贯彻习近平总书记近期系列重要讲话精神，认真贯彻落实习近平总书记关于全面推进乡村振兴和“万企兴万村”行动的重要指示精神，共同召开全国“万企兴万村”行动工作推进会。全国政协副主席、全国工商联主席高云龙出席会议并讲话，农业农村部总农艺师曾衍德、国家乡村振兴局副局长黄艳、中国农业发展银行行长助理朱远洋、中国农业银行副行长张旭光就相关工作作了部署。中央统战部副部长，全国工商联党组书记、常务副主席，中国光彩会会长徐乐江主持会议。全国工商联副主席黄荣，全国工商联党组成员、秘书长赵德江出席会议。

高云龙充分肯定行动取得了良好开

局。他强调，要进一步提高政治站位，强化责任担当，推进工作落实。要在抓好“有效衔接”上下功夫，把巩固拓展脱贫攻坚成果作为首要任务，做到帮扶关系不变并不断完善，工作力度不减并不断强化，工作机制连续并不断创新。要在广泛动员民营企业和商会参与上下功夫，对行动进行再宣传、再部署，进一步营造良好舆论氛围，动员更多商会和企业参与到行动中来。要在抓好“兴村”产业上下功夫，引导广大民营企业发挥自身优势，立足农村要素资源，遵循市场规律，帮助乡村培育一批富民产业。要在培树行动典型上下功夫，从企业、商会、县乡村、金融机构等不同角度培树典型，充分发挥典型示范效应，为各地各方提供有益借鉴。要在强化东西部协作、倾斜支持乡村振兴重点帮扶县上下功夫，力争实现民营企业与160个重点帮扶县对接全覆盖，通过“帮县带村”等形式，促成帮扶合作。要在抓好基础工作上下功夫，抓好台账管理，为行动开展精准支持服务提供依托，抓好实验项目体系建设、回报家乡专项行动等，不断丰富行动工作面。要在加强组织领导上下功夫，发挥好各自优势，完善政策体系，增强支持服务，推进行动不断向纵深发展、取得实效。

会上，云南省工商联、湖南省农业农村厅、广东省乡村振兴局、贵州省织金县、甘肃省临洮县马家窑村、重庆市工商联餐饮商会、四川铁骑力士集团代表作了交流发言。会议以电视电话会议形式召开，各省级“万企兴万村”行动领导小组成员单位有关领导和相关部门负责人，中国民营企业500强、全国优强民营企业、专精特新中小企业代表和商会代表，中央统战部非公有制经济工作局、全国工商联机关部门单位负责同志参加会议。

（王立吉）

【同国家乡村振兴局等7部门共同召开推进巩固拓展脱贫攻坚成果同乡村振兴有效衔接工作电视电话会议】3月24日，国家乡村振兴局、退役军人事务部、共青团中央、全国妇联、中国科协、中国残联、全国工商联联合召开合力推进巩固拓展脱贫攻坚成果同乡村振兴有效衔接工作电视电话会议，深入学习贯彻习近平总书记关于“三农”工作的重要论述，落实党中央、国务院决策部署，更好发挥退役军人事务部门、群团组织等各方面作用，推进形成巩固拓展脱贫攻坚成果、全面推进乡村振兴的更大合力。中央农办副主任，国家乡村振兴局党组书记、局长刘焕鑫，退役军人事务部党组成员、副部长常正国，共青团中央书记处书记傅振邦，全国妇联党组成员、书记处书记杜芮，中国科协专职副主席、书记处书记孟庆海，中国残联党组成员、副主席、副理事长程凯，全国工商联副主席黄荣出席会议并讲话。

会议强调，2022年是党的二十大召开之年，持续巩固拓展脱贫攻坚成果、推进实施乡村振兴战略、稳住“三农”基本盘，对于保持平稳健康的经济环境、国泰民安的社会环境具有特殊重要意义。要深入学习贯彻习近平总书记重要指示精神，准确把握做好巩固拓展脱贫攻坚成果同乡村振兴有效衔接的目标和方向，全力以赴抓好工作落实。要坚持一手抓巩固拓展脱贫攻坚成果、一手抓全面推进乡村振兴，找准切入点和突破口，推进重点工作取得新进展新成效。要进一步发挥组织优势，共同做好防止返贫监测和帮扶工作；进一步发挥资源优势，抓住产业和就业两个关键，共同促进农民持续增收；进一步发挥体制优势，共同支持国家乡村振兴重点帮扶县实现有效衔接；进一步发挥人才优势，共同做好乡村建设和乡村治理工作。

国家乡村振兴局党组成员、副局长蒋天宝主持会议。退役军人事务部、国家乡村振兴局、共青团中央、全国妇联、中国科协、中国残联、全国工商联等单位有关负责同志在主会场参会，各省（区、市）和新疆生产建设兵团退役军人事务厅（局）、乡村振兴局、团委、妇联、科协、残联、工商联等单位负责同志在各地分会场参会。

（王立吉）

【开发“万企兴万村”行动台账管理系统】在全国工商联主要会领导高位推动下，充分借鉴老台账有效经验，根据新的工作目标任务转变，升级完善了统计指标和统计分析功能，4月，全国“万企兴万村”行动台账管理系统完成开发上线运行。台账包含五个板块内容，企业基本信息、“兴村”渠道（兴村项目基本信息）、“兴村”详情、村庄变化和融资需求。该系统具备四方面特点：一是专属性，专门服务民营企业参与“万企兴万村”行动的统计系统；二是实用性，“万企兴万村”行动的政策、金融支持和表彰表扬等都以台账系统为依托，开展相关支持服务，实用性较强；三是长期性，台账系统是“万企兴万村”行动的基础性重点工作，将伴随“万企兴万村”行动始终，是一项长期工作；四是开放性，会打通金融机构、农业农村和乡村振兴部门工作端口，随着行动推进不断改进完善。

4月26日，全国工商联系统社会服务工作会议上，全国工商联社会服务部副部长郭锋就“万企兴万村”台账填报工作作了说明。5月，召开全国台账管理视频培训会。10月，召开台账填报工作视频调度会。11月，再次对台账填报进度进行了通讯调度。

（王立吉）

【与教育部共同启动“民企高校携手促就业行动”】5月27日，教育部与全国工商联共同举办“民企高校携手促就业行动”启动会。全国政协副主席、全国工商联主席高云龙出席会议并宣布行动启动。教育部党组书记、部长怀进鹏，中央统战部副部长，全国工商联党组书记、常务副主席徐乐江出席会议并讲话。教育部党组成员、副部长翁铁慧，全国工商联副主席黄荣代表双方签署合作协议。全国工商联党组副书记、副主席樊友山主持会议。全国工商联党组成员、秘书长赵德江出席会议。

怀进鹏指出，习近平总书记等中央领导同志始终高度重视高校毕业生就业工作，就做好相关工作作出重要指示批示。开展“民企高校携手促就业行动”是贯彻落实党中央、国务院“稳就业”“保就业”决策部署的重要举措和实际行动、产业升级背景下促进民企创新发展的有力抓手、促进高校毕业生更加充分更高质量更有温度就业的现实需要，要把做好高校毕业生就业作为重要政治任务，充分发挥民营企业吸纳就业的重要作用，推动高校毕业生就业工作提质升级。

徐乐江指出，稳定和促进高校毕业生就业是做好就业工作的重中之重，是“国之大者”。“民企高校携手促就业行动”旨在深入贯彻落实习近平总书记重要指示精神和党中央、国务院“六稳”“六保”

决策部署，推动民企和高校有效对接，让更多的高校毕业生在市场竞争一线、技术创新前沿、产业发展阵地中提升综合素质，促进民营经济高质量发展。

徐乐江强调，各级工商联、商会要以“民企高校携手促就业行动”启动会为新起点，更广泛凝聚民营企业智慧力量，扎实做好今年高校毕业生就业工作。一要进一步统一思想，提高认识，落实好就业工作“一把手工程”，引导广大民营企业家把吸纳高校毕业生就业作为履行社会责任的重要内容。二要进一步精准对接、稳岗拓岗，推动民营企业与高校开展精准供需对接、建立稳定合作关系，匹配毕业生就业意愿与民企用人需求。三要进一步搭好平台、助企揽才，组织民企“组团式”进高校宣讲，动员企业家直播带岗，帮助更多高校毕业生到民营企业实习实训，特别关注受疫情影响较为严重的省市等，加大相关政策宣传力度，为打造高校毕业生就业领域的响亮品牌奠定坚实基础。

根据合作协议，教育部与全国工商联将联合开展“民企高校携手促就业行动”，每年春秋两季通过供需对接、资源共享、调查研究、宣传表彰等系列活动，输送更多高素质人才助力民营企业高质量发展，促进高校毕业生更加充分、更高质量就业。

（薛峰）

【开展2022年全国民营企业招聘月和金秋招聘月活动】4月27日–5月27日，人力资源社会保障部和全国工商联等7部门联合开展2022年全国民营企业招聘月活动。活动以“‘就’在民企，‘职’向未来”为主题，服务对象以民营企业、中小微企业为重点，同时面向各类用人单位，以高校毕业生、退役军人、脱贫劳动力、登记失业人员、农民工、残疾人为重点，同时面向各类求职群体。活动内容主要包括举办定制式现场招聘活动、打造不断线网上服务格局、提供针对性职业指导服务、强化全方位企业用工指导、开展精准化就业政策解读等。据统计，各地共有15.6万家企业参加此次活动，其中民营企业14万家，提供各类岗位信息384.5万条，共举办招聘活动8 020次，43.7万名求职者与用人单位达成就业意向。9月1日至30日，人力资源和社会保障部和全国工商联等5部门联合开展2022年金秋招聘月活动。活动以“‘就’在金秋，‘职’面未来”为主体，服务对象以民营企业、中小微企业、制造业等领域企业为重点，同时面向各类企事业单位和社会组织、个体工商户，以登记失业人员、离校未就业高校毕业生、农民工、重点行业转岗待岗职工、灵活就业人员、退捕渔民等为重点，同时面向各类求职群体。活动内容包括开展全方位情况摸底、打造全天候线上服务、举办定制式现场招聘、提供针对性职业指导、实施便利化政策办理、落实即时快招服务等内容。据统计，各地共组织25.7万家企业参加活动，其中民营企业20.4万家。举办招聘活动6 828场次，提供岗位信息573.7万条，76.8万名求职者与用人单位达成就业意向。

（崔星）

【编制出版《中国民营企业绿色发展报告（2022）》】全国工商联首次出版发行《中国民营企业绿色发展报告（2022）》（以下简称《报告》）。《报告》主要包括综合报告、专题研究、企业实践三个篇章，以全国10 623家民营企业填报的问卷调查数据为依据，结合国家统计局、行业协会等有关部门和单位的公开信息，梳理总结了2021年度中国民营企业在生产经营、污染减排、节能降碳、绿色转型升级等领域的实践成果和典型案例。

政企一心不断提升服务质效，共推民营企业和园区绿色协同发展。近年来，全国工商联积极推动与生态环境部开展部际合作，及时反馈企业困难与政策诉求，共同引导帮助民营企业实现绿色低碳发展。约九成民营企业对“两个正面清单”政策推进企业绿色发展的认同度较高。同时，随着我国工业园区环境基础设施供给水平不断提高，62.6%的民营企业入驻当地工业园区。

积极开展节能降碳行动落实“双碳”目标，重点地区民营企业绿色低碳发展水平明显提升。调查显示，约30%的民营工业企业编制过“碳达峰、碳中和”路径相关实施方案，53.5%的高耗能行业的民营企业设立了专门负责节能降碳相关职能部门并积极应用减碳技术。主营业务收入在1亿元以上的民营企业、汾渭平原等重点区域的民营企业绿色发展投入和实际成效明显改善。

以实际行动践行绿色发展理念，持续加大节能环保投入和不断健全环境管理制度。广大民营企业积极投身绿色制造，尤其是高耗能行业民企不断加强节能环保投入，近四成高耗能行业民企盈利能力和节能环保投入稳步提升，同比上升5%及以上。同时，民营工业企业基本建立环境信息公开和风险管理制度，为深化环境信息披露以及降低环境风险事故危害夯实了基础。

积极融入战略性新兴产业，推动钢铁行业高质量发展，持续助力乡村绿色发展。调查显示，95.0%的民营战略性新兴产业企业办公、生产和仓储场所制定了节能降耗措施；37.8%的企业清洁能源消费比重同比保持稳定和上升。民营钢铁企业多措并举，扎实推进供给侧结构性改革、超低排放改造。民营企业还积极投身农村人居环境整治、国土绿化、生态治理和修复等，参与农村生活污水和垃圾治理工作，积极推动乡村绿色发展。

《报告》还收录了17家民营企业绿色发展实践案例。系统介绍了新能源、新材料、钢铁、石化、有色、装备制造、畜牧、环保、医药等不同行业民营企业坚持将绿色理念贯穿产品全生命周期，实施科技驱动、源头减排战略，全面推行清洁生产和绿色制造行动，为行业绿色发展提供民营企业的有益借鉴。

（宇凯）

【举办第四期全国民营企业家及工商联干部绿色低碳发展专题网络培训班】 8月23日至24日，全国工商联在线上举办“第四期全国民营企业家及工商联干部绿色低碳发展专题网络培训班”。本次培训班采取录制视频+网络播放的方式组织。培训主要任务是深入学习习近平经济思想、生态文明思想，学习贯彻党的十九届六中全会、中央经济工作会议精神，通过介绍和解读国家支持服务民营企业绿色低碳发展、污染防治相关法律法规和政策措施，引导民营企业深入打好污染防治攻坚战。

培训共设置7场专题讲座，分别是：习近平生态文明思想研究中心副主任、生态环境部环境与经济政策研究中心副主任俞海讲授《准确理解和把握习近平生态文明思想的科学体系与核心要义》；生态环境部环境规划院总工程师万军讲授《深入打好污染防治攻坚战 努力建设人与自然和谐共生的美丽中国》；生态环境部环境规划院副院长严刚讲授《减污降碳协同增效路径与政策》；生态环境部环境工程评估中心研究员姜昀讲授《生态环境分区管控理论与实践》；生态环境部土壤与农业农村生态环境监管技术中心副主任王谦讲授《改善农村生态环境 助力乡村生态振兴》；生态环境部宣传教育中心研究员李鹏辉讲授《环保设施向公众开放》；国家应对气候变化战略研究和国际合作中心总经济师张昕讲授《〈碳排放权交易管理办法（试行）〉解读》。此外，培训还邀请了德龙集团能源环保技术总监岳勇作了题为《共筑生态文明之基 共走绿色发展之路——德龙钢铁集团绿色低碳发展实践探索》的宣讲交流。

各省（区、市）工商联和全国工商联各直属商会组织积极践行绿色发展理念的民营企业家，全国工商联绿色发展委员会委员，以及各省、市、县级工商联相关同志在线上参加了培训。培训视频浏览量25 448次，与第三期培训班浏览量相比增长3倍多，访问客户端数量9 793个。

培训班坚持共同设计、携手推动，由全国工商联设计培训课程框架，生态环境部结合专家资源和工作重点，推荐授课人选和授课内容，双方共同组织完成课程录制。邀请习近平生态文明思想研究中心领导深入解读习近平生态文明思想的科学体系与核心要义，并辅以政策解读，进一步引导民营企业家和工商联干部更加全面深刻理解习近平生态文明思想，以及国家层面推动生态文明建设进行的顶层设计。企业普遍表示，这样的交流很接地气，也符合企业发展实际，具有很强的学习和借鉴意义。

（宇凯）

【联合举办第十八期全国民营企业家林业草原专题网络培训班】10月12日至14日，全国工商联和中国光彩会线上举办了“第十八期全国民营企业家林业草原专题网络培训班”。本次培训班采取录制视频+网络播放的方式组织。培训主要任务是深入学习贯彻习近平生态文明思想，贯彻落实习近平总书记关于民营经济统战工作和工商联工作的重要指示批示精神，支持从事林业草原建设和国土绿化事业的民营企业高质量发展。

培训共设七场专题讲座，分别是中国民营经济研究会常务理事、中国政策科学研究会经济政策委员会副主任徐洪才讲授《当前中国经济形势分析与绿色发展展望》，国家林业和草原局林产工业规划设计院工业工程一所所长张忠涛讲授《我国林业产业发展现状及展望》，中央统战部光彩事业指导中心副主任牛建国讲授《民营企业参与光彩事业概述》，中国林业产业联合会副会长兼森林康养分会理事长刘拓讲授《森林康养的产业化发展》，国家林业和草原局草原管理司副司长李拥军讲授《我国草原资源保护与管理》，国家林业和草原局改革发展司经济林处处长高均凯讲授《我国经济林产业发展的形势、任务和政策》，兴业研究首席绿色金融分析师钱立华讲授《碳中和与绿色金融》。

各省（区、市）工商联、光彩会和全国工商联有关直属商会组织从事林业草原产业和国土绿化事业，参与生态保护与修复的民营企业家参加培训。据统计，培训视频浏览量6 985次，访问客户端数量2 775个。

本次培训以习近平生态文明思想为主线，引导民营企业贯彻绿色发展理念，积极推动企业转型升级与国家绿色发展有机融合；聚焦民营企业发展面临的实际需求，重点介绍和解读林业草原产业发展政策、法律法规、金融支持等内容，帮助民营企业提升经营管理水平，把握正确发展方向，实现绿色高质量发展；紧扣林业草原产业发展现状和民营企业实际需求，精心设置培训课程，以光彩事业为载体，引导民营企业积极履行社会责任。企业普遍表示，本次培训对深入了解和掌握产业发展现状、国家相关支持政策、产业发展前景等有很大帮助，也更加坚定了企业发展的信心，将大力弘扬“义利兼顾、以义为先、自强不息、止于至善”的光彩精神，展现新时代民营企业的责任担当。

（宋俊霖）

【发布《中国民营企业社会责任报告（2022）》和《中国民营企业社会责任优秀案例（2022）》】2月21日，全国工商联发布《中国民营企业社会责任报告（2022）》（以下简称《报告》），全国工商联副主席方光华致发布辞。

《报告》数据来源于全国21 112家民营企业参与的问卷调查和11个省市近百家民营企业的实地调研，结合了国家统计局、市场监督管理总局等有关部门的公开信息，对参与调研的全样本企业社会责任工作进行量化分析，总结揭示了2021年度中国民营企业社会责任的时代内涵和阶段性特征。

《报告》指出，2021年，面对新型冠状病毒感染疫情反复冲击和复杂严峻的国内外形势等诸多风险挑战，我国民营企业深入贯彻新发展理念，主动融入新发展格局，以共同富裕为企业社会责任价值目标，在稳定增长、增加就业、贡献税收、创业创新、乡村振兴、生态文明建设、公益慈善等方面努力作为，对我国经济社会可持续发展发挥的作用日趋显著。

第一，助推经济稳中有进。2021年，规模以上民营工业企业增加值增长10.2%，高于全国平均水平0.6个百分点；民营企业进出口额19万亿元，增长26.7%，占我国外贸总额的48.6%，对外贸增长的贡献度达到了58.2%；贡献税收收入9.8万亿元，占企业税收总量的59.6%。

第二，吸纳就业能力突出。2021年，全国新设民营企业852.5万户，同比增长11.7%。截至2021年年底，我国民营企业数量已经有4 457.5万户，占全部企业数量的92.1%。民营企业的快速增长，为巩固存量就业和吸纳新增就业提供了最直接、最有力的支撑。据统计，参与调研企业2021年度共有1 003.8万员工，吸纳就业人数较上一年度增长4.3%，其中72.8%的企业用工保持稳定或上升。

第三，创新发展成效显著。2021年，规模以上民营工业企业专利申请数占比82%，有效发明专利数占比79.9%。2021年，我国发明专利授权量前10名中民营企业占据7名，其中前3名全部为民营企业。调研企业中有5 517家企业通过国家高新技术企业认定，5 133家企业通过科技型中小企业认定，分别占调研企业总量的26.1%和24.3%。

第四，踊跃投身乡村振兴。2021年，广大民营企业响应党中央号召，积极投身“万企兴万村”行动。调研数据显示，有4 611家企业参与了“万企兴万村”行动。其中，33.2%的参与行动的企业设有专职部门负责乡村振兴项目；24.7%的民营企业致力于开展农业技能培训，提供免费、实用的致富技术；23.2%的企业参与农村基础设施建设；22.5%的企业在推进农村富余劳动力转移就业方面作出了贡献。

第五，走实绿色发展之路。2021年调研企业中有20.2%的企业通过ISO 14001环境质量管理体系认证，较上一年度提高0.2个百分点。有605家企业获得国家环境标志认证，572家企业通过绿色食品认证，125家企业入选“国家节能产品目录”。

第六，热心公益慈善事业。据不完全统计，2021年在抗击新型冠状病毒感染疫情中，共有11万余家民营企业捐款172亿元，捐物119亿元，设立基金62亿元。在驰援河南、山西抗洪救灾中，全国有8 049家民营企业捐款捐物达47亿元。第十一届“中华慈善奖”表彰名单中，73家民营企业、民营企业家及慈善项目荣列其中。2021年全国共有基金会8 885家，民营企业基金会作为非公募基金会的重要力量，数量占2/3左右，且一直呈稳步增长态势。

《报告》显示，2021年，我国民营企业履行社会责任已呈现出大型企业和中小型企业齐头并进的格局，其中工商联执常委企业表现突出，规范化、组织化、专业化、品牌化程度进一步提升，社会贡献日益显著。主要表现为以下五点：一是民营企业社会责任发展指数站上历年高位，东部、中部、西部和东北四个区域民营企业社会责任指数由高到低呈阶梯状分布，与区域经济发展水平保持一致。二是民生类指标表现突出，社区责任、消费者责任两个指标领跑。健康发展、员工责任、生态环境、公平运营4个指标相对优势突出。三是大型企业指数领先明显，不同规模企业关注重点不同。随着企业发展壮大，企业履行社会责任关注对象已经逐步扩展到消费者、员工、政府、供应商和社区等更多的相关方，从最初以追求企业自身利润最大化为目标，到更多地关注社会公共利益和福祉。四是履责实践不断拓展和规范，组织化程度不断增强。五是社会责任常态化、专业化、制度化渐成趋势，注重以社会责任支撑企业品牌建设。

会上发布了《中国民营企业社会责任优秀案例（2022）》，福耀玻璃工业集团股份有限公司董事长曹德旺等8位民营企业家和深圳市腾讯计算机系统有限公司等21家民营企业入选2022中国民营企业社会责任优秀案例。

附录：《中国民营企业社会责任优秀案例（2022）》入选企业家和企业名单

福耀玻璃工业集团股份有限公司董事长　曹德旺

红豆集团党委书记、董事局主席　周海江

天能控股集团党委书记、董事长　张天任

民生能源（集团）有限公司董事长　薛方全

福泉环保城发展有限公司董事长　周春松

奇安信科技集团股份有限公司董事长　齐向东

吉林省品牌产品农业发展有限公司董事长　鲁贺

中至数据集团股份有限公司董事长　李一华

深圳市腾讯计算机系统有限公司

牧原实业集团有限公司

晶澳太阳能科技股份有限公司

比亚迪股份有限公司

横店集团控股有限公司

山西天星能源产业集团有限公司
福建鸿星尔克体育用品有限公司
百度时代网络技术（北京）有限公司
四川铁骑力士实业有限公司
荆门市格林美新材料有限公司
农夫山泉股份有限公司
洽洽食品股份有限公司
达疆网络科技（上海）有限公司
江西佳兴投资有限公司
北京建龙重工集团有限公司
常州华利达服装集团有限公司
重庆望变电气（集团）股份有限公司
海南呀诺达圆融旅业股份有限公司
金沙河集团有限公司
重庆五洲世纪文化产业投资集团有限公司
云南祥丰实业集团有限公司

【召开2022年全国工商联系统社会服务工作会议】4月26日，全国工商联系统社会服务工作会议在京召开。全国工商联副主席黄荣出席并讲话。

黄荣同志对工商联系统2022年社会服务重点工作提出要求。他指出，“万企兴万村”行动是党中央赋予工商联的重大政治任务，是工商联服务党和国家工作大局的重要工作抓手，各级工商联要提高政治站位，进一步深化思想认识，切实增强责任感使命感。

他强调，要抓好四个有效衔接，即抓好“万企帮万村”与“万企兴万村”的有效衔接，继续保持“万企帮万村”阶段的领导小组会议机制、调研督导机制、工作动态机制，总结借鉴金融服务、政策支持、宣传表彰等支持举措；抓好“万企兴万村”行动同巩固拓展脱贫攻坚成果的有效衔接，引导民营企业聚焦脱贫地区和脱贫人口发力，坚持帮扶对象不变，帮扶力度不减，共同守牢不发生规模性返贫的底线目标；抓好“万企兴万村”行动同倾斜支持国家乡村振兴重点帮扶县的有效衔接，通过持续深入发动、精准协调对接、推动项目落地，助力重点县补短板、强弱项；抓好“万企兴万村”行动同工商联系统援藏援疆等重点工作有效衔接，坚持统筹谋划、一体推进。要做好组织发动，深入广泛地动员更多企业、商会参与行动；要建立台账统计体系，推进实验项目和先行村认定；要抓好典型培树，重点包括企业商会典型、“兴村”典型、项目典型和县乡典型。

他要求，积极引导服务民营企业做好稳就业保就业工作，引导民营企业稳岗、增岗、构建和谐劳动关系；积极开展就业培训，提升高校毕业生等重点群体技能素质；举办好各项招聘活动，与有关方面合作拓展平台；积极探索发布民营企业就业形势报告。要引导民营企业投身光彩事业和公益慈善事业，参与教育、医疗、养老等社会事业，积极走绿色低碳发展之路。

会上，全国工商联社会服务部部长李飞总结了2021年社会服务工作，对2022年重点任务进行部署。全国工商联社会服务部副部长郭锋就“万企兴万村”台账填报工作作了说明。全国工商联社会服务部一级巡视员姜建静主持会议。浙江省工商联、江西省工商联、四川省工商联、全联农业产业商会、全国工商联家具装饰业商会和山东省莒县围绕推进“万企兴万村”行动进行交流发言。

全国工商联机关各部门、有关直属单位和部分直属商会负责同志在主会场参会。各省区市和新疆生产建设兵团工商联、全国工商联直属商会、全国工商联扶贫工作委员会、全国工商联绿色发展委员会有关同志以视频形式参加会议。

（罗静瑶）

【召开2022年定点帮扶视频对接工作会议】4月1日，全国工商联召开2022年定点帮扶织金视频对接工作会议。全国工商联副主席黄荣，贵州省政协副主席、省工商联主席李汉宇出席会议并讲话。会上，织金县介绍了有关情况，开展了招商引资项目推介，居然之家董事长汪林朋、千喜鹤集团董事长刘延云、依文集团董事长夏华、北京联东投资集团董事长刘振东等13位企业家结合企业特点和合作方向作了针对性对接交流发言，中国农业银行三农对公业务部总经理刘仁举谈了金融助力织金全面推进乡村振兴的具体意见。社会服务部部长李飞主持会议。

会议目的是深入学习贯彻习近平总书记关于深化定点帮扶工作的重要指示精神，落实统一战线定点帮扶工作座谈会精神，发挥各方优势，凝聚多方合力，助力贵州省织金县巩固拓展脱贫攻坚成果同乡村振兴有效衔接，实现高质量发展。

黄荣在讲话中强调，要将织金县作为“万企兴万村”行动试点县，通过紧密联系、具体指导、倾力帮扶，力争把织金县打造成“万企兴万村”行动示范县。要组织民营企业了解织金、走进织金、投资织金，开展精准对接，推动项目落地，结合织金县项目需求，持续做好产业帮扶，助推织金高质量发展。要形成合力，落实好智力帮扶、公益帮扶、消费帮扶三项帮扶任务。要协调有关商会和民营企业，以出钱出力出智慧形式，帮助织金科学制定乡村振兴发展规划。黄荣要求，要切实提高政治站位，整合帮扶力量，压实帮扶责任，细化任务、明确时限，推动全国工商联定点帮扶工作迈上新台阶。

会议以线下线上相结合的形式召开，全国工商联设主会场，贵州省工商联和织金县设分会场。北京、上海、安徽、山东、广东、贵州等地企业家代表和全国工商联有关部门、中国农业银行三农对公业务部、贵州省工商联、农行贵州省分行、织金县有关部门同志参会。

（王立吉）

【全国工商联第三联系调研组赴四川调研并开展公益捐赠】7月16日至23日，全国工商联副主席、上海微创医疗器械（集团）有限公司董事长兼首席执行官常兆华率全国工商联第三联系调研组赴四川省泸州市、阿坝藏族羌族自治州和甘孜藏族自治州及所属38个区市县开展联系调研工作。四川省委统战部副部长、省工商联党组书记唐强会见调研组。

常兆华副主席代表上海微创医疗器械（集团）有限公司向阿坝州爱心捐赠100万元，重点帮助阿坝州单亲母亲家庭学生就学。与阿坝县高原黑青稞天然生物开发有限公司等多家企业达成合作意向，并采购价值100余万元的菜籽油、青稞、牦牛绒围巾等进行消费帮扶，支持当地中小微企业发展。

调研期间，各调研组分别在相关市县召开政策宣讲会，重点宣传习近平总书记关于新时代民营经济统战工作的系列重要指示和党的十九届六中全会、中央政治局会议和全国稳住经济大盘会议等一系列重要会议精神，当地工商联执常委、直属商协会及民营企业代表、工商联干部参加宣讲会。通过“认门、认人、认事”，了解基层工商联及所属商会的工作亮点、困难问题及意见建议。通过召开调研座谈会、实地走访考察，掌握民营经济发展情况和“万企兴万村”行动等推进情况，也为当地企业发展、项目建设传经送宝。

全国工商联执委企业、全国工商联扶贫工作委员会委员等9位企业家，全国工商联社会服务部相关同志参与调研。

（崔星）

【召开定点帮扶领导小组会】6月15日，全国工商联召开定点帮扶工作领导小组会议。全国政协副主席、全国工商联主席高云龙，中央统战部副部长、全国工商联党组书记、常务副主席徐乐江出席会议并讲话。全国工商联副主席谢经荣主持会议。全国工商联副主席樊友山、李兆前、邱小平、鲁勇，全国工商联秘书长赵德江，机关各部门负责同志出席会议。

会议审议通过了《全国工商联定点扶贫工作总结》和《全国工商联2021年定点帮扶工作计划》，总结了自1994年，特别是党的十八以来全国工商联倾心倾力帮扶织金县打赢脱贫攻坚战情况；立足织金县实际，聚焦产业、就业、人才、消费帮扶、示范点建设5个方面，谋划了全年定点帮扶工作安排。会议还审议通过了《全国工商联对口支援上犹县工作方案》。

高云龙指出，中央单位开展定点帮扶工作是中国共产党领导和我国社会主义制度政治优势的体现，是中央单位转变作风、锻炼干部、坚持群众路线、密切同人民群众联系的途径方法。要从讲政治的高度，充分认识定点帮扶工作的重要意义，以务实举措抓好工作落实。他强调，要坚持实事求是开展帮扶工作，因地制宜实施行之有效的帮扶项目，发挥帮扶的最大效果，让群众切实受益；要坚持与时俱进，密切跟踪帮扶项目，及时分析研判，做好项目后期服务；要加强党的领导，坚持统筹协调，凝聚机关合力；要加强思想政治引领，积极引导民营企业参与定点帮扶，助推当地巩固拓展脱贫攻坚成果，压茬推进乡村振兴。

徐乐江指出，要深入学习贯彻习近平总书记关于定点帮扶等工作的重要指示精神、中央对定点帮扶工作的新部署新要求，压实工作责任，统筹谋划、扎实推进定点帮扶工作。他表示，脱贫摘帽不是终点，而是新生活、新奋斗的起点，要坚决反对骄傲自满、松劲歇脚等思想产生，防止工作出现滑坡。要密切关注织金县新特点和新情况，及时开展帮扶，防止规模性返贫，助力当地巩固拓展脱贫攻坚成果；要结合织金县乡村发展规划和产业规划，帮助对接民营企业，落实落地项目，助推织金县全面推进乡村振兴，在建设毕节贯彻新发展理念示范区中走在前列。

（王立吉）

【召开定点帮扶暨创建“万企兴万村”典型县座谈会】8月4日，全国工商联定点帮扶暨创建“万企兴万村”典型县座谈会在毕节市织金县召开。会议指出，近年来，织金县聚焦巩固拓展脱贫攻坚成果同乡村振兴有效衔接，农业农村各项工作取得显著成效，经济社会保持了健康发展的良好势头。在下一步的工作中，要认真贯彻落实习近平总书记关于深化定点帮扶工作的重要指示精神，努力创建巩固拓展脱贫攻坚成果同乡村振兴有效衔接、“万企帮万村”与“万企兴万村”行动有效衔接和推进全面乡村振兴的典型县。要制定好乡村振兴发展规划，坚持产业兴旺是基础，落地一批帮扶项目，培育好富民产业，解决群众就业，帮助发展职业教育，提升新型城镇化建设质量。要积极广泛动员更多民营企业参与织金县的乡村振兴和高质量发展。

会前，全国工商联一行先后到国家大数据（贵州）综合试验区展示中心、中国电信云计算贵州信息园、华为云贵安数据中心调研大数据产业发展情况；前往织金县马场镇马家屯村慰问全国工商联派驻的驻村干部，实地考察了织金县猫场镇龙潭社区乡村振兴示范点、猫场镇大寨村皂角加工车间，指导巩固拓展脱贫攻坚成果同乡村振兴有效衔接工作。全国工商联、省工商联有关部门负责同志和毕节市工商联，织金县负责同志参加会议。

（王立吉）

国际及港澳台交流合作

【综述】2022年，全国工商联国际合作部深入学习贯彻党的二十大精神，学习贯彻习近平总书记关于推进高水平对外开放、共建“一带一路”高质量发展等系列重要论述精神和党中央决策部署，以深入开展“两送一防”行动为集中抓手，努力拓展工作内容、创新工作手段、搭建服务平台，支持服务民营企业对外投资提质效、防风险，助力共建“一带一路”高质量发展，服务构建新发展格局。

一、组织开展专项服务行动

启动民营企业境外合规建设专项服务三年行动，编写《民营企业国际化经营合规管理百问百答》，围绕“境外合规管理发展与趋势”“企业出口管制合规管理”等主题举办10期线上“合规月月谈”活动，累计50余万人次参加了线上培训。与中国信保继续联合开展护航民营企业“走出去”专项行动，举办微讲堂活动，探索建立“工商联+信保+银行”联动机制，从政策、产品、信息三个方面加大对民营企业海外项目、民营外贸企业支持力度，各地累计承保金额达880亿美元，覆盖了4万多家民营企业。联合中信银行共同印发《支持民营企业“走出去”助力共建“一带一路”高质量发展工作方案》，整合系统力量，为民营企业“走出去”参与共建“一带一路”提供金融支持与服务。与中国银行持续开展“随时惠”普惠金融服务活动，支持中小企业缓解融资难题，特别是流动资金难问题，各地累计授信金额共计5 400余亿元。开展系列专题培训活动，联合国家发展改革委围绕全面加强境外项目风险防控、海外安全形势分析和风险防范应对等，以线上线下相结合形式举办民营企业参与共建“一带一路”风险防控培训班，助力民营企业提升境外风险防控应对能力；与商务部通过线上线下结合方式共同举办4期高质量建设RCEP中小企业培训班，引导帮助民营企业用好RCEP政策机遇，提高运用国际规则的能力。刊发15期《“两送一防”助推民营企业高质量走出去行动专刊》，选树“两送一防”工作典型，营造互学互鉴氛围。

二、创新打造服务载体和活动品牌

联合国家发展改革委、商务部、中国国际贸易促进委员会等部门和机构成功举办首届民营企业共建“一带一路”峰会，为服务民营企业参与“一带一路”建设搭建高端权威的政策宣介、成果展示、交流研讨平台。认真贯彻落实习近平总书记在中非合作论坛第八届部长级会议上的讲话精神，推动成立中非民间投资促进平台，并召开平台成员单位第一次全体会议，为民营企业赴非洲投资发展提供政策宣介、调查研究、对外交流、产业促进、专业服务、舆论宣传等集成式综合服务，促进民营企业对非投资增量提质。持续推进“一带一路”信息服务平台建设，提升平台建设水平，保持平台内容动态更新、页面友好美观、更加贴近企业需求，平台全年累计发布各类信息2 500余篇，受到民营企业高度关注。继续推进“一带一路”数据库填报，目前已有2 000余家走出去民营企业、1 500余个项目入库。

三、加强调查研究、反映企业诉求

联合相关科研机构，组织全系统首次开展国际化规模较大民营企业调研工作，对民营企业国际化发展状况进行评估分析，形成了民营企业国际化发展报告和百强榜单并送有关部门参考。开展民营企业“走出去”拓展绿色发展领域国际合作前景、新发展格局下民营企业参与中非合作、中国民营境外经贸合作区发展、民营企业“一带一路”境外投资信用风险、民营外贸企业进出口运行情况等系列专题调查研究，相关研究报告将汇编成册发各地工商联和直属商会学习参考，有的还通过“一带一路”信息服务平台公开发布供广大民营企业学习借鉴。为深入研判俄乌冲突对“走出去”民营企业带来的风险挑战，对100余家“走出去”民营企业进行了线上调研，形成《俄乌冲突对部分在俄民营企业影响报告》《俄乌冲突百日来对民营企业影响情况和政策建议》等报告。针对调研中民营企业反映的问题诉求，积极向中央和有关方面反映，形成信息专报16篇、社情民意信息15篇，荣获“工商联系统2022年信息工作先进单位”。

四、搭建国际经贸交流合作平台

与东盟秘书处、中国国际贸易促进委员会、广西壮族自治区人民政府联合主办第二届RCEP经贸合作工商高峰论坛暨高质量实施RCEP论坛，为民营企业赴RCEP国家投资发展搭建交流合作平台。与浙江省人民政府联合主办2022中国（浙江）中非经贸论坛及2022中非民营经济合作论坛，深化中非民间投资合作，促进中非合作提质升级。先后参与举办全国上市公司共建“一带一路”国际合作论坛、世界互联网大会企业家高峰论坛，组织民营企业代表参加第五届中国国际进口博览会、2022中国国际服务贸易交易会、中日经贸交流会、香港“一带一路”高峰论坛等经贸交流活动，积极参与筹备举办第三届世界华侨华人工商大会。持续开展对外联络交往，通过线上线下会见、举办或参加高层经贸活动、贺信贺词等形式，加强与德国、日本、东盟、赞比亚等重点国家及中国港澳台地区工商领域社会团体及其驻华机构、华人华侨组织的交流合作。探索建立全国工商联助推粤港澳大湾区建设工作委员会，整合海峡两岸和港澳政府、高校、商会、企业、专业机构资源，引导服务民营企业参与粤港澳大湾区建设。

（王树金）

【举办2022年度全国工商联国际合作工作会议】2022年2月23日，2022年全国工商联国际合作工作会议在北京以视频会议形式召开。会议的主要任务是认真学习贯彻党的十九大和十九届历次全会精神，深入学习贯彻中央经济工作会议和习近平总书记在第三次“一带一路”建设座谈会上的重要讲话精神，落实全国工商联十二届五次执委会议部署要求，总结交流2021年工商联国际合作工作，分析当前形势，进一步研究部署2022年重点任务。全国工商联党组成员、副主席邱小平出席会议并讲话，要求工商联国际合作系统要以习近平新时代中国特色社会主义思想为指导，认真贯彻落实党的十九大和十九届历次全会精神，深入贯彻落实中央经济工作会议和第三次“一带一路”建设座谈会精神，坚持稳中求进工作总基调，统筹发展和安全、统筹整体和重点，按照全国工商联十二届五次执委会议部署要求，以引导服务民营企业高质量走出去和参与共建“一带一路”为主线，以助力民营企业境外投资提质效防风险为重要着力点，以深入推进“两送一防”助推民营企业高质量走出去行动为总抓手，进一步整合资源、创新载体、打造品牌，努力提高服务实效，为稳定宏观经济大盘、推动构建新发展格局作出新的贡献。

（王彤）

【举办首届民营企业共建“一带一路”峰会】8月30日上午，由全国工商联主办，国家发展和改革委员会、商务部支持，中国国际贸易促进委员会、中国银行、中国出口信用保险公司、中国太平洋经济合作全国委员会、中国上市公司协会共同协办的首届民营企业共建“一带一路”峰会在京召开。此次峰会以“推动共建‘一带一路’高质量发展促进构建新发展格局”为主题，旨在深入贯彻落实习近平总书记关于共建“一带一路”的系列重要指示特别是在第三次“一带一路”建设座谈会上的重要讲话精神，充分发挥工商联桥梁纽带和助手作用，汇聚各方力量，为民营企业搭建高端权威的政策宣介、成果展示、咨询服务平台，支持服务走出去民营企业在更高水平对外开放中实现更好发展，推动共建“一带一路”高质量发展。

全国政协副主席、全国工商联主席高云龙，中国贸促会党组书记、会长任鸿斌，商务部党组成员、部长助理郭婷婷，国家发展改革委区域开放司司长徐建平出席会议并致辞。中央统战部副部长，全国工商联党组书记、常务副主席徐乐江出席会议并为中非民间投资促进平台成立授牌。中国银行党委书记、董事长刘连舸，中国出口信用保险公司党委书记、董事长宋曙光，中国国际经济交流中心总经济师陈文玲，中国原驻肯尼亚、加纳大使孙保红作主旨演讲。全国工商联党组成员、副主席邱小平主持峰会。

在此次峰会上，全国工商联宣布设立中非民间投资促进平台，徐乐江为平台正式设立授牌。中非民间投资促进平台由全国工商联有关部门和有关智库研究机构、金融机构、商会、专业服务机构组成。平台设立旨在贯彻落实习近平总书记在中非合作论坛第八届部长级会议上的重要讲话精神，落实会议成果任务分工，进一步支持服务民营企业积极稳妥开展对非投资合作。

此外，全国工商联副主席、TCL集团创始人、董事长李东生，全国工商联知名企业委员会主席团成员、新希望集团有限公司董事长刘永好，匈牙利中资企业商会会长李俊彦，京东物流副总裁徐永围绕“新形势下民营企业参与‘一带一路’合作的新领域和新趋势”主题进行交流讨论。

峰会采取“主会场+分会场”视频会议形式召开。中国人民对外友好协会党组书记、会长林松添，中国太平洋经济合作全国委员会会长詹永新，中国上市公司协会会长宋志平，中国国际交流协会副会长艾平，中国对外承包工程商会会长房秋晨，中国机电产品进出口商会副会长石永红，中非产能合作基金有限公司总裁杨小军，全国工商联党组成员、秘书长赵德江，中央统战部、外交部、国家发展改革委、商务部、中国贸促会、中国银行、中国出口信用保险公司、中国太平洋经济合作全国委员会、中国上市公司协会、中国人民对外友好协会、中国国际交流协会、中国对外承包工程商会、中国机电产品进出口商会、中信银行、中非产能合作基金、全国工商联等有关部门负责同志，全国工商联直属商会及民营企业家代表，特邀专家学者代表，有关媒体代表等近百人在主会场参会。各省级、副省级城市工商联负责同志，中国银行、中国出口信用保险分支机构负责同志、商会代表和民营企业家代表在线上参会。

（王彤）

【举办第二届RCEP经贸合作工商高峰论坛暨高质量实施RCEP论坛】9月16日，由东盟秘书处、中华全国工商业联合会、中国国际贸易促进委员会、广西壮族自治区人民政府联合主办的第二届RCEP经贸合作工商高峰论坛暨高质量实施RCEP论坛在广西南宁举行。本次论坛以“携手高质量实施RCEP 共筑亚太经贸繁荣”为主题，包含引领新时代区域经济合作、构筑亚太稳定产业链供应链价值链、促进实现包容性和可持续发展三个议题。全国政协副主席、全国工商联主席高云龙以视频形式出席论坛并致辞。

高云龙指出，中国与RCEP各成员国陆相通、水相连，《区域全面经济伙伴关系协定》作为世界最大的自由贸易安排，为区域国家经济复苏和发展注入了强劲动力，也为构建理想的全球贸易投资规则框架作出了重要探索。

高云龙强调，工商企业是实践RCEP的重要力量，企业的积极参与是RCEP高质量实施的关键。一是要抓住RCEP实施带来的机遇，充分了解和用好成员国降低关税、区域内原产地累计规则等优惠政策，积极开拓国际市场，扩大优势产品出口和优质商品进口，加强区域内投资项目合作，推动设计研发、信息、物流、电子商务、贸易融资等服务业合作发展。二是要主动适应区域市场更加开放的环境和更加充分的竞争，加快产业转型升级，加大重要产品和关键核心技术攻关力度，推动制造业高端化智能化绿色化，提升产品、工程和服务质量水平，加快打造产业技术优势，增强深入参与区域市场竞争的能力。三是要加强与相关政府部门的沟通联系，积极反映协定实施过程中遇到的实际问题并提出意见建议，推动各成员国政府间进一步加强合作，全面落实协定规定的市场开放承诺和规则，高水平搞好配套公共服务，为高质量实施RCEP不断优化营商环境。

高云龙表示，中华全国工商业联合会作为以民营企业和民营企业家为主体的商会组织，将进一步加强与RCEP成员国工商社团的交往联系，推动中国与区域国家经贸合作深入开展。

广西壮族自治区党委书记、自治区人大常委会主任刘宁，东盟秘书处秘书长林玉辉，全国工商联党组成员、副主席邱小平，中国商务部部长助理李飞，中国贸促会副会长张少刚，广西壮族自治区党委常委、秘书长周异决，广西壮族自治区政协副主席磨长英，广西壮族自治区工商联主席眭国华以及来自中国与RCEP各国经贸主管部门、驻华使领馆、国际机构、知名专家学者和商界领袖等近300名代表出席论坛。会上，RCEP15个成员国的40家商会、协会共同发布《关于工商界携手高质量实施RCEP，推进更高水平区域经济一体化的南宁倡议》，中国民营经济国际合作商会作为代表参与发布倡议。

（靖安达）

【举办2022中非民营经济合作论坛】习近平总书记在党的二十大报告中指出，中国坚持对外开放的基本国策，不断以中国新发展为世界提供新机遇，推动建设开放型世界经济，更好惠及各国人民。为积极落实中非合作论坛第八届部长级会议成果，推进“九项工程”落地落实，11月8日下午，由中华全国工商业联合会主办，北京市工商联和中非民间商会共同承办的2022中非民营经济合作论坛以线上线下相结合方式召开。此次论坛得到了外交部、商务部的大力支持。论坛主题为“深化中非民间投资合作”。全国工商联党组成员、副主席邱小平出席论坛。全国工商联副主席、正泰集团董事长南存辉，多哥商业、工业与本地消费部秘书长科姆兰·诺马多利·雅克贝，中国政府非洲事务特别代表刘豫锡大使和商务部西亚非洲司副司长王东分别以线上线下方式出席论坛并致辞，全国工商联国际合作部部长马君主持开幕式。北京市工商联党组成员、副主席李振坤主持主旨发言环节。

此外，论坛开幕式上，中非民间商会副会长、秘书长王晓勇首次发布了《新发展格局下民营企业参与中非合作展望》，分析了新形势下民营参与对非合作的机遇与挑战，提出未来合作建议，引领更多民营企业投资非洲。

塞内加尔驻华大使锡拉，中非发展基金副总裁娄文剑和全国工商联农业产业商会会长、广东恒兴集团董事长陈丹围绕论坛主题作主旨发言。利安达会计师事务所董事局主席黄锦辉，北京盈科律师事务所全球综合部主任吉坤，北京德恒律师事务所合伙人王一楠，深圳华大基因有限公司非洲区总经理陈松恒和北京大学新结构经济学研究院国际发展合作部主任于佳围绕“聚焦中非制造业和中小企业合作”主题进行了深入交流探讨。

来自全国工商联机关各部门、北京市工商联、中非民间商会、部分金融机构，以及非洲政府部门、驻华外交官和中非工商界人士122.5万余人次以线下或线上形式参加论坛。

（刘倩）

【举办高质量建设《区域全面经济伙伴关系协定》（RCEP）中小企业培训班】9月17日，由商务部、全国工商联共同主办，广西壮族自治区商务厅、工商联承办的全国《区域全面经济伙伴关系协定》（RCEP）系列专题培训中小企业专场在广西南宁举行。培训以线下专家授课、线上直播的方式进行，旨在认真贯彻落实习近平总书记重要指示精神和党中央、国务院对RCEP生效实施工作的决策部署，进一步提升企业对RCEP协定的理解和应用能力，指导企业用好用足协定优惠政策，增强参与国际竞争合作的本领，积极开拓RCEP区域市场，更深层次参与区域产业链供应链融合发展。全国各省区市工商联、直属商会及中小企业代表踊跃参与，线下参会企业家代表达200余人，线上观看直播人数达8 600余人。

商务部国际经贸关系司一级巡视员陈宁、全国工商联国际合作部副部长刘璐为培训班作开班动员，商务部研究院、中国石油和化学工业联合会、中国机电进出口商会、南宁海关等有关行业专家围绕RCEP规则解读与实践，分别从RCEP货物贸易市场准入及原产地规则解读、RCEP原产地规则解读和享惠通关实务、RCEP服务贸易、投资市场准入承诺和规则解读、RCEP石化产业、电子信息产业及工程机械产业交流和企业案例分享、RCEP关税减让综合应用方案、广西高质量实施RCEP情况介绍等专题，为培训班作了精彩的授课。

本次培训主题多样，内容精彩纷呈，得到了参会民营企业代表的积极反响与肯定，纷纷表示通过培训充分认识到RCEP规则的高质量落地实施将给企业发展带来大市场、大机遇，将继续深入学习了解RCEP规则，采取行动高质量对接实施规则，利用规则红利拓展合作新蓝海，推动与RCEP国家在贸易、投资、数字经济等领域的业务合作，积极服务国家经济发展大局，促进跨境产业链供应链融合与安全发展，助力国家加快构建以国内大循环为主体、国内国际双循环相互促进的新发展格局，实现经济高质量发展。

（靖安达）

【召开中非民间投资促进平台第一次会议】2022年11月15日，中非民间投资促进平台第一次会议以线上线下相结合方式召开。中非民间投资促进平台副主任、中非民间商会会长、华立集团董事局主席汪力成宣读了《全国工商联关于设立中非民间投资促进平台的决定》。浙江师范大学非洲研究院、湖南中非经贸合作促进研究会、中国银行、中国出口信用保险公司、中非产能合作基金有限责任公司、全国工商联农业产业商会、非洲广东总商会、利安达会计师事务所和华信中安集团作为中非民间投资促进平台成员单位代表进行了发言，分享了本单位支持服务民营企业对非投资的工作情况和下一步工作打算，对如何发挥好中非民间投资促进平台作用提出了意见建议。

邱小平同志作总结讲话。他就落实平台工作机制，推动平台取得务实成果提出三点意见。一是提高政治站位，强化责任担当。设立“中非民间投资促进平台”是习近平总书记直接提出的要求，是我们贯彻落实习近平总书记重要指示的具体行动。当前，世界百年变局和世纪疫情相互交织，给中非关系带来新课题和新挑战。做好“中非民间投资促进平台”的工作，进一步推动民营企业对非投资增量提质，有利于深化新形势下的中非务实合作、推动构建新时代中非命运共同体，有利于充分发挥中非合作巨大潜能、促进民营企业在更高水平对非合作中实现更好发展，也是贯彻落实党的二十大报告提出的“推进高水平对外开放”“推动共建‘一带一路’高质量发展”要求的务实举措。各成员单位要充分认识做好平台工作的重大意义，切实提高政治站位，以高度的政治担当落实好习近平总书记交予我们的重要任务，以实际行动践行“两个维护”。二是明确职责任务，务求工作实效。各成员单位要根据平台职能定位和目标任务，积极主动献计出力，共同推动平台作用有效发挥。①努力提供多方位服务，以民营企业开展对非投资合作的需求为导向，通过全面提供支持服务，既着力推动中非民间投资合作环境不断优化，又尽可能帮助解决民营企业对非投资中的具体困难；②努力提供专业化服务，针对民营企业对非投资合作面临的重点难点问题，依托成员单位职能优势提供针对性专业服务，不断提高服务质量和水平；③努力提供集成式服务，切实发挥平台整合资源、统筹协调作用，推动各成员单位围绕促进中非民间投资同向发力，形成“1+1大于2”的效果。三是加强协同配合，凝聚工作合力。中非民间投资促进平台是由各有关单位联合组成的，在模式上有别于其他实体性平台，切实加强成员单位的统筹协调、形成多方联动的强大工作合力，是这个平台的特有价值和优势所在。各成员单位要围绕平台的使命任务，在平台的统筹协调下，既充分发挥各自的职能作用，又主动与其他成员单位加强沟通协调、密切配合，协同做好中非民间投资促进工作，共同为发挥好平台作用出实策、谋实招、求实效。平台办公室要加强对重点任务落实的跟踪督导和协调服务，及时掌握工作进展情况，协调解决出现的问题。

（王彤）

【深入推进以“送政策、送服务、防风险”为主要内容的“两送一防”行动】启动2022年至2024年民营企业境外合规建设专项服务三年行动，印发《民营企业境外合规建设专项服务行动方案》，举办八期民营企业境外投资经营“合规月月谈”活动，累计培训超15万余人次，推动民营企业增强风险防范意识，筑牢合规经营理念。与中国信保继续开展2022年度“护航民营企业走出去专项行动”，探索建立“工商联+信保+银行”联动机制，从政策、产品、信息三个方面加大对民营企业海外项目、民营外贸企业支持力度，各地累计承保金额达880亿美元，覆盖了4万多家企业。与中国银行持续开展“随时惠”普惠金融服务活动，支持中小企业缓解融资难题，各地累计授信金额共计5 400余亿元。持续强化基层导向，发挥示范效应，刊发15期《“两送一防”助推民营企业高质量“走出去”行动专刊》，选树“两送一防”工作典型，营造互学互鉴氛围。

【举办2022年世界互联网大会乌镇峰会互联网企业家论坛】11月9日，2022年世界互联网大会乌镇峰会互联网企业家论坛在浙江乌镇举行。中国国家互联网信息办公室主任、世界互联网大会理事长庄荣文，浙江省委常委、常务副省长徐文光，欧美同学会副会长、西湖大学校长、中国科学院院士施一公出席论坛并致辞。本次论坛以“激发创新活力，促进健康发展”为主题，由国家互联网信息办公室、全国工商联、欧美同学会主办，中兴通讯、微博协办，来自中央和国家有关部门、部分国家驻华使领馆及互联网企业、新闻媒体等近150位嘉宾参会。

论坛上，企业家代表就构建数字经济发展新格局、促进技术创新和产业变革、更广更深参与国际市场开拓发表了主题演讲，围绕“数字经济创新发展与规范”进行圆桌讨论。论坛还设置了“维护企业合法权益成果发布”环节，反映政府部门有关工作情况和成效。

（许聪）

【出席2022年中国国际服务贸易交易会】2022年8月31日至9月5日，中国商务部和北京市人民政府采用“综合+专题”“线上+线下”办会模式，在北京成功举办2022年中国国际服务贸易交易会（以下简称“服贸会”）。本届服贸会以“服务合作促发展 绿色创新迎未来”为主题，举办了占地面积15.2万平方米展览展示和128场专题论坛、65场推介洽谈等活动，线下参展2 400余家，线上参展企业7 800余家，累计入场25万余人，为各参与方提供了务实的合作平台和巨大的市场机遇。在全球疫情依然严峻、世界经济脆弱复苏、国际形势复杂多变的特殊时刻，本届服贸会共达成各类成果1 339个，百余项新产品、新技术首发首秀，数量均超过上届。8月31日，中国国家主席习近平向服贸会致贺信。全国工商联党组成员、副主席邱小平出席2022年服贸会全球服务贸易峰会。9月4日，邱小平副主席出席“公共关系与中国企业全球合作发展”专题论坛并致辞。

（何苗）

【举办2022海外园区与民营企业面对面活动】6月28日，由全国工商联国际合作委员会、江泰国际合作联盟共同主办的“海外园区与民营企业面对面”活动在京以线上形式举办。活动以“把握RCEP机遇，共同抱团成长”为主题，邀请中国驻泰国大使馆公使衔商务参赞王立平出席并致辞。印尼、马来西亚、泰国园区代表也现场连线参加此次会议。据悉，本次活动是2022中国企业“走出去”风险发布会的重要环节。

中国驻泰国大使馆公使衔商务参赞王立平表示，境外经贸合作园区是我国对外投资合作的一种创新形式，近年来已在很多国家得到了成功实践。其中，位于泰国罗勇府的泰中罗勇工业园就是一个成功的典范。今年，RCEP正式实施，更加为中国企业对外投资带来了政策利好。

泰中罗勇工业园总裁赵斌说，泰中罗勇工业园的建设，一方面大大降低了中国企业“走出去”投资创业的风险和门槛；另一方面也增强了入园企业间的横向和纵向的交流与合作。

印度尼西亚卡拉旺产业园副总经理孙钊介绍，RCEP的全面实施将为印尼带来多方面的发展机遇，超过90%以上的货物贸易将实现零关税，海关进出口更加高效，有效降低了贸易成本。RCEP会促进双边市场的进一步开放，未来在印度尼西亚，中国企业将迎来基础设施领域、数字经济领域、消费市场极具潜力、新能源及其相关制造业领域的投资发展机会。

“马来西亚有超过600个大大小小的产业园区，巴生港自贸区是典型代表，它紧挨着马来西亚巴生港，该港是位于全球最繁忙的航道马六甲海峡主要的港口之一。根据2020年世界集装箱联盟统计，巴生港是以1 324万TEU，全球排名第12，在东盟排名第二。”BRICAP智库执行董事、前巴生港自贸区CEO拿督翁忠义表示，中马在转口加工和仓储物流合作的未来发展前景是非常乐观的，双边必须抓紧类似RCEP这样的自由贸易协议所能提供的关税和非关税优惠，再加上马来西亚自贸区的区位优势，为两国企业打造更具有竞争力的区域投资贸易环境。

（许聪）

【举办2022年全国上市公司共建“一带一路”国际合作论坛】8月17日，由中国贸促会、全国工商联、四川省人民政府、世界贸易中心协会主办，中国上市公司协会、中国国际商会、四川省贸促会承办的2022年全国上市公司共建“一带一路”国际合作论坛在四川成都举行。

本次论坛以“共享机遇，拥抱未来”为主题，围绕后疫情时代的机遇与挑战、推动“一带一路”绿色发展、携手“出海”共建“一带一路”等议题交流研讨。中国贸促会副会长张慎峰、全国工商联副主席邱小平、四川省人民政府副省长杨兴平、中国上市公司协会会长宋志平出席会议并致辞。

中国贸促会副会长张慎峰在会上指出，上市公司以贸易、投资、金融、基建等方式，积极参与“一带一路”建设，取得了令人瞩目的成绩，并就发挥上市公司作用、助力全球工商界更好参与“一带一路”建设，提出了营造更加良好的发展环境、拓展开放多元的合作领域、搭建务实有效的服务平台、提升资金融通的支撑作用4个方面建议。他表示，中国贸促会和中国国际商会将继续发挥联通政企、融通内外、畅通供需的功能作用，携手上市公司推动共建“一带一路”行稳致远、走深走实。

全国工商联副主席邱小平表示，面对共建“一带一路”的新形势新任务，民营上市公司应秉持共商、共建、共享的合作原则，坚持开放、绿色、廉洁的合作理念，进一步展现大格局、大担当、大作为。希望民营上市公司坚持高标准参与共建“一带一路”、坚持可持续参与共建“一带一路”、坚持惠民生参与共建“一带一路”。全国工商联将致力于引导服务包括民营上市公司在内的广大民营企业参与共建“一带一路”，为中外企业架起合作的桥梁。

四川省人民政府副省长杨兴平在会上介绍，四川近年来深度融入“一带一路”建设，全力推动高质量发展、高水平开放，经济总量稳居全国第六，上市公司达到166家、稳居中西部第一，对“一带一路”沿线国家进出口、工程承包等合作持续增长。希望广大上市公司用好四川区位优势、产业优势、市场优势、开放优势，继续看好四川、深耕四川，持续深化基础设施、健康、绿色、数字、创新等多领域全方位合作，共同拓展“一带一路”大市场。他强调，四川将坚定不移扩大对外开放，全力营造市场化法治化国际化营商环境，同大家在共建“一带一路”中创造更加美好的未来。

中国上市公司协会会长宋志平表示，论坛提供了分享上市公司群体共建“一带一路”、促进共同繁荣的成绩和经验的机会，探讨了进一步拓展国际合作的方法和路径。他就上市公司如何更高质量参与“一带一路”建设提出了两点建议：一是要不断提升自身发展质量，以实现高质量共建“一带一路”；二是应聚焦重点领域，引领沿线经济体转型，更好地衔接全球供应链。

（许聪）

【举办“合规月月谈”线上课程】为深入贯彻落实习近平总书记系列重要讲话精神，以合规作抓手，引导民营企业强化合规经营意识，提升合规管理能力，2022年，国际合作部启动“境外合规建设专项服务行动”。“合规月月谈”是该项目系列活动之一，全年共12期，邀请中国贸促会全国企业合规委专家副主席王志乐，最高人民检察院理论研究所所长谢鹏程，德恒律师事务所、利安达会计师事务所、环球律师事务所、中伦律师事务所等高级律所合伙人，中国再保险、中金公司合规方面专家，以及吉利公司副董事长、首席合规官孙宏就境外合规有关专题进行解读及经验分享。授课内容主要包括：境外合规管理发展与趋势、企业合规不起诉发展、民营企业境外合规管理体系建设、国际经济制裁与合规管理、反商业贿赂合规管理、吉利的合规管理经验、ESG合规管理等。活动主要以网络直播或录播两种形式进行，授课视频均上传全国工商联“一带一路”信息服务平台，并通过各省工商联、副省级城市工商联、有关直属商会转发至相关企业，全年累计线上观看人数达60余万人次。

（何苗）

【举办民营企业参与共建“一带一路”风险防控培训班】2022年9月20–21日，全国工商联国际合作部与国家发展改革委区域开放司共同主办民营企业参与共建“一带一路”风险防控培训班，开班式当天邀请了在京10余家重点“走出去”民营企业高级管理人员现场参会。此次培训共邀请了来自外交部、中国出口信用保险公司、新华社、中国建设银行、贸促会的有关领导及专家进行线上授课，邀请吉利控股集团副总裁讲述实践案例，线上观看人数共28 000余人。授课视频均上传至全国工商联“一带一路”信息服务平台供民营企业自行观看。授课期间，线下参会民企与授课老师就课程内容、企业自身面临现状及有关思考作了深入交流沟通。

（何苗）

【开展2022国际化规模较大民营企业调研】为了解和评估民营企业国际化发展水平，分析民营企业国际化发展趋势和规律，树立民营企业国际化发展导向，为引导民营企业更高质量“走出去”和参与共建“一带一路”提供依据和参考，2022年，全国工商联开展了国际化规模较大民营企业调研，并在此基础上形成了《2022中国民营经济国际化百强企业调研分析报告》（以下简称《报告》）。其中，国际化规模较大民营企业是指境外资产总额较高的企业。

本次调研由全国工商联组织各省、自治区、直辖市和新疆生产建设兵团工商联进行，以民营企业自愿参加为原则，调研对象主要是2021年度国际化规模较大民营企业、非公有制经济成分控股的有限责任公司和股份有限公司（国有控股企业、外资控股企业和港澳台资控股企业不在调研范围内）。调研内容主要包括企业境外资产、境外营业收入、境外员工数、分公司国家分布、境外研发费用、国际有效专利数量、国际有效商标数量、国际网络检索热度等，同时结合当前企业国际化的现状，对重要问题和热点问题进行专项调研。

《报告》指出，面对百年变局叠加世纪疫情，民营经济国际化百强企业立足大局、提高站位，切实履行社会责任，踊跃投身疫情防控，持续加大慈善投入，充分发挥稳经济促就业作用；同时牢牢抓住“双循环”新发展格局下的新机遇，参与共建“一带一路”，持续深化经贸合作，加大沿线国家投资，“走出去”成果明显。近三年，民营经济国际化排名前100企业境外资产总额、营业收入总额逐年增加，国际商标及国际专利数量稳步上升。

（许聪）

【开展境外合规课题研究】为深入推进“两送一防”助推民营企业高质量“走出去”行动，进一步引导服务民营企业规范境外投资经营行为，使“走出去”民营企业开展境外投资经营的合规意识和能力不断增强，合规管理水平持续提升，合作部与北京丹华盛管理咨询有限公司共同开展提升民营企业境外合规经营能力项目。依托包括调查问卷、座谈会材料、“一带一路”项目库、数据库等各类翔实数据，对民营企业对外投资合作共有的风险进行梳理，并对不同类型企业的高发风险进行针对性的收集整理，最终形成覆盖全面同时又能为不同类型企业实现个案指导的研究报告《加快建立合规管理体系 促进民营企业稳健发展》（以下简称《发展》）和《提升合规管理能力，应对境外监管规则挑战》（以下简称《挑战》）。

研究报告《发展》主要是结合中国民营企业境外经营合规管理的现状及存在的合规风险问题进行问卷调研工作的完整数据，以及合规管理体系建设存在的问题、意见建议最终形成。报告主要包括以下三个方面：一是民营企业合规建设基本情况调研成果；二是民营企业合规管理体系建设存在的问题；三是未开展合规管理体系建设的企业强化合规管理的建议。研究报告《挑战》主要包括四个方面：一是我国民营企业境外经营面临的监管规则新形势；二是境外民营企业面临的安全与合规风险较为严峻；三是借鉴各类企业强化合规管理的经验；四是民营企业强化合规管理的建议。

（何苗）

【举办全球未来科技创新合作大会】7月29日，全球未来科技创新合作大会在北京举行。全国政协副主席、全国工商联主席高云龙出席大会开幕式并致辞。

高云龙表示，科技创新是人类社会发展的引擎，是应对许多全球性挑战的有力武器。要以机制理念激发科技创新潜能，以合作交流提升科技创新效能，以完善治理促进科技创新赋能，以加强培养鼓励科技创新蓄能，携手打造开放、公平、公正、非歧视的科技发展环境，促进互惠共享。中国科技界始终是全球开放合作的倡导者、科技治理的参与者、创新发展的贡献者，愿向世界分享更多的中国科技成果，努力为世界科技进步作出更多的中国贡献。

联合国工业发展组织总干事格尔德·穆勒认为，科技创新驱动了人类的发展，数字化转型改变了我们的生活、工作和交流沟通的方式，我们需要更好地使用先进技术，把它们应用到食品安全、能源、智慧城市以及应对气候变化等活动当中。

本次大会上，多家企业分享了科技创新成果，以及助力全球可持续发展的实践。

联想控股党委书记、董事长宁旻表示，以科技创新推动实现可持续发展已成为全球发展的重要议题，加快推动数字经济与实体经济的深度融合，在提质增效的同时实现绿色低碳转型，实现经济增长与节能减排的“双赢”是联想在这一议题上的认知与实践。联想在全球有35个生产制造基地，其中，合肥联宝工厂是其全球最大的个人电脑生产基地，基地应用了一套自主研发的智能制造管理系统，不仅把处理订单的效率提升24%，而且每年节省270万度电、减少2 000多吨二氧化碳排放。

伊利集团高级执行总裁张剑秋表示，科技创新可以赋能乳业可持续发展，推动“全链减碳”，“我们将以高质量发展为主线，携手全球合作伙伴，凝聚产业力量，共同打造更加绿色、更可持续的乳业，共创零碳未来，让世界共享健康。”

大会以“科技赋能未来　创新引领发展”为主题，由中国贸促会、全国工商联、中国科协、北京市人民政府、世界知识产权组织、联合国工业发展组织共同主办。来自中外政府部门、全球科技领域学术界和产业界代表线上线下出席。

（许聪）

【与中国信保、中信银行进一步深化开展“护航行动”】2022年6月，全国工商联副主席邱小平与中国信保公司副总经理张辉举行工作会谈。双方回顾了2021年联合开展“护航民营企业‘走出去’专项行动”（以下简称“护航行动”）取得的成效，并就2022年进一步深化开展“护航行动”的重点举措进行了部署安排。一是进一步开展政策服务。双方将通过继续举办“助力民营企业走出去微讲堂”、指导各地集中开展政策宣讲等方式，针对“走出去”民营企业面临的热点难点问题，大力宣传党中央、国务院有关政策精神，解读出口信用保险政策。二是进一步开展产品服务。双方将共同探索建立“工商联+信保+银行”服务模式，与有关金融机构深化合作，通过提供专项信贷支持、保单融资增信等服务，帮助“走出去”民营企业缓解融资难、融资贵问题。三是进一步开展信息服务。双方将持续用好信息共享机制，进一步加大中国信保“信步天下App”的宣传和推广工作，引导民营企业通过“信步天下App”及时准确了解有关信息。借助国家外汇管理局跨境金融区块链服务平台等系统功能，实现业务数据对接、信息共享，增强贸易背景审核能力，推进保单融资全流程线上化。四是进一步加强协调联动。双方定期或不定期举行领导层会商，总结“护航行动”开展情况，研究工作中的重大问题。建立健全部门层常态化沟通机制，共同研究推进日常工作，指导各地在全面开展服务基础上，针对重点“走出去”企业搞好精准服务。会议内容以《会议纪要》形式印发，截至2022年年底，与中国信保举办微讲堂活动一期，各地累计承保金额达880亿美元，覆盖了4万多家民营企业。

此外，还积极探索与中信银行建立合作联系，双方联合印发了《支持民营企业“走出去”助力共建“一带一路”高质量发展工作方案》，持续加大对民营企业“走出去”的金融支持。

（石崇）

组织建设

【综述】2022年，组织建设工作以迎接、学习、宣传党的二十大为主线，以工商联换届为牵引，着力加强代表人士队伍建设，大力推进组织体系建设，各项工作取得了新成效。

一、以迎接学习宣传党的二十大为主线，强化民营经济代表人士思想教育

深入开展思想引导，针对新一轮疫情冲击和经济下行压力，在“两会”期间、上海复工后、年中、党的二十大召开前后等关键时点，与代表委员、工商联执委、商会会长、年轻一代开展线上谈心谈话。“一对一”访谈民营经济人士1 000多人次，了解情况、征询意见、反映诉求。

持续推进联系调研工作，克服疫情影响，创新方式，利用小分队形式推进联系调研。截至十三大召开前，已走访2 420个县级工商联、1 300多家商会和3 500多家民营企业，召开1 000多场政策宣讲会，8万多基层工商联干部、商会负责人和民营经济人士现场聆听，网络覆盖超600万人。

灵活用好德胜门大讲堂平台，以学习贯彻党的二十大精神、企业合规管理等为主题，举办了9期德胜门大讲堂，引领民营经济人士和企业加深对总书记重要讲话精神、国家战略布局、企业健康发展要素、新兴领域发展态势的理解，提振发展信心，助推高质量发展，全年累计点击率超1 200万人次。

做好年轻一代教育引导，完善青委会秘书处建设，指导秘书处制定《全国工商联青年企业家委员会秘书处工作机构和职责》，推进委员会规范管理和良性运行。指导青委会组织开展三期“思想汇”活动，形成了《青年企业家热议两会》《民营企业家对“动态清零”“精准防疫”问题的看法与建议》《民营企业家对“疫情要防住、经济要稳住、发展要安全”的看法与建议》等专题报告。

二、以换届为契机，全面提升工商联组织体系建设水平

认真做好全国工商联换届组织人事工作，坚持鲜明用人导向，以民营经济发展和组织体系建设情况为对照，构建相对客观公正的统一数据模型，分配代表、执委人选名额。在执委人选标准上，细化“三强一好”标准，制定人选正负面清单，确保“一把尺子量到底”。探索建立“条块结合”推荐工作机制，扩大了选人用人视野。严格规范工作流程，研究制订民营经济代表人士人选产生等流程图，确保程序规范、严格合规。建设了由近70万位民营企业家组成的人才库，在对人选赋分排序基础上反复比对、优中选优，确保人选代表性和广泛性。加强审核把关，研究制定执委人选审核工作内容和程序，通过“两上两下”从8个方面对执委人选作集体审核。制定换届纪律“九不得”，针对廉政风险点明确防控措施，确保了换届工作风清气正。

进一步加强对地方工商联换届工作的指导，规范人选产生程序，研究制订指导省级工商联换届工作流程图，协商确定省级工商联换届人事安排方案“两上两下”审核工作程序。从严把关，科学测算领导班子职数和领导机构规模，明确换届人事安排方案审核的重点内容和工作建议把握的原则，逐一对32个省级工商联领导班子职数、机构规模和人选政治廉洁情况等8个方面进行集体审核，对发现的问题及时沟通协商，确保人选质量。加强指导宣传，做好中央关于工商联换届政策的解读，指导各地妥善解决在换届过程中遇到的问题，跟踪指导市县级工商联换届，及时更新工作台账。

三、以系统思维为指导，体系化推进工商联组织建设

加强顶层设计，制定印发《关于加强工商联基层组织建设的实施方案》，推动组织体系建设上水平。按照基础、达标、示范三个层次，梯次推进工商联组织建设：县级工商联建设以“一个设立、五个有”为基础，以“五好”县级工商联建设为牵引，以“五好”标杆县级工商联为示范；所属商会建设以“六有”为基础，以“四好”商会建设为牵引，以培育“中国特色一流商会”为示范。工商联工作形成面向全体民营企业和民营经济人士为基础，以工商联会员为主体，以代表人士队伍为骨干的组织体系，在民营经济领域画出最大同心圆。

组织开展2021年度评价工作，分别优化全国工商联副主席副会长执委履职、省级工商联工作、全国工商联31家直属商会评价办法，科学设计评分机制和计算方法，发布三类评价报告、表扬通报先进，同时还对省级工商联2021年工作、全国工商联31家直属商会进行画像，进一步发挥评价的正向激励引导作用。

持续推进县级工商联建设，创新开展“五好”标杆县级工商联选树工作，结合县级工商联建设实际，统筹考虑区域差别，广泛征求各方意见，在原全国“五好”县级工商联建设标准基础上，重点对党组和班子建设、商会建设、会员发展、作用发挥等方面提出更高标准和更严要求，选树208个县级工商联为全国“五好”标杆县级工商联。举办市县级工商联负责人培训示范班，交流工作经验和思路举措，全国32个地区近万名市县级工商联负责人及工商联干部参加培训，受到基层工商联干部热烈欢迎。

深入推进所属商会改革发展，开展“四好”商会认定工作，有1 768家商会达到了2021—2022年度“四好”商会标准，在申报认定基础上，组织各地根据实际开展“四好”商会互学互促工作，推动商会高水平发展。采取线上线下相结合方式，举办工商联所属商会负责人培训班暨商会改革发展研讨会，同期开展“百家商会进保定”活动，各地工商联及17 000余家所属商会，近12万名商会工作人员在线参训。支持人才中心开展商会人才交流活动，举办多期商会会长、秘书长沙龙，宣贯中央精神，开展行业交流。

研究做好工商联会员发展指导工作，开展会员队伍建设研究，形成《工商联会员工作研究报告》，推动研究成果转化，渐进形成全国、省、市、县四级工商联分级管理，大中小微企业统筹兼顾的会员发展机制，优化会员发展结构。加强会员和组织数据库建设，目前已收录约25万条代表人士信息。做好会员组织数据统计分析，形成《关于工商联组织和会员发展情况的报告》，进一步摸清工商联会员发展状况。

四、以完善治理机制为重点，推动全联直属商会、行业委员会规范化建设

持续加强直属商会规范化指导，在会领导亲自协调下，完成16家全国工商联直属商会登记注册，解决了长期困扰商会发展的遗留难题。汇总分析31家直属商会工作计划，形成321项年度工作项目，跟踪督促落实。开展“一会一品”创建工作，在中华工商时报刊发20个直属商会“一会一品”项目，部分商会的典型材料在学习强国、光明日报、新华网等主流媒体转载。11家全国工商联直属商会被认定为全国“四好”商会。加强对商会分支（代表）机构、与境外合作管理，防范化解风险。

高标准推动直属商会换届工作，立足各直属商会实际，提前研判，充分沟通，组织召开直属商会换届工作沟通会，研究梳理直属商会换届风险点，制定防范举措，明确责任到人，14家应于年内换届的商会已完成换届任务。在推进换届中坚持系统观念，函商机关各部门、各省级工商联、行业主管部门和商会共同推荐189名商会班子人选，拓宽了选人用人渠道。对换届工作进行系统性总结提炼，制定《全国工商联直属商会换届工作流程》，加强全国工商联对直属商会换届工作的领导，为商会提供规范化、系统化指引。

着力推进行业委员会良性运转，加强对已成立行业委员会的引导服务，研究制定发挥行业委员会作用的工作建议，明确行业委员会每年6个方面重点工作，完善行业委员会工作程序和委员增补程序，充实行业委员会综合秘书处力量，推动各行业委员会逐步形成1~2项品牌工作，切实发挥行业委员会作用。积极筹建行业委员会，新成立了高端装备制造与仪器仪表、养老与家政服务业委员会。

落实企业家相关组织调研和规范工作，形成亚布力论坛、阿拉善协会、正和岛3家企业家相关组织“一家一策”报告。帮助三家企业家相关组织进行规范整改，加强对其重大活动的指导，邀请会领导出席亚布力年会、高峰会，推动阿拉善协会骨干成员加入全国工商联环境服务业商会，探索融合运行。

（张越　薛葵）

【全国工商联2022年联系调研情况】2022年是联系调研工作的收官之年，自2018年3月以来，由专职会领导带队，分8个调研组，组织企业家执委600余人次，走访了2 420个县级工商联（占县级工商联总数的85.45%），1 300多家工商联所属商会和3 500多家市场主体，了解情况、听取意见。举办宣讲会超过500场，近8万名民营企业家现场参加，网络覆盖600多万人。5年来，在专职会领导、企业家执委、直属商会、地方工商联的共同探索下，联系调研工作取得丰硕成果，进一步密切了全国、省、市、县四级工商联组织的横向纵向的联系；进一步扩大了地方工商联的社会影响力；进一步提高了地方党委和政府对工商联和商会工作的重视；进一步推动了地方工商联工作的全面发展；进一步助推了地方经济发展；进一步促进了机关干部成长、锤炼了工作作风，得到各方普遍认可，成为全国工商联牌子亮、叫得响的改革工作品牌。一是注重基层组织建设，加强广泛联系。通过“认门、认人、认事”，实地走访工商联机关，与工商联干部、民营企业家和所属商会负责人等座谈交流，认真了解基层工商联基础保障、工作力量和所属商会建设。同时带动地方工商联共同开展大学习、大调研、大落实，全面推进县级工商联建设和所属商会改革发展，加强不同层级、不同地域工商联和商会的相互交流，有效激活了组织效能。通过联执委、联一线、联基层、联商会、联民企、联地方，凝聚感情、凝聚人心、凝聚共识，推动实现工商联组织和工作在民营经济领域全面有效覆盖。二是注重强化教育引导，推进了党史和“四史”学习教育。把习近平新时代中国特色社会主义思想和党中央推进“两个健康”的决策部署传达到县域，传达到基层，向县域小微企业宣贯中央最新精神，打通理论武装的“最后一公里”。企业家执委通过参加联系走访、政策宣讲，有效提升履职能力和综合素质。另一方面，广大民营企业家通过参加宣讲会、座谈会等，进一步了解了国家的大政方针政策，引导企业家把学习教育成果体现到企业发展中。三是注重加强调查研究，形成典型案例。在联系调研中注重发现问题和思想引导，调研期间开展谈心谈话，及时了解企业家对“十四五”规划的信心、对未来经济形势的预判、政策落实获得感和企业发展问题等情况。总结经验教训，形成典型案例，如疫情期间民营企业反映的普遍性困难，民营企业家关心的焦点问题，深入梳理分析，通过社情民意信息、工商联信息专报等向中央反映。同时，把联系调研作为促进机关干部成长的实践平台，通过联系调研得到锻炼成长，不断增强自身的组织协调能力、调查研究能力。四是注重突出组织特点，助推经济发展。推动企业家执委更深入地参与工商联工作，推动他们在履职尽责中自我学习、自我教育、自我提升，不断强化综合素质。同时充分考虑企业家产业发展需求，在联系调研过程中寻找新的发展商机。了解当地招商引资需求，提前进行对接，努力为当地经济发展作贡献。跟踪了解在投资意向、合同项目、产业扶贫、公益捐赠、消费扶贫等方面开展的工作情况，比如在新疆调研时企业家向喀什工商联捐赠500万元用于支持当地的精准扶贫工作。在重庆联系调研期间，协调为中国历史陈列馆捐献资金1 200万元。在陕西调研期间协助咸阳市委市政府举办民企助咸共创共赢活动，签约项目195个，协议总投资约1 573.6亿元。在湖北推动“知名民企湖北行”活动，签订投资项目56个、投资总额766.6亿元的成果。

（王昭暾）

【举办“两个健康”展示交流平台】 2022年共举办了三期。“两个重要论断”指方向 “稳中求进”定基调主题展是学习贯彻全国两会精神和《政府工作报告》的相关解读，深刻理解党中央提出的一系列新目标新部署，传递出中国经济社会发展新信号。“法治护航 行稳致远 ”民营经济法治建设十年成就主题展是全面总结新时代特别是党的十九大以来民营经济法治建设成就经验，一体推进法治化营商环境和法治民企建设，共同推动以法治保安全、稳预期、提信心、促增长。“奋斗新征程 建功新时代”中国共产党第二十次全国代表大会精神主题展，主要展示了习近平总书记在党的二十大讲话中总结“过去五年工作和新时代十年的伟大变革”时，提出一系列新思路、新战略、新举措，通过学习宣传把广大民营经济人士的思想统一到党的二十大精神上来，把力量凝聚到实现党的二十大确定的各项任务上来。

（王昭暾）

【组织开展2021年度全国工商联企业家副主席副会长执委履职情况评价】 2022年度，全国工商联继续组织开展企业家副主席副会长执委履职情况评价工作。为更加客观、准确反映企业家副主席副会长执委积极履职尽责、参与支持工商联工作的真实情况，评价工作在以往基础上进一步优化和改进评价流程，将企业家副主席、副会长、执委按照联系调研组、推荐地（东部、中部及东北地区、西部）分组，根据各组排名赋分，减少因评价尺度把握造成的组间差异。评价过程中，在收集企业家自评材料基础上，收集汇总了机关各部门掌握的企业家执委现实表现情况，按评价权限分送各评价单位，作为交叉验证的佐证材料。

评价工作依托执委履职档案系统，通过信息化手段实现评价工作的数据录入、审核、汇总，提高工作的整体效率和准确度。自2021年12月印发《关于做好2021年度全国工商联企业家副主席副会长执委履职情况评价工作的通知》以来，在各方重视和支持下，评价工作于1月完成全部自评材料收集、2月完成现实表现材料收集分发以及省级工商联、全国工商联评价材料收集、3月评价结果经主席办公会审议通过后印发通报并反馈各省推荐执委届期内履职评价结果，为做好工商联换届工作提供有效数据支撑。

参与评价的352名企业家执委，评价等次为A的有97名，获得全国工商联通报表扬。其中，评价等次为A的副主席有9名，占81.8%；副会长有12名，占100%；常委有24名，占39.3%；执委有52名，占19.4%。山东、浙江、上海、天津、黑龙江、陕西6地推荐的企业家执委超过四成评价等次为A。

十二大以来，全国工商联通过以评价促提高的工作体系，大力推动企业家副主席、副会长、执委履职尽责，更好地发挥主体作用。履职评价自2018年来已经组织开展了4次，每年通报表扬排名前25%履职情况优秀的企业家执委，以激励其他执委不断提高履职水平，带头弘扬优秀企业家精神。自评价工作开展以来，先后有170余名企业家被通报表扬，其中，叶青、李湘平、常兆华、梁稳根、汤亮、周海江、王建沂、张荣华、景柱、王均金、王煜、严立森、严琦、励行根、肖凯旋、林凡儒、项建忠、修涞贵、崔洪金、尉立东等20名企业家连续4次被通报表扬，在思想政治、行业发展、参政议政、社会信誉和参与度、贡献度方面表现突出，为广大民营经济代表人士树立了爱国敬业、守法经营、创业创新、回报社会的表率。

（张越）

【组织委员会深入研究工商联组织建设工作】 2022年，组织委员会全体委员认真贯彻落实习近平总书记关于“全国工商联要加强基层组织建设，推动所属商会改革发展”的重要指示精神，聚焦迎接党的二十大，学习贯彻党的二十大精神，围绕组织建设开展了深入的调查研究和理论探索，形成了一批质量较高的调研成果。为进一步推动调研工作深入开展，促进成果转化，组织有关专家开展了组织建设优秀调研成果评选活动。最终授予上海市工商联提交的《所属商会“一会一品牌”建设情况研究报告》等10篇调研成果“2022年组织建设调研成果最具价值奖”；江苏省工商联提交的《新时代工商联所属商会规范化建设研究》等15篇调研成果“2022年组织建设调研成果突破创新奖”；福建省工商联提交的《夯基础 重引领 强服务 促提升——厦门市工商联推动基层组织高质量发展》等20篇调研报告获“2022年组织建设调研成果探索实践奖”。

（王昭暾）

【组织开展2021年度省级工商联工作评价】为全面了解各省级工商联工作情况，客观反映工作成效，推动各省级工商联深入贯彻落实习近平总书记关于新时代民营经济统战工作和工商联工作的重要指示精神，根据《省级工商联工作评价办法》，全国工商联组织开展了2021年省级工商联评价工作。评价内容包括政治建会、团结立会、服务兴会、改革强会和加分项5大部分，涵盖20个工作项目、48项评价指标。各方评价分数汇总后，天津、江苏、浙江、安徽、福建、江西、山东、湖北、湖南、广东等省级工商联工作评价为A档；江苏、浙江、安徽、福建、江西、湖北、广西、云南、陕西、宁夏等省级工商联在区域排名前列；天津、河北、内蒙古、辽宁、吉林、福建、山东、河南、湖南、广东、贵州、云南、陕西、宁夏、新疆生产建设兵团等省级工商联2021年评价情况与2020年相比进步明显。

（史红雪）

【组织开展全国“五好”标杆县级工商联选树工作】为贯彻落实习近平总书记关于“加强工商联基层组织建设”的重要指示精神，充分发挥全国“五好”县级工商联示范引领作用，全国工商联组织开展了全国“五好”标杆县级工商联选树工作。按照《关于开展全国“五好”标杆县级工商联选树工作的通知》要求，在各地工商联自下而上逐级推荐、省级工商联审核把关基础上，全国工商联组织复审，确认北京市东城区工商业联合会等208个县级工商联为全国“五好”标杆县级工商联。

（史红雪）

【举办市县级工商联负责人网上培训班】为加强基层工商联组织建设，提升地市和县级工商联干部特别是新任工商联主席、党组书记的履职能力，全国工商联举办了市县级工商联负责人线上培训班。培训深入解读习近平总书记关于民营经济健康发展的重要讲话精神和中央有关政策文件精神，安排全国工商联机关有关业务部门负责同志围绕工商联历史发展和职能定位、民营经济人士思想政治工作、工商联组织体系建设、经济服务、法律服务、“万企兴万村”行动和“网上工商联”建设等重点内容授课辅导，突出工商联工作实务培训。全国31个省、自治区、直辖市及新疆生产建设兵团的346个地市级工商联和2 832个县级工商联干部，共计1.2万余人参加了培训。

（史红雪）

【开展会员工作研究及会员统计分析工作】一是开展会员工作研究。2021年7-12月，全国工商联组织建设部组织12家省级工商联和5家直属商会对工商联会员工作开展了专题研究。在汇总分析各地研究报告的基础上，参阅大量相关文献资料，并充分汲取有关企业家和专家学者的意见，形成工商联会员工作研究报告。报告深入分析了工商联会员工作历史和其他群团组织会员工作经验以及当前做好工商联会员工作的重要性，直面会员工作中存在的问题和不足，提出加强和改进工商联会员工作的对策建议，进一步对统一思想认识、厘清会员边界、明确发展重点、规范会员管理等有很强的指导意义。二是开展工商联组织和会员统计分析工作。为进一步摸清工商联组织和会员发展状况，做好工商联“十二大”以来组织数据统计工作，组织建设部对各级工商联、商会组织和会员发展情况进行了一次摸底分析，统计数据截至2022年7月31日。关于工商联组织发展情况：全国共有县级以上工商联组织3 252个。其中，地市级工商联组织346个（含新疆生产建设兵团14个师级工商联），县级工商联组织2 873个（含45个未列入国家行政区划的经济开发区、管理区、经济试验区的工商联组织）。关于商会组织发展情况：各级工商联所属和所联系的商会共有54 589个。其中，全国工商联直属商会31个，省级工商联直属商会2 997个，地市级工商联直属商会12 270个，县级工商联管理的商会39 291个；行业商会有15 394个，异地商会有10 648个，乡镇、街道商会有23 295个，其他（园区、市场、楼宇、青年企业家、女企业家等）商会5 252个。关于会员队伍发展情况：工商联系统共有会员511.9万个。其中，团体会员5.8万个，企业会员365.8万个，个人会员140.3万个。

（余法琴）

【组织开展2021—2022年度全国“四好”认定工作】为深入推进工商联所属商会改革发展，2021—2022年度全国各级工商联开展了以“政治引领好、队伍建设好、服务发展好、自律规范好”为主要内容的“四好”商会建设。按照全国“四好”商会认定标准，通过各地工商联逐级推荐、省级工商联审核把关和全国工商联组织评审，经全国工商联主席办公会议审议通过，认定1 758家商会为2021—2022年度全国“四好”商会。从商会层级看，被认定的全国“四好”商会中全国工商联直属商会11家，占比0.6%；省工商联直属商会414家，占比23.5%；地市级工商联直属商会902家，占比51.3%；县级工商联商会432家，占比24.6%。从商会类型看，被认定的全国“四好”商会中行业商会464家，占比26.4%；异地商会758家，占比43.1%；乡镇、街道商会258家，占比14.7%；园区、市场、楼宇商会36家，占比2%；其他综合类商会243家，占比13.8%。

（袁鹏飞）

【举办工商联所属商会负责人培训班暨商会改革发展研讨会】8月29–31日，为深入学习贯彻习近平总书记关于“加强工商联基层组织建设，推动所属商会改革发展”的重要指示精神和党中央有关决策部署，进一步落实中央统战工作会议精神，全国工商联在河北保定举办了工商联所属商会负责人培训班暨商会改革发展研讨会，同期开展了“百家商会进保定”推介活动。此次培训研讨活动以“全着力提升商会服务促进‘两个健康’的能力和水平，不断提高商会工作质量和效能”为主题，省、市级工商联代表和商会研究领域的专家学者就工商联所属商会功能定位、作用发挥、创新发展等方面的研究课题进行了培训研讨和互动交流。本次活动采取线上线下相结合的方式进行，全国工商联31家直属商会、5家行业委员会和各地154家全国“四好”商会的负责人现场参加此次活动。各地工商联及1.7万余家所属商会，近12万余名商会工作人员在线收听收看。

（袁鹏飞）

【举办直属商会会长联席会暨商会建设培训班】6月8日，2022年度全国工商联行业委员会、直属商会、团体会员会长联席会议暨商会建设培训班以线上线下结合方式召开，会议以“持续提高直属商会工作质量和效能”为主题，着力增强商会统战职能，更好服务促进“两个健康”。会议认真学习习近平总书记近期关于疫情防控和经济发展的重要讲话和重要指示精神，学习了国务院稳住经济的一揽子政策措施，传达了民政部关于规范社会组织分支机构专项整治工作要求，部署了直属商会分支机构专项整治工作。

（耿楠）

【开展直属商会评价工作】为加强新形势下全国工商联直属商会建设，全国工商联按照《全国工商联直属商会评价办法》，组织对31家直属商会2021年度工作情况、会长以及秘书长履职情况进行了评价。经全国工商联主席办公会议审议并公示，确定了各直属商会2021年度评价结果。金银珠宝业商会、五金机电商会、家具装饰业商会、农业产业商会、新能源商会、医药业商会、科技装备业商会、中非民间商会为优秀等次。女企业家商会、金银珠宝业商会、五金机电商会、家具装饰业商会、农业产业商会、科技装备业商会、城市基础设施商会、中非民间商会的会长为优秀等次。金银珠宝业商会、旅游业商会、家具装饰业商会、农业产业商会、冶金商会、科技装备业商会、城市基础设施商会、中非民间商会的秘书长为优秀等次。

（程小东）

【举办德胜门大讲堂】以德胜门大讲堂这一工作品牌为抓手，面向民营企业家答疑解惑，夯实信心。以学习贯彻党的二十大精神、全国统一大市场建设、大学生就业、标准创新、企业合规管理等为主题举办9期德胜门大讲堂，将习近平总书记重要讲话精神、国家战略布局解读、企业健康发展要素、新兴领域发展态势等传递到广大民营企业，帮助民营企业进一步加深对党中央大政方针的认识理解，夯实投资和发展信心，助推高质量发展。同时创新形式，分节点投放大讲堂预告视频、议程海报，注重预热形成声势，实时将会议的内容制作成为有利于互联网平台传播的物料，分批次推出嘉宾关键词海报和金句海报，引起全网的广泛关注和热情互动，全年德胜门大讲堂点击率超1 000万人次。

（刘云莲）

【引导全国工商联行业委员会发挥积极作用】加强对已成立的行业委员会引导服务，在做好常规规定动作的基础上，努力创新各委员会特色工作，高质量完成“自选动作”。各行业委员会逐步形成1~2项品牌工作，餐饮业委员会的中华美食地标产品高峰论坛、网络安全委员会的网络安全大会，人力资源服务业委员会的民企进高校等工作知名度、影响力逐步上升。特别是人力资源服务业委员会参与“民企高校携手促就业”工作，对直属商会、行业委员会、大型企业一对一开展对接动员，认真做好岗位信息统计和匹配工作，得到各方肯定。积极筹建行业委员会。对照民营企业500强等行业排行榜及行业细分情况，多渠道物色和对接既有代表性又热心工商联事业的企业家，成立高端装备制造与仪器仪表、养老与家政服务业委员会，筹建化工与材料委员会。制定发挥行业委员会作用的建议，明确各行业委员会每年六大方面重点工作，完善行业委员会办文程序和委员增补程序，充实行业委员会综合秘书处力量，召开专题会研究行业委员会工作计划落实情况，督导推进落实进度，切实发挥行业委员会作用。

（刘云莲）

【开展企业家相关组织调研和规范工作】对亚布力论坛、阿拉善SEE协会、正和岛进行调研，并与民政部、市场监管总局沟通协商制定三家企业家相关组织“一家一策”报告。帮助三家企业家相关组织进行规范整改，加强对亚布力论坛重大活动指导，会领导参加亚布力年会、高峰会，推动亚布力论坛与知名企业委员会融合运行。推动阿拉善协会骨干成员加入全国工商联环境服务业商会，探索融合运行。推动正和岛坚定市场化运行方向，摒弃商协会运作模式，实现健康发展。

（宗君）

【开展直属商会“一会一品”品牌建设】充分发挥分层指导、典型引领作用，通过实地走访、座谈交流、资料梳理等多种方式指导各直属商会梳理工作项目，总结特色亮点，提炼形成可复制、可推广的商会品牌。在加大品牌宣传力度，在中华工商时报开设“一会一品”专栏，头版刊发19个直属商会“一会一品”项目。部分商会的典型材料在学习强国上刊登，并被新华网等主流媒体转载。在此基础上，形成直属商会改革发展成就综述，对直属商会改革发展的工作实践进行体系化、理论化、品牌化总结，从品牌建设角度激发了商会活力，取得了较好的宣传效果。光明日报以《“大国商会”，满满的实干与担当》为题开展专题报道，还配发了《走好中国特色商会组织发展之路》的短评，肯定“一会一品”建设成果。

（宗君）

【完成16家直属商会登记注册】全国工商联第1家直属商会成立于1995年，2009年全国工商联获得业务主管单位资格后，直属商会开始登记注册工作。根据有关文件要求，成立相同或相似商会组织应征求相关行业管理部门意见。在征求意见阶段，有15家商会各方无异议，顺利完成登记注册，但16家商会有异议导致未能完成登记注册工作，成为历史性遗留问题。全国工商联历届会领导、会党组对这一问题高度重视，一直在积极推进。2015年以来，在行业协会商会与行政机关全面脱钩的历史背景下，16家商会登记注册工作得到了党中央国务院的高度重视，有关中央领导同志专门关心推动。2017年，全国工商联会同民政部等相关部门再次联合开展调研论证、征求意见、人员把关、材料审核、住址选择、舆情应对等多方面工作。在前期复杂细致周密的协调推进下，国务院于2022年6月同意16家商会打包登记，同年8月完成注册工作，同年12月民政部陆续完成公示。至此，16家商会登记注册这一历史难题得到了解决，工商联培育和发展中国特色商会组织取得了重要突破。

（程小东）

机关建设

【综述】2022年，在会党组和中央统战部机关党委领导下，机关党委以习近平新时代中国特色社会主义思想为指导，以迎接服务党的二十大和学习宣传贯彻党的二十大精神为主线，狠抓工作落实、强化服务保障，各项工作取得新的成效。

一、强化政治引领，走好第一方阵

一是高标准、严要求做好党的二十大代表候选人推选工作，组织开展“奋进新征程 建功新时代”主题宣传活动，为迎接党的二十大胜利召开营造浓厚氛围。党的二十大胜利召开后，制定实施《学习宣传贯彻党的二十大精神工作方案》，迅速掀起学习宣传贯彻热潮，并推动持续走深走实。二是根据中央和国家机关工委统一部署要求，组织开展“学查改”专项工作，引导党员干部认真学习贯彻习近平总书记关于做好新时代党的统一战线工作的重要思想和习近平经济思想，推动党组织充分发挥党建引领保障作用，落实好习近平总书记重要指示批示精神和党中央重大决策部署。三是以高度的政治自觉认真接受中央和国家机关党建专项督查，坚持刀刃向内深挖病灶，并立行立改开展规范党员组织关系转接专项工作等。四是强化政治机关意识教育，对中华工商时报社党委开展内部巡视，进一步推动落实党中央重大决策部署，提升基础建设，以全面从严治党成效推动深化改革发展。五是协助党组制定实施《全国工商联党组2022年全面从严治党工作要点》，召开2022年党风廉政建设工作会议、落实全面从严治党主体责任暨党风廉政建设工作半年汇报会，部署全面从严治党和党风廉政建设工作。协助党组会17次审议41个党建议题，召开党的建设工作领导小组会议专题审议直属党组织年度党建工作计划和战斗堡垒攻坚项目。

二、突出政治功能，建强基层组织

一是以党建工作与“三会一课”季度报表制度为抓手，监督检查党的组织生活制度落实情况。落实党组织按期换届提醒督促机制，推动22个党组织完成换届选举。指导有关党组织做好届中调整增补工作，及时调整撤销4个不符合设立条件的党支部。坚持把政治标准放在首位，发展12名党员。二是组织开展“四强”党支部评选工作，并进行表彰，发挥示范引领作用，引导创先争优。三是继续深入推进党建与业务深度融合，召开战斗堡垒攻坚项目推进座谈会，总结项目进展，分析存在的问题，明确推进要求，推动基层党组织战斗堡垒作用和党员先锋模范作用更加充分发挥。四是按照“成熟一家成立一家”的原则，积极推进15家商会试点成立党委工作。

三、强化政治监督，压实各方责任

一是严格政治纪律、组织纪律、选举纪律，做好党的二十大代表候选人选举监督工作，实现党组织和党员参与率100%、提名通过率100%。二是积极配合驻部纪检监察组开展履行防范化解风险隐患责任和监督监察全覆盖调研检查，督促各直属党组织认真履行民营经济统战职责，引导民营资本规范健康发展，防范资本无序扩张背后的腐败行为。三是落实“六必问六必查六必谈”工作制度，督促各级党组织履行全面从严治党主体责任，自觉同党中央要求对标对表。协助党组同新任职的局处级领导干部集体廉政谈话2批50人次。加强年轻干部教育管理，召开专题警示教育会。四是协助党组制定《加强和维护党中央集中统一领导实施意见》（以下简称《意见》）《全国工商联加强新时代廉洁文化建设工作方案》等，修订完善《全国工商联落实中央八项规定实施细则实施办法》，进一步扎紧“不能腐”的制度笼子。强化制度执行，结合工作督查、党建督导，加大监督检查力度，确保制度落地见效。五是以“学重要讲话、抓《意见》落实、改突出问题、强作用发挥”活动为抓手，持续抓好中央36号文件贯彻落实。在深入学习领会基础上，研究制定《关于加强全国工商联机关纪委建设的工作措施》，推动《意见》具体落地。六是充分发挥纪检委员的探头和提醒作用，针对机关干部参与联系调研、与民营经济人士联系交往等廉政风险易发多发点，及时通过支部纪检委员发布遵规守纪提醒文章，重要时间节点提前印发通知提醒党员干部警惕“四风”反弹回潮、隐形变异，引导党员干部切实走好“最后一公里”。

四、加强队伍建设，夯实事业基础

一是统筹干部配备，开展摸底调研，开展局处级领导干部选拔任用和职级晋升工作，有力推进机关和直属单位领导班子建设。优化干部队伍结构，扩大选人视野，按计划开展公务员考录、接收军转安置、干部调配工作，为机关干部队伍充实新生力量。加强顶层设计，修订《全国工商联机关借调人员管理办法》，制定《全国工商联年轻干部双岗锻炼工作方案（试行）》，开展机关干部轮岗交流，完成新一批西老革、援藏、支教干部选派工作，畅通机关和直属单位、直属商会交流渠道。二是深入推进机关和直属单位改革。加强与中央编办、中办法规局的沟通协调，推动全国工商联新“三定”规定以中办名义印发，组织机关各部门研究制订内设机构和职责方案，通知各省级工商联做好相应衔接工作。推进事业单位机构改革，研究制定《全国工商联所属事业单位撤建和人员编制调剂方案》报中央编办批复同意，会同有关部门单位统筹推动全国工商联商会发展服务中心筹建、杂志社划转和报社编制调整、人才交流服务中心编制调整等落实工作。会同办公厅加快推进证券中心移交中信集团工作。三是完善干部人才胜任素质模型，明确不同职务层次、不同岗位干部人才应具备的专业素质和能力，并运用到干部培训中，提高培训的专业性、针对性。认真落实干部教育培训规划，组织干部参加中组部调训、局级干部专题研修等培训，以“线上线下”结合、分类分批培训的灵活方式，推动机关和直属单位干部达到学有所长、学以致用的效果，切实提升服务“两个健康”的能力水平。四是发挥考核导向作用。配合中央组织部、中央统战部完成会领导班子及班子成员年度述职考核，完成机关部门和干部、直属单位及其领导人员年度述职考核，组织开展部门年度计划评价、部门和干部季度平时考核。通过将“计评对”管理机制与考核工作相结合、年度考核与平时考核相结合、定量考核与定性考核相结合、考核评价与绩效工资增长相结合，充分发挥考核评价的正向激励作用，有效激发了干部职工的积极性主动性，有助于各部门单位更合理地突出重点、调度力量，更及时地检视进度、把控节奏，更全面地总结情况、调整措施，促进整体工作推进落实。

五、重视文化建设，营造健康氛围

一是深入细致做好老干部服务工作。制定贯彻落实《关于加强新时代离退休干部党的建设工作的意见》的举措，加强离退休干部党建工作。围绕“我看中国特色社会主义新时代”主题开展调研，听取老同志意见建议和心声感想，形成报告报中组部老干部局。二是加强群团组织建设。摸底了解直属单位和商会群团组织建设、干部职工情况，按照“应建尽建、应换尽换、应改尽改”原则，理顺基层工会、团支部组织架构，成立直属团总支，建立健全组织体系、工作制度和运行机制，充分发挥群团组织直接联系服务群众的桥梁纽带作用。三是关心关爱干部职工。做好工会会员日常慰问工作。为干部职工申请重大疾病互助互济保障，建立特困台账。为工会会员协助办理手机卡优惠套餐、发放理发票，为干部职工子女提供寒暑假就餐。依托中央和国家机关心理健康服务平台，做好干部职工心理疏导工作。

（徐莎莎）

【迎接服务党的二十大，学习宣传贯彻党的二十大精神】一是做好党的二十大代表候选人推选工作。先后5次组织所属57个党组织和570余名党员开展中央统战部调整增补出席党的二十大和出席中央和国家机关党代表会议代表候选人推荐提名和推荐人选建议名单征求意见工作。配合做好台湾省党员出席党的二十大代表候选人初步人选公示、中央统战部出席中央和国家机关党代表会议代表候选人初步人选公示和组织参会工作。二是营造迎接党的二十大胜利召开浓厚氛围。组织开展“奋进新征程　建功新时代”主题宣传活动，建立微信宣传交流群，下拨32万元工作经费支持各直属商会开展活动。以“跟进学习习近平总书记系列重要讲话精神，以创新举措喜迎党的二十大胜利召开”为主题，组织开展理论征文。七一前后，党组书记带头，党组成员和各级党组织书记为党员干部讲“走好第一方阵，我为二十大作贡献”专题党课。举办“青春献礼二十大、奋进担当向未来”主题团日活动，组织离退休老同志“建言二十大”，开展“喜迎二十大，捐步助织金”活动。三是迅速掀起学习宣传贯彻党的二十大精神热潮。组织党员干部收听收看党的二十大开幕会和闭幕会、二十届一中全会、新一届中央政治局常委同中外记者见面会直播和新闻报道。制定印发《关于认真学习宣传贯彻党的二十大精神的通知》《学习宣传贯彻党的二十大精神工作方案》。为党员干部配发《党的二十大报告辅导读本》《党的二十大报告学习辅导百问》等辅导材料。召开全体党员干部大会，中央统战部副部长，全国工商联党组书记、常务副主席徐乐江传达党的十九届七中全会、党的二十大、二十届一中全会精神，部署学习宣传贯彻落实工作。邀请中央宣讲团成员在工商联十三大期间宣讲党的二十大精神。召开党建工作督导员指导员座谈会，围绕如何充分发挥作用、深入推进学习宣传贯彻党的二十大精神进行交流研讨。举办学习贯彻党的二十大精神专题学习班，组织青年理论学习小组开展“八个一”活动，对党员干部进行集中轮训。围绕“深入学习二十大，更好服务‘两个健康’”，组织开展主题理论征文。在“奋进新征程 建功新时代”宣传交流平台推送学习资料56篇、分享学习体会164篇，连续编发4期学习贯彻党的二十大精神专题简报。

（李晓峰）

【与中央统战部联合印发商会党建工作文件】为贯彻落实习近平总书记关于社会组织党建工作的重要指示批示精神和党中央对加强商会党建工作的一系列部署，进一步做好新时代民营经济统战工作，近年来，全国工商联围绕加强商会党建工作深入开展调查研究，不断加强探索实践。自2019年起，依托人才与商会和民企党建工作委员会，持续开展商会党建课题研究，2021年与中央组织部、中央统战部、中央和国家机关工委等有关部门开展了联合调研。2020年起，推动有条件的直属商会试点成立党委，并经中央统战部批准成立了直属商会综合党委，带动29个省（区、市）成立总商会党委、商会综合党委等专门领导管理本级工商联直属商会党建工作的机构。根据调查研究情况，总结试点实践经验，2022年9月，全国工商联起草了《关于工商联党组对所属商会党建工作履行全面从严治党主体责任的意见》，并征求中央组织部、中央统战部等有关部门和各省级党委统战部、工商联党组等多方意见，不断修改完善。经中央统战部部务会审议批准，2022年12月31日，中央统战部、全国工商联党组联合印发了《关于工商联党组对所属商会党建工作履行全面从严治党主体责任的意见（试行）》（以下简称《意见》）。《意见》包括总体要求、完善工商联所属商会党建工作管理机制、推动所属商会党组织有效发挥作用、加强工商联所属商会党建工作保障四部分内容。总体要求部分明确了指导思想和工作原则。“完善工商联所属商会党建工作管理机制”部分，明确了扩大党的组织和党的工作有效覆盖、理顺所属商会党组织隶属关系、加强对直属商会党建工作的领导管理三条举措。“推动所属商会党组织有效发挥作用”部分，明确了强化所属商会党组织政治引领、强化所属商会党组织统战职能、推动所属商会党组织创新活动方式三条举措。“加强工商联所属商会党建工作保障”部分，明确了压实领导责任、配齐配强工作力量、落实经费场所保障等工作举措。《意见》的出台，首次在制度层面为加强工商联所属商会党建提供了依据，标志着推动商会党建破题取得重要实质性进展。

（李晓峰）

【开展“学查改”专项工作】根据中央和国家机关工委《关于开展以机关党建推动落实习近平总书记重要指示和党中央经济工作决策部署专项工作的方案》部署要求和中央统战部机关党委有关具体安排，2022年3月至8月，全国工商联组织开展“学习研讨、查摆问题、改进提高”专项工作（以下简称“学查改”专项工作）。一是聚焦提升政治能力深学。把开展学习研讨作为开展好专项工作的基础。为党员干部配发习近平总书记《论把握新发展阶段、贯彻新发展理念、构建新发展格局》等指定学习用书。围绕保持平稳健康的经济环境、国泰民安的社会环境、风清气正的政治环境，党组带头开展集中学习研讨。举办2期“工商联大讲堂”和“深入推进‘学查改’，更好促进‘三个转化’”主题理论征文，组织青年理论学习小组开展“关键小事”调研攻关活动，引导党员干部提升学习的理解力、转化力和执行力。基层党组织创新形式，汇编专题学习材料，开展月度专题学习，举办知识竞赛，建立支委会学习会长效学习机制，联合开展学习活动。二是聚焦加强政治建设真查。把查摆问题作为开展好专项工作的关键。组织召开专题组织生活会。基层党组织共查摆320个问题、制定396条整改措施。党组查摆14个问题、制定47条整改措施。召开机关及直属单位加强领导班子建设工作和“学查改”专项工作推进会，党组书记徐乐江对查摆出的普遍性问题进行梳理分析，明确整改任务目标，提出整改落实要求。三是聚焦强化政治功能实改。把改进提高作为导向，将开展“学查改”专项工作与加强领导班子建设、推动党史学习教育常态化长效化、创建“四强”党支部有机结合起来，同中央巡视整改“二次回头看”、战斗堡垒攻坚项目实施、年度重点工作推进紧密结合起来，将问题整改融入日常工作，推动整改任务落实。四是聚焦压实政治责任严督。把督导作为开展好专项工作的重要保证。优化调整督导员、指导员队伍，组织开展专题培训。通过列席会议活动、查阅材料、听取汇报、个别访谈等多种形式，开展督导，传导压力，压实责任。通过开展“学查改”专项工作，党员干部进一步增强了做好民营经济统战工作和“两个健康”工作的责任感、紧迫感，进一步改进了工作作风，提升了改革攻坚、创新发展能力；党的建设质量进一步提升，党建引领保障作用进一步发挥，有效推动了习近平总书记重要指示批示精神和党中央重大决策部署的落实落细落地。

（李晓峰）

【接受中央和国家机关党的建设专项督查】2022年9月14日至27日，中央和国家机关工委第四督查组对全国工商联开展机关党的建设专项督查。9月14日，工委第四督查组进驻全国工商联，召开见面会，听取全国工商联机关党的建设工作情况汇报。后续，通过查阅文件资料、开展访谈、延伸走访、问卷调查等多种方式，围绕政治建设、理论武装、基层组织建设、正风肃纪、制度建设、主体责任六个方面，对党的十九大以来全国工商联机关党的建设情况进行监督检查。全国工商联成立由党组副书记、副主席，机关党委书记樊友山任组长的迎接党建专项督查工作组，配合做好督查工作，期间共整理提交资料10批次700余份，组织访谈17人次、问卷调查30人次，陪同赴中央统战部、并购公会了解情况2次。

（李晓峰）

【开展“四强”党支部评定工作】根据《中央和国家机关基层党组织建设质量提升三年行动计划（2019—2021年）》及中央和国家机关工委、中央统战部机关党委关于总结评估的要求，2022年3月，全国工商联以在职人员党支部为单位，按照不超过1/4的比例，组织开展“四强”党支部评定工作。各党支部对照组织设置规范、支委会建设规范、组织生活规范、功能作用规范、党员队伍建设规范、制度保障规范六个方面22条标准，进行自评申报。结合近三年来党建工作考核情况和党纪政纪处分情况，从40个申报党支部中评选出13个全国工商联“四强”党支部，分别是：社会服务部（光彩事业部）党支部、机关党委（人事部）党支部、全国工商联人才交流服务中心党支部、组织建设部党支部、宣传教育部党支部、经济服务部党支部、全联并购公会秘书处党支部、全联旅游业商会党支部、全联房地产商会秘书处党支部、全国工商联家具装饰业商会秘书处党支部、全国工商联医药业商会党支部、中华工商时报社第三党支部、中华工商联合出版社有限责任公司党支部。其中，上述排名靠前的11个党支部还被命名为中央统战部“四强”党支部，前3个党支部被命名为中央和国家机关“四强”党支部。7月20日，召开全体党员干部大会，中央统战部副部长，全国工商联党组书记、常务副主席徐乐江讲“走好第一方阵，我为二十大作贡献”专题党课，党组成员和会领导为“四强”党支部授牌。

（李晓峰）

【举办党务纪检工作培训班】2022年8月7日至11日，全国工商联在北京忠良书院举办2022年党务纪检工作培训班。各直属党组织共选派37名党务纪检工作者参加脱产培训。培训班邀请了来自中央和国家机关工委、中央统战部、中央党校、中央党史文献研究院、北京市委党校、东城区委党校的领导专家，分别围绕机关基层组织建设、党建工作和“三会一课”季度报表填报、党章、《习近平谈治国理政》第四卷、习近平总书记关于全面从严治党的重要论述、党支部工作实务等授课。培训班创新形式，成立学员临时党支部，在机关党委领导下，负责学员的学习研究、党性锻炼等组织领导工作。成立四个党小组，围绕“喜迎二十大，党务工作者怎么办”“如何破解党建工作与业务工作深度融合”“如何推动商会党建破题”“如何优化完善党建‘六好’工作机制”等开展两次交流研讨。通过培训，参训人员进一步强化了政治机关意识，更加深刻地认识到各部门单位商会都是全国工商联政治机关的有机组成部分，必须旗帜鲜明讲政治，始终把党的政治建设摆在首位；更加深刻地领会了习近平总书记关于全面从严治党的重要论述，掌握了开展党建工作实务的基本知识和方法路径，进一步提升了党建工作能力水平。

（李晓峰）

【开展规范党员组织关系转接专项工作】为进一步加强党员教育管理，全面提升基层党组织建设质量，结合中央和国家机关党建专项督查，秉持“问题导向、即知即改、立行立改”的工作原则，2022年10月，全国工商联制定印发《规范党员组织关系转接专项工作方案》（以下简称《方案》），利用2个月的时间，集中组织开展规范党员组织关系转接专项工作。各基层党组织按照《方案》要求，认真学习掌握党章和《中国共产党党员教育管理工作条例》《关于进一步加强党员组织关系管理的意见》等有关政策依据，全面检视、梳理排查，明确规范对象、建立工作台账，推动在本部门单位工作6个月以上的党员转入组织关系、离职的党员转出组织关系、办理转出手续的党员按时反馈回执。通过开展专项工作，进一步强化了党员意识，提升了基层党组织的标准化规范化建设水平，有力推动了直属商会党组织的实体化进程。

（李晓峰）

【召开2022年全国工商联党风廉政建设工作会议】2月24日，全国工商联召开2022年党风廉政建设工作会议，深入学习贯彻十九届中央纪委六次全会精神，贯彻落实中央统战部党风廉政建设工作会议精神，总结部署全国工商联全面从严治党和党风廉政建设工作。全国政协副主席、全国工商联主席高云龙出席会议。中央统战部副部长，全国工商联党组书记、常务副主席徐乐江就全国工商联全面从严治党和党风廉政建设工作进行总结部署。中央纪委国家监委驻中央统战部纪检监察组组长周小莹点评了全国工商联2021年党风廉政建设工作，对做好2022年党风廉政建设工作提出要求。

徐乐江指出，全国工商联要深入学习领会习近平总书记在中央纪委六次全会上的重要讲话精神，深刻领悟“两个确立”的决定性意义，增强勇于自我革命的政治自觉，发扬斗争精神，在坚定捍卫“两个确立”、坚决做到“两个维护”上走在前、作表率。2022年，全国工商联要以习近平新时代中国特色社会主义思想为指导，以迎接和学习贯彻党的二十大精神为主线，全面贯彻落实党的十九届六中全会和中央纪委六次全会精神，坚持严的主基调不动摇，推动全面从严治党向纵深发展。要强化理论武装，自觉用党的创新理论统一思想、统一意志、统一行动；认真落实习近平总书记重要指示批示和党中央重大决策部署，坚决做到“两个维护”；贯彻全面从严治党战略方针，把严的主基调长期坚持下去；持续正风肃纪反腐，一体推进不敢腐、不能腐、不想腐；加强队伍建设，为工商联工作高质量发展提供支撑，以优异成绩迎接党的二十大胜利召开。

周小莹指出，要深入学习领会习近平总书记重要讲话精神，确保中央纪委六次全会工作部署落实到位；紧紧围绕服务“两个健康”，强化履职尽责政治担当；深化不敢腐、不能腐、不想腐一体推进，坚定不移把反腐败斗争推向纵深；持续加固中央八项规定的堤坝，深化巩固巡视整改成果；巩固拓展党史学习教育成果，加强年轻干部教育管理监督；落实政治过硬、本领高强要求，建设高素质纪检干部队伍。

会上，党组成员、副主席李兆前传达了中央纪委六次全会精神和中央统战部党风廉政建设工作会议精神，通报了中央国家机关和工商联系统党的十九大以来违规违纪违法典型案例。

全国工商联党组副书记、副主席樊友山主持会议，会领导班子成员、党组成员出席会议。驻部纪检监察组、中央统战部机关党委和机关纪委有关负责人，全国工商联机关处长及以上干部、直属单位领导班子成员共约90人参加会议。

（王定生）

【完成直属单位内部巡视全覆盖】为推动全面从严治党向基层延伸，从2020年下半年开始，至2022年7月结束，党组先后对信息中心党支部、机关服务中心北京工商宾馆联合党支部、人才交流服务中心党支部、中华工商联合出版社有限责任公司党支部、中华工商时报社党委（含《中国工商》杂志社）开展内部巡视，实现了直属单位内部巡视全覆盖。

巡视中，巡视组紧盯民营经济统战工作“国之大者”加强政治监督，紧盯全面从严治党突出问题，紧盯影响和制约直属单位改革发展的主要问题，紧盯“一把手”和“关键少数”，重点对各单位落实党的路线方针政策和党中央重大决策部署、落实全面从严治党主体责任、落实新时代组织路线、落实巡视审计等整改责任情况进行全面检查，及时纠正存在的政治偏差，推动加强党的政治建设，促进贯彻落实党的路线方针政策和党中央重大决策部署，促进直属单位履行核心职能，坚决做到“两个维护”。通过巡视，对直属单位加强党的领导、推进全面从严治党和改革发展情况进行了“把脉会诊”，并及时督促推进问题整改落实，有力促进了直属单位全面发展。

（张强）

【召开深化巡视整改和成果运用座谈会】5月30日，全国工商联召开深化巡视整改和成果运用座谈会，深入学习习近平总书记关于巡视工作重要论述，贯彻十九届中央纪委六次全会、中央统战部统战系统中央巡视整改“回头看”及内部巡视工作推进会精神，总结盘点全国工商联中央巡视和内部巡视整改进展，研究部署下一步工作。全国政协副主席、全国工商联主席高云龙出席会议。中央统战部副部长，全国工商联党组书记、常务副主席徐乐江出席会议，并对下一步深化巡视整改和成果运用进行部署。中央纪委国家监委驻中央统战部纪检监察组组长周小莹出席会议并讲话。全国工商联党组副书记、副主席樊友山主持会议。

徐乐江指出，全国工商联要进一步提高政治站位，切实增强深化巡视整改和成果运用的政治自觉和使命担当，以实际行动捍卫“两个确立”、落实“两个维护”。要胸怀“国之大者”，对标党中央关于民营经济统战工作决策部署，持续推进中央巡视整改和成果运用巩固深化，努力使巡视整改转化为推动直属单位改革发展的内在动力。要紧盯巡视指出的落实党中央重大决策部署的短板深化整改，以实际行动践行“两个维护”；紧盯巡视指出的履行核心职能弱项深化整改，促进单位高质量发展；紧盯巡视指出的全面从严治党存在问题深化巡视整改，进一步加强党的领导和党的建设；紧盯巡视指出的干部人才队伍建设不足深化整改，为单位长远发展提供支撑。要坚决扛起巡视整改和成果运用的主体责任，把好的经验做法制度化、常态化，以严格的监督确保整改落实，以崭新的状态和良好的作风，持续深入做好巡视整改和成果运用各项工作。

周小莹指出，全国工商联突出政治责任担当，突出政治要求落实，突出巡视整改效果，突出成果巩固应用，巡视“后半篇文章”成效明显。要认真学习贯彻党中央关于加强巡视整改和成果运用的意见，进一步增强深化巡视整改成果运用的政治自觉，坚持系统谋划巡视整改成果应用，继续紧盯长期整改任务推进落实，着力提升内部巡视工作质效。要落实全面从严治党责任，不断总结管党治党经验，带头加强政治建设，持续推动廉洁文化建设，以实际行动迎接党的二十大胜利召开。

会上，6家机关部门和直属单位分别围绕体系化推进工商联组织建设、加强舆情监测和政治引领、扎实服务中小微企业、推动重大项目突破、促进核心业务转型发展、坚持立行立改等进行了交流发言。会领导班子成员、党组成员出席会议。驻部纪检监察组有关同志，全国工商联机关和直属单位领导班子成员参加会议。

（王定生）

【开展严肃换届纪律专题教育】2022年是工商联换届年。为深入学习贯彻十九届中央纪委六次全会精神，营造风清气正的换届环境，做好中国工商业联合会换届筹备工作，全国工商联于5月至6月集中组织开展了严肃换届纪律专题教育。

机关纪委组织观看《警钟长鸣——严肃换届纪律教育警示片》，发挥案例警示作用，打好思想“预防针”；每天在微信群、蓝信群推送纪检政策、案件信息、廉政新闻等，注重把纪律教育融入党员干部日常工作生活之中；与信息中心联合在机关电子屏发布廉言警句，营造风清气正的换届氛围。

各直属党组织组织党员干部对习近平总书记和中央有关部门关于严肃换届纪律的重要论述和有关要求、徐乐江书记在换届工作会议上的讲话精神进行传达学习，对《中国共产党纪律处分条例》《中华人民共和国公职人员政务处分法》《一图读懂：换届纪律》进行认真学习，并紧密结合本部门单位的职责，深入分析换届工作实际排查廉政风险点。通过专题教育，党员干部进一步深化了对换届纪律的认识，筑牢了思想根基。

（张强）

【召开机关及直属单位领导班子建设工作和“学查改”专项工作推进会】 为贯彻落实习近平总书记关于进一步加强中央和国家机关领导班子建设重要讲话精神和统战系统领导班子建设工作动员部署会会议精神，切实加强全国工商联机关和直属单位领导班子建设，有力推动“学查改”专项工作扎实开展取得实效，2022年4月27日在全国工商联机关三层报告厅召开全国工商联机关及直属单位领导班子建设工作和“学查改”专项工作推进会，会领导班子成员、机关各部门和直属单位领导班子成员参加会议，时任全国工商联党组副书记、专职副主席樊友山同志主持会议。会上，时任全国工商联党组成员、专职副主席李兆前同志传达习近平总书记关于进一步加强中央和国家机关领导班子建设重要讲话精神和统战系统领导班子建设工作动员部署会会议精神。全国工商联组织建设部、社会服务部、中华工商时报社重点就加强领导班子建设和“学查改”专项工作整改落实工作进行了交流发言。最后，中央统战部副部长、全国工商联党组书记、常务副主席徐乐江同志作了重要讲话，对进一步加强领导班子建设、做好

“学查改”工作提出明确要求。

（郭蕾）

【调整全国工商联机关职能配置、内设机构和人员编制】为切实加强民营经济统战工作，教育引导民营经济人士增强“四个意识”、坚定“四个自信”、做到“两个维护”，坚定不移听党话、跟党走，为贯彻落实习近平总书记和党中央对工商联工作提出的新任务新要求，全国工商联党组拟对机关职责设定和内设机构职责安排等进行调整完善。经与中央编办、中央统战部等部委多次沟通协调，2022年2月，中央印发全国工商联“三定”规定的通知，对全国工商联主要职责表述、内设机构名称及职责表述作了调整。

（郭蕾）

【举办“推动民营经济高质量发展”网络专题培训班】根据全国工商联2022年度干部培训安排和会党组领导批示，机关党委（人事部）于2022年6月底举办“推动民营经济高质量发展”网络专题培训班，机关局级及以下干部、直属单位中层及以上管理人员共约220人参加培训。

培训班分“线上”课程学习和“线下”交流研讨两个阶段进行。“线上”课程学习阶段，依托“干部云课堂”平台、机关学习平台，在宣传教育部、经济服务部、社会服务部、法律服务部的支持帮助下，通过购买部分网课、邀请专家现场录课等方式组织实施，共安排了17次网络课程学习。“线下”交流研讨阶段，组织召开“推动民营经济高质量发展”网络专题培训班学习交流研讨会，副秘书长、经济服务部部长林泽炎同志出席会议并讲话，机关各部门干部代表结合本部门工作，从推动实现民营经济高质量发展的重要意义、面临问题、具体举措，以及提升干部能力素质等方面进行了交流讨论。

（杨宗伟）

【推进有关事业单位机构编制调整改革】根据全国工商联事业发展需要，结合中央关于深化事业单位改革有关文件精神，为切实加强对工商联所属商会的指导、引导和服务，推进全国工商联所属事业单位中华工商时报社和《中国工商》杂志社改革，促进全国工商联人才交流服务中心发展，经与中央编办和中央统战部多次沟通协调，2022年4月28日全国工商联党组会议审议通过并上报《全国工商联所属事业单位撤建和人员调剂方案》（以下简称《方案》），7月28日获中央编办批复同意。按照会党组统一部署，根据《方案》，组织各所属事业单位研究制定（修订）本单位“三定”规定和岗位设置方案，并按程序报中央组织部、中央统战部审批同意。

（杨宗伟）

【组织开展第二联系调研组联系调研】2022年3月6日到11日，全国工商联党组副书记、副主席樊友山同志率领全国工商联第二联系调研组到福建省三明市、漳州市、莆田市所辖县（市区）开展联系调研工作。本次调研循着习近平总书记的足迹前行，调研组深刻领悟习近平同志在福建工作和考察时的重要讲话、殷切嘱托，深刻领悟总书记一以贯之的高尚政治品格、深厚为民情怀、强烈责任担当和务实工作作风，深刻领悟“两个确立”的决定性意义。本次调研的过程既是学习的过程，更是贯彻落实的过程。

（倪红）

【“七一”前开展离退休人员大走访活动】为深入贯彻落实《关于加强新时代

离退休干部党的建设工作的意见》，充分体现会党组对离退休干部的关心，为党的二十大胜利召开营造良好氛围，2022年6月至7月，机关党委（人事部）按照工作安排在离退休老同志中开展了大走访慰问活动。此次活动共走访慰问38位老同志，深入了解他们的身体状况、思想状况和生活情况，向他们积极宣传党的方针政策，传递组织温暖，为他们解难题、办实事。

（倪红）

2022年“网上工商联”工程建设稳步推进

【工作综述】2022年，在会党组和网信工作领导小组的领导下，在机关各部门、直属单位、直属商会的大力支持配合下，信息中心充分运用信息化赋能管理决策，多数据支撑业务工作，立足“常态”，实现“提质”，重点推进“网上工商联”工程建设，较好地完成了相关工作的落实推进。

一、“网上工商联”工程取得重大进展

1.“网上工商联”工程（一期）项目由立项申报转入实际建设。2022年，为加快贯彻落实《关于加强民营经济统战工作的意见》关于“加快推进‘网上工商联’工程建设”的工作要求，在高云龙主席、徐乐江书记关心支持下，在樊友山副主席的大力推进下，5月23日“网上工商联”工程（一期）初步设计方案和投资概算获国家发改委批复，核定项目总投资6 871万元，建设周期18个月，标志着“网上工商联”工程正式开始实施。“网上工商联”工程（一期）项目投资，结合科技创新项目1 712万元、信创项目4 770万元，共计1.3 353亿元，全部由中央拨付财政经费，工商联信息化建设经费保障实现了较大突破。

2. 信创项目圆满竣工。2022年，徐乐江书记专题听取信创项目推进情况汇报，信息中心狠抓落实，加快推进项目实施进度，确保信创项目如期完成，完成办公相关系统的上线。4月完成项目任务验收，5月完成上级单位的任务验收备案。6月完成项目档案验收专家评审，10月完成竣工验收专家评审，11月向国家发改委报竣。

3.高质量推进科技创新项目。组织科技攻关项目各课题单位定期召开项目月度例会及专项技术问题讨论会，督促各课题按照课题研究计划，对照考核指标推进课题研究工作，4月底顺利通过科技部组织的中期检查。本年度共发表论文6篇，录用论文4篇，投稿论文5篇，申请专利5个，获得软件著作权1个，申请软著2个；研究数据模型10个、开发原型软件5个、完成软件系统2个、非公经济实体知识图谱1个、新闻舆情数据库1个；编制技术方案6个、指标分册5个。

二、加快基础数据库建设，创新服务换届工作

基础数据库作为“网上工商联”工程建设的重要内容，紧密结合业务需求，为全国和省级工商联换届组织人事工作开展提供坚实保障。以“民营企业及民营企业家人才库”为基础，形成四类239个正面标识和两类22个负面标识，持续开展全方位数据采集、接入、下沉、清洗融合，不断扩充和完善数据内容。从各级工商联组织和互联网采集企业家数据，完成了27万人的基本信息完善；从第三方机构接入企业数据，完成590余万家企业基本信息、投资信息和任职信息的完善；从互联网采集榜单/名单，形成全国级榜单406个、省级及省级以下级榜单1 034个；从业务系统下沉81万人和540万家企业。通过对以上数据进行整理和融合，最终底层库共形成81万人、590万家企业和1 440个榜单数据。在代表、执委人选推荐过程中，通过信息比对，调整优化人选结构，确保了人选质量。

三、扎实推进网络安全保障工作

按照中央网信办、公安部门要求，自5月起，组织人员7×24小时坚守岗位进行值班值守，根据情况及时做出暂停服务、备份日志、排除故障等应急处置，保障网络、系统安全稳定运行；同时，组织安全技术服务团队在会议召开期间对全国工商联官网、业务系统开展7×24小时在线监测，实时监测网页运行情况，信息中心信息服务处随时掌握网站运行情况，技术处随时掌握网站被攻击情况。同时，认真做好重要会议期间全国工商联网络安全重保工作，处理中央网信办发布的网络安全风险提醒21次，向国家网络安全与信息安全通报中心汇报261次，事件处置18次，任务处置17次。全年防御攻击次数400多万次，保障了网络平稳运行、无重大网络安全事故，保障了党的二十大以及全国工商联十三大召开期间未出现网络安全事件，未造成不良影响。今年以来，全国工商联网上办公平台通过三级等保测评，全国工商联新版官网也已完成公安网注册备案。完成了机关办公楼内办公网与互联网的网络隔离改造施工、落实了保密检查整改要求。

【工作成果】

一、在支撑业务工作中出实招

1.精准、有效摸清底数。会员组织管理系统包括工商联、商会组织信息管理，执委、代表大会代表、代表人士、会员信息管理，支撑各级工商联和商会管理本级相关数据、可查阅授权使用的各地数据。目前，已收录全国各级工商联会员总数290万（其中企业会员179.6万、个人会员104.3万、团体会员6.2万），县以上工商联执委28万，全国各级工商联商会组织4.9万家。

2.持续提升辅助决策分析能力。2022年对民营企业调查系统高效服务全国各级工商联问卷填报工作，实现了数据填报统计分析的信息化无纸化的调研方式，为工商联开展相关业务工作提供重要的数据支撑。2022年全国工商联共发布24份问卷，404 615人次参与。地方工商联共发布125份问卷，67 562人次参与。劳动关系监测系统今年共进行了4次线上调研，共回收58 758份问卷。

上规模民营企业调研系统支持各级工商联上规模企业信息的录入、管理、查询统计，逐级审核，报表生成，2022年共收录20 525家企业数据，有效支撑全联民企500强、制造业500强、服务业100强发布工作。

3.建设“万企兴万村”行动台账管理系统。实现民营企业信息、经营类和公益类项目信息、兴村信息管理，支持数据审核、查询统计、汇总上报等功能。2022年，“万企兴万村”台账系统共收录8.5万家企业，开展“兴村”项目10万个，“兴村”8.5万个。

4.提高协同办公能力。根据疫情防控常态化的需要，进一步提升协同办公技术支持，公文管理系统2022年办理报批件4 461件、收文789件、发文655件。全新即时通信工具上线，可实现工商联机关、直属单位、直属商会、执常委、下级工商联组织之间即时文字沟通、视频通信等功能。

计评对及干部综合考评系统根据考核办管理与使用需求，新增任务修改与任务状态修改功能，可更灵活地对各部门、单位的年度计划任务进行管理。继续支持机关各部门与直属单位的工作计划的导入、修改变更、对表、考核管理等，2022年，干部考评系统支持了13次机关线上评测工作；计评对系统支持了机关各部门、各直属单位1 949条任务的对表填报。

2022年1月，信息直报系统正式切换为信息工作业务平台，全联共设直报点81处，接收稿件10 535份，包括日常报送9 832条、约稿报送703条，发布532条工作动态信息；地方工商联共接收稿件9 918份，发布225条工作动态信息。

5.加强服务民营企业平台建设。“一带一路”服务平台目前发布信息7 405篇、移动端7 069篇、英文105篇。“一带一路”资讯库已使用爬虫工具从81个相关站点、30个相关微信公众号抓取稿件557 454条。与中国建设银行联合建设的企业服务平台为企业提供金融贷款、撮合等服务，管理模块为各级商会提供了会员申请、审核通过、金融机构给予优惠等赋能的功能。

6.继续做好信息化调研工作。2022年信息中心坚持问题导向，深入开展信息化调研工作。赴河南、江苏等地调研，了解地方工商联对“网上工商联”建设的意见建议；及时掌握机关各部门对“网上工商联”建设的动态需求；与河北省工商联沟通，研究和梳理工商联各项业务工作流程；与女企业家商会沟通，探讨商会平台建设思路。

二、继续做好网络服务工作

切实做好视频会议服务保障和技术支撑，对各项工作内容进行标准化、规范化，形成视频会议、直播、课件录制、致辞录制等工作模块标准工作流程，提高了工作的规范性和可操作性。2022年，共完成200多场视频会议的联调联试和技术保障，录制线上教学课件100余个，为会领导和有关部门录制致辞约100个。

三、继续做好信息服务工作

在意识形态工作上求突破，打造“两个健康”宣传窗口。大力推动官网改版工作，新版官网于2022年9月上线，聚焦非公经济，服务“两个健康”主题，突出网页界面更清新整洁、架构栏目更科学合理、信息展示更全面精准、系统平台使用更便捷高效、交互技术应用更智能易用五大特点，体现了工商联统战性、经济性、民间性有机统一的特征，成为展示工商联风貌的窗口与亮丽名片。围绕党中央决策部署，锲而不舍做好主题宣传，充分利用网站、App、微信公众号、官方政务账号，形成多平台广传播的宣传报道群，发挥网络媒体矩阵优势，不断扩大覆盖面和影响力，引导各级工商联干部、商会负责人、民营经济人士，更加紧密地团结在以习近平同志为核心的党中央周围，把思想和行动统一到党的二十大精神上来，把智慧和力量凝聚到落实党的二十大提出的各项部署上来。全年官网发布信息9 600余篇，官微发布信息720余篇，百度百家号发布1 600余篇，今日头条号发布1 500余篇。

第三部分　重要会议

全国工商联十三届一次执委会议

中华全国工商业联合会十三届执行委员会一次会议12日在北京召开。

会议选举产生了新一届全国工商联领导机构和领导班子，高云龙当选全国工商联第十三届执行委员会主席，徐乐江当选常务副主席，邱小平、安立佳、汪鸿雁、方光华、杨佑兴、丁世忠、白重恩、刘汉元、齐向东、汤亮、寿子琪、何超琼、冷友斌、沈彬、张新、张兴海、张宗真、黄代放、鲁伟鼎、曾毓群、温志芬、燕瑛当选副主席。

会议同时选举高云龙为中国民间商会会长，徐乐江、邱小平、安立佳、汪鸿雁、方光华、杨佑兴、马志成、王填、王煜、叶青、李书福、李湘平、吴相君、张荣华、郑志刚、南存辉、秦英林、夏华、黄立、景柱、曾智明、雷军、潘保春为副会长。

中共中央政治局委员、中央统战部部长石泰峰到会祝贺并讲话。他希望工商联新一届领导班子和领导机构把学习宣传贯彻党的二十大精神作为首要政治任务，坚持以习近平新时代中国特色社会主义思想为指导，坚决落实党对民营经济的全面领导，在巩固共同思想基础、宣传解读党的大政方针、贯彻执行党的领导制度上下功夫。工商联要自觉服从和服务于党的中心任务，引导民营企业和民营经济人士明确方向和使命，积极助力全面建设社会主义现代化国家。全国工商联要着力提升服务促进“两个健康”的能力和水平，始终坚持以队伍建设带动工作提质增效。他强调，要在以习近平同志为核心的党中央坚强领导下，以更加昂扬的精神状态，更加务实的工作作风，不断开创工商联事业新局面，为全面建设社会主义现代化国家、全面推进中华民族伟大复兴作出新的更大贡献。

高云龙代表新一届全国工商联领导班子讲话，向全国工商联十二届执委会全体委员表示敬意。高云龙说，党和国家事业蓬勃发展，中国式现代化日新月异，给工商联提出了新的更高要求。各级工商联要以党的二十大精神为指引，按照党中央、国务院的工作要求，以及工商联十三大报告作出的部署，坚持“干”字当头、“实”字托底，求真务实、真抓实干，把各项工作任务落实到位，奋力谱写工商联事业新篇章。

全国工商联十二届六次执委会议

11月18日，全国工商联十二届六次执委会议在京举行。会议全面贯彻习近平新时代中国特色社会主义思想，深入学习贯彻党的二十大精神，总结2022年工作，审议中国工商业联合会第十三次全国代表大会有关事项。全国政协副主席、全国工商联主席高云龙出席会议并作工作报告。中央统战部副部长、全国工商联党组书记徐乐江出席会议并讲话。

高云龙在报告中指出，今年以来，在以习近平同志为核心的党中央坚强领导下，全国工商联全面贯彻落实党中央决策部署，深入贯彻落实中央统战工作会议精神，圆满完成十二届五次执委会议和九次常委会议确定的工作任务，促进“两个健康”工作和自身建设取得了新成效。一是围绕助力营造平稳健康的经济环境、国泰民安的社会环境、风清气正的政治环境，加强对民营经济人士的思想政治引领，用务实举措稳定人心、鼓舞人心、凝聚人心。二是进一步完善参政议政、重大建言和调查研究工作机制，聚焦党和国家中心任务建真言、献良策、出实招，助力优化“两个健康”环境。三是认真贯彻落实党中央、国务院关于稳定经济大盘的决策部署，积极帮助民营企业应对“三重压力”、加快高质量发展。四是引导民营企业在实现自身发展的同时更好承担社会责任，积极助力乡村振兴和保障改善民生，为促进全体人民共同富裕贡献力量。五是持续加强基层组织建设，加快推进商会改革发展，深化模范机关建设，着力提高工商联工作质量和效能。

高云龙表示，过去五年，全国工商联十二届执委会认真履职尽责，很好地发挥了桥梁纽带和助手作用；各位执委积极参加工商联各项重要会议和活动，很好地发挥了模范带头作用。大家讲政治顾大局、讲风格作奉献，圆满完成了履职任务，工商联事业将进入新的发展阶段，希望大家继续关心支持工商联工作。让我们更加紧密团结在以习近平同志为核心的党中央周围，高举中国特色社会主义伟大旗帜，全面贯彻习近平新时代中国特色社会主义思想，深入学习贯彻党的二十大精神，奋力谱写工商联事业发展新篇章，为全面建设社会主义现代化国家、全面推进中华民族伟大复兴再建新功。

徐乐江指出，认真学习贯彻党的二十大精神是当前和今后一个时期广大民营经济人士和各级工商联干部的首要政治任务。各位执委要带头学习宣传贯彻党的二十大精神，在全面学习、全面把握、全面落实上下功夫。要坚持用习近平新时代中国特色社会主义思想武装头脑、指导实践、推动工作，深刻领悟“两个确立”的决定性意义，增强“四个意识”、坚定“四个自信”、做到“两个维护”。要切实把党的二十大提出的战略部署转化为本企业本单位的工作任务，确保党的二十大精神不折不扣地落实到民营经济发展的各领域、各行业，落实到工商联工作各方面、各环节。

徐乐江强调，过去五年，各级工商联全面贯彻习近平新时代中国特色社会主义思想，推动工商联事业发展取得了显著成绩。以中国式现代化全面推进中华民族伟大复兴，需要充分发挥包括广大民营经济人士在内的亿万人民的创造伟力。希望大家大力弘扬企业家精神，带头听党话、跟党走，矢志产业报国、实业兴国；带头践行新发展理念、融入新发展格局，走自主创新之路，推动企业高质量发展；带头稳定岗位、扩大就业，踊跃投身“万企兴万村”行动和公益慈善事业，积极促进共同富裕，爱国敬业、守法经营、创业创新、回报社会，做合格的中国特色社会主义事业建设者。

会议讨论并通过了全国工商联十二届执委会向中国工商业联合会第十三次全国代表大会的报告和《中国工商业联合会章程（修正案）》，决定将这两份文件提请中国工商业联合会第十三次全国代表大会审议。通过中国工商业联合会第十三次全国代表大会有关事项和有关人事事项。会上还发布了2022年工商联理论研究和工作实践创新成果。

会议以视频形式召开。全国工商联机关设主会场，各省级工商联及香港、澳门地区设分会场。全国工商联专职会领导、在京兼职会领导和直属商会执委、机关各部门和直属单位主要负责同志，中央统战部有关部门负责同志在主会场参会。不在京的兼职会领导及直属商会执委，各省及香港、澳门地区的执委在各分会场参会。

全国工商联十二届九次常委会议

7月2日至3日，全国工商联十二届九次常委会议在黑龙江省哈尔滨市召开。会议以习近平新时代中国特色社会主义思想为指导，全面贯彻落实党的十九大、十九届历次全会精神，全面贯彻习近平总书记对工商联工作的重要指示批示，深刻领会党中央对当前经济形势的重要判断，认真落实党和国家稳住经济大盘的各项部署，回顾总结上半年工作，谋划部署下一步重点工作。全国政协副主席、全国工商联主席高云龙，中央统战部副部长、全国工商联党组书记、常务副主席徐乐江出席会议并讲话。

高云龙指出，今年以来，全国工商联认真贯彻落实习近平总书记重要指示批示精神和党中央决策部署，深刻领悟“两个确立”的决定性意义，增强“四个意识”、坚定“四个自信”、做到“两个维护”，围绕迎接党的二十大胜利召开，充分发挥工商联职能优势，齐心协力促进“两个健康”，以稳定预期为重点加强民营经济人士思想引导，以助企纾困为重点促进稳定宏观经济大盘，以科技赋能为重点促进民营企业高质量发展，以“两送一防”为重点支持民营企业高质量“走出去”，以稳定就业为重点引导民营企业积极履行社会责任，以合规发展为重点推进法治民企建设，以议政建言为重点推动优化民营经济发展环境，以优化治理为重点持续推动工商联和所属商会改革发展，以深化模范机关建设为重点持续提升履职服务能力，各项工作取得积极成效。

高云龙指出，当前，百年变局叠加世纪疫情，经济全球化遭遇逆流，我国经济发展环境的复杂性、严峻性、不确定性上升，经济平稳运行面临新的挑战。同时，从国际国内和大局大势看，我国发展仍具备多方面发展机遇和有利条件。当前形势既有困难、问题和风险，也有优势、潜力和机遇；经济政策既利当下解困，又利未来发展；企业发展既要守住底线、防范风险，更要坚定信心、迎难而上。我们要积极引导民营经济人士把思想和行动统一到党中央对经济形势的判断和对经济工作的部署上来，脚踏实地干事、放心大胆发展，充分发挥民营企业在稳住经济大盘中的生力军作用。

高云龙强调，各级工商联及所属商会要坚决贯彻落实习近平总书记关于“疫情要防住、经济要稳住、发展要安全”的重要指示要求，扎实履职、主动作为，帮助企业稳预期、稳信心，增强惠企政策获得感、实效性，积极助力稳增长、促投资，全力服务稳就业、保民生，指导企业防风险、练内功，努力为保持平稳健康的经济环境、国泰民安的社会环境、风清气正的政治环境作出贡献，用实干实绩迎接党的二十大胜利召开。

徐乐江指出，党中央、国务院就高效统筹疫情防控与经济社会发展多次召开会议作出专门部署，为做好下半年经济工作锚定了大方向。各级工商联及所属商会要深入贯彻落实习近平总书记重要讲话精神和党中央决策部署，助企纾困解难，全力配合稳定宏观经济大盘。要突出政策落实抓服务，在推动政策直达企业、推动政策完善上下功夫。要突出困难企业抓服务，大型企业重点是稳链保链、防风险，小微企业重点是复工达产、防冲击。要突出稳岗就业抓服务，把稳就业保民生作为经济服务和社会服务工作的重要内容来抓，全力配合抓好高校毕业生和农民工群体就业。

徐乐江指出，随着企业生产经营回归常态，企业家信心也在逐步恢复，但仍有一些企业受短期因素影响比较严重。我们要持续加强理想信念教育，引导民营经济人士一心一意谋发展、坚定信心向未来。要抓实思想政治引导，在方向道路这个根本问题上凝聚共识。要抓好发展预期引导，用务实举措稳定人心、鼓舞人心、凝聚人心。要抓牢正面舆论引导，严格落实意识形态工作责任制，牢牢掌握民营经济领域意识形态工作主动权。

徐乐江强调，下半年，中国工商业联合会第十三次全国代表大会将要召开。我们要从讲政治的高度，建强组织系统，平稳有序推进工商联换届，为新时代工商联事业发展提供坚强的组织保障。要做好十三大换届筹备工作，起草好报告，修订好章程、选好领导机构。省级工商联要在省级党委统战部领导下，加强协调，争取支持，加快工作进度；要严守换届工作纪律，严格落实中央换届文件精神特别是对班子规模和人选的要求。完成换届的各地工商联班子要尽快拿好接力棒，尽快熟悉民营经济领域话语体系，掌握民营经济统战工作规律、方法和特点，不打折扣抓好各项工作推进。

会议审议通过了有关人事事项和《十三届执行委员会、常务委员会委员产生及名额分配办法（草案）》，发布了中国民营企业劳动关系报告。会议期间召开了工商联十三大报告起草征求意见座谈会、章程修改征求意见座谈会、商会党建征求意见座谈会，举办了2022全国工商联主席高端峰会暨全国优强民营企业助推黑龙江高质量发展大会、年轻一代民营经济人士理想信念报告会。

全国工商联副主席樊友山、黄荣、李兆前、邱小平、鲁勇、叶青、李湘平、南存辉、黄立、黎昌晋，中国民间商会副会长史贵禄、朱建民、苏志刚、张兴海、张建宏、冷友斌、沈彬、徐冠巨、魏立华，全国工商联十二届常务委员会委员，中央统战部有关司局负责同志，不是常委的省级工商联主席、党组书记，全国工商联秘书长、副秘书长，机关各部门及直属单位主要负责同志参加会议。全国工商联副主席李书福、李东生、李家杰、常兆华，中国民间商会副会长汤亮、李思廉、张宗真、林龙安视频参会。

全国工商联十二届十次常委会议

9月28日，全国工商联十二届十次常委会议在京召开，增选全国工商联十二届执行委员会副主席、中国民间商会副会长，审议有关人事事项。全国政协副主席、全国工商联主席高云龙出席会议。

会议指出，为党的二十大胜利召开营造平稳健康的经济环境、国泰民安的社会环境、风清气正的政治环境是工商联系统的重大政治任务。各位常委要为坚决维护好“三个环境”作出应有贡献。

会议强调，各级工商联要切实扛起责任担当，要强化政治责任，严格落实意识形态工作责任制，压实主体责任，确保民营经济领域意识形态安全稳定。要围绕迎接和学习宣传贯彻党的二十大精神谋划推进各项工作，要侧重学习宣传习近平总书记重要讲话，组织开展形式生动鲜活、语言通俗易懂的各类活动，深入宣传报道新时代民营经济发展取得的历史性成就、发生的历史性变革，全面展示工商联系统、民营企业和民营经济人士的良好风貌。要更加紧密地团结在以习近平同志为核心的党中央周围，团结协作、攻坚克难，用实干实绩交出促进“两个健康”的精彩答卷，为坚决维护好“三个环境”、迎接党的二十大胜利召开作出更大贡献。

会议审议通过有关人事事项，增选杨佑兴为全国工商联副主席、中国民间商会副会长。

中央统战部副部长，全国工商联党组书记、常务副主席徐乐江出席会议并讲话。会议以线上线下相结合的方式召开，在全国工商联机关设主会场，在各省级工商联和香港、澳门设分会场。

第四部分　领导讲话

高云龙同志在全国工商联十二届九次常委会议上的讲话

（2022年7月2日）

这次会议的主要任务是：以习近平新时代中国特色社会主义思想为指导，全面贯彻党的十九大和十九届历次全会精神，深刻领会党中央对当前经济形势的重要判断，认真落实党和国家稳住经济大盘的各项部署，回顾总结上半年工作，谋划部署下一步重点工作。

一、上半年主要工作

今年以来，我们认真贯彻落实习近平总书记重要指示批示和党中央决策部署，深刻领悟“两个确立”的决定性意义，增强“四个意识”，坚定“四个自信”，做到“两个维护”，围绕迎接党的二十大胜利召开，充分发挥工商联职能优势，齐心协力促进“两个健康”，各项工作取得积极成效。

（一）以稳定预期为重点，加强民营经济人士思想引导

针对新一轮疫情冲击和经济下行压力，紧扣企业家遇到的实际问题，在关键时间节点开展谈心谈话，持续推进联系调研。组织全系统思想状况调研，“一对一”访谈民营经济人士1 000多名，在线调研企业6万余家，及时回应关切诉求，解疑释惑、提振信心。组织开展“盛赞新成就、喜迎二十大”“强国复兴有我”等主题宣传教育活动，筹备年轻一代民营经济人士理想信念报告会，推动理想信念教育进一步走深走实。密切关注民营经济领域舆情，优化会商研判和应对处置机制，与主流媒体密切配合，充分发挥自有媒体作用，加强政策解读，及时发出正面声音，批驳错误言论，推动营造良好社会环境。

（二）以助企纾困为重点，促进稳定宏观经济大盘

认真贯彻落实党中央、国务院关于稳定经济大盘的决策部署，主动靠前服务，助企渡过难关。召开6场视频调研会、5场“政企面对面”座谈会，全面了解全国稳住经济大盘会议精神贯彻落实情况，及时反映企业经营状况和意见建议。加强与有关部委、地方政府和金融机构的协作，出台“两个健康”工作领域风险隐患防范化解方案，建立大型民营企业风险监测、防范和化解机制，聚焦债务违约、劳动争议

等重点领域，注重运用法治方式推进重点企业风险处置工作。强化企业信用体系建设，加大对小微企业信贷支持力度。与上海市工商联等部门举办线上培训活动，促进上海市企业有序复工复产。

（三）以科技赋能为重点，促进民营企业高质量发展

围绕落实科技体制改革三年攻坚方案，与科技部会商，研究部署十项举措，支持创建民营科技领军企业，推动各类创新要素向民营企业聚集。会同工信部、国资委共同印发《制造业数字化转型三年行动计划（2021—2023年）》，开展促进大中小企业融通创新“携手行动”，推动民营企业加快数字化转型发展。与国家标准委共同推动民营经济标准创新工作，与中国科协建立协作机制，加大对民营企业政策引导和服务力度。举办首期创成型民营企业资金赋能路演活动，联合工商银行启动服务民企科技创新专项行动，加大对创成型民营企业融资支持力度。

（四）以“两送一防”为重点，支持民营企业高质量“走出去”

认真落实习近平总书记在第三次“一带一路”建设座谈会上的重要讲话精神和党中央关于促进外贸平稳发展的决策部署，深入推进“两送一防”行动，引导民营企业更好应对国际经贸局势波动，助力高质量共建“一带一路”。开展国际化规模较大民营企业调研工作，针对俄乌冲突对走出去民营企业的影响，开展形势研判和调研，深化“护航”专项行动。启动民营企业境外合规建设专项服务三年行动，举办3期民营企业境外投资经营“合规月月谈”活动，与商务部共同举办3期《区域全面经济伙伴关系协定》（RCEP）中小企业专题培训班，组织开展汇率政策“微讲堂”活动，累计培训近30万人次。

（五）以稳定就业为重点，引导民营企业积极履行社会责任

认真落实就业优先战略，与教育部联合启动“民企高校携手促就业行动”。会同人社部、全国总工会等部门，联合举办民营企业招聘月活动，共同开展和谐劳动关系创建示范活动，协力推进先进制造业重点领域职业教育现场工程师专项培养计划和就业见习计划，服务大学生、退役军人、残疾人等重点群体就业。会同国家乡村振兴局，推动“万企帮万村”行动与“万企兴万村”行动有效衔接，倾斜支持160个重点帮扶县，联合农发行等金融机构强化对行动的资金支持，加快行动实验项目体系建设，持续巩固脱贫攻坚成果、积极助推乡村振兴。

（六）以合规发展为重点，推进法治民企建设

深入推进涉案企业合规第三方监督评估工作，联合最高检等13家中央单位召开工作推进会，在全国范围内推开第三方评估监督机制。截至目前，办理涉企合规案件1 700多件，333家整改合规企业、1 106人免于起诉，激发了企业合规经营内生动力，提振了投资兴业信心。积极参与立法协商，研究推动商会立法。制定工商联法律维权工作规则，印发商会调解工作办法，优化商会调解服务平台，开展“企业家学法”活动，不断提升法律服务的规范化、制度化水平。

（七）以议政建言为重点，推动优化民营经济发展环境

集系统之力，围绕“促进新能源产业高质量发展 推动构建新型电力系统”，开展年度重点调研，研究提出一系列政策建议。认真参与政协工作，向全国“两会”提交提案44件，推动解决民营企业普遍关注的突出问题；办理全国人大建议51件、全国政协提案36件，提交社情民意信

息近700篇。开展民营企业季度运行调查和企业用工情况监测，相关报告得到中央肯定，相关建议在助企纾困政策中得到落实。围绕促进“两个健康”中的重点难点问题，向中办、国办、中财办等报送专题报告155篇，多次得到习近平总书记和其他中央领导同志重要批示，很多建议被采纳、转化为政策举措，发挥了建言资政作用。

（八）以优化治理为重点，持续推动工商联和所属商会改革发展

按照基础、达标、示范三个层次，梯次推进工商联基层组织建设。以“一个设立、五个有”为基础，以“五好”县级工商联为标准，以“五好”标杆为示范，推进县级工商联建设。以“六有”为基础，以“四好”商会为模板，以中国特色一流商会为目标，推进所属商会改革发展。以换届为契机，推进商会规范化建设。筹备成立高端装备制造与仪器仪表、养老与家政服务业、化工与材料等行业委员会。完善省级工商联、直属商会评价，创新开展企业家执委履职评价，引导各级组织更好发挥作用。

（九）以深化模范机关建设为重点，持续提升履职服务能力

坚持以党建为引领，不断推动机关建设上台阶上水平。扎实开展“学查改”专项工作，推动党史学习教育常态化长效化。组织开展中央巡视整改第二次“回头看”，160项整改任务已完成143项，整改成效持续巩固深化。对中华工商时报社开展内部巡视，实现直属单位内部巡视全覆盖。大力推进廉洁文化建设，进一步筑牢党员干部思想道德防线。强化换届纪律教育监督，制定换届纪律“九不得”，严把人选政治关、廉洁关。制定加强改进新时代人才工作的举措，干部队伍建设取得新成效。锲而不舍纠“四风”、树新风，推进精文减会，持续为基层减负。切实做好疫情防控各项工作。落实中央过“紧日子”的要求。

二、正确把握发展形势，努力保持发展劲头

当前，百年变局叠加世纪疫情，经济全球化遭遇逆流，我国经济发展环境的复杂性、严峻性、不确定性上升，经济平稳运行面临新的挑战。同时，从国际国内和大局大势看，我国发展仍具备多方面发展机遇和有利条件。我们要坚持用全面、辩证、长远的眼光分析形势，积极引导民营经济人士把思想和行动统一到党中央对经济形势的判断和对经济工作的部署上来，脚踏实地干事、放心大胆发展，充分发挥民营企业在稳住经济大盘中的生力军作用。

（一）认识当前形势：既要看困难、问题和风险，也要看优势、潜力和机遇

今天的民营企业正处于压力叠加、爬坡过坎的关键期，激发潜能、创新发展的攻坚期。受新一轮疫情和俄乌冲突加剧等超预期因素影响，很多企业经营发展遇到前所未有的困难和挑战。越是紧要关口，越要认清形势、直面挑战，越要保持清醒头脑和战略定力。

要深刻认识，当前困难是发展中的困难，党领导全国人民在深化改革开放中解决问题、战胜困难的决心之大、能力之强前所未有。无论国际风云如何变幻、风险挑战如何严峻，党的领导不会动摇，只会更加坚强；党的初心使命不会改变，只会更加坚定；党领导推进中国改革开放的步伐不会停顿，只会更加坚实；党和国家坚持基本经济制度、爱护支持民营企业、信任关心民营企业家的态度不会改变，只会更加坚决。统一大市场建设、“放管服”改革等一系列重大举措稳步推进，数字经济、双碳等一系列重大战略全面实施，将

继续为民营经济创造更大舞台，激发更大活力。事实证明，党的领导能够汇聚起改革攻坚的广泛共识和共克时艰的磅礴力量，这是我们战胜一切困难和挑战的最大优势所在。

要深刻认识，当前困难是阶段性的困难，我国经济稳中向好、长期向好的基本面没有改变。新中国成立70多年来，党领导人民创造了经济快速发展和社会长期稳定“两大奇迹”。我国经济总量稳居世界第二，拥有全球最完整、规模最大的工业体系，拥有全球最庞大的中等收入群体，市场主体突破1.5亿户（家），超大规模市场优势持续显现。在党中央有效统筹疫情防控和经济社会发展各项大政方针指引下，我国经济逐步企稳回升，迎来复苏拐点。事实证明，我国发展回旋余地大、经济韧性强，这是我们战胜当前困难、谋划未来发展的最大底气所在。

要深刻认识，当前困难是局部性的困难，我国产业转型升级、新动能不断成长壮大的总体态势没有变。疫情多点散发，交通运输、文化旅游、酒店餐饮等行业受到较大冲击，但高端制造业、高技术产业却快速发展，数字化、信息化、智能化、绿色化加快发展，新产业新业态新模式不断涌现。今年4—5月，高技术制造业增加值均明显高于规模以上工业的增长，新能源汽车、太阳能电池等产销继续保持高速增长，一些领军企业、“专精特新”企业逆势高速增长。事实证明，我国企业家队伍中蕴藏着巨大的创新动力，这是我们战胜困难的最大潜力所在。

（二）领会政策要义：既利当下解困，又利未来发展

今年以来，面对经济发展“三重压力”，党中央坚持稳字当头、稳中求进，作出一系列决策部署。特别是4月底以来，党中央明确提出“疫情要防住、经济要稳住、发展要安全”，国务院召开全国稳住经济大盘电视电话会并出台一揽子稳经济政策。各部门、各地区守土尽责、跟进落实。这一套政策“组合拳”，坚持用市场化办法和改革举措破解两难多难问题，既坚持“以我为主”、保持政策独立性，又着眼国际环境、把握政策联动性；既立足当前、应急解难，又着眼长远发展、聚焦既定目标，为稳住经济大盘和促进高质量发展提供了强有力保障。

一是坚持把保市场主体放在核心位置，为赢得未来留住青山。保住1.5亿市场主体，就能稳住就业、保持中国经济的韧性。留抵退税、缓交社保、减免租金、普惠小微贷款等方面政策措施，为中小微企业、个体工商户和一些特困行业“输血”“补氧”，着力救急救困、稳岗稳企、打通卡点堵点，必将有利于固本培元，不断释放经济活力。

二是坚持稳健有效实施宏观政策，为未来发展留足了空间。围绕支持市场主体求生存、谋发展，精准实施财政和货币政策，既充分激发各类市场主体活力，充分调动企业积极性创造性，又使我国保持了较低的通货膨胀率和政府债务率，宏观政策空间足、储备政策工具多，为未来保持经济平稳运行奠定了良好基础。

三是坚持聚焦扩大有效投资，为更可持续更高质量发展聚集了动能。稳住经济大盘，必须发挥好投资的关键性作用，特别是要稳住作为“生力军”的民间投资。近日，国务院召开常务会议专题部署支持民间投资，强调要坚持“两个毫不动摇”，对民间投资一视同仁、选择一批示范项目吸引民间资本参与，支持民间资本创业投资，为广大民营企业开拓了投资领域，也为我国经济持续稳健发展进一步培育了新动能、充实了新力量。

（三）谋划企业发展：既要守住底线、防范风险，更要坚定信心、迎难而上

中国是发展中国家，发展仍是解决我国一切问题的基础和关键。党的十八大以来，我国之所以能够持续创造经济快速发展的伟大奇迹，民营经济功不可没，广大民营企业和民营企业家作出了不可磨灭的历史贡献。民营企业是稳住经济大盘的重要力量，要坚定不移贯彻新发展理念，树牢发展是最大的安全的清醒认识，保持定力、守好底线，集中精力把企业办好。

一要防住疫情，有序发展。新冠疫情已经持续近三年，有些企业生存维艰，但也有不少企业“零停工、零停产、零减员、零感染”，企业利润逆势高速增长。大家要清醒认识到，做好疫情防控工作，既是服务党和国家工作大局的需要，更是保证企业稳定有序发展的必要条件。希望大家高效统筹疫情防控和企业生产经营工作，为加快经济恢复和重振贡献力量。

二要抓住机遇，创新发展。经济下行期，往往是创新的加强期。希望大家聚焦企业发展的短板、弱项，瞄准科技前沿，加大研发投入，积极推动传统产业高端化、智能化、绿色化发展，大力培育新技术、新产品、新业态、新模式，迈过眼前沟坎，攀上更高山峰。

三要守住底线，安全发展。企业家最大的“功”，就是办好企业、稳住就业；最大的“善”，就是保障民生、造福社会。特别是大型民营企业，一旦经营不善、陷入危机，极易引发连锁反应，造成行业震荡。希望大家不断提升现代企业治理能力和风险防控能力，加强合规体系建设，自觉规范投资和经营行为，积极承担风险自救主体责任，以自身健康发展带动产业链上下游协同发展、行业可持续发展。

三、以扎实有效的工作迎接党的二十大胜利召开

下半年将召开党的二十大，做好促进“两个健康”工作意义十分重大。各级工商联及所属商会要坚决贯彻落实习近平总书记“疫情要防住、经济要稳住、发展要安全”的重要指示要求，扎实履职、主动作为，努力为保持平稳健康的经济环境、国泰民安的社会环境、风清气正的政治环境作出工商联应有的贡献。

（一）帮助企业稳预期、稳信心。要用好党史学习教育成果

依托理想信念教育基地及各类培训平台，常态化开展“四史”学习教育，引导广大民营经济人士不断从党的百年奋斗重大成就和历史经验中增长智慧、汲取力量、增强信心。要用好各类平台载体。常态化开展“政企面对面”活动，高质量办好德胜门大讲堂、工商联大讲堂，深入推进企业家学法，准确生动传递党中央对经济形势的判断和重大政策精神，帮助民营企业把握发展方向，帮助民营企业家解疑释惑。要用好先进典型榜样。改革开放40多年来，民营经济领域涌现出了一批社会贤达和创新发展的典范，他们自立自强、奋斗拼搏的事迹很有说服力。要大力宣传这些优秀典型，展示新时代建设成就、新时代民营经济人士风采。

（二）增强惠企政策获得感、实效性

要大力宣传政策，确保民营企业应知尽知。针对不同领域、不同规模企业的实际需求，广泛深入组织开展宣讲活动，及时将各项惠企政策传达给企业。要协同落实政策，努力促进民营企业应享尽享。深化各类部际联席合作机制，持续跟踪政策落地效果，及时将企业对政策的真实感受传递给相关部门。要推动完善政策，努力助推企业急需政策应出尽出。扎实深入开展调研，掌握企业政策需求，用好重大建

言、信息专报等高效通道，促进政策制定更科学、更精准、更及时。

（三）积极助力稳增长、促投资

我们要引导企业抓住政策窗口期，助力稳住经济基本盘。要持续引导企业在参与国家重大战略中扩大投资。积极与科技部共同推动民营企业国家重点实验室重组，举办民营企业碳达峰碳中和绿色发展工作推进会议，开展民营经济标准创新周活动，促进民营企业创新发展、绿色发展和数字化转型。召开助推黑龙江、贵州、海南等地发展大会，加强对口帮扶织金县、上犹县招商引资工作，开拓企业与地方合作的新领域。要持续引导民营企业开展高质量对外投资。成立中非民间投资促进平台，进一步打造民营企业共建“一带一路”峰会、世界华侨华人工商大会、中非民营经济合作论坛等高层次经贸交流合作平台，促进中外商协会和工商界交流对话，促进产业链供应链畅通衔接，助力培育对外合作的新增长点，促进“一带一路”民心相通、互联互通，为推动中国发展和全球发展作出贡献。要更好促进关键领域、重点行业有效投资。按照“十四五”重大建设项目清单，深入梳理房地产、平台经济、基础设施等领域一举多得的项目，充分发挥各级工商联、所属商会的作用，形成促投资合力。

（四）全力服务稳就业、保民生

就业既关系稳定经济大盘，又关乎千家万户的生计。要帮扶重点群体、重点地区就业。当前正值高校毕业生就业的关键阶段，全国工商联正联合教育部深入推进“民企高校携手促就业行动”。各级工商联要抓紧参与到行动中来，联合当地教育部门以线下线上多种形式，开展民企进校园、高校毕业生专场招聘等活动，积极搭建企校供需对接平台，切实把解决今年应届大学生就业工作作为一项政治任务，抓紧抓实抓出成效，特别是要关心和帮助农村籍的高校毕业生和退役军人就业。同时，联合人社部、全国总工会等部门继续开展金秋招聘月活动，服务好退役军人、登记失业人员等就业群体。开展2022年度全国和谐劳动关系创建示范活动，持续推动企业劳动关系和谐稳定。要推动“万企兴万村”行动向纵深发展。召开全国“万企兴万村”行动工作推进会议，制定实施工商联“万企兴万村”行动五年规划，明确“十四五”期间重点任务，推动巩固拓展脱贫攻坚成果同乡村振兴更有效衔接，帮助更多农村劳动力实现就地就近就业创业。要引导民营企业积极参与社会事业和公益慈善事业。通过编制工作指南、开展课题研究和持续调查研究，有效引导民营企业参与养老、体育和居民服务等社会事业。联合举办第十届中国公益慈善项目交流展示会，组织召开公益慈善基金会座谈会，探索形成民营企业参与公益慈善事业的工作机制。

（五）指导企业防风险、练内功

图之于未萌，虑之于未有。在稳经济大局下，要将守住民营经济安全发展底线摆在突出位置。要支持大企业开展风险防范化解工作。以全国工商联执委企业、中国民营企业500强、民营上市公司为重点，常态化开展重要风险指标监测，摸排民营经济总体安全水平和风险点。开展实体清单民营企业发展状况调研，帮助企业应对美国等西方国家制裁。加强重大舆情风险监测和处置，推动营造积极健康的舆论环境。整合各方力量，用好法律武器，坚决打击新闻敲诈等行为。要高度重视企业“走出去”风险防范。及时关注国际政治经济形势变化，密切监测民营企业境外风险，加强民营企业国际化经营合规管理指引，规范民营企业境外经营行为，提升企业境外风险防控能力。要引导民营企业提升现代化治理水平。深入推动中国特色现代企业制度建设，倡导现代经营理念，弘扬现代企业文化。持续推进企业信用体系建设，促进企业合规发展，举办第四届民营经济法治建设峰会，发布民营企业反贿赂管理指引，加强劳动关系监测，发挥涉案企业合规第三方机制平台作用，让更多信用民企、法治民企涌现。

今年下半年要召开工商联十三大，这是工商联系统的一件大事。乐江同志还要就有关工作提出具体要求。我们要高度重视、精心组织、严肃纪律、抓好落实，确保换届工作顺利完成。

同志们！高质量发展催人奋进，新征程惟有不懈奋斗。让我们更加紧密地团结在以习近平同志为核心的党中央周围，坚持以习近平新时代中国特色社会主义思想为指导，坚定信心、锐意进取，用实干实绩迎接党的二十大胜利召开！

徐乐江同志在全国工商联十二届九次常委会议上的讲话

（2022年7月3日）

全国工商联十二届九次常委会议今天就要结束了。会议期间，我们听取了高云龙主席的讲话，举办了全国优强民营企业助推黑龙江高质量发展大会和年轻一代民营经济人士理想信念报告会，通过了有关人事事项，各项议程均已圆满完成。大家要认真学习领会会议精神，切实抓好贯彻落实。

今年上半年，我国经济社会发展遭遇了较大的风险挑战。党中央、国务院就高效统筹疫情防控和经济社会发展多次召开会议作出部署，习近平总书记在4月29日的中央政治局会议上提出“疫情要防住、经济要稳住、发展要安全”的明确要求，5月25日全国稳住经济大盘电视电话会议强调要把稳增长放在更加突出位置，着力保市场主体以保就业保民生。这些都为做好下半年工作锚定了方向。这里，我主要就深入贯彻习近平总书记重要讲话精神和党中央决策部署，落实好云龙主席讲话中明确的重点工作，助力保持平稳健康的经济环境、国泰民安的社会环境、风清气正的政治环境，讲三点意见。

一、助企纾困解难，全力配合稳定宏观经济大盘

今年一季度我国经济开局良好。但受内外环境双重影响，加之国内疫情多点散发和乌克兰危机叠加，3月份尤其是4月份我国经济各项指标明显走低，各类市场主体尤其是民营企业生产经营遭遇前所未有的困难和挑战。在这个紧要关口，各级工商联要积极作为、靠前服务，聚焦关键领域、重要行业、困难企业抓好各方面帮扶，助推纾困惠企政策落实，支持企业爬坡过坎、攻坚克难，助力稳定宏观经济大盘。

要突出政策落实抓服务。疫情发生以来，习近平总书记高度关注支持民营经济发展政策的出台和落实情况，在4月29日中央政治局会议上强调“要加快落实已经确定的政策，实施好退税减税降费等政策”，近期在四川和湖北考察期间又专门了解当地支持民营经济发展、纾困帮扶政策等落实情况。5月底，国务院常务会议确定了6方面33条稳经济一揽子政策措施，各地也纷纷出台了配套举措。当前关键是要推动惠企政策落地见效。一方面要在推动政策直达企业上下功夫。今年，退税减税降费等助企纾困政策总规模将超过3万亿元。各级工商联要把这个政策“重头戏”作为联系调研、政策宣传、教育培训的重点内容，作为网上工商联宣传推介的重中之重，推动政策快速精准直达企业，确保企业应知尽知、应享尽享。要进一步深化部门合作机制，与发改、工信、财政、金融机构等共同围绕退税减税降费政策、财政金融政策等联合开展政策解读、答疑释惑，让政策活水有效注入市场主体、助推企业复工达产。另一方面要在推动政策完善上下功夫。前不久，全国工商联召开了稳经济大盘企业座谈会并开展了网络调查，民营企业对一揽子政策措施表示“正当其时”“雪中送炭”，同时对进一步完善助企纾困政策的诉求依然十分强烈。各级工商联要推广“政企面对面”“政企直通车”等经验做法，扩大调研走访覆盖面，深度感知民营企业的政策期盼，认真听取受疫情影响严重的行业企业诉求，推动相关部门及时改进政策制定方式、优化政策执行效果。要加大建言献策力度，充分发挥所属商会和民营经济代表人士作用，持续加强重要政策、重点行业的跟踪调研，推动相关部门及时出台增量、增项政策，为稳经济、稳投资、稳企业、促转型提供良好的制度环境和政策支撑。

要突出困难企业抓服务。5月份以来，国内经济回暖态势较为明显，但经济恢复基础还不稳固，民营企业仍然面临较大困难。工商联作为“民营经济人士之家”，要切实帮助企业解决实际困难，当前关键是要抓大扶小、分类施策。对于大型企业，重点是稳链保链、防风险。龙头企业在产业链中处于主导地位。龙头企业稳，产业链就稳，就能够避免行业出现系统性风险。各级工商联要区分重点行业、重点企业，“一对一”精准发力，用好纾困联动机制，打通企业反映强烈的物流堵塞“关卡”，帮助企业满产稳产、稳住产业链供应链。同时，要继续配合做好企业合规第三方监督评估和大型企业风险监管工作，常态化开展重要风险指标监测分析，引导企业建立风险应急处置预案，支持他们依靠市场化方式化解风险。针对一些房地产企业、平台企业遇到的困难，各地工商联既要引导他们正确认识行业规范治理的必要性和监管政策调整的合理性，理解和支持监管，也要进一步畅通渠道、帮助他们反映意见诉求、促进行业复苏。对于小微企业，重点是复工达产、防冲击。量大面广的小微企业是稳经济的重要基础，更是稳就业的重要支撑。当前，餐饮、文化、旅游、教育、住宿等服务业企业仍面临复工难、经营难、房租贵等问题，一些制造业上下游的小微企业遭遇订单少、融资难、材料贵的困境。各级工商联要发挥好小微企业委员会作用，广泛发动所属商会力量，扩大小微企业帮扶覆盖面、积极协调金融机构解决贷款难题、推动拖欠中小微账款问题化解，支持企业依靠数字化转型渡过当前难关。今年以来，受国际局势影响，全球金融市场波动加剧，加之海外产能加速恢复，外贸企业生存也格外艰难，订单锐减、产业链中断、合同违约等问题更加突出。各级工商联要继续做好“两送一防”工作，引导企业合理规划产能，在落实好出口转内销政策的同时，及时调整合规策略，积极参与共建“一带一路”，稳步拓展国际市场。

要突出稳岗就业抓服务。就业稳是经济运行在合理区间的重要标志，也是重要条件。根据国家统计局数据显示，4月份全国城镇调查失业率达到6.1%，5月份下降到5.9%，就业基本盘有所改善，但整体上看稳就业任务依然繁重。各级工商联要把稳就业保民生作为社会服务工作的重点来抓，作为助力防范化解社会风险的重点来抓，在引导企业用好就业优先政策，多拓岗多稳岗、不裁员少裁员的基础上，倾尽全力配合做好高校毕业生和农民工两个群体就业。当前正是高校毕业生就业的关键阶段。习近平总书记在四川宜宾考察时要求进一步挖掘岗位资源、做细做实就业服务指导，学校、企业和有关部门要抓好学生就业签约落实工作。各级工商联要按照“民企高校携手促就业行动”要求，注重依托工商联人力资源服务业委员会、各类人才中介服务机构，搭建校企就业服务交流对接平台和技能培训平台，引导企业积极吸纳高校毕业生就业，夯实人才储备，推动转型发展。农民工群体就业的稳定，直接关系到脱贫攻坚成果的持续巩固和乡村振兴战略的压茬推进。尤其是在今年疫情反复影响下，“三区三州”等欠发达地区的农民工就业难度加大，防返贫难度增大。各级工商联要引导民营企业开辟更多灵活就业岗位，稳定农民工就业，同时积极参与“万企兴万村”行动，在参与乡村振兴和乡村建设中积极拓展新模式，给农民工提供更多就业创业机会。对一些参与“万企兴万村”项目、暂时遇到困难的企业，要加大纾困力度，帮助他们稳定发展。

二、促进共识凝聚，切实巩固民营经济领域思想政治根基

信心是发展的基础，共识是奋进的前提。坚定信心才能笃定前行。当前，随着企业生产经营回归常态，企业家信心也在逐步恢复，但仍有一些企业家受短期因素影响，“思想疙瘩”“纠结心态”比较严重。营造“三个环境”，迫切需要我们持续加强理想信念教育，引导民营经济人士一心一意谋发展、坚定信心向未来。

要抓实思想政治引导。加强民营经济人士思想政治引导是工商联的主责主业，也是工商联作为民营经济统战工作重要组织依托的价值所在。五年来，我们聚焦民营经济人士思想状况开展常态化调研，创新理想信念教育方式方法，尤其是去年，我们将党史学习教育与民营经济人士理想信念教育、“四史”宣传教育有机结合，民营经济领域形成了学党史、知党情、感党恩的浓厚氛围，民营经济人士听党话、跟党走的信念更加坚定。抓实民营经济人士思想政治引导，关键是要在方向道路这个根本问题上凝聚共识。今年下半年党的二十大将要召开，学习宣传贯彻党的二十大精神是今后一个时期深化民营经济人士理想信念教育、推进党史学习教育常态化长效化的首要政治任务。各级工商联要统筹用好各地红色资源、各级理想信念教育基地、各类企业资源，通过专家辅导、示范培训、实地观摩等方式抓好集中教育，利用座谈交流、典型表彰、社会实践等形式促进成果转化，引导民营经济人士全面认识世情国情党情，深刻把握以人民为中心的发展思想和新发展理念，准确领会党中央关于促进共同富裕、“双碳”、反垄断和防止资本无序扩张等重大决策部署，切实在政治立场、政治方向、政治原则、政治道路上同党中央保持高度一致。抓实民营经济人士思想政治引导，必须增强工作的感染力和渗透力。这就要求我们必须变“单向灌输”为“双向互动”，坚持用企业家身边事教育身边人，发挥好企业家执委常委的示范作用，支持他们站前台、唱主角，带头讲奋斗历程、讲亲身体会、讲切实感受，让企业家可信可比可学，进而带动广大民营经济人士特别是年轻一代在服务国家发展大局中增强战略定力、强化责任担当、提升事业格局。

要抓好发展预期引导。市场经济是预期经济、法治经济。稳定预期才能稳定发展。今年全国“两会”期间，习近平总书记作出我国发展仍具有“五个战略性有利条件”的重大论断，深刻阐明了我国面临的战略机遇和显著优势。这是稳定民营企业家预期的根本遵循，必须深刻领会。总体上看，当前民营企业家长远预期呈积极态度，但受区域营商环境、行业总体前景和企业现实困难的影响，部分企业家短期畏难观望心态加重。各级工商联既要进一步推动营商环境优化，以帮助企业应对现实困难、保护合法权益的务实举措稳定预期、鼓舞士气、凝聚人心，又要有针对性地与受疫情影响严重的企业家开展谈心谈话，及时回应关切，引导他们认识到我国经济长期向好的基本面没有变，认识到当前的困难是阶段性的而非长期性的，是局部性的而非整体性的，是行业性的而非全领域的，加快恢复和重构市场信心，避免悲观情绪蔓延，导致整体预期转弱。增强发展预期，关键要靠创新来培育核心竞争力、增强抗风险能力。党的十八大以来，习近平总书记赴地方考察期间，多次走访民营企业，为民营企业加油鼓劲，勉励企业加强科技创新、自立自强。疫情发生以来，一些信息技术、智慧建筑、新能源、新材料、生物医药等领域的高科技企业逆势而上，展现出强大的“免疫力”。这充分说明，只有不断创新，发展新技术新产业、开辟新领域新赛道，才能争先进位、创一流企业。各级工商联要引导企业走创新驱动发展道路和大中小企业融通发展之路，支持民营龙头企业创建科技领军企业，推动各领域培育高精尖特企业、打造更多“隐形冠军”，形成科技创新体集群，以数字化、智能化、绿色化发展的新优势，激励和带动广大民营企业家进一步坚定扎根国内统一大市场发展的信心。

要抓牢正面舆论引导。习近平总书记多次强调要“把握正确舆论导向”“巩固壮大主流思想舆论”。历史表明，党的全国代表大会、全国“两会”等重要关键时点，往往是一些别有用心的国际敌对势力攻击党的领导和社会主义制度的活跃期，也是抹黑我国经济社会发展成就等各类负面舆情的多发期。民营经济领域意识形态工作，事关“两个健康”风险的防范，事关“三个环境”的保持，必须高度重视。各级工商联要增强斗争精神，严格落实意识形态责任制，健全舆情风险处置机制，加大理论政策阐释力度，不断完善大宣传工作格局，让“两个毫不动摇”“两个始终是”“自己人”“信任、团结、服务、引导、教育”等理念和方针深入人心，让民营经济领域正气充盈。面对民营经济领域出现的部分杂音噪音，面对社会上存在的一些歪曲、怀疑、否定我国防疫方针政策的错误言行，企业家常委要敢于站出来亮明态度，及时澄清和反驳，坚决守护良好的社会氛围和清朗的舆论空间。加强正面引导，就要以先进典型弘扬正能量。各级工商联要深入总结宣传各地五年来民营经济发展的重大成就，深入挖掘宣传一批模范践行“四个典范”的先进企业家典型，发挥好各类媒体资源、各级宣传员和所属商会作用，切实把民营企业在地方经济社会发展中的地位贡献凸显出来，把优秀民营企业家的良好形象树立起来。加强正面引导的同时，也要注重运用反面案例抓好警示教育。前不久个别地区发生的“核酸检测造假事件”，一些民营企业涉及其中。这固然是个别现象，但应该引起我们警醒。各级工商联要引导民营企业家努力提高政治觉悟、思想境界和道德修养，做到洁身自好走正道、遵纪守法办企业、光明正大搞经营。

三、建强组织系统，平稳有序推进工商联换届

今年以来，各省级工商联换届工作扎实推进。下半年，中国工商业联合会第十三次全国代表大会将要召开。这是民营经济统战工作的一件大事，党中央高度重视，广大民营经济人士十分关心，社会各方面普遍关注。我们要从讲政治的高度稳步推进换届工作，为新时代工商联事业发展提供坚强的组织保障。

要做好十三大换届筹备工作。上半年，全国工商联已经印发了换届筹备工作方案，当务之急是抓好落实，关键是要选出一个好机构、起草一个好报告、修订一个好章程，为推动未来五年工商联事业发展奠定扎实的组织基础、工作基础、制度基础。选好领导机构，关键要程序规范、人选过硬。要深入贯彻落实习近平总书记重要指示精神和中央换届文件精神，坚持“三强一好”标准，按照正负面清单，依据人才库进行比对，严格落实“两上两下”程序。目前大部分省级工商联已完成“一上”，各地要结合反馈意见认真做好人选把关，确保质量过硬。大家要认识到，推荐工商联代表大会代表人选和全国工商联执委人选是为国举贤、为国荐才，事关民营经济统战工作全局和工商联事业长远发展，站位绝不能局限于一省、一域，更不能存私心、谋私利，违反换届纪律和廉政纪律。起草好报告，关键要系统总结、前瞻谋划。好的工作报告是代表大会成功的重要标志。过去的五年，是工商联系统坚持“强三性”“去四化”、持续深化改革、充分彰显合力的五年。我们圆满收官“万企帮万村”，全面启动“万企兴万村”，打造了万家民企评营商环境、民营经济法治建设峰会、政企面对面等一批有影响力的新品牌，探索了理想信念教育基地、德胜门大讲堂、联系调研等一批有引导力的新载体，开拓了商会团体标准化、企业第三方合规监管、商会党建等一批有创造力的新领域，成立了青年企业家委员会、大数据委员会、物流业委员会等一批有吸引力的新组织，形成了许多关于新时代工商联职责定位和工作规律的新认识。这些成果凝聚着全系统的智慧、集结着广大企业家的心血，必须深入总结，充分体现在报告中。上半年，全国工商联已经就报告起草征求了各省级工商联的意见，此次会议期间又对报告起草工作进行了研讨。我们将认真吸取大家意见，紧密结合党的二十大精神、党中央对工商联提出的新要求和当前新形势，做好未来五年工作谋划，使报告真正成为一份能经得起实践检验、能赢得基层认可、能激发企业家共鸣的高质量报告。修订好章程，关键要强化法治思维、坚持守正创新。工商联章程是工商联的基本大法，是整个工商联系统的行动纲领和工作依据，必须与时俱进、守正创新。我们要通过做好章程修改，推进工商联工作的制度化、规范化建设。当前，关键要突出规范性和系统化，将习近平总书记重要讲话精神，以及统一战线工作条例、政治协商工作条例以及加强新时代民营经济统战工作的意见、工商联所属商会改革发展的意见等重要文件精神，将五年来工商联取得的理论成果、制度成果、实践成果，充分体现到新修订的章程中，确保四级工商联章程一体贯通，为工商联事业长远发展打下坚实的法治保障。

要加强省级工商联换届指导。做好省级工商联换届工作，是各地民营经济统战工作和工商联工作的一件大事，也是工商联十三大换届工作的重要基础。受疫情影响，截至目前共有9家省级工商联完成了换届。从已换届的省市看，省级党委政府高度重视，换届大会规格之高、出席人数之多、领导期盼之大，前所未有；从结果看，班子力量配备明显加强，代表人士人选质量过硬，工商联组织换出了精气神、展现了好形象，得到了各方一致认可。下一步，未完成换届的省级工商联要在省级党委统战部门的领导下，努力协调，争取支持，同时加强与中央统战部和全国工商联的汇报沟通，充分借鉴其他已换届省份的经验做法，加快换届工作进度，确保尽快完成。已经完成换届工作的省级工商联，要尽快把思想和行动统一到习近平总书记关于促进“两个健康”和工商联工作的重要指示上来，统一到地方党委政府的决策部署上来，传承上一届班子的好经验、好做法、好作风，深入基层搞好调查研究，不折不扣抓好工作落实。

要促进基层工商联组织素质提升。基层组织建设是工商联强本固基的一项长期工作。五年来，我们始终坚持抓基层、打基础，大力开展“五好”县级工商联建设和“四好”商会建设，推动基层工商联和所属商会改革发展不断深化。现在，地市级工商联近9成已完成换届，县级工商联已完成换届的达到了95%，20个省份的市县工商联全部完成换届，一批熟悉经济工作的干部充实到了工商联组织当中，工商联工作迎来了新力量。下一步重点是要做好“传帮带”。6月底，全国工商联以线上线下相结合的方式举办了两期市县工商联领导班子培训班。各省级工商联也要结合工作实际，制订专门培训方案，年底前完成对市县工商联班子成员和工作人员的轮训，省级工商联班子成员、企业家兼职副主席副会长、机关负责同志要带头授课。培训要重点讲清楚习近平总书记和党中央对工商联工作的新要求，讲清楚当前“两个健康”工作面临的新形势，讲清楚工商联的最新理论成果，讲清楚“两个健康”工作主题、“三性”有机统一基本特征的深刻内涵，讲清楚民营经济领域相关的政策法规，讲清楚工商联的工作制度体系，帮助基层工商联新任班子成员尽快转换工作角色、转变思维方式，尽快熟悉工商联话语体系，掌握民营经济统战工作规律、方法和特点，更好发挥既有的经济工作经验和优势。新任的市县工商联领导班子成员要尽快走访辖区范围内的商会、企业，深入与商会工作人员、与民营企业家开展谈心谈话，在助企纾困、建言献策中不断提升做好工商联工作的能力水平。所属商会是工商联基层组织建设的重点。各级工商联要加强对所属商会的指导引导服务，认真落实《2021—2025年工商联所属商会发展规划》，坚持以政治引领为目标、以商会党建为引领、以“四好”商会为示范，持续推动商会提升服务能力，不断巩固和拓展商会改革成果。

同志们，今年下半年党和国家大事要事多，工商联也处在一个关键节点。我们要振奋精神、团结协作，攻坚克难、勇毅前行，认真按照中央决策部署，切实做好促进“两个健康”各项工作，为保持“三个环境”、喜迎党的二十大胜利召开贡献力量！

高云龙同志在全国工商联十二届六次执委会议上的工作报告

（2022年11月18日）

在全国上下深入学习贯彻党的二十大精神之际，我们召开全国工商联十二届六次执委会议，全面贯彻习近平新时代中国特色社会主义思想，深入学习贯彻党的二十大精神，审议中国工商业联合会第十三次全国代表大会有关事项。下面，我报告2022年主要工作。

今年以来，在以习近平同志为核心的党中央坚强领导下，我们全面落实党中央决策部署，深入贯彻中央统战工作会议精神，圆满完成十二届五次执委会议和九次常委会议确定的工作任务，促进“两个健康”工作和自身建设取得了新的成就。

一、紧紧围绕迎接党的二十大胜利召开凝聚人心

围绕助力营造平稳健康的经济环境、国泰民安的社会环境、风清气正的政治环境，加强对民营经济人士的思想政治引领，用务实举措稳定人心、鼓舞人心、凝聚人心。一是做好稳预期增信心工作。针对新一轮疫情冲击和经济下行压力，紧扣民营企业遇到的实际困难，在关键时间节点开展谈心谈话，举办培训研讨班、专题报告会、政策解读会，帮助民营企业家把握发展大势、稳住发展预期。组织全系统开展思想状况调研，“一对一”访谈民营经济人士1 000多名，在线调研企业6万余家，回应关切诉求、加强情绪疏导、提振发展信心。举办6场政企面对面座谈会，邀请部委负责同志直接听取企业诉求，现场解读政策、答疑释惑。密切关注民营经济领域舆情，优化会商研判和应对处置机制，与主流媒体密切配合，充分发挥自有媒体作用，深入解读党中央关于民营经济发展的大政方针，及时发出正面声音。二是持续深化理想信念教育。深入实施年轻一代民营经济人士健康成长促进计划，举办年轻一代理想信念报告会和教育培训示范班，弘扬老一辈企业家创新创业精神和听党话、跟党走的优良传统。在福建厦门设立全国民营经济人士理想信念教育基地。组织开展“盛赞新成就、喜迎二十大”“强国复兴有我”等主题宣传教育活动。三是深化守法诚信教育。举办第四届民营经济法治建设峰会，发布法治民企报告和新时代加强民营经济法治建设十大事件。深入推进企业合规第三方监督评估工作，联合最高检等13家中央单位召开工作推进会，牵头印发《涉案企业合规建设、评估和审查办法》，有效增强企业合规意识。深化“企业家学法”等活动，协助有关企业开展信用修复，引导民营经济人士做诚信守法的表率。深化“两个健康”先行区创建工作，印发《温州新时代“两个健康”先行区创建经验推广试点工作方案》，召开先行区创建经验推广试点工作交流会，在青岛、深圳等12个市（区）开展推广试点工作。

二、深入开展调查研究和建言献策工作

进一步完善参政议政、重大建言和调查研究工作机制，聚焦党和国家中心任务建真言、献良策、出实招，助力优化“两个健康”环境。一是围绕经济社会发展重大实际问题议政建言。聚焦碳达峰碳中和，集系统之力，开展“促进新能源产业高质量发展 推动构建新型电力系统”重点调研，调研成果得到中央肯定，所提政策建议被有关部门采纳。参加中央党外人士座谈会等高层协商，围绕优化民营经济发展环境、培育创新型企业家等重点问题提出政策建议，受到中央领导关注和重视。围绕民营企业参与乡村振兴、防范化解企业经营风险、加大帮扶中小企业力度、促进低碳绿色发展等主题，组织企业家代表在全国政协会议上建言献策。二是紧扣企业关切献计出力。聚焦民营企业生产运行、互联网平台企业发展、民营企业劳动关系和用工情况、生活性服务业小微企业纾困、民企数字化转型等热点问题，开展专题调研，形成227篇信息专报，多次得到习近平总书记和其他中央领导同志重要批示，很多建议转化为政策举措。向全国政协大会提交提案44件，其中《关于切实发挥民营企业在稳增长中积极作用的提案》被评为政协第十三届全国委员会优秀提案。办理全国人大建议51件、全国政协提案37件，反映社情民意信息1 000余篇，持续推动解决一批民营企业普遍关注的突出问题。三是积极参与政策法规制定。参与制定修订公司法、企业破产法、反垄断法等20部法律法规，研究推动商会立法。会同证监会等部门发布支持上市公司健康发展和推动债券市场更好支持民营企业改革发展的政策文件。

三、多措并举服务经济社会发展

认真贯彻落实党中央、国务院关于稳定经济大盘的决策部署，主动作为、靠前服务，积极帮助民营企业应对“三重压力”、加快高质量发展。一是推动惠企政策落实落地落细。召开6场视频调研会，了解全国稳住经济大盘会议精神贯彻落实情况，及时反映企业经营情况和意见建议。制订专项实施方案，推动振作工业经济运行等政策落实。与中国科协开展全面战略合作，加大对民营企业的政策引导和创新服务力度。围绕落实“十四五”促进中小企业发展规划，会同工信部、国资委等部门开展促进大中小企业融通创新“携手行动”。二是助力民营企业纾困解难。召开全国工商联助微计划推进会，与国税总局开展助力小微市场主体发展“春雨润苗”专项行动，会同网商银行等金融机构加大对小微企业的信贷支持。制定工商联法律维权工作规则，用好公职律师、律师团等法律资源，协调处理各类维权案件。举办民营企业国家发展与安全培训，更好维护国家安全和企业发展安全。加强与有关部委、地方政府和金融机构的协作，出台“两个健康”工作领域风险隐患防范化解方案，建立大型民营企业风险监测、防范和化解机制，聚焦债务违约、劳动争议等重点领域，加强企业法律风险防范，注重运用法治方式推进重点企业风险处置工作。三是促进民营企业科技创新。与科技部会商，研究部署十项举措，支持创建民营科技领军企业、组建3C智能制造创新联合体，推动各类创新要素向民营企业聚集。举办首期创成型民营企业资金赋能路演活动，联合工商银行启动服务民企科技创新专项行动。以“抢抓新机遇 共创新未来”为主题，举办2022中国民营企业500强峰会，发布500强榜单、调研分析

报告和研发投入前1 000家民营企业创新状况报告。与市场监督管理总局共同举办2022民营经济标准创新大会，在北京等六地开展民营经济标准创新周专场活动，持续开展企业标准“领跑者”、商会团体标准“领先者”活动。印发引导服务民营企业做好碳达峰碳中和工作的意见，举办民营企业家林业草原专题培训班，促进民营企业低碳绿色发展。四是服务民营企业高质量走出去。深入推进“两送一防”行动，引导民营企业更好应对国际经贸局势波动，助力高质量共建“一带一路”。开展国际化规模较大民营企业调研工作，针对乌克兰危机等国际局势变化对走出去民营企业的影响，加强形势分析研判。继续深化护航民营企业走出去专项行动，启动民营企业境外合规建设专项服务行动，举办“合规月月谈”活动和走出去“微讲堂”等系列活动。会同国家发展改革委、商务部、贸促会等部门共同举办首届民营企业共建“一带一路”峰会，设立中非民间投资促进平台，主办第二届RCEP经贸合作工商高峰论坛暨高质量实施RCEP论坛、中非民营经济合作论坛，为民营企业搭建高端权威的经贸合作交流平台。五是助推区域经济发展。举办2022全国工商联主席高端峰会暨全国优强民营企业助推黑龙江高质量发展大会、民营企业助力海南自贸港发展大会，签约项目160个、金额超1 738亿元；5年来，累计在13个省市举办民营企业助推地方经济发展活动，促成合作项目4 708个、合同金额达3.36万亿元。认真筹划援疆援藏工作。

四、积极助力乡村振兴和保障改善民生

引导民营企业在实现自身发展的同时更好承担社会责任，为促进全体人民共同富裕贡献力量。一是深入开展“万企兴万村”行动。会同农业农村部、国家乡村振兴局等5部门召开全国“万企兴万村”行动工作推进会，推动“万企帮万村”与“万企兴万村”行动有效衔接，持续巩固拓展脱贫攻坚成果。开展倾斜支持乡村振兴重点帮扶县行动，引导民营企业赴160个重点县考察对接。与农行、网商银行等金融机构合作，加大对参与行动民企的金融支持力度。以发展特色产业为主要抓手，继续做好定点帮扶贵州织金、对口支援江西上犹工作。习近平总书记在党外人士座谈会上，对全国工商联推动“万企帮万村”与“万企兴万村”行动有效衔接给予肯定。二是积极发挥民营企业在稳就业拓就业中的积极作用。与教育部联合启动民企高校携手促就业行动，组织开展企校面对面、企业家宣讲、行业专场直播带岗等活动，推动民企与高校开展精准供需对接。截至2022年12月31日，各省举办招聘活动3 877场，10.7万家民营企业参加招聘活动，提供岗位信息数148万条。1.8万家民营企业提供见习岗位28.6万个，企校建立实训、实习基地2 013个。联合有关部门共同举办“全国民营企业招聘月”和“金秋招聘月”活动，促进高校毕业生、农民工、退役军人、残疾人等群体就业，各地共有14万家民营企业参与活动，43.7万名求职者与用人单位达成就业意向。与中华职教社共同举办全国校企合作经验交流会，搭建合作平台，推动产教融合、校企合作。三是引导民营企业积极投身公益慈善事业。参与第十二届“中华慈善奖”表彰评选推荐，对在公益慈善活动和应急救灾中有突出贡献的民营企业进行重点表彰。积极发动企业向定点帮扶地区、四川地震灾区和边少地区捐款捐物。制定《民营企业社会责任评价指南》，宣传民营企业社会责任优秀案例。

五、着力提高工商联工作质量和效能

认真贯彻落实习近平总书记关于“全国工商联要加强基层组织建设，推动所属商会改革发展”和“不断提高工作质量和效能”的重要指示精神，着力提升服务“两个健康”的能力和水平。一是持续加强基层组织建设。制定《关于加强工商联基层组织建设的实施方案》，梯次推进基层组织建设，开展“五好”标杆县级工商联选树工作，加强对地方和基层工商联工作的指导，不断夯实基层组织基础。持续推进联系调研，今年以来共走访了591个县级工商联，5年累计走访2 420个县级工商联、1 300多家商会和3 500多家市场主体。二是加快推进商会改革发展。开展直属商会“一会一品”创建，举办所属商会负责人培训班暨商会改革发展研讨会，推动商会加强规范化建设、提升服务效能。印发商会调解工作办法，加快商会调解平台建设。制定发挥行业委员会作用的工作举措，推动成立了高端装备制造与仪器仪表、养老与家政服务业委员会。加强商会党建工作，推动符合条件的直属商会成立党委，将党组织镶嵌在商会决策监督管理层。三是深化模范机关建设。深入推进政治机关建设，扎实开展“学查改”专项工作，推动党史学习教育常态化长效化。开展“四强”党组织评选，3个和11个基层党组织分别获评中央和国家机关工委、中央统战部“四强”党支部。组织中央巡视整改第二次“回头看”，对中华工商时报社开展内部巡视，实现直属单位内部巡视全覆盖。推进廉洁文化建设，进一步筑牢党员干部思想道德防线。制定加强改进新时代人才工作的举措，完善机关干部考核和工作督查机制。加快网上工商联建设，重点数据操作系统和基础库建设稳步推进。落实中央过“紧日子”的要求。锲而不舍纠“四风”、树新风，推进精文减会，持续为基层减负。切实做好疫情防控各项工作。

今年以来，我们认真贯彻落实习近平总书记重要指示精神和党中央部署，按照中央统战部的要求，有序推进工商联十三大的各项筹备工作，目前换届人事安排、报告起草和章程修订等工作已准备就绪。一会儿，徐乐江同志还要就十三大筹备工作作专题报告。

同志们，在过去的五年中，全国工商联十二届执委会围绕“两个健康”主题认真履职尽责，很好地发挥了桥梁纽带和助手作用；各位执委积极参加工商联的各项重要会议和活动，很好地发挥了模范带头作用。大家讲政治顾大局、讲风格作奉献，在团结共事中结下了深厚的友谊。这次会议后，很多同志将不再担任新一届执委，希望大家继续关心支持工商联工作。在此，我衷心感谢大家为工商联事业发展付出的辛勤劳动，对不再担任执委的同志这些年的努力致以诚挚的谢意。

中国工商业联合会第十三次全国代表大会即将召开，工商联事业将进入新的发展阶段。让我们更加紧密地团结在以习近平同志为核心的党中央周围，高举中国特色社会主义伟大旗帜，全面贯彻习近平新时代中国特色社会主义思想，深入学习贯彻党的二十大精神，奋力谱写工商联事业发展新篇章，为全面建设社会主义现代化国家、全面推进中华民族伟大复兴再建新功。

徐乐江同志在全国工商联十二届六次执委会议上的讲话

（2022年11月18日）

全国工商联十二届六次执委会议就要结束了。这次会议是在全党全国各族人民深入学习宣传贯彻党的二十大精神热潮中召开的。会上，云龙主席总结了今年工商联为迎接党的二十大，围绕营造“三个环境”所做的工作。大家进行了认真讨论、审议了相关文件、人事事项，各项会议议程圆满完成！

学习宣传贯彻党的二十大精神是本次会议的鲜明主线。上个月胜利闭幕的党的二十大，是在全党全国各族人民迈上全面建设社会主义现代化国家新征程、向第二个百年奋斗目标进军的关键时刻召开的一次十分重要的大会。大会回顾总结了过去五年的工作和新时代十年的伟大变革，阐述了开辟马克思主义中国化时代化新境界、中国式现代化的中国特色和本质要求等重大问题，对全面建设社会主义现代化国家、全面推进中华民族伟大复兴进行了战略谋划部署，对统筹推进“五位一体”总体布局、协调推进“四个全面”战略布局作出了全面具体部署，进一步指明了党和国家事业的前进方向，为新时代促进“两个健康”工作提供了根本遵循。认真学习宣传贯彻二十大精神，是当前和今后一个时期广大民营经济人士和各级工商联干部的首要政治任务。各位执委要在全面学习、全面把握、全面落实上下功夫，带头学习宣传贯彻二十大精神，切实把思想统一到二十大精神上来，把力量凝聚到二十大确定的各项任务上来；要坚持用习近平新时代中国特色社会主义思想武装头脑、指导实践、推动工作，深刻领悟“两个确立”的决定性意义，增强“四个意识”，坚定“四个自信”，做到“两个维护”；要在知行合一、学以致用上下功夫，紧密联系实际、厘清工作思路、明确努力方向，切实把二十大提出的战略部署转化为本企业本单位的工作任务，确保二十大精神不折不扣地落实到民营经济发展的各领域、各行业，落实到工商联工作各方面、各环节。

作为全国工商联十二届执委会的最后一次会议，本次会议的一项重要任务是为工商联换届做好准备工作。习近平总书记对工商联换届工作高度重视，先后三次听取专题汇报、作出重要指示，党中央专门印发了换届工作文件。上周，中央政治局常委会集中听取各民主党派、工商联换届工作汇报，习近平总书记对换届工作提出明确要求。近日，中央政治局委员、中央统战部部长石泰峰走访全国工商联时，也对换届工作提出专门要求。我们已经把习近平总书记的重要指示和党中央的要求严格落实到了换届筹备各项工作中。这次会上，各位执委按照会议安排，讨论和审议了十二届执委会的工作报告、十三大章程修正案（草案）、十三大有关事项，通过了有关人事事项。这些扎实有效的工作，为中国工商业联合会第十三次全国代表大会的胜利召开做好了充分的准备。

同志们！过去的五年，在工商联发展史上是很不平凡的五年。五年来，各级工商联全面贯彻习近平新时代中国特色社会主义思想，勠力同心、共同奋斗，推动工商联事业发展取得了显著成绩，得到了习近平总书记和党中央的高度认可。五年来，各位企业家执委十分珍惜全国工商联执委这一政治荣誉，把工商联的事当成自己的事，把履职尽责作为一份光荣使命，积极出席全国工商联十二届历次执委会议，踊跃参加各级工商联组织的学习培训、经贸交流、对外合作、公益慈善等活动，在打赢三大攻坚战和疫情防控阻击战等急难险重任务中发挥了重要作用，在落实国家重大战略、助推地方经济发展、协同参与社会治理、助力改善民生福祉等方面作出了积极贡献，在全面建成小康社会、实现第一个百年奋斗目标中展现了“自己人”的精神境界和责任担当，为新时代“两个健康”树立了榜样和标杆。在此，我代表全国工商联，再次向大家表示诚挚的谢意和崇高的敬意！

各位执委，同志们！团结才能胜利，奋斗才会成功。我国经济发展能够创造中国奇迹，民营经济和民营经济人士功不可没。以中国式现代化全面推进中华民族伟大复兴，是党和人民的一项伟大创举，必须充分发挥包括广大民营经济人士在内的亿万人民的创造伟力。各位企业家执委既是工商联领导机构的成员，也是民营经济各领域的代表人士，希望大家大力弘扬企业家精神，带头听党话、跟党走，矢志产业报国、实业兴国；带头践行新发展理念、融入新发展格局，走自主创新之路，推动企业高质量发展；带头稳定岗位、扩大就业，踊跃投身“万企兴万村”行动和公益慈善事业，积极促进共同富裕，爱国敬业、守法经营、创业创新、回报社会，做合格的中国特色社会主义事业建设者。因为工作原因，这次会后，一部分同志将不再担任全国工商联执委，但你们仍然是工商联组织的宝贵财富。今后全国工商联将积极创造条件为大家继续发挥作用搭建平台，也为大家做好服务，希望大家继续关心和支持工商联工作，继续通过工商联为促进“两个健康”贡献智慧和力量。工商联大门永远向大家敞开，欢迎大家常回家看看！

同志们！中国工商业联合会第十三次全国代表大会原定于11月24—25日召开。前期，各省级工商联为大会召开做了很多辛苦的工作。11月14日，中央统战部下发了《关于做好中国工商业联合会第十三次全国代表大会有关工作的通知》，各省级党委常委、统战部长非常重视，与工商联专职领导班子集体谈心、共同研究落实事宜，不少还明确要求参加本省的行前动员会。11月15日，全国工商联召开了各省级工商联党组书记参加的工商联十三大会务工作部署会议，提出明确要求。但计划赶不上变化。刚刚我们接到上级通知，综合考虑疫情防控等因素，换届大会将推迟至12月召开，具体时间另行通知。虽然时间推迟，但大会只要没有召开，准备工作就不能停止，思想上更不能松懈，头脑中还要绷紧弦。也希望执委中的各位省级工商联主席和党组书记切实履行好代表团团长的职责，一如既往配合好全国工商联的工作，确保大会圆满顺利召开。

各位执委，同志们！中国工商业联合会第十三次全国代表大会是民营经济领域的一件大事、喜事，必将推动新时代民营经济高质量发展和工商联事业迈上新台阶！让我们紧密团结在以习近平同志为核心的党中央周围，认真学习贯彻党的二十大精神，牢牢把握促进“两个健康”主题，自信自强、守正创新，踔厉奋发、勇毅前行，努力为全面建设社会主义现代化国家、全面推进中华民族伟大复兴再创新业、再立新功！

深入学习贯彻党的二十大精神 奋力开创“两个健康”工作新局面

全国政协副主席、全国工商联主席 高云龙

党的二十大是在全党全国各族人民迈上全面建设社会主义现代化国家新征程、向第二个百年奋斗目标进军的关键时刻召开的一次十分重要的大会，是一次高举旗帜、凝聚力量、团结奋进的大会。大会的胜利召开，对于全党全国各族人民进一步统一思想、坚定信心、明确方向、鼓舞斗志，具有重大而深远的意义。习近平总书记的报告举旗定向、主题鲜明、引领时代、开辟未来，闪耀着马克思主义的真理光辉，焕发出自信自强的精神力量，彰显了守正创新的东方智慧，宣示百年大党的历史自觉和主动担当，为新时代新征程党和国家事业发展、实现第二个百年奋斗目标指明了前进方向、确立了行动指南，是党和人民智慧的结晶，是党团结带领全国各族人民夺取中国特色社会主义新胜利的政治宣言和行动纲领，是马克思主义的纲领性文献，必将有力指导和保证党和国家事业取得新胜利，必将极大激发全国各族人民更加强劲的前进动力、更加昂扬的奋斗精神、更加坚定的必胜信念，必将汇聚起全体中华儿女为实现中华民族伟大复兴团结奋斗的磅礴力量。

党的二十大发出了为全面建设社会主义现代化国家、全面推进中华民族伟大复兴而团结奋斗的动员令。工商联作为党领导下的人民团体和商会组织，首要重大政治任务就是全面贯彻习近平新时代中国特色社会主义思想，认真学习宣传贯彻党的二十大精神，把党的二十大精神落实到促进“两个健康”的全过程、各方面，贯彻到民营经济发展的各领域、各行业，把民营经济人士紧密团结起来，把民营企业优势和作用充分发挥出来，共襄复兴伟业、共创美好未来。

一、坚决拥护“两个确立”，始终保持工商联事业发展正确政治方向

党的十八大以来，在以习近平同志为核心的党中央坚强领导下，全党不懈奋斗、人民众志成城，推进党和国家事业取得历史性成就、发生历史性变革，中国奇迹举世瞩目，中国道路越走越宽广，中国发展进步的命运牢牢掌握在自己手中。新时代十年，在党的方针政策指引下，我国民营经济蓬勃发展、活力迸发，民营企业数量从2012年底的1 000多万户增长到4 700多万户，企业占比由不足八成提高到九成多，在国家级专精特新“小巨人”企业中占比超过80%，民营上市公司突破3 000家。民营经济发展取得的丰硕成果，是新时代伟大变革的一个具体印证。新时代伟大成就的取得，根本在于以习近平同志为核心的党中央坚强领导，在于习近平新时代中国特色社会主义思想科学指引。实践充分证明，“两个确立”是新时代最重大的政治成果、最重要的历史经验。

各级工商联和广大民营经济人士要从新时代伟大成就中，深刻认识“两个确立”对新时代党和国家事业发展、对推进中华民族伟大复兴历史进程的决定性意义。必须不断提高政治判断力、政治领悟力、政治执行力，更加自觉地维护习近平总书记党中央的核心、全党的核心地位，更加自觉地维护以习近平同志为核心的党中央权威和集中统一领导，始终坚持党对工商联工作的全面领导，始终坚持在思想上政治上行动上同以习近平同志为核心的党中央保持高度一致，始终保持工商联发展方向正确。必须坚持用习近平新时代中国特色社会主义思想武装头脑、指导实践、推动工作，学习好贯彻好习近平总书记关于做好新时代党的统一战线工作的重要思想，深刻领会“十二个必须”特别是促进“两个健康”的精神实质、丰富内涵和实践要求，从政治上、大局上准确把握工商联工作，不断增强新时代工商联围绕中心、服务大局、凝心聚力的使命感与责任感。必须坚持政治建会，以政治建设为统领，持续加强政治机关建设，持续改革组织体制、创新运行机制、改进工作方式、提高质量效能，努力打造一支党性坚定、能力过硬、学识丰富、作风优良的高素质工商联干部队伍，不断增强工商联凝聚力、执行力、影响力，为新时代促进“两个健康”奠定坚实的政治基础和组织基础。

二、坚持用党的二十大精神凝聚人心，不断夯实新时代新征程民营经济人士听党话跟党走的思想基础

建设富强民主文明和谐美丽的社会主义现代化强国，实现中华民族伟大复兴，是中华民族的最高利益和根本利益，是包括广大民营经济人士在内的全体中华儿女的共同梦想和不懈追求。中国共产党领导人民百余年奋斗史和新时代十年历程充分证明：没有共产党，就没有新中国，就没有中华民族伟大复兴；全面建设社会主义现代化国家、全面推进中华民族伟大复兴，关键在党。

新时代十年开辟了马克思主义中国化时代化新境界，习近平新时代中国特色社会主义思想科学回答中国之问、世界之问、人民之问、时代之问，得出了符合客观规律的科学认识，形成了与时俱进的理论成果，中国人民为中华民族伟大复兴而奋斗有了科学的思想指引和行动指南。新时代十年开辟了百年大党自我革命新境界，以习近平同志为核心的党中央以强烈的历史主动精神推进全面从严治党，找到依靠党的自我革命跳出历史周期律的第二个答案，中国共产党焕发出新的强大生机和活力，中国人民为中华民族伟大复兴而奋斗有了可靠的定盘星和坚强的主心骨。

各级工商联要从百年党史和新时代伟大变革中，深刻认识中国共产党领导是中国特色社会主义最本质的特征，是中国特色社会主义制度的最大优势，以高度的历史责任感担负起新时代为党和国家事业发展凝聚人心共识的光荣使命。必须自觉以进一步增强党对民营经济的领导力和民营经济人士的凝聚力为己任，持续加强思想政治引领，不断深化理想信念教育，用党的科学理论培养人、用党的伟大事业感召人，用党倡导的先进文化引领人，以务实举措稳定人心、鼓舞人心、凝聚人心，引导广大民营经济人士在党的旗帜下团结成“一块坚硬的钢铁”。必须持续加强社会主义核心价值观教育，引导广大民营经济人士加强自我学习、自我教育、自我提升，弘扬企业家精神，传承听党话、跟党走的光荣传统，用实际行动落实党的二十大精神，做合格的中国特色社会主义建设者，争当爱国敬业、守法经营、创业创新、回报社会的典范。

三、坚持用党的二十大精神汇聚力量，充分激发新时代新征程民营经济人士投身中国式现代化的奋进动力

习近平总书记指出，新时代的伟大成就是党和人民一道拼出来、干出来、奋斗出来的。回望十年，民营企业在党的坚强领导下自强不息、奋发有为，稳经济、促发展、战贫困、建小康、控疫情、抗灾险，都有广大民营经济人士的奋斗身影。习近平总书记曾亲自给“万企帮万村”行动中受表彰的民营企业家回信，并在脱贫攻坚总结表彰大会上充分肯定民营企业热情参与、“万企帮万村”行动蓬勃开展。在2020年上半年的疫情防控阻击战中，有11万多家民营企业捐款170多亿元，捐物价值近120亿元，在全国抗疫表彰大会上，习近平总书记充分肯定各类民营企业、民办医院积极出力。非凡十年，广大民营经济人士作为新时代的参与者、建设者，发挥的作用、作出的贡献都载入了党和国家史册。

面向未来，党的二十大鲜明提出以中国式现代化全面推进中华民族伟大复兴这一党在新时代的中心任务，重申坚持和完善社会主义基本经济制度，坚持“两个毫不动摇”，强调优化民营企业发展环境，依法保护民营企业产权和企业家权益，促进民营经济发展壮大。中国式现代化必将为民营经济开创无比光明前景、提供无比广阔舞台；党中央鼓励支持引导民营经济发展的一贯方针和坚定立场，必将持续激发民营经济人士干事创业的巨大热情。

各级工商联要引导民营经济人士深入把握中国式现代化的中国特色和本质要求，帮助民营企业融入新发展格局，贯彻新发展理念，抓住战略机遇，用好政策红利，靠科技创新飞跃，靠绿色转型突围，开辟发展新领域新赛道，塑造发展新动能新优势，成为推动高质量发展的生力军、促进共同富裕的带头人。要引导民营经济人士正确理解基本经济制度的巨大优越性和强大生命力，坚定制度自信，吃下定心丸、安心谋发展。要始终坚持服务宗旨，当好桥梁、纽带和助手，推动全面构建亲清政商关系，帮助企业解决实际问题，维护企业合法权益，不断营造有利于“两个健康”的政策环境、法治环境、市场环境和社会环境。

成就鼓舞人心，蓝图催人奋进。我们坚信，在以习近平同志为核心的党中央坚强领导下，在习近平新时代中国特色社会主义思想的科学指引下，广大民营经济人士将坚定不移跟党走、奋力建功新征程，为全面建设社会主义现代化国家、全面推进中华民族伟大复兴作出新的更大贡献！

深入学习贯彻党的二十大精神
勇担新时代工商联职责使命

全国政协副主席、全国工商联主席　高云龙

党的二十大是在全党全国各族人民迈上全面建设社会主义现代化国家新征程、向第二个百年奋斗目标进军的关键时刻召开的一次十分重要的大会，是一次高举旗帜、凝聚力量、团结奋进的大会。大会的胜利召开，对于全党全国各族人民进一步统一思想、坚定信心、明确方向、鼓舞斗志，具有重大而深远的意义。习近平总书记的报告举旗定向、主题鲜明、引领时代、开辟未来，闪耀着马克思主义的真理光辉，焕发出自信自强的精神力量，彰显了守正创新的东方智慧，宣示百年大党的历史自觉和主动担当，为新时代新征程党和国家事业发展、实现第二个百年奋斗目标指明了前进方向、确立了行动指南，是党和人民智慧的结晶，是党团结带领全国各族人民夺取中国特色社会主义新胜利的政治宣言和行动纲领，是马克思主义的纲领性文献，必将有力指导和保证党和国家事业取得新胜利，必将极大激发全国各族人民更加强劲的前进动力、更加昂扬的奋斗精神、更加坚定的必胜信念，必将汇聚起全体中华儿女为实现中华民族伟大复兴团结奋斗的磅礴力量。

党的二十大发出了为全面建设社会主义现代化国家、全面推进中华民族伟大复兴而团结奋斗的动员令。工商联作为党领导下的人民团体和商会组织，首要重大政治任务就是全面贯彻习近平新时代中国特色社会主义思想，认真学习宣传贯彻党的二十大精神，把党的二十大精神落实到促进“两个健康”的全过程、各方面，贯彻到民营经济发展的各领域、各行业，充分激发民营企业家“干”的热情，坚定民营企业“闯”的信心，团结带领广大民营经济人士坚定不移跟党走、携手奋进新征程。

深刻领悟“两个确立”的决定性意义，始终在思想上行动上同以习近平同志为核心的党中央保持高度一致。党的十八大以来，在以习近平同志为核心的党中央坚强领导下，全党不懈奋斗、人民众志成城，推进党和国家事业取得历史性成就、发生历史性变革。新时代伟大成就的取得，根本在于以习近平同志为核心的党中央坚强领导，在于习近平新时代中国特色社会主义思想科学指引。“两个确立”是新时代最重大的政治成果、最重要的历史经验。从新时代伟大成就中，我们深刻领悟到“两个确立”关乎国家前途命运、关乎人民事业成败，对新时代党和国家事业发展、对推进中华民族伟大复兴历史进程具有决定性意义；深刻认识到坚定拥护“两个确立”、坚决做到“两个维护”是工商联做好民营经济工作和民营经济统战工作的根本政治前提，是确保工商联各项事业健康发展的根本政治保证。各级工商联要团结带领广大民营经济人士，切实将对“两个确立”决定性意义的深刻认识，转化为做到“两个维护”的政治自觉、思想自觉、行动自觉，坚决听从党中央号令、服从党中央指挥，确保党中央各项决策部署在工商联系统和民营经济领域全面贯彻落实到位。坚持政治建会，持续加强政治机关建设，持续改革组织体制、创新运行机制、改进工作方式、提高质量效能，努力打造一支党性坚定、能力过硬、学识丰富、作风优良的高素质工商联干部队伍，不断增强工商联凝聚力、执行力、影响力。

深刻认识新时代新征程中国共产党的使命任务，为全面建设社会主义现代化国家凝心聚力。党的二十大提出以中国式现代化全面推进中华民族伟大复兴，并将此确定为新时代新征程中国共产党的中心任务。中国式现代化是一项伟大而艰巨的事业，需要包括广大民营经济人士在内的全体中华儿女心往一处想、劲往一处使，汇聚起实现中华民族伟大复兴的磅礴之力。我们要牢牢把握凝聚人心、汇聚力量这一统战工作的根本任务，引导广大民营经济人士深入把握中国式现代化的中国特色和本质要求，正确理解民营经济在中国式现代化进程中的地位和作用，更加坚定自觉地在创造社会物质财富、丰富人民精神世界、促进人与自然和谐共生、带动人民共同富裕、促进经贸交流合作等方面彰显民企担当作为。人心是最大的政治，我们要牢牢把握大团结大联合的本质要求，全面贯彻落实习近平总书记关于做好新时代党的统一战线工作的重要思想，向民营经济人士及时准确传递党的二十大关于坚持和完善社会主义基本经济制度、坚持“两个毫不动摇”的坚定立场，及时准确解读党的二十大关于优化民营企业发展环境、依法保护民营企业产权和企业家权益、促进民营经济发展壮大等重要精神，引导民营企业家吃下定心丸、安心谋发展。我们要持续深化理想信念教育和社会主义核心价值观教育，用党的科学理论培养人、用党的伟大事业感召人、用党倡导的先进文化引领人，用务实举措稳定人心、鼓舞人心、凝聚人心，引导民营经济人士做合格的中国特色社会主义建设者，争当爱国敬业、守法经营、创业创新、回报社会的典范。

深刻把握促进“两个健康”工作的部署要求，引导民营经济人士自觉践行新发展理念。习近平总书记强调，促进“两个健康”既是重大经济问题，也是重大政治问题，工商联要围绕促进“两个健康”主题履行职责、发挥作用。在党的二十大报告中，习近平总书记再次强调要促进“两个健康”。我们要牢记总书记嘱托，自觉把促进“两个健康”工作置于党和国家工作大局中来审视和推进，用做好主责主业的实际行动来深入贯彻落实党的二十大精神。习近平总书记指出，贯彻新发展理念是新时代我国发展壮大的必由之路。完整、准确、全面贯彻新发展理念，不仅是对全党的要求，也是民营经济发展的重要遵循。在新时代新征程上，引导民营经济人士自觉践行新发展理念，对促进“两个健康”具有基础性和全局性意义。我们要推动完善产学研深度融合、政银企高效对接、国内外市场更好联通的机制，持续搭好各类专业化服务平台，更好支持民营企业融入新发展格局，抓住战略机遇，用好政策红利，靠科技创新飞跃，靠绿色转型突围，开辟发展新领域新赛道，塑造发展新动能新优势，成为推动高质量发展的生力军、促进共同富裕的带头人。

蓝图催人进，奋斗正当时！我们坚信，在以习近平同志为核心的党中央坚强领导下，在习近平新时代中国特色社会主义思想的科学指引下，广大民营经济人士将坚定不移地听党话、跟党走，踔厉奋发、勇毅前行，为全面建设社会主义现代化国家、全面推进中华民族伟大复兴作出新的更大贡献！

深入学习贯彻习近平经济思想，坚定不移促进“两个健康”

中央统战部副部长，全国工商联党组书记、常务副主席　徐乐江

深入学习习近平经济思想、深刻领会习近平总书记在中央经济工作会议上的重要讲话精神，是学习习近平新时代中国特色社会主义思想的重要方面，也是贯彻落实以机关党建推动落实习近平总书记重要指示和党中央经济工作决策部署专项工作的重要内容。全国工商联是党领导的以民营企业和民营经济人士为主体的人民团体和商会组织，必须深刻领悟习近平经济思想的重大意义、核心要义、丰富内涵、实践要求，坚定不移贯彻党中央经济工作决策部署，围绕“两个健康”（促进非公有制经济健康发展和非公有制经济人士健康成长）工作主题更好履行职责、发挥作用。

一、深刻领悟习近平经济思想的重大意义和丰富内涵，筑牢工商联自觉践行“两个维护”的政治思想根基

党的十八大以来，面对严峻复杂的国际形势和艰巨繁重的国内改革发展稳定任务，以习近平同志为核心的党中央以伟大的历史主动精神、巨大的政治勇气、强烈的责任担当，深刻洞察时代发展规律和未来大势，创造性地提出了一系列治国理政的新理念新思想新战略，深刻回答了新时代中国特色社会主义经济建设中面临的一系列重大理论和实践课题，创立形成了习近平经济思想，开辟了中国特色社会主义政治经济学的新境界，书写了21世纪马克思主义政治经济学的崭新篇章。习近平经济思想系统全面、逻辑严密、内涵丰富，是经新时代中国特色社会主义实践检验的科学理论体系。在发展的政治保障上，强调坚持党中央集中统一领导；在发展的根本立场上，强调以人民为中心，坚持人民至上；在经济工作的方法论上，强调坚持稳中求进总基调；在发展主线上，强调供给侧结构性改革；在发展理念上，强调完整准确全面贯彻新发展理念；在发展路径上，强调构建新发展格局；在发展主题上，明确提出“高质量发展”，强调不简单以GDP增长率论英雄，要求摆脱速度情结、换挡焦虑；在推进改革发展上，强调加强顶层设计、统筹协调，把握好时度效，先立后破、稳扎稳打等；在发展的根本目标上，强调在高质量发展中促进共同富裕。新时代，我国经济社会发展取得历史性成就、发生历史性变革，中华民族伟大复兴进入不可逆转的历史进程，充分展现了习近平经济思想的强大真理力量和磅礴实践伟力，充分证明了习近平经济思想就是建设社会主义现代化国家的科学指南、党和国家宝贵的精神财富，必须长期坚持并不断发展。

民营经济是我国经济社会发展的重要基础，是我国经济制度的内在要素。深刻领悟习近平经济思想的重大意义和丰富内涵，必须深刻领悟习近平总书记关于促进“两个健康”的重要论述精神。党的十八大以来，习近平总书记高度重视民营经济

发展，围绕坚持和完善基本经济制度、促进“两个健康”提出了一系列新思想新观点新要求，作出了“内在要素”“自己人”“两个重大”等重要论断，强调坚持“两手抓”“两关注”，引导民营经济人士争做“四个典范”，并就优化营商环境、推动政策落实、弘扬企业家精神、构建亲清政商关系、切实发挥工商联群团组织作用、积极培育和发展中国特色商会组织等作出一系列部署。这些重要论述是习近平经济思想、习近平总书记关于加强和改进统一战线工作的重要思想的有机组成部分，为做好新时代工商联工作提供了根本遵循。工商联要深刻领悟习近平经济思想的重大意义和丰富内涵，尤其是习近平总书记关于促进“两个健康”的重要论述精神，深刻领会贯穿其中的马克思主义立场观点方法，深刻把握“两个确立”的决定性意义，筑牢自觉践行“两个维护”的政治思想根基，不断提高政治判断力、政治领悟力、政治执行力，自觉履行促进“两个健康”的职责使命。

二、自觉践行习近平经济思想的实践要求，努力为保持“三个环境”贡献工商联力量

习近平经济思想坚持理论和实践相结合、认识论和方法论相统一，为新时代中国经济发展揭示规律、指明方向，具有鲜明的实践底色。学习贯彻习近平经济思想既是政治要求，也是理论要求，更是实践要求，必须体现在以服务经济建设为中心的具体行动中。在中央经济工作会议上，习近平总书记强调指出，今年经济工作要稳字当头、稳中求进，保持平稳健康的经济环境、国泰民安的社会环境、风清气正的政治环境。保持“三个环境”事关“五位一体”“四个全面”，与“两个健康”密切相关。工商联自觉践行习近平经济思想，当前最重要的就是为助力保持“三个环境”作贡献，这也是工商联必须坚决贯彻落实的“国之大者”。

促进民营经济高质量发展，助力保持平稳健康的经济环境。习近平总书记多次强调，以经济建设为中心是兴国之要，发展是党执政兴国的第一要务，是解决我国一切问题的基础和关键。中央经济工作会议指出坚持以经济建设为中心是党的基本路线的要求，全党都要聚精会神贯彻执行。民营经济是推动经济社会发展的重要力量，稳定民营经济发展对稳定宏观经济大盘尤为重要。今年以来，中央相关部门和地方政府先后出台了诸多惠企政策，支持力度持续加大。但是面对复杂多变的国内外形势，面对疫情冲击和“三重压力”，民营企业发展中的困难和问题明显增多。当前工商联服务民营经济高质量发展，应该立足保市场主体，重点做到“两手抓”。一手抓助企纾困减负，推动政策宣传和政策落实，助力受疫情影响严重的制造业、生活性服务业等行业渡过难关，助力互联网平台企业规范健康发展；一手抓服务支持，积极建言献策，引导民营企业扩大有效投资。同时注重加强正面引导，配合有关部门做好预期管理，防止特殊时期的暂时困难被人为放大而造成整体预期转弱。

防范化解民营经济领域风险，助力保持国泰民安的社会环境。习近平总书记高度重视统筹发展和安全。中央经济工作会议上，习近平总书记阐述的5个方面重大理论和实践问题，都与安全有关。面对可能出现的风险，习近平总书记不仅要求防患于未然，还强调抓好风险处置，压实各方责任；针对落实“双碳”目标下的能源革命，强调“先立后破”。这些重要论述都为统筹民营经济领域安全和发展工作指明了方向。当前工商联将在3个方面重点发力。一要防范化解民营企业经营风险。

继续深化与有关部门合作，推动建立大型民营企业风险监测、防范和化解机制。针对一些重点领域和关键环节企业因受境外打压可能导致产业链供应链出现断链风险、一些行业出现的结构性失业风险、个别大型民营企业风险向中小微市场主体传导等问题，继续加强与有关方面的沟通协调，共同推动风险化解。二要防范化解民营经济意识形态领域风险。认真组织好迎接党的二十大系列学习宣传活动，落实意识形态工作责任制，加强舆情风险研判和舆论引导，做好解疑释惑、理顺情绪、化解矛盾工作。三要防范化解疫情衍生风险。做到守土有责，既要细致做好机关防控，也要积极引导民营企业配合做好属地防控，努力防范化解因疫情衍生出的生产经营风险。

强化民营经济人士政治引领，助力保持风清气正的政治环境。习近平总书记多次强调指出，政治问题，任何时候都是根本性的大问题。中央经济工作会议强调，要运用好党史学习教育成果，以实际行动把党中央决策部署落实到位。2021年，工商联把党史学习教育与民营经济人士理想信念教育、“四史”宣传教育有机结合，重点学习总书记“七一”重要讲话精神和党的十九届六中全会精神，广大民营经济人士听党话、感党恩、跟党走的政治自觉显著增强，共同致力于民族复兴伟业的信念信心更加坚定。当前民营经济人士思想状况主流是好的，但是由于受国际形势变化和疫情影响，企业经营困难，难免也存在一些“思想疙瘩”“纠结心态”。工商联要进一步深化民营经济人士理想信念教育，引导民营经济人士深刻认识“两个确立”的决定性意义，自觉服从党的领导，自觉服从经济社会发展大局，自觉服从法律监管；主动加强政策解读、认真倾听企业呼声、及时反映企业诉求、注重回应社会关切，引导民营经济人士深刻认识到形势越是复杂严峻，越要对党的大政方针充满信心，重整行装再出发。

三、持续加强学习贯彻习近平经济思想的组织保障，提高工商联党建引领质效

党的建设是事业发展的根本保证。工商联党组要把推动高质量党建作为增强“四个意识”、坚定“四个自信”、做到“两个维护”的具体体现，深入开展“学查改”专项工作，努力在学习贯彻习近平经济思想中提高党建引领质效，以高质量党建巩固习近平经济思想的学习成效。加强党的政治建设，提升政治意识和能力。组织开展对党忠诚教育，深化政治机关意识教育和模范机关创建，强化政治纪律和政治规矩教育。认真落实《全国工商联党组贯彻落实习近平总书记重要指示批示办法》，把学习贯彻习近平经济思想情况纳入中央巡视整改“回头看”和内部巡视重要内容，紧扣把握新发展阶段、贯彻新发展理念、构建新发展格局、推动高质量发展、促进共同富裕等“国之大者”，聚焦促进“两个健康”，推动政治监督具体化常态化。深化理论武装，提高知信行合一能力。推动党史学习教育常态化长效化，把深入学习习近平经济思想、习近平总书记重要指示和党中央经济工作决策部署作为重要政治任务，充分发挥党组理论学习中心组领学促学作用，推动各级党组织结合“三会一课”、主题党日等开展集中学习研讨。深化打造“工商联大讲堂”、主题理论征文等学习品牌，发挥青年理论学习小组作用，推动学用党的创新理论实起来、活起来。完善“六好”机制，努力建设“四强”支部。加强分类指导，优化完善党建“六好”工作机制，推进机关部门一支部一品牌，直属单位党组织一年一提升，直属商会党组织一年一规范。用好务虚会、“计评对”、战斗堡垒攻坚项目等平台载体，推动党建工作和促进“两个健康”工作融合创新，把党支部锻造成为贯彻落实习近平总书记重要指示和党中央决策部署的坚强战斗堡垒。坚持严管厚爱，激励干部担当作为。健全干部选用、培养、考核、监督、激励机制，注重在重点难点工作、实践锻炼中培养干部，提升专业能力素质。坚持“三不”一体推进，持续深化正风肃纪反腐，积极践行亲清政商关系，营造干事创业良好氛围。落实主体责任，推动全面从严治党纵深发展。落实《关于进一步加强全面从严治党责任体系建设的实施方案》，完善党建工作督导指导机制和党建工作考核办法，推动各级党组织和党员领导干部切实扛起责任，推动全面从严治党由要求变需求、由制度约束变行动自觉，实现全国工商联党的建设高质量发展。

第五部分　全国工商联2022年大事记

一月

4日　下午，徐乐江书记研究有关文稿。随后，会见江西省赣州市有关负责同志。

5日　上午，徐乐江书记与中纪委一室负责同志沟通工作。下午，徐乐江书记在后海办公区出席中央统战部四局年度述职会。

6日　上午，徐乐江书记出席统战系统单位党组汇报会。

6日　下午，高云龙主席、徐乐江书记出席工商联党史学习教育总结会。

7日　上午，徐乐江书记出席中央统战工作领导小组2022年第一次全体会议。下午，徐乐江书记出席中央统战部部务会和理论中心组学习。

二月

9日　上午，高云龙主席、徐乐江书记分别会见江西省委统战部主要领导一行。

9日　下午，徐乐江书记主持召开党组会议，高云龙主席参加。随后，主持党组理论中心组学习，主持召开意识形态工作领导小组（扩大）会议。

14日　下午，徐乐江书记主持召开党组会议，高云龙主席出席。

15日　上午，徐乐江书记出席中央有关会议。

16日　上午，徐乐江书记出席中央统战部部务会议。

17日　上午，徐乐江书记出席中央统战部党风廉政建设工作会议和中央统战部班子专题会议。

17日　下午，徐乐江书记专题研究防范化解风险有关工作。

18日　上午，徐乐江书记出席中央统战部理论学习中心组集体学习和部务会议。

21日　上午，徐乐江书记出席中央统战部部务会。

21日　下午，高云龙主席、徐乐江书记出席中央统战部党外人士座谈会。

23日　上午，高云龙主席出席全国政协主席会。

23日　下午，徐乐江书记出席意识形态风险防控工作第一次月度会议。

24日　上午，徐乐江书记出席中央统战部部务会。

24日　下午，高云龙主席、徐乐江书记出席全国工商联党风廉政建设工作会议。

25日　上午，高云龙主席、徐乐江书记分别会见福建省工商联负责同志一行；徐乐江书记听取环境服务业商会负责同志有关工作汇报。

25日　下午，高云龙主席、徐乐江书记分别主持召开主席办公会议、党组会议。

28日　上午，徐乐江书记出席中央统战部部务会。

28日　下午，徐乐江书记出席中央有关会议。

三月

1—2日　高云龙主席、徐乐江书记出席全国政协常委会议。

2日　上午，徐乐江书记出席中央有关会议。

4—10日　高云龙主席、徐乐江书记出席全国政协十三届五次会议；5日上午，高云龙主席列席十三届全国人大五次会议开幕会。

11日　上午，高云龙主席列席十三届全国人大五次会议闭幕会，会见青海省工商联主要负责同志一行；徐乐江书记会见青海省工商联、重庆市委统战部主要负责同志一行。

11日　下午，高云龙主席、徐乐江书记分别会见湖南省委统战部、广西壮族自治区党委统战部及工商联、四川省工商联主要负责同志一行。

15日　上午，高云龙主席、徐乐江书记分别主持召开主席办公会议、党组会议。

17日　上午，徐乐江书记出席中央统战部“两会”精神传达会和部务会。

21日　下午，高云龙同志、徐乐江同志分别会见湖北省委统战部、工商联负责同志一行。

22日　下午，高云龙同志出席重大建言专家闭门会。

23日　上午，高云龙同志参加何鲁丽同志遗体送别活动。

23日　下午，高云龙同志出席全国政协有关外事活动；徐乐江同志出席军民融合发展领导小组全体会议。

24日　上午，高云龙同志出席全国政协重点关切问题情况通报会；徐乐江同志主持会议研究筹备中央有关会议工作。

24日　下午，高云龙同志出席全国政协“推动数字经济持续健康发展”调研情况介绍会。

29日　下午，高云龙同志出席全国政协主席会；徐乐江同志出席民营经济领域意识形态风险防控工作月度会议。

30日　上午，徐乐江同志出席2021年度述法总结会议（网络）。

四月

1日　上午，高云龙同志主持召开主席办公会议；徐乐江同志主持召开党组会议、党组理论中心组学习。

1日　下午，徐乐江同志出席中央统战部部务会。

2日　上午，高云龙同志出席全国政协“推动数字经济持续健康发展”调研座谈会。

2日　下午，徐乐江同志出席与科技部高层会商会。

11日　上午，高云龙同志参加全国政协义务植树活动。

11日　下午，高云龙同志出席全国政协书画室《敦煌壁画艺术赏析》书画艺术讲座；徐乐江同志会见湖北省委统战部主要负责同志一行。

12日　上午，徐乐江同志出席民营经济统战工作协调机制第二次全体会议。

14日　上午，高云龙同志、徐乐江同志分别会见宁夏回族自治区工商联主要负责同志一行。

14日　下午，徐乐江同志会见全国总工会谭天星副主席。

15日　上午，徐乐江同志出席中央统战部理论学习中心组集体学习及部务会。

15日　下午，徐乐江同志与有关民营经济代表人士谈心谈话。

24日　徐乐江同志赴北京市经济技术开发区调研。

27日　下午，高云龙同志、徐乐江同志出席领导班子建设工作和“学查改”专项工作推进会及干部人事推荐会。

28日　上午，徐乐江同志出席中央统战部部务会。

28日 下午，徐乐江同志主持召开党组会议，高云龙同志受邀参加。

五月

16日 高云龙同志出席全国政协主席会。

17日 高云龙同志出席全国政协“推动数字经济持续健康发展”专题协商会。

18日 上午，高云龙同志、徐乐江同志分别主持召开主席办公会议、党组会议。

18日 下午，徐乐江同志出席中央统战工作领导小组全体会议。

19日 下午，徐乐江同志出席民营经济领域意识形态风险防控工作第三次月度会议。

20日 上午，徐乐江同志出席中央统战部部务会。

20日 下午，徐乐江同志出席重点调研视频座谈会（新疆）。

23日 上午，徐乐江同志出席第十届全球湘商大会（视频录播）。

24日 上午，高云龙同志出席重点调研视频座谈会。

27日 上午，高云龙同志、徐乐江同志出席“民企高校携手促就业行动”启动会暨部级合作签约仪式。

27日 下午，徐乐江同志出席中央统战部部务会。

30日 下午，高云龙同志、徐乐江同志出席深化巡视整改和成果运用座谈会。

六月

1日 上午，高云龙同志、徐乐江同志分别主持召开主席办公会议、党组会议。

2日 上午，徐乐江同志出席中央统战部部务会。

13日 下午，徐乐江同志听取苏宁集团有关汇报。

14日 上午，高云龙同志、徐乐江同志出席涉案企业合规第三方监督评估工作推进会暨2022企业合规管理高端对话活动。

14日 下午，高云龙同志、徐乐江同志分别主持召开主席办公会议、党组会议。

15—19日 高云龙同志赴福建出席第七届世界闽商大会并调研。

16日 上午，徐乐江同志出席中央统战部部务会及换届工作领导小组会议。

25—28日 徐乐江同志赴陕西、宁夏开展工作调研。

6月28日—7月3日 高云龙同志赴黑龙江调研并出席全国工商联常委会议系列活动。

28日 下午，徐乐江同志会见甘肃省委统战部部长一行。

29日 下午，徐乐江同志出席民营经济领域意识形态风险防范月度会议。

30日 下午，徐乐江同志出席中央统战部部务会。

七月

1—3日 徐乐江同志赴黑龙江出席全国工商联常委会议系列活动。

13日 上午，徐乐江同志会见重庆市工商联负责同志一行。

15日 上午，高云龙同志主持召开主席办公会议；徐乐江同志主持召开党组会议，主持党组理论中心组学习，高云龙同志受邀出席。

15日 下午，高云龙同志、徐乐江同志出席全国政协第二季度宏观经济形势分析座谈会。

25日 上午，徐乐江同志出席统战系统单位党组工作汇报会。

25日 下午，高云龙同志、徐乐江同志出席党外人士座谈会；徐乐江同志会见湖南省政府主要负责同志一行。

26日　上午，高云龙同志出席省部级主要领导干部“学习习近平总书记重要讲话精神，迎接党的二十大”专题研讨班开班式。

26—27日　徐乐江同志参加省部级主要领导干部“学习习近平总书记重要讲话精神，迎接党的二十大”专题研讨班。

28日　上午，徐乐江同志出席民营经济意识形态领域风险防范月度会议。

29日　上午，高云龙同志出席全球未来科技创新合作大会。

29—30日　徐乐江同志出席中央统战工作会议。

30日　上午，高云龙同志出席3C智能制造创新联合体启动仪式。

31日　上午，高云龙同志、徐乐江同志出席中央统战部党外人士通报会；会后，徐乐江同志出席中央统战部部务会。

31日　下午，徐乐江同志出席中央统战部专题党课活动。

八月

16日　下午，徐乐江同志出席中央统战工作领导小组全体会议、专题会议。

17日　高云龙同志出席全国政协主席会议成员务虚会；上午，徐乐江同志主持召开党组专题会议；下午，徐乐江同志听取北京市委统战部有关工作汇报。

18日　上午，高云龙同志、徐乐江同志出席第四届民营经济法治建设峰会。

18日　下午，高云龙同志、徐乐江同志分别会见青海省工商联主要负责同志一行；徐乐江同志出席中央统战部征求意见座谈会。

19日　高云龙同志、徐乐江同志出席全国工商联专题务虚会；会后，高云龙同志、徐乐江同志分别主持召开主席办公会议、党组会议。

22—24日　上午，高云龙同志、徐乐江同志出席全国政协常委会议。

25日　上午，徐乐江同志主持党组理论中心组学习，高云龙同志受邀出席。

25日　下午，徐乐江同志会见山东省泰安市委统战部、工商联负责同志一行。

26日　上午，徐乐江同志出席中央统战部部务会。

26日　下午，高云龙同志会见驻部纪检监察组一行；徐乐江同志与驻部纪检监察组会商座谈。

29日　上午，徐乐江同志会见浙江省工商联主要负责同志。

29日　下午，高云龙同志、徐乐江同志分别会见广西壮族自治区工商联负责同志一行。

30日　上午，高云龙同志、徐乐江同志出席民营企业共建“一带一路”峰会。

31日　上午，高云龙同志、徐乐江同志分别会见湖北省委统战部负责同志一行；徐乐江同志出席“为迎接党的二十大营造良好环境”工作部署会。

31日　下午，高云龙同志、徐乐江同志在京出席中央有关会议。

九月

1日　上午，徐乐江同志出席全国统战部长培训班开班式。

1日　下午，徐乐江同志主持党组理论中心组学习，高云龙同志受邀出席。

2日　上午，徐乐江同志为全国统战部长培训班授课。

2日　下午，徐乐江同志出席全国统战部长培训班分组讨论。

5日　上午，高云龙同志出席2022民营经济标准创新大会暨民营经济标准创新周开幕式；徐乐江同志参加中央统战部有关民主推荐谈话、出席中央统战部干部考察推荐会和部务会。

5日　下午，高云龙同志出席全国政协学习座谈会；徐乐江同志会见重庆市委统战部负责同志一行、阿里巴巴集团负责人，研究换届有关工作。

6日 上午，高云龙同志出席全国政协主席会；徐乐江同志出席有关事业单位机构编制调整工作会。

6日 下午，高云龙同志、徐乐江同志分别会见上海市委统战部负责同志一行、河南省工商联负责同志一行。

7日 上午，高云龙同志、徐乐江同志出席2022中国民营企业500强峰会。

7日 下午，高云龙同志、徐乐江同志出席全国“万企兴万村”行动工作推进会。

22日 上午，徐乐江同志会见广东省委常委、统战部长一行。

22日 下午，徐乐江同志出席中央统战部部务会。

十月

16日 举世瞩目的中国共产党第二十次全国代表大会16日上午在人民大会堂开幕，高云龙同志列席。

25—26日 全国工商联先后召开党组扩大会议和机关处级以上干部、直属单位负责人、直属商会党组织负责人会议，中央统战部副部长，全国工商联党组书记、常务副主席徐乐江传达党的十九届七中全会、党的二十大和党的二十届一中全会精神，部署学习宣传贯彻工作。全国政协副主席、全国工商联主席高云龙出席会议。

26日 全国政协副主席、全国工商联主席高云龙到中信银行调研并召开座谈会，深入贯彻落实党的二十大精神，进一步推动全国工商联与中信银行务实合作，共同促进民营经济高质量发展。

十一月

11日 全国工商联党组理论学习中心组开展集体学习，认真学习贯彻党的二十大精神。中央统战部副部长、全国工商联党组书记徐乐江主持学习并讲话。全国政协副主席、全国工商联主席高云龙应邀出席并讲话。

18日 全国工商联十二届六次执委会议在京举行。会议全面贯彻习近平新时代中国特色社会主义思想，深入学习贯彻党的二十大精神，总结2022年工作，审议中国工商业联合会第十三次全国代表大会有关事项。全国政协副主席、全国工商联主席高云龙出席会议并作工作报告。中央统战部副部长、全国工商联党组书记徐乐江出席会议并讲话。

21日 2022中国（浙江）中非经贸论坛暨中非文化合作交流周开幕式在浙江省金华市举办。本次论坛以“民心相通文化互鉴合作共赢”为主题，由中华全国工商业联合会和中国人民对外友好协会、中国国际贸易促进委员会、浙江省人民政府共同主办。全国政协副主席、全国工商联主席高云龙以视频形式出席开幕式并致辞。

十二月

11日 中国工商业联合会第十三次全国代表大会在北京开幕。中共中央政治局常委李强出席开幕会，并代表中共中央、国务院致贺词。

12日 中华全国工商业联合会十三届执行委员会一次会议在北京召开，会议选举产生了新一届全国工商联领导机构和领导班子，高云龙当选全国工商联第十三届执行委员会主席，徐乐江当选常务副主席。

22日 受中共中央委托，中共中央政治局委员、中央统战部部长石泰峰向党外人士通报中央经济工作会议精神，高云龙同志出席。

第六部分　地方工商联工作

北京市工商业联合会2022年工作综述

2022年，北京市工商联在市委的坚强领导下，坚持以习近平新时代中国特色社会主义思想为指导，深入贯彻落实中央和市委的重大决策部署，主要开展了以下工作。

一、加强思想政治引领，广泛凝聚民营经济人士思想共识

一是夯实思想引导。组织新一届市工商联（商会）领导班子赴香山革命纪念馆集体学习，召开专题座谈会，进一步巩固共同思想基础。在全市工商联系统中全面动员部署，深入学习宣传贯彻党的二十大精神，先后组织召开市工商联（商会）领导班子专题座谈会、理论中心组专题学习研讨会等学习研讨活动，推动党的二十大精神进企业、进商会、进机关。

二是深化理想信念教育。开展民营经济人士思想状况调研，及时了解民营经济人士思想动态，有针对性地开展思想引导。组织民营企业代表赴嘉兴、厦门参加理想信念教育培训示范班。扎实推进年轻一代民营企业家健康成长五年计划，联合举办"全市民营企业年轻一代党员出资人示范培训班"。

三是强化正面宣传。组建100人的企业宣传员队伍，扩大宣传工作覆盖面。加强与千龙网合作，提高舆情监测和研判能力，报送4期舆情专报、4期舆情快报。截至2022年年底，"首都民营企业家之家"微信公众号阅读量超8万人次，官方微博"商汇北京"粉丝超过127万人，阅读量累计超过1.18亿次，今日头条政务号累计阅读量超过37.7万人次，北京市工商联官方网站累计点击量超过239万次。

二、全面提升服务效能，助力首都民营经济高质量发展

一是全力助企纾困。围绕民营企业受疫情影响，召开6场专题座谈会，调研商会、企业2 417家，线上问卷调查企业2 275家，制订针对性纾困工作方案。开展"惠企政策e汇"服务，印发助企纾困政策汇编，开展"政策公开讲""处长讲政策""春雨润苗"等活动。开展拖欠中小企业账款清欠工作，收集问题线索130件，实质推动41件，涉及金额3 467万元。联合建行北京分行出台助力小微企业纾困解难十项举措，推出"工商联科创快贷"和"银企e融"服务。

二是开展百强调研与发布。提升入围门槛，推出2022年北京民营企业"1+4"百强榜单和发展报告，召开百强发布会，线上累计观看量超337万次。利用大数据可视化手段，制作百强"数据地图"，动态呈现五年来百强企业发展和分布情况。

推动百强企业进入市区两级“服务包”和政务体验员队伍。

三是多渠道服务企业科技创新。召开科技装备企业高质量发展研讨会、数字经济发展座谈会、专精特新企业高质量发展座谈会等，促进科技企业交流合作。通过“网上工商联服务平台”向民营企业家提供数字化网上培训课程。举办2022民营经济标准创新周北京专场，积极推动企业标准“领跑者”工作。

四是深化民营企业产权保护社会化服务体系“四驾马车”工作机制。与法院系统合作推进民营经济领域多元纠纷化解工作，与检察院系统共同开展涉案企业合规第三方监督评估机制工作，牵头建立首批160人第三方机制专业人员名录库。与北京市司法局、北京市人社局合作推动商会调解工作，推动成立商协会及企业人民调解、商事调解、劳动争议调解组织20家，建立一支80余人的调解员队伍。推动实现市区民营企业维权服务平台全覆盖，建立市区民营企业维权服务平台45家。北京市工商联“四驾马车”工作机制被评为全国工商联2022年工作实践创新成果奖。

五是更大力度建言资政。2022年，北京市工商联提供的28篇建言专报得到北京市委主要领导同志重要批示，有效推动相关政策出台和问题解决。发挥信息的主渠道作用，全年共上报建言信息、社情民意信息千余篇，在全国工商联系统和北京市委统战部系统单位中均排名第一。抓好重大理论问题研究，《统一战线防范化解重大风险的研究与思考》获得全国工商联2022年理论研究创新成果一等奖和市委统战部“共话百年统战”统一战线政策提出100周年征文活动一等奖。

三、深入践行“国之大者”，引导支持民营企业参与构建新发展格局

一是深度参与乡村振兴战略。成立市工商联助力乡村振兴工作专委会，赴10个区工商联、46家企业深入调研，动员民营企业踊跃参与“万企兴万村”行动。动员6家民营企业与西藏边境村结对帮扶，促成贝壳找房在西藏拉萨投资700万元建设“贝壳驿站”项目。开展“集体经济薄弱村帮扶专项行动”，以驻村第一书记为纽带加强村企对接。据不完全统计，截至2022年年底，北京市工商联共引导226家民营企业对口帮扶1 213个村，累计投入产业帮扶资金123亿元、公益捐赠17亿元。

二是积极助力“一带一路”建设和京津冀协同发展。发挥国际联络专委会智库和民营经济发展服务基地作用，适时发布风险提示，组织商会、企业参加“合规月月谈”“助力民营企业走出去微讲堂”等交流培训。引导服务企业高质量参与京津冀协同发展，成立助力京津冀协同发展工作委员会，组建8个产业协同组及3个功能组，围绕重点产业和作用发挥开展调查研究。与天津市、河北省工商联共同举办第六届京津冀民营经济产业对接交流会，促进三地重点产业链合作对接。

三是坚持就业优先。与北京市人社局、北京市教委等6家单位联合开展“2022年民营企业招聘月”活动，150家企业提供岗位1 456个，吸纳就业5 846人，提供见习岗位1 100个。开展2022年“民企高校携手促就业行动”专场招聘活动，227家企业吸纳高校毕业生2 467人。

四是为冬奥会、冬残奥会贡献力量。搭建民营企业助力冬奥服务平台，认真做好赛事观众组织工作。奇安信集团“零事故”运行保障北京冬奥会网络安全，利亚德集团在冬奥会开幕式上参与打造世界最大LED立体舞台，纳通集团自主研发冬奥会比赛场馆观众专用口罩，华熙集团、千方科技、东华软件等民营企业也发挥优势，积极参与冬奥场馆建设运营、交通、通信保障等工作。

五是助力首都疫情防控阻击战。组建同心抗疫志愿服务团，引导动员各区工商联、商协会和广大民营企业通过保供稳价、捐款捐物、提供志愿服务等方式全面参与首都疫情防控。发布《支援香港抗疫倡议书》，动员商会、企业为香港疫情防控捐款捐物950余万元。据不完全统计，截至2022年年底，全市各商、协会和广大民营企业累计参与志愿服务约7万余人次，全市民营企业累计为抗疫一线捐款捐物7 571万元。其中，北京光彩公益基金会“北京民营经济同心抗疫”公益项目收到捐款捐物1 589万元。

四、抓紧抓实换届契机，全面加强工商联自身建设

一是圆满完成换届工作。突出“三强一好”标准，选举产生北京市工商联第十五届执行委员会和北京市工商联（商会）领导班子，北京市工商联第十五次代表大会胜利召开，圆满完成了各项换届工作任务，陈吉宁同志出席大会开幕式并作重要讲话。

二是深入落实全面从严治党主体责任。发挥“三级联动”机制作用，压实各级管党治党责任，印发全面从严治党（党建）工作意见，分层级签订主体责任清单，深入开展全面从严治党检查考核，推动“一岗双责”落细落实。研究制订廉政建设工作方案，抓好关键节点监督提醒，以钉钉子精神狠抓巡视整改工作落实。

三是推动工商联所属商会改革发展。在新兴行业产业广泛发展团体会员和成立直属商会。履行业务主管单位职责，持续做好所属商会的内部治理、监督管理和年检工作。深化“一起商未来”行动，畅通政府部门、所属商会、民营企业间的沟通机制，开展“专家有约”定制化培训，累计培训商会2 400余家，编制商会工作系列指导手册，促进所属商会依法依章办会、规范内部治理。

四是压实“四方责任”从严落实疫情防控。制定疫情防控处置预案，建立疫情防控全员责任体系，织密织紧防控网络。先后组织11批党员干部下沉社区、参加疫情防控专项检查，推动党员参与社区“双报到”志愿活动。

组织概况

主席、副主席名单

燕　瑛　赵玉金　王　禹　林为民　江　岚　李振坤　马小兰　马志刚　叶　青
田秀华　印　奇　刘　伟　刘宝平　刘振东　孙陶然　李　平　李志起　杨　强
沈亚楠　林长青　周鸿祎　赵　燕　赵毅武　郜春海　夏曙东　黄孝斌　彭永东
雷　军　穆荣均

地方商会（总商会）副会长名单

燕　瑛　赵玉金　王　禹　林为民　江　岚　李振坤　于圣臣　王广发　王汉光
田刚印　冯焕培　齐向东　苏　萌　李　军　李　明　李小明　陈天石　邵根伙
苗　谦　周儒欣　郑翔玲　赵　勇　顾小锋　高秀环　高禄峰　黄显勇　曹国伟
梁继良　薛向东　戴文渊

区工商联主席名单

东城区　林余存　　西城区　宋　玫　　朝阳区　叶　青　　海淀区　林　航
丰台区　郜春海　　石景山区尹　圆　　门头沟区孙建新　　房山区　高武军
通州区　赵　静　　顺义区　王庆国　　大兴区　张晓晟　　昌平区　佟立志
平谷区　胡恒宇　　怀柔区　韦小萍　　密云区　马春秀　　延庆区　许泽玮
经开区　冯焕培

北京市各级工商联组织数和执委数

项目＼级别	市	区	合计
组织数	1	17	18
执委数	338	1 627	1 965

（注：统计截止时间为2022年12月31日）

天津市工商业联合会2022年工作综述

2022年，天津市工商联坚持以习近平新时代中国特色社会主义思想为指导，坚决贯彻落实中央决策部署和天津市委部署要求，紧紧围绕“四会”建设总要求和“两个健康”工作主题履行职责，强化思想政治引领，助力优化营商环境，全力助企纾难解困，顺利完成换届交接，狠抓作风能力建设，以新时代工商联事业发展的新成效为全面建设社会主义现代化大都市作出了积极贡献。

一、坚定拥护“两个确立”，坚决做到“两个维护”

始终把学习宣传贯彻习近平新时代中国特色社会主义思想作为最大政治任务，始终把学习宣传贯彻党的二十大精神作为当前和今后一个时期首要政治任务，始终把政治性作为工商联机关第一属性，引导工商联系统干部、所属商会组织和民营经济人士深刻认识“两个确立”的决定性意义，增强“四个意识”，坚定“四个自信”，做到“两个维护”。第一时间集中观看党的二十大开幕会盛况，先后5次召开党组专题会议，原原本本、逐字逐句、系统深入学习报告、党章和习近平总书记重要讲话精神，第一时间向全市工商联商会和民营企业发出深入学习贯彻二十大精神的通知。全年召开党组会议48次、党组理论学习中心组学习43次，与学习贯彻党的二十大精神相结合，与深入学习习近平经济思想、习近平法治思想、习近平总书记关于做好新时代党的统一战线工作的重要思想相结合，持续抓好《中国共产党统一战线工作条例》贯彻落实，及时传达学习中央统战工作会议、中央经济工作会议、天津市第十二次党代会和天津市委经济工作会议精神，不断提升运用党的创新理论推动工作能力。积极参加天津电视台“迎盛会、铸忠诚、强担当、创业绩”“深入学习党的二十大精神”主题宣传活动，天津电视台《天津新闻》专栏播报天津市工商联党组理论学习中心组（扩大）专题学习党的二十大精神新闻。微信公众号发布“学习宣传贯彻党的二十大精神”等专栏信息350余篇，刊发民营经济代表人士、区工商联负责同志心得体会百余篇。

二、加强政治引领，凝聚思想共识

牢牢把握凝聚人心、汇聚力量这一统战工作的根本任务，进一步加强思想政治引领，推动广大民营经济人士更加紧密地团结在党的周围。做好民营经济人士政治安排及表彰工作。天津市工商联第十五届执委89人分别在新一届的全国人大、全国政协、天津市人大、天津市政协担任代表或委员，占总数的37%。6名企业家获全国工商联履职情况优秀表彰，6名企业家获天津市五一劳动奖章。连续十一年开展天津市民营企业健康成长工程，高规格召开新闻发布会，激发企业内在活力和创造力，特别是头部企业引领示范作用，不断增强行业影响力和带动性。深化新时代民营经济人士理想信念教育，赴张謇企业家学院举办新时代民营经济代表人士和统战干部培训班，赴广西南宁举办青年企业家充电营研修班暨津榜之旅培训班，厚植爱党爱国爱社会主义情怀。开展创新大讲堂、商会讲习所等各类活动40余次，直接受众6 000余人次。牵头“万企兴万村”专项行动，聚焦国家乡村振兴重点帮扶县，开展“光彩事业西藏行”“民企陇南行”等活动，累计动员2 000余家企业投入帮扶资金5 898万元，促成典型示范项目94个，助力巩固拓展脱贫攻坚成果同乡村振兴有效衔接。防返贫资金池筹集资金2 110.33万元，向结对地区投放资金861万元，有效发挥资金池的“缓冲”作用。

三、着眼发展全局，积极建言献策

聚焦民营经济发展和工商联主责主业，制订实施年度调研工作计划，有效服务党委政府科学决策。以“坚定信心鼓足干劲加快促进我市民营经济发展壮大”为题在天津市政协十五届一次会议上作大会发言，围绕天津市“十项行动”提交团体提案13件。推荐6位企业家在天津市政协常委会、专题协商座谈会上代表天津市工商联发言，组织企业家参加天津市政协企业家座谈会、经济运行分析座谈会，为天津市经济发展建言献策。调查研究成效显著，三篇调研成果分获全国工商联数据分析报告一等奖、社情民意二等奖、团体提案三等奖。《天津民营经济数字化转型及发展动态追踪调查报告》得到天津市委、市政府主要领导批示。与天津市委党校、天津市社院联合开展“京津冀协同发展中提升天津市民营经济活力研究”，查找瓶颈问题，提出创新性方案和可行性建议。

四、创新服务举措，提升服务力度

带着热忱服务的“温度”持续开展“问计问需、服务民企”活动，大力宣传“助企纾困15条”“稳经济35条”等一系列“暖商新政”，全年共走访企业95家、商会28家、区工商联14次，解决问题51个。创办并报送23期《民企需求》专刊，“一企一期”帮助企业纾困解难。围绕优化营商环境、发挥商协会作用助力区域发展等主题召开多场政企对接座谈会。定期开展银企对接、校企对接，促成1 400多家民营企业获得授信额度160亿元。与天津市检察院等12个部门开展涉案企业合规第三方监督评估工作并承担办公室工作职责，与天津市高院在市区两级工商联设立17家法官工作室并实现市区全覆盖，与天津市公安局开展“企业服务日”及特别活动14次，办理调处各类案件105件，回应解答有关诉求120个。与天津市人社局等部门开展专题招聘活动，提供岗位1 150个，招聘人数2 767人。从改善企业家心理预期和发展信心入手，班子成员带队赴各区召开“稳人心、强信心”座谈会，广泛宣传解读惠企政策，累计发放政策宣传册4万份。邀请天津市发改委、天津市税务局等政策制定部门为民营企业专题解读政策，增强企业的政策获得感。加强与天津市科技局等部门合作，签订战略合作协议，召开企业创新服务工作座谈会、“校会银企”合作座谈会，主办第六届世界智能大会“推动高校科技成果转化，促进科技经济融合发展”高端论坛，引导商协会、民营企业与高校开展科技成果对接。积极推进标准创新，与天津市场监管委共同举办“2022天津市民营经济领域标准化工作推进会”，与天津市标准研究院联合举办2022世界标准日线上公益讲座，组织企业参加全国工商联民营企业标准化公益大讲堂、民营经济标准创新大会。

五、聚集商会发展，筑牢建设根基

认真履行业务主管单位、行业管理部门职责，修订《天津市工商联所属商会管理办法（试行）》《天津市工商联领导干部联系所属商会工作制度》，研究《天津市工商联所属商会负责人政治审核工作实施办法（试行）》，推动《2021—2025年天津市工商联所属商会发展规划》落实落细。发挥所属商会党组织“把方向、议大事、促落实”领导作用，以党建促会建，更好助力“两个健康”。进一步理顺所属商协会党建工作体制机制，设立“天津市工商联所属商会党群服务中心”，施行“党组织书记轮值”制度，完善所属商会党委统战工作联络员制度，推动统战工作向商会组织有效覆盖。加强所属商会党建工作者队伍建设，与天津市委党校合作举办天津市工商联所属商会党委党组织书记示范培训班，与天津市社会主义学院合作举办市工商联所属商会党委党务工作者培训班，召开所属商会党委学习天津市第十二次党代会精神专题交流座谈会，组织推荐12名所属商协会党组织书记参加2022年行业协会商会党组织书记市级示范培训班。全年，指导天津市津商联合会等9家新成立商协会建立党组织，接收6家商会党建工作隶属关系，指导18家商协会党组织完成换届，对7家脱钩行业协会商会拟任负责人进行政治审核，开展所属商协会重大活动与事项审核52件次，编印主题学习宣传教育实践活动工作专题《信息简报》19期。圆满完成天津市工商联（总商会）换届工作，经天津市委审批通过的候选人均全票当选，新一届工商联执委队伍顺利产生。举办区工商联主席、党组书记线上培训班，组织各区工商联专职领导干部参加全国地市级和县级工商联负责人线上培训班，工商联领导干部履职能力得到进一步提升。推动成立天津市津商联合会，凝聚津商力量。天津市青年商会等25家商会被认定为2021—2022年度全国“四好”商会。

六、加强自身建设，增强工作本领

坚持全面从严治党，加强机关党的建设，研究制定《天津市工商联2022年党建工作要点》，不断提升各党支部的政治功能、组织功能、服务功能。贯彻总体国家安全观，扎实开展疫情防控、安全保密、反奸防谍工作，筑牢机关安全防线。加强干部队伍建设，制定《干部队伍建设2022—2026年发展规划》《年轻干部2022—2024年教育培养规划》，做好干部培育、选拔、管理、使用工作。发挥“工商联之声”宣传员队伍作用，推动区工商联成立网宣员队伍，打造宣传“雁阵”，充分展示天津市民营经济领域改革发展成就，弘扬主旋律、传播正能量。全年微信公众号发布信息1 327篇、分享4.2万余次、阅读次数67万次，“湾区网”更新发布信息715篇，累计向各级报送各类信息46期829条，宣传引导影响力稳步提升。

组织概况

主席、副主席名单

娄　杰　郝树民　苑庆彬　于为忠　张晓辉　时锦霞　张荣华　江浩然　李茂津　张秀燕　崔凤祥　彭文成　刘　毅　朱宝钧　楼家强　严立森　闫凯境　杨　晖　张晓辰　周文起　李守军　李　坤　李云飞　赵国锋　于海林　齐俊桐

地方商会（总商会）副会长名单

郝树民　苑庆彬　于为忠　张晓辉　时锦霞　张彦森　李　响　栾大伟　朱道六　万　钧　袁汝海　孙光亮　王良红　马爱琴　鲁　涛　朱　凯　马志成　冼汉迪

区工商联主席名单

滨海新区董丽敏　和平区　田　勤　河东区　王桂花　南开区　王　锐
河西区　王鸿英　河北区　杨国一　红桥区　张金丽　东丽区　盖根路
西青区　庞铁强　津南区　陈妍卉　北辰区　陈秀华　武清区　李红梅
宝坻区　艾玉昆　宁河区　赵锦秀　静海区　白冰冰　蓟州区　徐向广

天津市各级工商联组织数和执委数

项目＼级别	市	县（区、市）	合计
组织数	1	16	17
执委数	239	1 326	1 565

（注：统计截止时间为2022年12月31日）

河北省工商业联合会2022年工作综述

2022年，在河北省委、省政府坚强领导下，在全国工商联具体指导下，河北省工商联坚持以习近平新时代中国特色社会主义思想为指导，深入学习贯彻党的二十大精神，认真贯彻落实省委十届二次、三次全会精神，解放思想、奋发进取，促进

“两个健康”工作和自身建设取得了新成绩。

一、切实加强理论武装，进一步增强班子成员政治素养

（一）不断提高政治站位

坚持把学懂弄通做实习近平新时代中国特色社会主义思想作为首要政治任务，深入学习贯彻党的二十大精神，忠诚捍卫“两个确立”、坚决做到“两个维护”。不断完善党组理论学习中心组学习制度和党组会议、主席办公会议“第一议题”制度，认真学习贯彻习近平总书记关于做好新时代党的统一战线工作的重要思想，及时跟进学习习近平总书记最新重要讲话精神，确保工商联发展正确方向。

（二）推动党史学习教育常态化长效化

开展“读原著学原文悟原理、谈体会讲收获深交流”主题学习活动，编印习近平总书记关于民营经济发展的重要论述、关于工商联工作的重要论述，深入学习贯彻中央统战工作会议、党外人士座谈会等重要会议精神，巩固拓展党史学习教育成果，推动中央和省委、省政府决策部署在工商联落地落实。

二、围绕“两个健康”主题，进一步提高工商联服务能力

（一）深化理想信念教育

将深入学习贯彻党的二十大精神作为加强民营经济人士思想政治引领的首要任务，通过组织报告会、专题培训、辅导讲座、研讨交流等形式教育引导民营经济人士切实把思想和行动统一到党的二十大精神上来。组织“盛赞新成就、喜迎二十大”“强国复兴有我”等主题宣传教育活动，开展民营经济人士思想状况调研、年轻一代民营企业家健康成长调研，推动理想信念教育进一步走深走实。召开为“党的二十大”营造良好环境工作推进会，加强思想政治引领，防范化解民营经济领域风险隐患，为党的二十大胜利召开凝聚人心、汇聚力量。充分发挥工商联网站、微信公众号作用，完善网络舆情监测和处置机制，进一步强化民营经济领域舆情管控工作。

（二）加大宣传培训力度

会同河北广播电视台开展《高质量发展·冀商行》主题宣传活动，邀请30多位民营企业家接受访谈，宣传推动企业高质量发展的经验做法，营造良好舆论氛围。在长城网开设《“冀”录新时代 商会展风采》专栏，宣传12家商会以党建工作引领会员企业高质量发展的典型案例。举办系列线上线下专题培训班，培训民营经济人士近万人次，提高了企业家综合素质。河北省工商联宣教工作得到全国工商联充分肯定，在全国工商联宣教工作会议上作典型发言。

（三）深入民营企业调研

深入民营企业开展调研，组织五次民营企业运行状况调查，形成一批较高质量调研报告，为河北省委、省政府决策提供了参考，《河北省民营企业100强分析报告》《2022中国民营企业500强河北省上榜企业情况分析》等得到倪岳峰书记、王正谱省长批示，河北省工商联被全国工商联评为2022年调查点工作先进省级工商联。《关于促进我省“专精特新”中小企业高质量发展的建议》被政协十二届五次会议选为大会口头发言，3篇提案被河北省政协选为重点提案，1篇提案被河北省政协评为2022年政协好提案，并多次在河北省政协常委会议或专题协商会上口头发言。

（四）提升服务工作水平

认真落实河北省稳住经济大盘决策部署，向民营企业发放9.57万册“1+20”政策体系，积极推广“惠企政策一点通”小程序，扩大惠企政策的知晓度、覆盖面。召开全省工商联系统学习贯彻党的二十大精神会议暨助推民营经济高质量发展大会，发布“2022河北省民营企业100强”榜单，向各市工商联印发“2022河北省民营企业发明专利100强”榜单，推动民营企业高质量发展。组织“送政策、增信心、上项目、促发展”活动，举行小微企业工作委员会工作会议、银企对接会、政企“面对面”座谈会，主动靠前服务，助企纾困解难。加入河北省标准化委员会，与河北省科协和6家金融机构分别签订合作协议，加大对民营企业政策引导和服务力度。推进涉案企业合规第三方监督评估工作，成立评估机制管委会，组建法律维权服务中心、总商会人民调解委员会，开展“省工商联法规政策微课堂”活动，不断提升法律服务水平。

（五）做好招商引资工作

发挥密切联系民营企业、商会的独特优势，借助河北的异地商会、省外的河北商会，广泛宣传河北省投资环境和招商政策，推动商会和民营企业在河北投资兴业。利用承办全国工商联所属商会培训班的契机举办全国“百家商会进保定”活动，联合京津工商联举行京津冀民营经济产业对接交流会，组织部分商会、民营企业赴正定、高邑、井陉矿区等地对接考察，协助地方政府招商引资。建立企业家执委服务经济高质量发展台账，鼓励河北省企业扩大投资，开展以商招商。

（六）助力乡村振兴和促进就业

扎实开展“万企兴万村”行动，会同河北省乡村振兴局进行专项检查评价，联合5家金融机构加强对行动的资金支持，确定53个示范项目和基地，开发村企结对帮扶台账，引导民营企业踊跃投身乡村振兴，全省1.5万家民营企业帮扶1.8万个村，投资794.4亿元，企业参与行动数、受帮扶村数均居全国第一位。会同有关单位举办民营企业招聘月、高校毕业生网络招聘月、金融企业与高校“携手促就业”对接会等活动，组织民营企业、金融机构提供1.8万个就业岗位。

（七）加强工商联组织建设

多次赴京向全国工商联汇报工作，承办全国工商联所属商会负责人培训班暨商会改革发展研讨会，邀请全国工商联、中华工商时报多批次调研组到河北考察，争取更多的指导和支持。召开河北省工商联第十三次代表大会，选举产生新一届执委会和领导机构，圆满完成换届任务。配合全国工商联对河北省推荐的副会长和执委进行履职评价，开展河北省工商联企业家副主席（副会长）、所属商会会长履职评价，推动企业家履职尽责。推进“五好”县级工商联和“四好”商会建设，30个县（市、区）工商联被评为全省先进工商联，9家县级工商联被确认为全国“五好”标杆工商联，58家商会被评为全国“四好”商会。

三、落实管党治党责任，进一步提升党建工作整体水平

（一）坚持全面从严治党

党组定期专题研究党风廉政建设和反腐败工作，召开全面从严治党暨政治性警示教育会议，印发《省工商联党组全面从严治党主体责任和监督责任清单（2022年度）》《省工商联党组全面从严治党和党风廉政建设工作计划（2022年度）》，确保主体责任落实到位。党组书记认真履行党风廉政建设“第一责任人”职责，坚持把党风廉政建设和反腐败工作摆在重要位置、列入重要议事日程，率先垂范，强化监督，自觉接受监督，班子成员全面落实“一岗双责”，主动扛起分管处室和领域的全面从严治党、党风廉政建设责任。开展“三加强四优化五提升”活动和机关作风整治，举办扣好廉洁从政“第一粒扣子”青年干部演讲比赛，收看警示教育片，坚持元旦春节、中秋国庆等重大节假日进行廉政提醒，进一步筑牢党员干部拒腐思想防线。邀请驻部纪检组出席河北省工商联重要活动，自觉接受驻部纪检监察组的监督指导，支持机关纪委履行职责，切实加强对党员干部的日常教育和管理监督。

（二）加强机关和商会党建工作

积极配合河北省委第三巡视组对河北省工商联开展优化营商环境专项巡视，坚持边巡边改，立行立改。高质量召开党史学习教育专题民主生活会，班子成员开展积极健康的思想斗争，研究提出整改措施，并认真落实整改。严格落实“三会一课”、领导干部过双重组织生活、谈心谈话、民主评议党员等制度，推动党内政治生活的严肃、规范，增强了党的组织生活活力。严格落实意识形态工作责任制，党组会议定期听取意识形态工作情况汇报，健全网络舆情信息应对机制，强化对河北省工商联网站、微信公众号、微信群等舆情阵地管理，加大信息发布审核监管力度，牢牢掌握意识形态主导权。组织商会党支部认真学习贯彻党的二十大精神，举办商会党建培训班和主题党日活动，选树6家党建示范点，推动商会党支部规范建设。商协会党委领导的商会党支部达到60家，党员数量达到368名，实现了组织工作双覆盖。

组织概况

主席、副主席名单

时清霜　李红录　曲　斌　张京红　尚得志　张建华　吴相君　吕洪涛　于树中
贯　锋　杨晓勇　王树华　田纯刚　魏立华　潘卫东　尤文武　桑树军　韩　力
孟宪明　米亚林　倪海琼　詹国海　贺素成　姚奎章　张洪顺　王英其　宣武兵
康文哲

地方商会（总商会）副会长名单

李红录　曲　斌　张京红　尚得志　张建华　苏学军　胡　坤　周超男　杨壹名
张　海　卢庆国　屈国旺　李志永　林东旭　张书军　叶逢光　石晟阳　姚军战
李高斯　丁圣沧　孟连周　魏海金　郭龙鑫　王力崇　周　军　高彦明

地级市工商联主席名单

石家庄市吴相君　承德市　董旭明　张家口市闫利艳　秦皇岛市王秀红
唐山市　甄德恩　廊坊市　孟宪明　保定市　霍占利　沧州市　张晓明
衡水市　刘宏志　邢台市　王建江　邯郸市　曹淑霞

河北省各级工商联组织数和执委数

项目＼级别	省	副省级市	地级市	县（区、市）	合计
组织数	1	0	11	167	179
执委数	295	0	2 688	13 296	16 279

（注：统计截止时间为2022年12月31日）

山西省工商业联合会2022年工作综述

2022年，在山西省委、省政府的坚强领导下，在全国工商联和山西省委统战部的有力指导下，山西省工商联深入学习贯彻党的二十大精神及习近平总书记考察调研山西重要讲话重要指示精神，紧扣“两个健康”工作主题，深入推进政治建会、团结立会、服务兴会、改革强会，全面落实弘扬晋商精神、市场主体倍增、清廉民企建设、数字经济发展等重大任务，在优环境、助转型、战疫情、保稳定、增信心、激活力等方面持续用力，不断增强民营经济发展信心、凝聚民营经济发展合力、激发民营经济发展活力，为推动高质量发展作出了积极贡献，工商联的凝聚力、影响力、执行力得到进一步提升。

一、坚持政治建会，在筑牢共同思想基础上凝聚共识

强化思想政治引领，坚定理想信念。坚持把学习宣传贯彻党的二十大精神作为首要政治任务，深入学习贯彻习近平总书记对新时代民营经济统战工作和工商联工作的重要指示精神，从政治和全局高度谋划推进工作，切实把党中央决策部署不折不扣落实到民营经济领域。全年共组织4场专题宣讲活动，2次主题征文活动，2次思想政治状况调研，把广大民营经济人士紧密地团结在党的周围。持续深化理想信念教育，实施民营企业家培育工程及年轻一代企业家成长计划，全年共举办各类培训班25期，参训企业家3 000余人次。

提升宣传教育质效，凝聚思想共识。充分发挥中华工商时报、山西日报、山西广播电视台等合作媒体优势，聚焦市场主体倍增、百强民企发布等重大活动，大力弘扬优秀企业家精神，全方位宣传民营企业家先进事迹。全年共组织32个整版宣传，推出320余篇宣传稿件，在学习强国平台推送了56篇文章，制作了《助推民营经济走好新时代“赶考”路》等专题节目，山西省弘扬晋商精神有关做法被全国工商联理想信念教育专刊推介。

夯实商会党建基础，推动“两个覆盖”。持续加强商会党的建设，不断增强商会党组织政治功能和组织功能，协调推动山西省创新创业孵化协会等8个商协会成立党组织，组织培训入党积极分子56名，发展党员50名。创新开展“党建引领、共联共进”品牌创建活动，举办省工商联系统基层党务工作者专题培训和民营企业党员出资人培训班，不断提升基层党组织工作能力和水平。

推进清廉民企建设，激发发展活力。通过印发《清廉民企建设实施方案》，制定管理办法和考评指标，组织举办清廉民企和清廉商会建设培训班、“推进清廉民企建设 促进‘两个健康’”主题活动和全省清廉民企建设推进会，精心开展典型宣传活动，全面推进清廉民企建设。此项工作得到了中央统战部副部长、全国工商联党组书记徐乐江同志批示肯定，并获得了全国工商联理论研究一等奖、实践创新奖及“创新中国”最佳案例。

二、坚持团结立会，在培育队伍履行职能上彰显担当

建强民营经济代表人士队伍，拓展

工作载体。顺利完成省工商联换届，一批“六新”领域优秀企业家进入山西省工商联领导班子。持续加强执委队伍建设，完善企业家执委履职档案，开展企业家副主席、副会长履职评价工作。加强民营经济代表人士数据库建设，目前共有34 043名企业家入库。

畅通参政议政渠道，提升建言实效。加强与工商联界别政协委员、工商联执常委企业家、基层工商联以及各级商会的沟通联系。全年共有29件团体提案被立案，3件被列为年度重点，11件入选全省100件好提案，9件被评为省政协优秀提案。高质量报送社情民意信息，全年累计报送100余条，16条被全国工商联采用，12条被山西省政协采用。聚合民营企业家、专家学者、商协会组织等多种力量参与重大建言，全年参与山西省委经济工作会议等重要活动10余场，回复全国工商联及有关部门征求意见100余件。

推动新兴产业集群发展，扩大集群效应。指导帮助14个新兴产业集群成立24家商协会、9家行业联盟，吸纳山西省数字经济联合会、山西省数字产业协会等4家新兴产业商协会以团体会员身份加入工商联。聚力延链、补链、强链、优链，充分发挥民营“链主”企业带头作用，召开多场座谈会，让产业、资本、技术、人才等要素实现优化共生、创新裂变。2022年11月，太原市工商联率先指导成立了楼宇经济协会，有力推动全市楼宇经济高质量发展。

引导民营企业履行社会责任，助力共同富裕。深入推进“万企兴万村”山西行动，全省731家民营企业实施经营类和公益类项目924个，结对帮扶1 122个村。组织开展“民企联校促就业行动”等系列活动，7 000余家民营企业提供20万个岗位，签订就业意向协议近4万人。积极引导民营企业家投身农村基础设施建设、光彩公益慈善事业，915家民营企业和商协会累计捐款捐物价值超两亿元。编制发布《山西省民营企业社会责任报告（2022）》，创新评选50家社会责任领先企业。

三、坚持服务兴会，在围绕中心服务大局中展现作为

深入开展调查研究，提高建言咨政质量。围绕山西省委、省政府中心工作，组织开展入企进村服务和“强服务、稳经济、助推民营经济高质量发展”等专题调研活动。山西省工商联落实晋商晋企贴心计划有关情况被山西省委《山西改革信息》专题刊发。《全省民营企业运行情况分析报告》《山西省工商联全力推动民营经济市场主体倍增专题报告》获得省有关领导的批示肯定。扎实开展课题认领及优秀调研成果评选工作，形成了111篇有价值的研究成果，为建言咨政提供了有效支撑。

畅通政企沟通渠道，持续优化营商环境。联合山西省工信厅、山西省税务局等单位举办7期政企对接会，面对面解读政策、答疑释惑，80余条意见建议被有关部门吸收采纳。进一步强化与公检法司等部门的深度合作，通过出台《关于建立健全沟通联系合作机制的意见》，全省设立105家检察联络室，建设三级商会调解组织网络体系，开展“万所联万会”活动，构建起广地域、多层级、全覆盖的法律服务体系。大同市工商联成立民营企业服务中心，成立以来受理完成民营企业诉求289件，举办对接交流活动68场，帮助解决融资3 425万元。晋城市工商联创新建立“五个一批”工作机制，打通助企纾困、服务民营企业的“最后一公里”。

创新服务保障举措，促进市场主体倍增。建立“银团”金融服务平台，发布金融产品50余种，建立企业融资项目324条，帮助民企融资9.4亿元。大力推进

"数据流量园"建设，集聚了388家头部数字经济企业，搭建了数字能源、数字金融等"7+N"数字产业平台，形成了"1园5谷7平台"产业格局。深入推进"数据流量谷"建设，目前已注册企业52家，年营业额预计达百亿元。成功举办山西商会节、晋商企业家节13场系列活动，引导推动各地各商会开展项目合作190余个，共计金额902.1亿元。特别是在进博会期间，举办系列招商活动，促成电动装载机、电动重卡充换电站等智能制造项目落户山西，报送的《关于赴上海考察调研的情况汇报》得到省有关领导的批示肯定。

打造特色亮点品牌，推动民营经济质效并提。连续六年开展山西民企百强发布活动，百强入围门槛从2017年的3亿元增加到2022年的27.1亿元，增长了8倍。持续开展民营企业助力高质量发展系列行活动，召开全省民营企业助力太忻一体化经济区（太原区）发展招商引资推介座谈会。据不完全统计，已投和拟投项目共计59个，意向投资826.7亿元。

四、坚持改革强会，在深化工商联及商会改革中固本强基

高标准完成山西省委巡视，全面提升机关建设质量。全面落实巡视反馈意见，44项具体问题如期完成整改。深化巡视成果运用，强化工作跟踪督导，推进各项工作按时保质落实。聚焦持续加强党风廉政建设，一体推进模范机关和清廉机关创建，完善责任落实、督促检查、考核问责、动态管理等长效机制，积极营造风清气正、干事创业的浓厚氛围。

强化工作指导督导，夯实工商联整体建设基础。持续加强基层工商联深化改革工作指导，开展市级工商联评价。加强对尚未完成"一个设立、五个有"县级工商联的调研督导，积极推进县级工商联班子建设，打造纵向贯通、上下联动的组织工作体系。开展标杆选树活动，太原市尖草坪区工商联等5家工商联被评为全国"五好"标杆县级工商联。

推进商会组织改革，提高规范化科学化建设水平。研究制定了商会建设发展五年规划。创新开展所属商会考核评价工作，强化日常管理，开展省级商会经济运行情况统计调查，完成商会分支机构设立情况专项整治工作。大力推进"四好"商会建设，山西省数字产业协会等57家商会评为全国"四好"商会。阳泉市工商联以矿区、郊区为试点，实现乡镇商会、街道商会全覆盖。

组织概况

主席、副主席名单

陈旭忠　景普秋　卫明喜　李剑英　郭卫东　郝　旭　马累平　朱建军　李　强
吴晓年　刘红星　张明忠　侯清泉　王国华　田玉成　郭　颖　王　渊　杨履世
魏海生　王正通　伊纪余　李飞峰　赵文闪　胡瑞泽　姚锦龙　贾世庆　高　润
韩　温　穆映江

地方商会（总商会）副会长名单

黄卫东　梁俊明　李安平　张子玉　朱晓鹏　张天明　李　鹤　韩存兴　曾建新
赵士权　杨定础　梁　博　马庭林　李亚英　张志刚　张志杰　张晋花　胡大为
贺　焱　索德胜　彭衍吾　蔡　鑫

地级市工商联主席名单

太原市	宋毅方	大同市	刘若亮	朔州市	武利厚	忻州市	胡大为
阳泉市	齐敏芝	吕梁市	杨红梅	晋中市	田桂梅	长治市	赵文栋
晋城市	丁蕊香	临汾市	解建国	运城市	张东婷		

山西省各级工商联组织数和执委数

级别 / 项目	省	副省级市	地级市	县（区、市）	合计
组织数	1	0	11	117	129
执委数	301	0	1 764	7 438	9 503

（注：统计截止时间为2022年12月31日）

内蒙古自治区工商业联合会2022年工作综述

2022年，内蒙古自治区工商联始终坚持以习近平新时代中国特色社会主义思想为指导，深入学习贯彻党的二十大精神和习近平总书记关于民营经济的重要论述，在内蒙古自治区党委的坚强领导下，在全国工商联和内蒙古自治区党委统战部的有力指导下，紧扣“两个健康”工作主题，坚持“三性有机统一”原则，坚持政治建会、团结立会、服务兴会、改革强会，以建设政治坚定、特色鲜明、机制健全、服务高效、作风优良的人民团体和商会组织为目标，深入开展民营经济人士理想信念教育、不断提升服务经济发展能力、积极履行参政议政职责、全面深化工商联改革发展，各项工作取得新进展、实现新成效。

强化政治引领，坚定民营经济人士理想信念

（一）不断强化思想政治引领

一是深入开展理想信念教育。通过专题学习、培训研讨、线上“蒙商大讲堂”等多种形式，引领全区民营经济人士广泛深入学习领会党的二十大精神，深刻领悟习近平总书记对民营经济的一系列重要论述。全年累计举办“蒙商大讲堂”21期，培训人数达13万人次。二是加强舆论宣传阵地建设。充分利用自治区工商联微信公众号，推出学习二十大、商会动态、两会民企风采等20多个重点栏目，发布各类文章和信息3 086条，总浏览量突破43万人次。协调中华工商时报、内蒙古日报、内蒙古广播电视台等主流媒体大力宣传工商联工作和民营经济发展情况。三是持续强化非公党建工作。深入推进“两个覆盖”扩面提质，新组建23个党支部，发展56名党员，督促指导17家商协会党组织完成换届工作，有力推动总商会各级党组织全面进步、全面过硬。采取“党建+”形式，打造党建特色品牌，开展“非凡十年、取景新时代”融媒行动，举办“喜迎二十大·青春心向党——纪念共青团成立100周年青春励志故事分享会”。不断加强基层组织建设，举办专题培训班6期，开展“最强党支部”创建工作，举办年度党建工作述职、党员评议和“两优一先”评选和表彰。以选优配强商协会党组织书记为重点，推动商会领导班子和党支部领导班子双向进入、交叉任职。开展电商类、快递类企业党建工作调研，形成《关于新业态、新就业群体党建工作的调查与建议》调研报告。在2022年内蒙古自治区两新工委考核工作中，自治区总商会党委抓基层党建总体评价等次为“好”。

（二）全力助推民营经济高质量发展

一是引导民营企业践行新发展理念，助力自治区落实“五大任务”。举办第八届“创新与发展”高峰论坛，配合全国工商联新能源商会“新型电力系统下内蒙古新能源发展论坛”，对开拓内蒙古自治区新能源发展思路，明晰发展方向具有重要意义。持续跟进2021全国工商联主席高端峰会项目落地情况，截至去年年底，大会签约的156个项目中，已完工项目20个，占比12.82%；正在推进的项目78个，占比50%。赴京拜访全国工商联及所属11家商会，协助通辽市对接重点招商项目。邀请浙江66家知名企业到赤峰市、鄂尔多斯市、包头市等盟市考察对接。二是持续优化营商环境，用心用情用力解决民营企业难题。完善自治区四大班子领导联系走访民营企业和商（协）会制度，推动出台《关于构建亲清新型政商关系的意见》《关于进一步支持民营经济高质量发展的若干措施》，助力民营企业放心投资、舒心经营、安心发展。召开内蒙古自治区民营企业家座谈会，共梳理7个方面27条意见建议，协调相关部门单位推动解决。积极组织参与全区“迎接二十大、优化法治化营商环境、服务保障高质量发展”大讨论活动，近2.7万名企业家及行业协会代表提出意见建议9 000余条，均已转各地各部门督导协调办理。正式开通“96888”全区民营企业服务热线，建立民营企业诉求整理、转办和反馈工作机制，受理总话务量166条，征集政府和国有企业拖欠民营企业账款情况122件，纳入清欠范围54件，涉及金额9.37亿元，其中21件纳入自治区包联清欠民营企业账款工作台账。收集民营企业待审批项目15个、办理厂房用地手续问题24个，分别转交自治区有关部门协助解决。持续深化金融服务。开展民营中小微企业融资情况问卷调查，收集353家民营企业融资需求共225.5亿元，开展定向对接，缓解企业融资压力；举行金融“保项目、入园区、进企业、下乡村”行动，助力疫情期间市场主体纾困发展；促成中国银行与内蒙古农牧业产业化龙头企业协会等10家商协会签订融资合作协议；帮助锡林郭勒盟宏源集团解付2 000万元外汇资金，缓解企业资金压力。服务中小微企业健康发展。成立内蒙古自治区工商联中小微企业工作委员会；联合税务局开展“2022春雨润苗”专项行动，举办4期“百家商会千家企业万名会员惠企政策大宣讲”活动，宣传解读各项减税降费政策，确保中小微企业对相关惠企政策应知尽知、应享尽享。三是围绕中心服务大局，认真做好民营经济服务工作。推动民营企业信用体系加快建设。印发《内蒙古自治区工商业联合会关于加强民营企业信用体系建设的实施意见》，向全区民营企业及民营经济代表人士发出诚实守信倡议，对接有关部门帮助民营企业开展信用修复等工作。扎实开展对外联络工作。引导涉外民营企业防范境外投资风险；组织民营企业参加“民营企业参与共建‘一带一路’风险防控培训班”“助力民营企业走出去”等微讲堂、民营企业共建“一带一路”峰会等。

（三）着力提升参政议政水平

一是开展重点课题调研。开展万家民营企业评营商环境、自治区促进民营经济高质量发展政策落实情况等6次线上调研，收回调查问卷7 000份，为重点调研课题提供了重要依据和数据支撑。完成全国工商联“促进新能源产业高质量发展，推动构建新型电力系统”重点调研典型案例和《内蒙古自治区民营经济发展现状、机遇和对策研究》等4项课题；完成政协重点调研课题《鄂尔多斯市和锡林郭勒盟水资源节约集约利用》；组织召开“自治区工商联‘餐饮业、文旅业、物流业’受疫情影响较大行业企业座谈会”，开展“推动内蒙古自治区民营经济高质量发展政策落实研究”专题调研及能源领域专题调研并形成调研报告。配合全国工商联开展国际化规模较大民营企业调研工作，并评选报送20家典型案例。二是开展2021年度上规模民营企业调研工作。按照营业收入总额达3 000万元以上标准收集调研表367份，其中营业收入总额达5亿元以上的上报全国工商联143份。举办“2022内蒙古民营企业100强”系列榜单新闻发布会和“2023内蒙古百家民企发展报告”新闻发布会，发挥百强（百家）民营企业示范带动作用，激发民企发展活力。三是开展提案和社情民意工作。向内蒙古自治区政协提交团体提案54件，立案44件，2件被列为内蒙古自治区政协重点督办提案；完成2件人大建议、8件政协提案办理工作；向全国工商联报送全国政协团体提案13件；向内蒙古自治区政协报送社情民意信息25篇。

（四）持续推动法治化营商环境建设

一是充分发挥“联席会议制度”作用，积极拓宽法律服务企业渠道。出台进一步深化多元解纷和诉讼服务机制建设、构建“惠企”常态化沟通联络机制等优化法治化营商环境文件，开通涉企纠纷“绿色直通车”；积极开展涉案企业合规第三方监督评估机制试点工作，建立委员会联席会议机制。成立内蒙古自治区工商业联合会标准化工作委员会，印发《内蒙古自治区工商业联合会团体标准管理办法》。二是推进商会调解工作，积极探索多元解纷机制。制定《关于构建涉企行政争议多元化解机制的备忘录》，为7家商会设立商事调解委员会进行备案考察登记。实现“工商联+法院”诉调资源对接，健全商事纠纷化解模式。截至2022年12月31日，全区91家调解组织入驻商会调解服务平台，调解员208名，线上调解成功案件1 592件，调解案件数量位居全国前十。典型经验《创新新时代“枫桥经验”护航民企健康发展》获得全国工商联系统2022年工作实践创新成果。三是开展法治宣传，增强企业法治意识。持续推动“万所联万会”工作，深化“法治体检”“法律三进”等活动。内蒙古自治区、盟市、旗县工商联所属68家、114家、99家商会分别与103家、155家、103家律师事务所建立了联系合作关系。

（五）积极履行社会责任

一是有效推进乡村振兴工作。引导全区民营企业在15个重点帮扶旗县累计实施项目186个，完成投资3.3亿元，带动脱贫户9 335户15 510人。充分发挥京蒙协作平台优势，与北京市工商联签署《“万企兴万村”行动京蒙协作框架协议》。二是积极开展光彩事业工作。在12个盟市开展“照亮乡村公益行 光彩惠民促振兴”公益捐赠活动，已累计捐赠物资价值2 343.6 825万元。三是扎实推进就业创业工作。联合举办“百家商会千家企业助力万名大学生就业创业系列活动暨线上招聘月”活动，达成就业意向2.5万人。与自治区教育厅共同举办“稳就业、促发展”民企高校携手促就业专场网络招聘会，上线参展企业182家，提供岗位16 985个。四是积极参与疫情防控工作。疫情期间，全区商（协）会、广大民营企业和民营经济人士为支持疫情防控累计捐赠善款达2.9亿元，捐赠疫情防控物资和生活物资价值1.5亿元，全区工商联系统和所属商协会组织志愿者5 500余人参加各级防疫抗疫工作。在呼和浩特市两次疫情防控中，内蒙古自治区工商联机关向包联小区捐赠抗疫物资和资金近20万元，机关全体干部向包联社区捐助3.52万元爱心捐款，机关干部职工全部投身到基层一线参加疫情防控志愿服务。

（六）全面提升自身建设水平

一是圆满完成全区工商联换届工作。认真贯彻落实中央、内蒙古自治区党委关于换届工作有关精神，高标准、严要求完成内蒙古自治区工商联十三次代表大会人选推荐工作，召开内蒙古自治区工商业联合会（总商会）第十三次代表大会及十三届一次执委会议，选举产生第十三届执委会、常委会和新一届领导班子，顺利完成换届工作。同时，指导盟市、旗县工商联完成换届工作，换届后全区4个盟市、54个县级工商联主席进入同级人大、政府、政协领导班子。二是全面深化工商联和所属商会改革。推荐47家商会为全国工商联2021—2022年度“四好”商会。有针对性地树立7家县级工商联为全国“五好”标杆县级工商联，22家县级工商联为全区“五好”标杆县级工商联，对“一个设立、五个有”基础较薄弱县级工商联，进行重点帮扶并定期开展回头看。探索建立企业家副主席、副会长轮值制度。开展企业家副主席、副会长年度工作述职。建立企业家执委履职档案。完善工商联组织建设数据库和企业家人才库建设。修改完善会员管理办法和直属商会管理办法。三是稳步提升机关党建水平。坚持党组理论学习中心组学习制度，开展集体学习、专题研讨18次，汇编研讨材料6册，处级以上党员干部提交研讨材料106篇。如期召开机关党史学习教育总结大会和领导班子党史学习教育专题民主生活会。制订印发机关“最强党支部”提质升级和落实直属机关工委“揭榜领题”抓实党建项目工作方案，组织各支部开展24次“主题党日”活动及学习交流活动，推动支部建设迈上新台阶。四是不断加强自身建设。持续加强和改进机关工会、妇女、青年、老干部工作，着力提升机关工作效率。全力推进“网上工商联”一期建设。加大干部能力素质培训力度，强化干部管理和使用，精心打造一支讲政治、守规矩、善作为、勇担当的新时代工商联干部队伍。

组织概况

主席、副主席名单

安润生　梁淑琴　白春艳　宝音图　史圣平　温殿龙　王　臻　王彩荣　李国良
李国栋　李洪生　吴　城　吴葵生　应洪巨　张　竞　张　新　张波洲　林来嵘
周　勇　俞海明　郭延春　郭建军　郭建君　葛耀勇　韩　平　程晓虎

地方商会（总商会）副会长名单

梁淑琴　白春艳　宝音图　史圣平　温殿龙　于海龙　万晓红　马文义　王俊祥
王爱华　云官全　朱长虹　刘　军　孙治华　李　威　李　鸿　李晋华　张国忠
张剑秋　张盛辉　林　阳　高　波　常付田　奥　博　樊小平　额尔敦木图

地级市工商联主席名单

呼和浩特市	王国华	包头市	段晓峰	呼伦贝尔市	王庆有
兴安盟	关　冶	通辽市	包立群	赤峰市	杜金宏
锡林郭勒盟	哈斯海日汗	乌兰察布市	侯金梅	鄂尔多斯市	聂永胜
巴彦淖尔市	张秀文	乌海市	郜红旗	阿拉善盟	哈斯巴根
满洲里市	王斯玉	二连浩特市	哈斯夫		

内蒙古自治区各级工商联组织数和执委数

级别 / 项目	自治区	盟市	县（区、市）	合计
组织数	1	12	103	116
执委数	260	2 809	7 613	10 682

（注：统计截止时间为2022年12月31日）

辽宁省工商业联合会2022年工作综述

2022年，辽宁省工商联按照全国工商联的工作要求和辽宁省委工作部署，坚持以习近平新时代中国特色社会主义思想为指导，全面学习宣传贯彻党的二十大精神，紧扣“两个健康”主题和“四会”建设要求，坚持“两个毫不动摇”，加强民营经济人士思想政治引领，服务振兴发展大局，助力民营经济高质量发展，圆满完成了各项工作任务，取得了良好成效。

一、加强政治引领

（一）坚持以政治建设为统领，不断提高政治判断力、政治领悟力、政治执行力

始终把讲政治摆在首位，深刻领悟“两个确立”的决定性意义，增强“四个意识”、坚定“四个自信”、做到“两个维护”。自觉养成在吃透党中央精神前提下开展工作的习惯，将思想政治建设贯穿到各项工作全过程，在辽宁省工商联换届和辽商总会换届工作中，两次换届的人选全部满票当选，充分展示了辽宁持续净化政治生态、优化营商环境的显著成果和促进民营经济高质量发展、民营经济人士健康成长的扎实成效，为各项工作开展奠定了良好基础。辽宁省工商业联合会（总商会）第十三次代表大会选举产生了辽宁省工商业联合会（总商会）第十三届执行委

员会，赵延庆当选为省工商联主席、总商会会长，王学来当选为省工商联常务副主席、总商会副会长，张鸣、吴秋菊、胡桂涛、王钰4人为专职副主席、总商会副会长。

（二）提高政治站位，切实把思想和行动统一到党的二十大精神上来

把学习宣传贯彻党的二十大精神与学习贯彻习近平总书记关于东北、辽宁振兴发展的重要讲话精神，通过党组会议、党组理论学习中心组会议和党支部学习等形式，切实把学习成果转化为推动工商联事业蓬勃发展的强劲动力和促进“两个健康”的实践成效。制发《辽宁省工商联关于认真学习宣传贯彻党的二十大精神的通知》，进行动员部署，掀起学习宣传贯彻党的二十大精神热潮。指导市、县工商联及所属商会开展形式多样地学习贯彻党的二十大精神活动150余场次。在自媒体平台开辟“喜迎二十大 振兴我担当”“服务两个健康”“学习贯彻二十大精神”等专栏。召开全省工商联系统专题会议，深入学习贯彻习近平总书记在辽宁考察时的重要讲话精神、党的二十大精神，学习传导省委在新时代辽宁振兴发展中展现更大担当和作为的信心和决心。大力弘扬优秀企业家精神，积极选树先进典型。推荐5家民营企业和16名民营企业家获得全国五一劳动奖、辽宁省劳动模范称号，推荐3家民营企业和9名民营企业家获得第十二届“中华慈善奖”、全国就业与社会保障先进民营企业、全国关爱员工优秀民营企业家等荣誉称号，引导广大民营经济人士争做爱国敬业、守法经营、创业创新、回报社会的典范。

二、积极参政议政

积极建言资政。围绕重点选题开展大调研活动，形成相关报告，为辽宁省委、省政府决策提供参考。《关于辽宁省民营经济发展存在问题及对策的报告》得到省委副书记、省长李乐成批示。以直通车形式上报辽宁省政府的《关于进一步加大对受疫情影响严重的生活服务业纾困帮扶力度的建议》得到主要领导重视，促进了《辽宁省促进服务业领域困难行业恢复发展的若干举措的通知》出台。《关于助企纾困政策落实情况调研》在政府工作报告座谈会上进行专题汇报，得到主要领导批示后，有关部门高度重视，认真采纳落实。《关于推动辽宁省镁建材产业高质量发展的建议》被辽宁省政协列为重点提案，同时被评为辽宁省政协优秀提案，辽宁省政协为此搭建沟通平台，邀请辽宁省工商联、相关民营企业家和省工业和信息化厅、省人社厅等多部门开展座谈，得到企业满意答复。利用全国工商联民营企业调查系统，全年开展民营企业问卷调查6次，有效填报8 539份，全方位了解政策执行情况。

三、服务经济发展

（一）开展“送政策、送服务、勤撮合、解难题”大调研活动，推动各项政策落实落地

辽宁省委常委、省委统战部部长胡立杰部长带队调研走访，召开辽商总会企业家座谈会、行业异地商会会长座谈会，形成的《助企纾困政策落实情况专题调研报告》得到省委副书记、省长李乐成批示。

（二）直击企业痛点，积极开展“四个撮合”

全面贯彻新发展理念，开展科技、金融、资本、企业等“四个撮合”专项行动。①开展金融撮合。与辽宁省委统战部、省金融监管局共同牵头，启动辽宁省金融撮合助企纾困专项行动。辽宁省委常委、副省长张立林出席并讲话，省委常委、统战部部长胡立杰主持启动仪式。全省21万余人次参加会议。开展120多场对

接活动，受惠企业6.7万余家，贷款余额约319.5亿元。②开展企业撮合。与辽宁省委统战部共同组织召开“新担当·新作为·新辽商”2022辽商创新合作大会，15个省200余名辽商回辽宁参会。组织江苏、浙江、广东、黑龙江、吉林5省140名民营企业家，开展“五省优势民企辽宁行”活动，48家省外优势民营企业与沈阳、大连、鞍山等地进行洽谈，达成意向投资额7.3亿元。辽宁省委常委、宣传部部长刘慧晏在《辽宁省工商联围绕企业本地配套、产业链合作搭建省外企业撮合服务平台》上作了批示予以肯定。③开展科技撮合。指导推动举行“智汇东三省·航材新时代”项目对接路演活动。组织1 500余家企业参加“产融中国系列线上路演辽宁专场（先进制造领域）”等线上科技撮合活动。与科技、教育等部门合作，向民营企业推送全省高校、科研院所3 467项科技成果。④开展资本撮合。与辽宁股权交易中心及产业引导基金、创投基金、产业基金等30家投资机构建立机构信息数据平台，挂牌展示企业2 376家。

（三）构建维权服务“五个直通车”

与辽宁省纪委监委、省委政法委、省法院、省检察院和省公安厅，构建维权服务“五个直通车”，推动形成“法企面对面”。会同10家省直单位组建省涉案企业合规考察第三方监督评估机制管理委员会，为带病企业提供司法康复，开展涉案合规考察案件108起，受到企业普遍欢迎。组织全省530家商会、县级工商联与1 200家律师事务所建立合作关系，开展“万所联万会”工作，形成服务保护民营企业新合力。

（四）扎实推进“万企兴万村”活动

围绕巩固拓展脱贫攻坚成果，接续推动乡村全面振兴。全省参与“万企兴万村”行动民营企业1 660家，结对村1 789个，帮扶“兴村”项目2 766个，投资总额46.09亿元。

（五）助力稳就业保民生

配合辽宁省人社厅、省教育厅等部门开展促就业招聘活动，共举办招聘活动616场次，参加活动的民营企业1.6万余家，提供岗位信息18.1万余个。

四、加强组织建设

（一）推进工商联所属商会改革与发展

开展省级“四好”商会认定工作，加快工商联所属商会组织规范化、专业化建设步伐，提高各级工商联商会建设整体水平。推动辽宁省工商联金银珠宝业商会等9家二级商会注册登记。指导辽宁省茶具商会、省五金机电行业商会等直属商会圆满完成换届工作。大力推动“五好”县级工商联建设，沈阳和平区、大连甘井子区、鞍山海城市、本溪桓仁县、辽阳灯塔市工商联获得全国“五好”标杆县级工商联。

（二）聚焦一流机关建设

以干部作风转变为突破口，提出“锻造一流队伍、取得一流业绩、形成一流品牌、创建一流机关”的目标。加强机关规范化制度化建设，梳理印发本单位各项制度44项，形成《辽宁省工商联（辽宁省总商会）机关建设规章制度汇编》并严格执行。制定《辽宁省工商联企业家执委履职情况评价办法》，激发企业家执委参与工商联工作的积极性。机关3名党员干部分别获得省直机关五一劳动奖章、省直机关青年五四奖章、省脱贫攻坚先进个人，1名同志获得2022年省直机关“强国复兴有我”征文演讲比赛优秀奖。

组织概况

主席、副主席名单

赵延庆　王学来　张　鸣　吴秋菊　胡桂涛　王　钰　李　昕　李治辉　姜　哲
曾庆东　刘至寻　吴京耕　金卫东　胡旺阳　马旭平　苏文博　胡冬梅　吴文忠
何建平　郭晓红　刘溪笔　孙立夫　杨　彬　张之一　高　峰　刘守礼　王伟波
倪新财

地方商会（总商会）副会长名单

李　利　高　群　马塾君　周远鹏　翟天齐　谭　鑫　黎春华　孙克文　范存艳
丁　武　寇　昌　韩建初　陈一男　于本宏　刘　勇　刘济豪　张绍强　张震宇
高　川　孙庆明　高云鹏　李海生　杨　杰　陈文贤

地级市工商联主席名单

沈阳市　侯　巍　　大连市　李延峰　　鞍山市　张　静　　抚顺市　卢　军
本溪市　孙　军　　丹东市　张利红　　锦州市　杨红杰　　营口市　刘庆文
阜新市　戈　宾　　辽阳市　张冰冰　　铁岭市　那前波　　朝阳市　张顺兰
盘锦市　翟月雷

辽宁省各级工商联组织数和执委数

级别 项目	省	副省级市	地级市	县（区、市）	合计
组织数	1	2	12	100	115
执委数	413	860	3 125	5 970	10 368

（注：统计截止时间为2022年12月31日）

吉林省工商业联合会2022年工作综述

履行促进“两个健康”职能，持续深化“四会”建设，努力开创新时代民营经济统战工作新局面

（一）始终坚持政治建会，牢牢把握工商联事业发展的正确方向

始终坚持“信任、团结、服务、引导、教育”的方针，不断筑牢民营经济人士思想政治工作基础，努力培育靠得住、用得上的民营经济人士队伍。一是着力加强思想政治引领。及时传达学习贯彻党的二十大精神、中央经济工作会议精神、中央统战工作会议精神和全国工商联十三大

会议精神及省委、省政府相关会议精神，引导广大民营经济人士紧紧团结在党的周围，更加深刻领悟“两个确立”的决定性意义，进一步增强“四个意识”、坚定“四个自信”、做到“两个维护”。坚持不懈深学、细悟、笃行党的创新理论最新成果，引导广大民营经济人士深刻理解习近平总书记关于“两个毫不动摇”“三个没有变”等重要论述和《中国共产党统一战线工作条例》、新修订的《中国共产党章程》，不断提高政治判断力、政治领悟力、政治执行力。二是着力深化理想信念教育。举办吉林省民营经济人士学习贯彻省第十二次党代表大会精神宣讲报告会；抓好民营经济人士队伍建设，与吉林省委统战部、省社会主义学院联合在中央社院举办全省民营企业家理想信念教育专题培训班，筑牢民营经济人士思想政治工作基础；组织民营企业家代表围绕“学习二十大 奋进新征程”和“永远跟党走 奋进新征程”主题谈体会、谈认识，不断深化对中国共产党和中国特色社会主义的政治认同、思想认同、理论认同和情感认同。三是着力推进非公领域党建。加强所属商会党建工作，通过考察考核商会负责人抓商会班子建设，履行全面从严治党主体责任推进商会党建工作。深入开展“商会服务月”活动，会同吉林省委统战部、省委组织部、省民政厅等有关部门召开直属商会党建推进工作座谈会，把对直属商会的指导、引导、服务职能落到实处。推动吉商联合会、省工商联光机电商会成立党组织，推动统战工作向商会组织有效覆盖。加强民营企业党建工作，邀请民营企业党员代表参加工商联党史学习教育动员会、宣讲报告、主题党日、专题党课等活动，引导民营企业在发展中有效融入党建工作，发挥党员企业家的示范带动作用。

（二）始终坚持团结立会，凝聚推动经济社会发展的强大力量

始终以习近平总书记关于做好新时代党的统一战线工作的重要思想为根本遵循，依据《中国共产党统一战线工作条例》，最大限度凝聚人心、汇聚力量。一是大力弘扬企业家精神。开展“吉商荣耀”评选表彰，展示吉林经济发展成就，树立新时代民营企业家良好形象。深入挖掘优秀民营企业和民营企业家代表，大力宣传优秀民企贯彻落实新发展理念的先进事迹，广泛营造支持和爱护民营企业发展的良好舆论氛围。累计在人民日报、新华网、学习强国、吉林日报等主流媒体宣传各类稿件120多篇。二是推动构建亲清新型政商关系。认真贯彻落实《吉林省统战系统践行亲清政商关系正负面清单（试行）》要求，在加强联系服务、优化法律环境、营造舆论环境等方面，引导民营经济人士在经营管理和政商交往中不越规矩、不踩红线、不破底线，使企业在法治轨道上健康运行。建立党政企联动交流工作机制，定期做好沟通协调衔接工作，通过召开吉林省委、省政府及有关部门与民营企业协商会、座谈会、研讨会等方式，积极争取党委政府支持，拓宽党政企互动交流的有效路径。三是引导民营企业家履行社会责任。广泛发动民营企业积极投身疫情防控。疫情发生以来，吉林省工商联团结带领全省各级工商联、直属商会和广大民营企业以多种途径参与和支持疫情防控，捐款捐物4.56亿元。2020年、2022年两轮疫情累计已达10亿余元。开展民营企业履行社会责任调研。发布《吉林省民营企业社会责任报告（2021）》。助力党委政府稳就业保民生。联合吉林省教育厅、人社厅开展“吉林民企高校携手促就业行动”，组织“民营企业招聘月”“金秋招聘月”活动，引导6 297家民营企业

参加，签订就业（意向）协议5 577人。制订《关于深入推进“万企兴万村”吉林行动助力边境村振兴发展的实施方案》，采取广泛发动、三级联动的形式，推动368家民营企业与216个重点边境村结成帮扶对子。打造吉林统一战线“吉善工程”品牌，在延边州、白山市、通化市选取边境村试点打造“吉善·同心圆之家”，设立“一家亲食堂”，持续增进民生福祉。

（三）始终坚持服务兴会，助力全省民营经济实现高质量发展

始终坚持围绕中心，服务大局，积极引导民营企业围绕吉林省产业发展战略布局谋划发力，全面贯彻“一主六双”高质量发展战略。一是搭建经济服务平台。建立银联企合作机制。与吉林省委统战部、中国进出口银行吉林省分行共同举办促进“两个健康”服务“专精特新”对接会，通过线上线下对接，帮助“专精特新”民营企业争取政策性金融支持，5家民营企业现场与银行达成贷款协议3.8亿元。联合省税务局、招商银行和一汽集团，推出“账权池银税贷”项目，助力一汽集团上下游中小企业加快发展，保障汽车相关产业链供应链稳定。联合吉林省工商银行、建设银行、农业银行、邮政银行、吉林银行、珲春农商银行等多家商业银行发布助力企业复工复产惠企金融产品，先后帮助8 777家民营企业贷款126.56亿元。建立税商联动机制。拓展“春雨润苗”行动内涵，联合省税务局召开全省税商联动机制推进会议，出台《税商联动工作意见》，建立十项机制、开展十大活动，为民营企业办理留抵退税173.91亿元，减免“六税两费”11亿元，缓税41.6亿元，办理出口退免税36.2亿元。二是搭建助企纾困平台。加强政策解读宣讲。全面宣讲中央和吉林省出台的惠企政策，梳理60余项300余条惠企政策，帮助民营企业用好用足政策，享受政策红利。统筹资源聚合力。将助企纾困作为“一把手”工程高位推动，省市县三级共成立工作专班142个，通过完善民营经济统战工作协调联动机制，将原有16个成员单位扩展为45个，形成上下联动、齐抓共管的工作格局。开展“暖企业十大行动”。细化工作举措，压实工作责任，深入市州帮助民营经济人士提振发展信心，召开座谈会326场，邀请有关部门和金融机构现场解决企业提出的问题，与6 000名民营企业家谈心交流，梳理问题建议156条，逐一帮助企业解决。三是开展法律维权服务。加强法律维权服务中心建设。省民营企业法律维权服务中心成功入驻长春智慧法务区。开展中小微企业复工复产法律服务对接活动和“法治体检”“法律三进”活动，为近6万家民企提供法律咨询和维权援助。建立与吉林省司法部门、公安机关联动机制。联合省公安厅印发《关于联合开展“万家民企防诈反诈”专项工作的实施方案》。开展“服务企业周”活动。联合调研企业1 062家，收集问题及意见建议276条，现场解决199条，转交政府其他部门39条。四是深入开展调查研究。广泛开展大调研大走访。围绕创新发展、产业扶贫、转型升级、营商环境等主题，多次组织各级工商联、商会和民营企业参加问卷调查、网络填报和举办座谈会。开展“上规模民营企业调研”，持续开展“民营企业调查点”“民营企业固定观察点”等调研活动，形成《吉林省上规模民营企业调研报告》，有关建议被政府相关部门采纳。多层次多渠道建言献策。五是助力优化营商环境。组织开展民企评议政府服务工作。持续开展2022年吉林省民营企业评议政府服务工作，回收问卷10 020份，形成《工作报告》《结论报告》和《问题报告》。

开展涉案企业合规第三方机制建设启动工作。与吉林省检察院、省司法厅等10个部门联合建立涉案企业合规第三方监督管理机制，在全国率先开展行政执法合规改革试点工作，全省9个市州建立第三方机制办公室16个。累计办理企业合规案件94件，参照或适用第三方机制34件，依法不起诉企业14家，依法不起诉个人57人。六是拓展经贸交流合作。组织开展“吉商通化行”活动，围绕吉林省全面实施“一主六双”高质量发展战略，聚焦发展“六新产业”“四新设施”建设，“秸秆变肉”暨千万头肉牛建设等重大项目进行推介和深入对接。搭建引资引智平台。成功参与举办召开第七届全球吉商大会，发展壮大吉商队伍至300多万人，成立吉商商会组织108个，会员企业达到7万多个，累计为家乡招商引资4 300多亿元。为推进“智慧工商联”建设，全面优化涉企服务，2022年年初，吉林省委统战部指导省工商联启动“促进两个健康综合服务平台”建设项目，得到全国政协副主席、全国工商联主席高云龙，中央统战部副部长、全国工商联党组书记徐乐江和全国工商联副主席安立佳的肯定批示。

（四）始终坚持改革强会，提升新时代工商联工作的能力水平

学习贯彻新修订的《中国工商业联合会章程》，不断加强领导班子和工商联自身建设，运用“五化”工作法，提升工商联工作水平，彰显政治机关属性。一是完成省级工商联换届。在中央统战部四局领导下，在全国工商联会员部和吉林省委统战部指导下，8月14日至16日，吉林省工商联第十二届代表大会召开，吉林省历史上首次省委书记、省长同时出席大会开幕式。着力加强宣传工作，在工商联换届前后通过主流媒体开辟专版，集中宣传吉林省工商联在促进“两个健康”中发挥的重要作用和五年工作成就，广泛营造和谐有序的换届环境。按照严把政治关、素质关、能力关、程序关的要求和“三强一好”的标准，选举产生吉林省工商联新一届领导班子成员和执常委，确保了换届工作平稳有序、风清气正。创新人选推荐机制，把调整和优化民营经济代表人士人选的产业结构作为一项重点任务，通过“条块结合”推荐，使人选结构更符合国家产业发展导向。创新思想工作机制，与因为年龄或任期原因离开现有岗位的民营经济人士逐一进行联系，既充分肯定他们为工商联事业发展所作的积极贡献，又讲明政策，引导他们讲政治、顾大局、守规矩、正确对待职务变动，充分保护他们的积极性。创新专委会机制，进一步加大年轻一代培养力度，在吉林省委统战部指导下，成立吉林省工商联青年企业家委员会，优化组织结构，延长工商联工作手臂。二是配合做好全国工商联换届和相关人选推荐工作。在中央统战部、全国工商联领导下，在吉林省委统战部具体指导下，按照《中华全国工商业联合会第十三届执行委员会、常务委员会委员产生及名额分配办法》，着力加强组织领导，树立鲜明选人导向，做到稳慎选人，强化纪律监督，严格按照人选构成、条件、产生程序和所分配名额做好人选推荐工作。吉林省工商联共推荐22位代表参加大会，其中11人当选全联执委，4人当选全联常委。三是加强基层组织建设。开展“四好”商会创建活动。制定下发《吉林省工商联开展2021—2022年度全国“四好”商会认定工作的通知》，17家商会被评为全国“四好”商会。完善工商联组织体系。拟定《2022—2027年吉林省工商联所属商会发展规划》和《吉林省工商联专门委员会工作规则》《吉林省工商联执委、常委年度履职量化考核办法》《吉林省工商联（总

商会）会费使用管理办法》《吉林省工商联直属商会管理办法》《吉林省工商联直属团体会员联系服务工作的若干意见》《关于加强工商联基层组织建设的实施意见》《关于加强和改进工商联会员工作的实施意见》7个体系制度机制，增强工作力量，更好的服务促进“两个健康”。四是加强领导机构运行机制建设。完善制度机制。制定并执行《吉林省工商联（总商会）领导班子联系市州工商联、直属商会、会员企业工作制度》《关于进一步发挥吉林省工商业联合会执行委员作用的意见》《吉林省工商业联合会执行委员联系服务工作制度》等，带动民营经济人士整体队伍自觉尊崇制度，严格执行制度，坚决维护制度。提升队伍素质。落实《关于加强和改进非公有制经济代表人士综合评价工作的意见》要求，对新任会长人选进行综合评价和考察。修改完善《吉林省工商联执委履职管理办法》，配合全国工商联开展省级工商联、企业家副主席副会长执委履职情况评价，强化工商联执、常委，副主席、副会长的政治责任和履职意识。

组织概况

主席、副主席

李维斗　王　喆　汤　艳　徐朝春　李武华　于广臣　于　钧　于胜东　冯彦辉
许明哲　孙国敬　李万升　杨　涛　轩景泉　邹连和　张　锋　郑立国　徐佳彬
郭志伟　郭建华　唐　红　彭　飞　傅　春　鲁　贺　潘　巍

地方商会（总商会）副会长名单

李维斗　王　喆　汤　艳　徐朝春　李武华　于惠舫　王　岩　王启民　王喜权
公晓颖　方长丽　甘先国　叶信存　丛连彪　曲风采　刘广东　许恒宾　李吉宝
宋亚坤　宋明翰　修　远　韩　瑛　窦燕书

地级市工商联主席名单

长春市　许明哲　　吉林市　陈　东　　四平市　王昊昱　　辽源市　张　猛
白山市　许继清　　通化市　潘　巍　　白城市　王金利　　松原市　梁亚范
长白山　王　铁　　延边州　王静慧　　梅河口市曹海燕　　长春新区韩　丹

吉林省各级工商联组织数和执委数

项目＼级别	省	副省级市	地级市	县（区、市）	合计
组织数	1	1	11	59	72
执委数	298	256	1 605	5 305	7 464

（注：统计截止时间为2022年12月31日）

黑龙江省工商业联合会2022年工作综述

2022年，在黑龙江省委、省政府的坚强领导下，在全国工商联和黑龙江省委统战部的关心指导下，黑龙江省工商联坚持以习近平新时代中国特色社会主义思想为指导，深入学习宣传贯彻党的二十大精神，牢牢把握“两个健康”主题，创新“五型工商联”建设，高质量完成三项重大活动，各项工作取得积极成效。

一、加强政治引领，坚定拥护“两个确立”做到“两个维护”

一是强化理论武装。坚持把宣传贯彻党的二十大精神作为首要政治任务，认真落实党组理论中心组学习和第一议题制度，班子带头领学辅导、交流体会。扎实推进党的二十大精神进机关进商会进企业，举办党的二十大精神宣讲报告会和专题辅导报告会，深入商会企业宣讲30余次。开展民营经济人士献礼党的二十大系列主题宣传活动，开辟专栏发布报道237篇，引导广大民营经济人士深刻领悟“两个确立”的决定性意义，增强“四个意识”、坚定“四个自信”、做到“两个维护”。二是深入开展理想信念教育。开展“奋进新征程 建功新时代”理想信念教育实践活动，参与承办全国工商联年轻一代民营经济人士理想信念报告会，开展“弘扬抗联精神、赓续红色血脉”革命传统教育活动。严格落实意识形态工作责任制，健全完善工作体系，开展两次思想状况调查，先后推出3 000余篇系列报道，有效防范化解风险隐患。三是积极发挥商会党建引领作用。推进商会党组织规范化建设，健全党建工作基础台账，调整配强党建指导员队伍，撰写《关于商会品牌建设的实践与思考》获全国工商联2022年组织建设调研创新奖。建立商会党组织换届台账和提醒机制，指导5家直属商会完成党组织成立和换届调整工作，党组织覆盖率超过95%。

二、围绕中心大局，坚决落实党中央和省委决策部署

一是扎实开展招商引资。牵头承办2022年全国工商联主席高端峰会暨全国优强民营企业助推黑龙江高质量发展大会，发布1 340个招商项目。牵头实施乡贤企业家项目招商，依托商会开展以商招商、乡情招商，推进“冬闲”变“冬忙”，协调圆通、波司登等企业来黑龙江省考察对接，先后赴江苏、上海等地对接洽谈创意设计、新材料等产业招商。全年推动签约项目124个，签约额1 538.02亿元。二是积极服务乡村振兴战略。扎实开展“万企兴万村”行动，引导民营经济人士产业助力乡村振兴，截至12月底，黑龙江省参与“万企兴万村”行动民营企业达到1 256家，实施项目1 390个，帮扶村1 307个。坚决落实“援疆援藏”部署，参与光彩事业西藏行、南疆行，组织6家民营企业与日喀则6个边境村结对。三是全面加强对外交流合作。搭建国际经贸合作平台，累计组织100余家所属商会企业参加消博会、进博会等国际经贸活动。深入开展“两送一防”行动，向“走出去”企业发布政策100余条，联合中国出口信用保险公司全年为900余家民营企业提供保险服务，提供出口收汇风险保障14.5亿美元，支付赔款约50万美元、赔前减损超过800万元。

三、强化责任担当，助力民营经济高质量发展

一是创新服务手段。依托“网上工商联”累计推送13类惠企政策547条，为企业服务10万余次，启动“网上工商联”2.0版前期工作，积极融入数字政府建设。联合税务部门持续开展“春雨润苗”行动，截至12月底，全省合计新增减税降费及退税缓税缓费393.2亿元。二是优化发展环境。实施民营经济营商环境建设专项行动，联合开展“执行合同”“清欠排查”等专项行动，收集反馈涉法涉诉问题线索28条。与黑龙江省公安厅、司法厅建立合作机制，联合省法院常态开展“护航企业办实事携手奋进新征程”活动；配合省营商局完成“全省2021年度、2022年度优化营商环境十大案例”推选工作，联合开展建设示范单位评选，17项经验做法获评全国工商联“典型案例”。组织民营企业参与15项法规制度性文件制定，组建黑龙江省涉案企业合规第三方监督评估机制管理委员会，选任第一批126名专业人员入库。三是促进稳岗就业。启动“民企高校携手促就业”行动，会同黑龙江省教育厅组织6家企业与省内高校签订校企合作促就业协议。参与举办“春风行动”云聘会、民营企业招聘月和金秋招聘月活动，组织2万余户（次）民营企业发布招聘岗位近40万个，达成就业意向5万余人。开展“和谐同行”培育活动，深化三方四家合作机制，推动建立商会调解组织206个，联合开展和谐劳动关系创建示范企业与工业园区评选推荐工作。持续开展民营企业劳动关系监测，形成《黑龙江省民营企业劳动关系状况报告》，相关做法被《工商联工作》第20期刊载。四是加强调查研究。制订年度课题调研计划，全面提升调查点管理运用，结合税收数据形式的1-4月全省民营企业经营情况分析报告被全国工商联《工商动态》第96期刊载。修订完善《黑龙江省工商联领导联系服务民营企业、市（地）工商联、所属商会、村企结对实施方案》，成立数字、生物经济等七个专门工作委员会，及时协调解决民营企业困难诉求。赴海邻科开展调研，系列报道连续三天被《工商时报》头版头条刊载，形成专题报告报省委。积极报送创新成果及典型案例评选材料，两篇成果获全国工商联系统2022年工作实践创新成果奖。五是积极建言资政。聚焦热点难点问题，向全国和省政协报送提案9件，围绕大豆种业等课题在黑龙江省政协常委会作书面建言，围绕数字应用场景等课题在黑龙江省政协大会上发言。创建工商联界别委员工作站，组织工商联界别人大代表、政协委员推荐工作，省工商联执常委队伍中有全国和省级人大代表7人、政协委员48人。报送社情民意信息60篇，其中《应大力解决大豆种业“卡脖子”“掉链子”问题》获2022年全国工商联优秀社情民意信息类二等奖。

四、坚持强基固本，扎实推进工商联和所属商会建设

一是完成省工商联换届。选举产生省工商联十二届执常委队伍和领导班子，执委队伍结构进一步优化。组织黑龙江省代表团参加全国工商联第十三次代表大会，当选全国工商联执委11人、常委4人。二是加强基层工商联建设。75个县级工商联累计145次被评为全国“五好”县级工商联，4家县级工商联被评为全国“五好”标杆县级工商联。制定落实《市地工商联工作考核评价办法》，营造创先进位的良好氛围。三是加强所属商会建设。牵头组建龙商总会，在亚布力论坛年会期间成功举办成立大会。加强直属商会、团体会员数据统计和台账管理，推进商会团体标准化建设，推荐5家商会、10家科技型企业参与团体标准“领先者”及标准创新贡献奖评选。

五、加强党建引领，全面提升机关能力作风建设水平

一是加强机关党的建设。推进党支部标准化规范化建设，严肃组织生活，全面履行党组党风廉政建设主体责任，落实班子成员“一岗双责”。坚持民主集中制，组织召开党组会议35次、主席会议23次，“三重一大”事项做到集体讨论、民主决策。严格按组织程序选任正处级领导职务5名，职级晋升干部12名，营造干部成长良好政治生态。与驻部纪检监察组开展3次会商，推进巡视问题整改，督导机关干部落实政企交往正负面清单和亲清自律“双十条”，引导企业家共同营造清朗营商环境。二是加强机关能力作风建设。严格落实黑龙江省委“能力作风建设年”部署，制订实施方案，扎实开展“解放思想、振兴发展”研讨、攻坚破难行动、创建学习型机关等活动，有力提升了机关干部能力作风。三是加强机关运行体系建设。以“四个体系”建设为统领，明确岗位责任，制定《省工商联领导班子分工》，厘清“权力清单”；狠抓督导问责，落实机关督促检查工作制度，针对重点任务和工作推动督办29次，确保各项任务高效有序推进。

组织概况

主席、副主席

张海华　吴海宝　乔惠东　韦红兵　吕英斌　马　辉　边书平　朴庸健　朱宏伟
李　军　李晓东　杨春波　冷友斌　张立国　张金龙　张海军　陈姣姣　全灵峰
周春玲　单　勇　孟繁中　胥　军　姚松林　梅章记　隋熙凤　韩鲁波　戴　迪

地方商会（总商会）副会长名单

吴海宝　乔惠东　韦红兵　吕英斌　马　辉　马旭春　王雪松　吕冬芳　关　一
江　岩　杨亚宁　杨昌仁　陆晓琳　林珈旭　赵晓红　贾秀芳　黄瑞杰　盖少江
焦　强　魏世锋

地级市工商联主席名单

哈尔滨市徐　伟　齐齐哈尔市魏艳芹　牡丹江市王伟华　佳木斯市刘学东
大庆市　栾　红　鸡西市　唐春正　双鸭山市王月花　七台河市唐世云
伊春市　贾晓宇　鹤岗市　李东斌　黑河市　李　强　绥化市　党　伟
大兴安岭地区　郭春宣

黑龙江省各级工商联组织数和执委数

项目＼级别	省	副省级市	地级市	县（区、市）	合计
组织数	1	1	12	125	139
执委数	283	296	1 721	6 183	8 483

（注：统计截止时间为2022年12月31日）

上海市工商业联合会2022年工作综述

2022年，上海市工商联深入学习贯彻党的二十大和习近平总书记考察上海重要讲话精神，紧紧围绕上海市第十二次党代会部署要求，牢牢把握“两个健康”主题，团结带领广大民营企业和民营经济人士在疫情期间积极发挥作用，为上海创造新奇迹、展现新气象努力作出贡献。

一、突出思想政治引领，广泛凝聚奋进共识和力量

把学习宣传贯彻党的二十大精神作为首要政治任务，不断引导系统干部和广大民营经济人士深刻领会“两个确立”的决定性意义，充分认清党和国家促进民营经济发展的大局大势。持续深化理想信念教育。开展“党的二十大精神进商会进民企”活动，市区工商联、各级商会组织和广大民营企业举办相关活动1 472场、3.6万人次参加。召开全市理想信念教育工作推进会，指导举办“纪念统战百年学习刘靖基先生爱国报国生平事迹座谈会”，积极拓展理想信念教育基地。加强代表人士教育培养。举办民营企业家研修班、民营企业党员出资人示范培训班、第九届“为了花朵的微笑”公益活动等，引导民营经济人士特别是年轻一代争做基业长青、义利兼顾、诚信守法的表率。营造良好社会环境氛围。全方位宣传展示工商联工作和民营经济发展态势，宣扬先进典型，讲好民营企业故事，疫情期间，市区两级推送先进典型事迹2 800余篇。完善民营经济领域意识形态和舆情工作机制，做好分析研判，防范化解风险，守牢意识形态底线。

二、围绕中心服务大局，积极推动加快构建新发展格局

推动建设更友好发展环境。会同市委统战部创设上海民营经济发展圆桌会并协助各区举办活动，健全政企互动、市区联动、商会协同推动解决民营经济发展问题的工作机制。与相关部门联合开展创建“两个健康”民营经济示范区、协调解决中小企业账款清欠等工作。聚焦3+6重点产业、营商环境等加强调研和建言献策，推动成立市政协工商联界别委员凝心聚力工作室，深化民营经济运行监测预测平台及调查点工作，开展民营企业评营商环境研究和“21条”“50条”政策落实情况第三方评估，创刊《上海商情》，形成一大批提案专报，为党委、政府科学决策提供参考。服务国家战略和全市大局。举办第二届长三角超导产业发展高峰论坛、长三角绿色交通产业链高质量发展大会，强化创新链产业链协同。服务民营企业参与进博会，举办“沪港新马泰”工商经贸交流洽谈会和参展企业座谈会，放大进博会品牌溢出效应。聚焦“五个新城”、虹桥商务区等发展规划，进一步推进民营企业总部集聚。与浦东新区政府签订战略合作框架协议，支持民营经济深度融入“引领区”建设。参与对口支援合作和“万企兴万村”行动。与云南省工商联共同助推全球首个金木棉产业链基地落地云南红河。主动对接三明、六安市工商联支持革命老区振兴发展。至2022年年底，上海民营企业参与“万企兴万村”行动502家、兴村742个，投资总额91.24亿元，捐款捐物总额1.83亿元。春秋、红星美凯龙、复星、均瑶、拼多多5家民营企业由上海市工商联推荐获得首届“上海慈善奖”。

三、全力组织抗疫，打造民营经济统战工作实践样板

全面动员加强组织领导。用中央和市委决策部署统一思想、凝聚共识，精心谋划、有序推进。先后发出三个通知一个倡议，召开20多场全市性的座谈会、部署会和推进会，系统构建横向联动、纵向贯通的调度指挥体系和民营企业“分区包干、对口保供”的社区支援服务体系。快速集聚抗疫硬核力量。充分发挥民营经济发展联席会议机制协调联动作用、商协会专业和桥梁纽带作用、优秀代表人士示范引领作用、大型平台企业基础支撑作用，及时推出“外卖骑手招募、社区药品集采、住宿资源匹配、消杀突击队集结、援企稳岗”等系列专项行动。精准组织服务社区保供。聚焦社区居民所需、街镇村居所难，投入专业力量拔点攻坚。据不完全统计，共组织5 582家民营企业投入服务保供，建立735支民营企业突击队，发动志愿者11.11万人，捐款捐物合计7.5亿元，得到社会各界和市委主要领导的充分肯定。全力开展助企纾困解难。与7家银行共同发布行动方案，开展活动350余场，服务企业17 887家，信贷支持927.14亿元。开展线上系列政策解读培训、法律服务专栏、重点园区和企业常态化疫情防控经验分享会，开展民营企业招聘月活动、“‘沪商互联’供需匹配小程序发布”行动，全力投入复工复产和经济恢复重振。

四、注重机制路径创新，积极推动民营经济高质量发展

加大科创服务力度。探索搭建民营企业产学研用协同创新服务机制。与上海市科协全方位合作加大对民营企业科技创新的政策引导和服务力度。与上海市委军民融合办共同推动军民两用技术成果高效转化。优化金融服务生态。推动各类商会组织与银行开展战略合作，组织236个综合金融服务点梳理3 000余家重点支持企业向银行推送。与上海联交所合作拓展投融资渠道、加强中小企业培育。参与推动建立上海普惠金融顾问制度。加大民营企业“走出去”服务力度。与中国信保上海分公司授牌首批6家“信保服务站”。扎实开展“两送一防”专项行动，组织民营企业参加共建“一带一路”相关峰会和论坛，开展风险防控、国际商事规则等培训。提升法律服务能级。与公检法司合作举办“优化法治营商环境 推进法治民企建设”论坛，发布专项行动方案。制定年度普法责任清单、法律维权事项办理工作规则。开展“法治体检”、企业法务技能大赛。履行涉案企业合规第三方监管委员会办公室职责。11个区和4家商会入选全国工商联与公检法司沟通联系机制典型案例。推进民营经济标准化工作。推动制订“净气型核酸采样亭”团体标准、“钢铁价格指数编制准则”等企业标准。开展企业标准“领跑者”和团体标准“领先者”活动，4项获评全国工商联团体标准“领先者”。

五、着力激发内在动力，不断提升自身建设水平

高质高效完成上海市工商联换届工

作。坚持政治要求，把改善班子和执常委队伍的产业和行业结构作为换届的重点任务，召开上海市工商联（总商会）第十五次代表大会，选举产生新一届领导机构。夯实商会组织基础。深化直属商会党建组织形式新路径探索。制定市工商联业务主管基金会和民非单位管理办法、直属商会管理办法。4个区工商联获评全国“五好”工商联标杆，35家商协会被认定为全国“四好”商会，93家商会组织获得上海“四好”商会认定。深化政治机关建设。围绕纪念党的统一战线政策提出100周年等主题推进党史学习教育常态化长效化。落实“四责协同”工作机制，加强机关支部规范化建设，营造风清气正机关生态。

组织概况

主席、副主席

寿子琪　王霄汉　杨　茜　汪剑明　施登定　王　煜　车建兴　池学聪　李永杰
林凯文　周桐宇　喻会蛟　马志远　方加亮　郑春颖　曹文洁　王均豪　仇瑜峰
季昕华　赵立新　徐仁彬　朱建弟　陈启宇　徐　立

地方商会（总商会）副会长名单

寿子琪　王霄汉　杨　茜　汪剑明　施登定　汤　亮　丁劲松　丁佐宏　许文智
陆　风　陈　闪　赵丽佳　章　毅　沈　刚　郁瑞芬　刘　伟　朱军红　李丐腾
杨　冰　何文辉　陈　睿　其　实　南　逸　谢应波

区工商联主席名单

浦东新区	赵立新	黄浦区	黄　震	静安区	沈　刚	徐汇区	王均豪
长宁区	李永杰	普陀区	徐仁彬	虹口区	王文其	杨浦区	季昕华
宝山区	曹文洁	闵行区	方加亮	嘉定区	林凯文	金山区	余　雷
松江区	郁瑞芬	青浦区	池学聪	奉贤区	郑春颖	崇明区	仇瑜峰

上海市各级工商联组织数和执委数

项目＼级别	市	县（区、市）	合计
组织数	1	16	17
执委数	330	2 869	3 199

（注：统计截止时间为2022年12月31日）

江苏省工商业联合会2022年工作综述

2022年，江苏省工商联系统以迎接党的二十大、学习宣传贯彻党的二十大精神为主线，按照习近平总书记对新时代民营经济统战工作和工商联工作的重要指示，认真落实中央决策部署和江苏省委、省政府工作要求，坚持围绕中心、服务大局，牢牢把握“两个健康”工作主题，圆满完成了全年各项工作任务。

一、深入学习宣传贯彻党的二十大精神

①加强统筹谋划。提前制订民营经济领域宣传活动计划，部署开展喜迎党的二十大巡回宣讲、红色追梦、典型选树等“七个一”活动，扎实推进学习宣传贯彻工作。精心组织宣传。综合发挥省工商联“一刊一网两号”自有媒体作用，开辟“喜迎二十大，苏商跟党走”等6个专题专栏，连续进行25期系列报道，累计宣传49位民营经济代表人士、31家省直商会学习宣传贯彻党的二十大精神情况。②深入贯彻落实。组织省民营企业家宣讲团成员进机关、进企业、进商会，专题宣传党的二十大精神70余场次；启动全省民营经济人士学习宣传贯彻党的二十大精神轮训班，拟培训工商联干部和民营经济人士约5万人次。

二、加强思想政治引领，广泛凝聚民营经济人士共识

（一）持续推进理想信念教育，大力弘扬优秀企业家精神

充分发挥张謇企业家学院的优势作用，扩大培训范围，提优教学质效，全省工商联系统全年开办企业家培训班41期，培训学员2 801人次。联合泰州市工商联开展“突出党建政治引领 积极构建‘幸福民企’”现场观摩活动，举办首期民营经济人士中华文化研修班，进一步丰富完善了企业党建与企业文化融合发展的新模式。

（二）创新构建宣传矩阵，着力营造良好舆论氛围

与江苏省广电总台联合打造播出《黄金时间：传承张謇精神 勇担社会责任》，并制作10个主题宣传短视频，网络浏览量80多万次；联合新华日报、省新闻工作者协会开展2021年度“非公经济好新闻”评选活动，推选各类优秀作品45件；联合38家企业创新开展“江苏餐饮 活力回归”媒体探店主题活动，帮助重点行业企业提振发展信心。全省工商联系统、商会组织和民营企业宣传员队伍人数发展到3 800余人，宣传队伍作用充分发挥。

（三）聚焦促进共同富裕，引导民营企业履行社会责任

巩固拓展脱贫攻坚成果同乡村振兴有效衔接，深化“万企兴万村”行动。截至2022年年底，近8 400家企业与1.1万多个村签订联建项目超1.2万个。发挥江苏民营企业乡村振兴基金作用，实施项目60个，实际支出7 107万元。扎实做好对口支援协作，组织中超集团等98家江苏民营企业与陕西省、青海省26个国家重点帮扶县结对签约。汇集2 400余家企业绩效数据、140多个企业案例，编制《江苏民营企业履行社会责任报告》。

三、围绕中心服务大局，促进民营经济高质量发展

（一）积极纾困解难，主动担当作为

积极推动省和13个设区市民营经济

统战工作协调机制作用发挥，聚焦解决民营企业急难愁盼问题。及时对接受疫情影响的重点行业、头部企业、大型劳动密集型企业，形成相关信息专报及惠企政策汇编，帮助企业解决供应链不畅、货物滞留等困难问题。与江苏省教育厅联合开展“民企高校携手促就业行动”，帮助企业招聘近3万人。打造民营企业进高校“三个一”活动3.0版，走进浙江大学和南通理工学院，182家民营企业与2 000多名高校毕业生达成招聘协议，61项科研成果被广泛推送，6项校企合作协议现场签约。

（二）注重服务实效，深化合作机制

持续深化“1+N”工作合作机制，联合农业银行、建设银行江苏省分行等11家金融机构组织金融服务民营企业交流座谈会，开辟核准绿色服务通道。与江苏省农村信用社联合社召开“携手惠企纾困发展 助力稳住经济大盘”视频推动会，签署战略合作协议，紫金农商行分别与6家商会、6家企业进行了现场授信签约，授信总额达117.77亿元。与江苏省检察院等八部门协同开展全省涉案企业合规试点工作，推动省和13 个设区市全部成立第三方监督评估机制管理委员会，全省检察机关共审核企业合规案件431件，适用第三方机制企业286家。与江苏省司法厅、省律师协会合作深化“万所联万会”机制，3家单位获全国工商联表彰、12家单位获省级表彰。

（三）搭建服务载体，统筹发展安全

成立江苏省工商联非公有制经济统战工作领域防范化解风险隐患专项工作组，全年共梳理汇总相关风险隐患问题6大类50多个，并推动形成监测预警、化解处置的工作体制机制。发布年度江苏民营企业200强、制造业100强榜单，与江苏省科学技术战略发展研究院联合发布创新100强榜单，与江苏省生态环境厅联合发布绿色发展领军企业100强榜单，进一步提振企业转型升级、高质量发展的信心决心。组织“2022百强苏商江淮行”系列活动，省内百余名知名企业家先后走进扬州、徐州，累计推动签约项目超过53个，投资金额约246亿元。

四、积极建诤言献良策，助力营商环境持续优化

（一）坚持目标导向，调查研究工作走在全国前列

2022年度全国工商联表彰的理论研究报告、调查研究报告、数据分析报告、团体提案、社情民情五大类奖项，江苏首次全部获有一等奖。《“碳”索新时代民营企业绿色发展新路径》等4篇年度重点调研报告、民营经济季度运行报告、发展报告共6项民营经济研究成果被省委书记、省政协主席等多位省领导批示，并就其中“支持中小企业专精特新发展报告”当面听取了工商联汇报，推动相关政策细化落实。全省民营企业调查点由上年的39个扩展到50个，企业由2 700家增加到4 000余家，全年完成调查问卷1.8万份，组织16次县区调查点轮训，覆盖企业联络员超过1 300人。

（二）坚持问题导向，参政议政质效显著提升

提交江苏省政协十二届五次会议团体提案15件，其中“关于支持‘专精特新’中小企业高质量发展的建议”首次被省委书记重点领办督办（全省唯一一件）。牵头组织召开许昆林省长主持的全省民营企业座谈会，及时对企业家代表反映的8大类28条具体问题梳理汇总，主动协调江苏省发改委等16家相关政府部门研究对策举措，江苏省主要领导均作出重要批示。社情民意信息报送量、采用量均比上年翻一番，在全国工商联年度考核中争先进位跃升为第二。“民营企业调查点平台赋能建言献策精准有效”创新工作获评2022年

全省政协工作优秀创新案例第一名。

（三）坚持效果导向，优化营商环境行动向前

牵头制订《江苏省打造亲商安商的人文环境实施方案》，为形成和完善全省“1+5+13”优化营商环境制度体系发挥积极作用。圆满完成“民营经济高质量发展30条”第三方评估工作，组成6个小组分赴13个设区市开展实地走访调研，与17个部门200多位与民营经济发展有关的职能部门负责人、近200位民营企业家进行座谈交流，深入50余家企业和商会实地走访，最终形成的第三方评估报告获省主要领导批示肯定。连续四年开展区域民营经济营商环境评价工作，形成省级年度评价报告及设区市分报告，获得党政主要领导的充分肯定并交办落实。

五、持续夯实组织基础，工商联系统整体效能不断提升

（一）圆满完成换届工作

坚决贯彻好党中央换届政策要求，在党委统一领导和统战部指导下，严格程序、严守纪律、严把质量，高标准完成省工商联第十二次代表大会各项工作。依托各级工商联换届契机，建立省、市、县三级换届大会代表数据库，充实完善企业库和人才库。截至2022年年底，全省民营企业主体库入库企业近400万家，民营企业家人才库入库2.63万人，会员数据库入库31.64万家，选人用人视野不断扩大。

（二）规范提升商会组织发展质态

推荐17家县级工商联获评全国“五好”标杆县级工商联，129家商会获评年度全国“四好”商会，数量位居全国第一，认定375家省级“四好”商会，与江苏省人社厅联合表彰170家商会组织先进集体。协调、指导江苏省工商联直属商会社团法人登记工作，江苏省数字经济联合会等8家商会成功完成登记。逐步完善全省工商联商会党建工作归口管理，继续深化“书记项目”建设工程，推动党建工作与商会工作互促共进。在全省工商联系统推广南通、连云港等市先进经验做法，定向选派商会党建工作指导员，助力商会党建工作走深走实。

（三）全面加强机关自身建设

认真落实党的二十大全面从严治党新部署新要求，落实全面从严治党主体责任清单，持续深化“三个表率”模范机关建设。创新开展“人人有课题，个个搞调研”工作，会领导及所有机关干部全部撰写年度调研报告共计50余篇。大力推动“网上工商联”建设，2022年10月上线启动苏商E家平台，初步建成OA协同办公系统的四大基础数据库、六大业务数据库、七大系统板块和九大类业务80多项功能应用，荣获全国工商联系统2022年度工作实践创新成果奖。

组织概况

主席、副主席名单

刘　聪　顾万峰　周海江　沈　彬　崔根良　李晓林　郭东升　熊　杰　吴卫东　李兰翔　陈建华　缪汉根　肖　伟　蒋　立　周　江　昝圣达　殷爱国　蒋东良　周立成　徐　翔　吴培服

地方商会（总商会）副会长名单

孙力斌　周　荣　周立宸　单建华　宫长义　袁永刚　缪文彬　薛　驰　王　卫

王燕清　朱钰峰　任晋生　李晓冬　李海斌　吴　毅　张　丽　陈　惠　邵丹薇
钱　京　徐云飞　徐浩宇　曹明拓　梁　勤　梁泽泉

地级市工商联主席名单

蒋　立　周海江　王海永　何海平　周　俊　陆建新　张家炯　张惠扬　汤冬青
戴凌云　卢道富　奚爱国　李瑞华

地级市工商联主席名单

南京市　蒋　立　无锡市　周海江　常州市　何海平　速州市　周　俊
南通市　陆建新　连云港市张家炯　淮安市　张惠杨　盐城市　汤冬青
扬州市　戴凌之　镇江市　卢道富　泰州市　奚爱国　宿迁市　李瑞华

江苏省各级工商联组织数和执委数

项目＼级别	省	副省级市	地级市	县（区、市）	其他（行政区划以外的工商联组织）	合计
组织数	1	1	12	95	5	114
执委数	344	322	2 449	11 192	390	14 697

（注：统计截止时间为2022年12月31日）

浙江省工商业联合会2022年工作综述

2022年，浙江省工商联坚持以习近平新时代中国特色社会主义思想为指导，以坚定捍卫“两个确立”、坚决做到“两个维护”的高度自觉，团结引导广大民营经济人士紧扣学习宣传贯彻党的二十大精神这条主线，全面贯彻落实浙江省委、省政府决策部署，推动促进“两个健康”工作取得新进展，工商联事业呈现新气象，为同心谱写中国式现代化浙江篇章贡献力量。浙江省委、省政府主要领导就工商联工作作出批示多达15次。

一、紧扣主题主线，迅速兴起学习宣传贯彻党的二十大精神热潮

召开全省工商联系统专题工作会议，就学习宣传贯彻党的二十大精神工作作出部署；开展“永远跟党走、奋进新征程”主题活动，省、市、县联动举办100多场浙商理想信念报告会，为党的二十大胜利召开营造良好氛围。制订实施全省工商联学习宣传贯彻党的二十大精神方案，构建“学、宣、讲、践”工作体系；扎实开展各类学习活动，组织3 100余家所属商会、17万余名企业家和全省各级工商联收看党的二十大开幕式直播，举办浙江省民营企业学习贯彻党的二十大精神座谈会，推出“热议”系列报道；广泛开展宣传宣讲，改版提升“浙商之家”公众号，开展“喜迎二十大·浙商心向党”“聚焦二十大·浙商话心声”“宣贯二十大·浙商见行动”系列活动，刊发报道110多期；深化“讲述浙商好故事、宣传浙商好典型、弘扬新时代浙商精神”活动，累计推出报道320

余条；组建全省工商联“之江同心·民营企业家宣讲团”，省、市、县联动开展专题宣讲200余场。向广大浙商发出3份倡议书，开展3次民营经济人士思想状况调研，及时了解掌握思想动态。制定印发“品质浙商提升工程”实施意见，着力打造担当“两个先行”重任的高素质浙商队伍。

二、聚焦稳进提质，服务提升民营经济创新力竞争力

全省107家企业上榜“中国民营企业500强”，数量连续24年居全国首位。牵头筹办全省民营经济发展大会，以省、市、县三级视频形式召开，6 000余名民营企业家参会，中央领导同志和省委主要领导作出批示肯定；牵头起草《关于推动新时代民营经济新飞跃的若干意见》，由浙江省委、省政府以浙委发〔2022〕23号文件形式印发实施。牵头高质量举办第六届世界浙商大会，以“新时代　新征程　新飞跃”为主题，圆满精彩举办大会开幕式、世界浙商论坛，表彰30家“高质量发展领军企业”和9位“全球浙商金奖”，促成签约重大项目78个、协议总投资额3 699亿元，为历届大会之最，央视《新闻联播》等予以关注报道。深入开展助力全省经济稳进提质“六大行动”，帮助民营企业稳预期、提信心、激活力；持续开展“三个大走访”活动，全省工商联累计走访企业2.1万余家次、商会3 100余家次，帮助协调解决个性化困难问题1 200余个；健全中小微企业工作委员会组织体系和工作机制；创新实施“金融指导员”“金融联络员”制度。落实落细促进“两个健康”工作领域22项风险隐患防范化解举措。办好“2022中国（浙江）中非经贸论坛暨中非文化合作交流周”等活动，创新开展浙江民营经济国际化百强调研评价，深入开展“两送一防”“境外合规建设年”等活动。成立浙江省工商联数字经济工作委员会，举办民营企业数字变革论坛等活动，创新推出5家“浙江省民营企业数字化转型促进中心”，发布“浙商数字行”“浙商数字营”项目。服务民营企业科技创新行动受到全国工商联通报表扬。举办“2022民营经济标准创新周”杭州专场活动，全国工商联首批民营企业标准“领跑者”榜单中，浙江省入围27个，数量居全国首位。

三、发挥浙商作用，积极助推共同富裕示范区建设

大力实施“同心共富”工程，选树13家“浙江同心共富榜样企业”。深化助力山区26个县高质量发展专项行动，动员1 076家企业和商会联系帮扶26县885个村，签约项目109个，总投资668.7亿元。扎实推进“万企兴万村”行动，组织2 913家企业（商会）结对帮扶2 654个村，实施帮扶项目2 080个，认定省级实验项目32个。开展“天下浙商家乡行”活动，助力浙江省工商联结对村——龙游县里王村建设美丽乡村。牵头推进定向招工式“共富工坊”建设，组建协调小组办公室，印发强化党建引领推进定向招工式“共富工坊”建设的指导意见，累计在全省建成定向招工式“共富工坊”944个，吸纳就业2.9万余人。开展民营企业履行社会责任调研，选树年度社会责任领先企业100家、优秀案例18个。加大对四川省25个国家乡村振兴重点帮扶县支持力度，举办“2022四川·浙江产业投资推介”活动。开展“浙商守护·商会助力”系列行动，驰援上海、新疆、西藏等地抗疫。开展“民企高校携手促就业”等活动，动员全省1 681家民营企业吸纳就业4.8万余人。

四、优化亲清关系，助力打造最优营商环境

浙江省营商环境满意度在全国工商联“万家民营企业评营商环境”调查中连

续3年居全国首位。全省工商联三级联动举办4期400余场专题恳谈会，线上线下参会企业近20万家，梳理反馈一批企业反映的诉求建议。积极参政议政，7项成果被评为“全国工商联系统2022年理论研究创新成果”，省工商联获评“全国工商联系统2022年调查点工作示范省级工商联”。稳步推进涉案企业合规改革，全省共办理合规程序案件220件，办结95件，对95家企业、197名自然人作不诉处理。大力推进清廉民营企业建设，联合浙江省委统战部牵头14家省级单位建立工作协调机制，召开全省清廉民营企业建设现场推进会，13家民营企业被省委授予“全省清廉建设成绩突出单位”称号。完善与公检法司机关沟通联系机制，全省22个案例入选全国“五个一百”典型案例，数量居全国首位。联合开展“护航2022”助企惠企提升企业风险防范能力、服务保障民营经济发展“检察开放日”等专项行动，浙江省工商联本级妥善处理民营企业维权诉求42件，指导浙江省亲清民企服务中心开展工作。总结推广新时代“两个健康”先行区创建经验，联合承办温州新时代“两个健康”先行区创建经验推广试点工作交流会，全国工商联办公厅发文在全国12个市（区）试点推广，省促进“两个健康”工作领导小组办公室发文在全省推广。

五、深化自身改革，持续提高服务“两个健康”能力水平

成功召开浙江省工商联第十二次代表大会，圆满完成浙商总会换届工作。迭代“浙商在线”数字化应用，被纳入2022年全省重大改革（重大应用）“一本账S2”目录，在第六届世界浙商大会开幕式上正式推广应用。持续加强组织建设，指导各市县工商联圆满完成换届，3项工作被评为“全国工商联系统2022年工作实践创新成果”，14家县级工商联被认定为全国“五好”标杆工商联。开展“乡镇街道商会全覆盖”行动，全省已有1 326个乡镇街道建立商会，乡镇街道商会覆盖率96.9%、注册率70.0%；以“奋进新征程、建功新时代”为主题举办第三届“浙江商会周”，累计开展活动4 000余场；推进清廉商会建设，全省97家商会被认定为全国“四好”商会。以建设模范机关、创建清廉机关“双建争先”工程为牵引，全面加强机关党的建设，制订实施浙江省工商联践行亲清政商关系正负面清单，完善机关内控等制度，营造风清气正的干事环境。

组织概况

主席、副主席名单

王建沂　徐国龙　蔡晓春　徐燕峰　元成茂　林建良　吕晓峰　李书福　张天任
王世民　冯仁强　宋汉平　林俊波　鲁伟鼎　徐爱华　赖梅松　屠红燕　陈建成
张晓平　宗馥莉　胡季强　陈仲尼　王达武　叶辽宁

地方商会（总商会）副会长名单

励行根　王振滔　潘建清　仇建平　邵法平　蒋晓萌　余　震　庄伟意　陈保华
陶晓莺　高兴江　田　宁　张林松　陈　频　詹洪良　张亚波　刘启宏　胡兴荣
方　毅　黄军民

地级市工商联主席名单

杭州市	冯仁强	宁波市	宋汉平	温州市	王达武	湖州市	张天任
嘉兴市	潘建清	绍兴市	徐爱华	金华市	蒋晓萌	衢州市	张林松
舟山市	庄伟意	台州市	陈保华	丽水市	陈　频		

浙江省各级工商联组织数和执委数

级别 / 项目	省	副省级市	地级市	县（市、区）	合计
组织数	1	2	9	90	102
执委数	375	686	1 996	11 734	14 791

（注：统计截止时间为2022年12月31日）

安徽省工商业联合会2022年工作综述

2022年，安徽省工商联坚持以习近平新时代中国特色社会主义思想为指导，牢牢把握“两个健康”主题，团结带领广大民营经济人士，忠诚履职，积极作为，圆满完成工商联换届，在全国工商联省级工商联的评价中，继续位居全国前列。

一、坚持用习近平新时代中国特色社会主义思想凝心铸魂，思想政治引领取得新成效

一是强化政治引领。把全面学习宣传贯彻党的二十大精神作为最重要的政治任务，第一时间制订实施方案，邀请安徽省委讲师团专家作宣讲报告，领导班子成员深入各级各类商会、企业开展宣讲，推动学习贯彻落实工作在全系统走深走实。与安徽省委统战部联合召开3次民营企业家季度座谈会，共同举办第5期全省重点民营企业主要负责人研讨班。开展安徽省工商联年轻一代常执委企业家培训。举办工商联大讲堂、各类培训班、研讨班12期。

二是坚持党建引航。进一步加强全省工商联所属商会党的建设工作，理顺所属商会党建管理体制，推动党建工作进商会章程，将直属商会党建工作经费纳入省总商会年度预算。推动党建会建融合发展，制定《安徽省工商联所属商会功能型党支部“八个一”工作法》《安徽省工商联直属商会党支部参与决策事项清单（试行）》，基层党组织的政治功能和组织功能进一步增强。

三是突出实践引导。扎实开展“万企兴万村”行动，全省13 314家民营企业参与行动，实施“兴村”项目17 726个，“兴村”总数8 041个，投入总金额577.6亿元，参与企业数全国排名第2。积极参与援藏援疆，提供帮扶资金136.4万元。做好定点帮扶，组织购买助农产品56.3万元。组织开展“民企高校携手促就业行动”，征集就业岗位6万余个、就业见习岗位4万余个，在全国位居前列。洽洽食品股份有限公司入选“2022中国民营企业社会责任优秀案例”。

四是注重典型引路。与安徽省委统战部等部门联合开展安徽省第七届非公有制经济人士优秀中国特色社会主义事业建设者评选表彰，与安徽广播电视台联合举办“新时代新徽商”2021年度人物评选活动，与安徽省司法厅联合开展“百佳法治民企”评选活动。在安徽省工商联换届期间，精心制作省工商联视频宣传片和五年工作图文展板，邀请安徽广播电视台制作播出2期企业家访谈电视节目，大力宣传民营经济领域的突出成就和民营经济代表人士的风采风貌。

二、聚势赋能助力现代化美好安徽建设，服务大局作出新贡献

一是“双招双引”打出新攻势。充分发挥商协会作用，制订实施方案，顶格推进 “三个一”：每月举办1次在皖招商活动，每季度邀请省外客商组团来皖开展1次考察对接，每年帮助市级工商联各开展1次省外招商活动。全年组织招引项目29个、金额173.9亿元。在省直31家第四类单位“双招双引”季度统计监测中，省工商联连续4个季度位列第一。在世界制造业大会期间，促成全省民企签约项目合计348个，总投资1 687亿元，分别占大会签约项目总数和投资总额的61.4%和44.5%，在“六百对接”中继续位列首位。

二是“营商环境”取得新突破。根据安徽省委、省政府统一部署，每季度开展营商环境评价在线问卷调查，结果纳入省委、省政府对16个省辖市的营商环境季度评议体系，在省辖市市委书记、市长季度工作会上通报晾晒，形成跑道赛马、工作倒逼机制。安徽省工商联点对点向16个省辖市和省直相关责任部门反馈具体评价结果，分析短板弱项，协助改进提升，推动各地各部门上下联动、条块协同，不断创优营商环境，市场主体满意度、获得感不断提升。在全国工商联2022年“万家民企评营商环境”调查中，安徽省进入全国第一方阵。

三是服务打造改革开放新高地。推动筹建长三角信息技术创新应用产业链联盟，牵头举办商协会数字经济企业走进该产业链联盟（筹）沙龙活动。组建262家企业参与的“安徽省民营企业交易分团”，赴上海参加第五届中国国际进口博览会，拓展对外交流合作。深入开展“两送一防”和护航民营企业“走出去”专项行动，组织商会、企业参加“助力民营企业走出去在线微讲堂”“一带一路”国际合作专题培训、全国RCEP系列专题培训。开展民营企业境外合规建设专项服务三年行动，组织安徽省企业参加全国工商联“合规月月谈”8期线上培训。积极参与全国工商联“一带一路”数据库建设。

三、全心全意服务民营经济高质量发展，为企服务取得新成果

一是推动解决问题。根据安徽省委主要领导要求，建立并落实“周调研、月报告、季总结”工作机制，坚持一线问诊，每周深入企业走访调研，收集企业问题和意见诉求，每月向省委、省政府报送涉企问题专报，以“直通车”形式直接呈送省委书记、省长，每季度梳理问题收集、办理情况。工商联换届以来共报送4期涉企问题“直通车”。牵头成立为企服务工作组，协助省领导在淮南、铜陵开展“新春访万企、助力解难题”“优环境、稳经济”现场集中办公活动，推动解决各类问题385个。

二是反映企业呼声。围绕减税降费助企纾困、促进科技成果转移转化、推进工业互联网建设等开展调查研究，形成一批高质量调研成果。积极参政议政，向安徽省政协提交团体提案15件、政协大会发言3篇，其中《关于进一步营造公平合理民营企业竞争环境的提案》被列为省委书记领衔督办重点提案，5篇团体提案被评为十二届省政协优秀提案。连续24年开展安徽省民营企业百强排序，发布民企百强榜单。7家企业上榜中国民企500强，较2021年新增2家。围绕民企百强和培育500强企业报送两份分析报告，得到安徽省委主要领导批示。

三是助力转型升级。面向重点民营企业负责人开展数字化转型授课，组织企业赴科大讯飞开展羚羊工业互联网座谈交流，助力企业数字化转型。与安徽省科协推进“商会+学会”合作，共同开展科技政策宣传、企业技术需求调研等工作。联合省工行开展金融服务民营企业科技创新行动。在与安徽省建行良好合作基础上，与安徽省工行、中行、浙江网商银行新签订战略合作协议。搭建线上融资服务平台，开展“金融服务走基层”活动，合作金融机构累计对接工商联系统推荐企业15 870户，已放款企业13 403户，放款总额337.7亿元。推进民营企业及民营企业家人才库建设，累计入库2.6万人，入库企业数量排名全国第3。

四是推动依法治理。巩固与公检法司等部门沟通联系机制，省、市工商联全部与同级检察院等多部门建立涉案企业合规第三方监督评估机制，17个市、县工商联与同级公检法司沟通联系机制入选全国工商联“五个一百”典型事例。牵头制定全国首个商会人民调解团体标准，持续推动商会人民调解向所属商会延伸拓展，全省各级商会人民调解委员会共受理纠纷3.6万件，调解成功率67%，商会调解服务平台调解案件数连续三年位居全国第一。开展民营企业公司律师试点工作，9家企业被确定为试点单位，55名公司法务人员获得公司律师证。推动出台的《安徽省商会条例》入选全国 “新时代加强民营经济法治建设十大事件”。

四、全面提升工商联组织凝聚力、影响力、执行力，自身建设得到新加强

一是夯实组织基础。按照中央及安徽省委要求，配合省委统战部做好民营经济代表人士政治安排工作，推动各级工商联严格按照“三强一好”标准和“凡进必评”原则，努力建设一支听党话、跟党走的高素质民营经济代表人士队伍。举办2期市县工商联新任主席、党组书记培训班，进一步增强履职能力。制定《安徽省市级工商联评价办法（试行）》，推动市级工商联工作提质增效。深入推进基层工商联组织建设，获评全国“五好”标杆县级工商联8家。

二是深化商会改革。制定《安徽省工商联直属商（协）会会长、监事长、秘书长年度履职考核办法（试行）》，启动商协会考核工作。开展省“四好”商会认定和全国“四好”商会推荐申报工作，173家工商联所属商会被认定为省“四好”商会，74家商会被认定为全国“四好”商会，居全国第一方阵。调整7家专门委员会的人员构成，积极推荐新任十二届代表加入专门委员会，为代表履职尽责、发挥作用提供畅通渠道。加强基层商会登记管理，强化异地商会联络服务。

三是建设模范机关。全面落实安徽省委“一改两为”大会精神，开展“为民惠企争模范”行动，建立机关效能督查通报机制，推进“互联网+效能管理”信息化平台运用，持续改进工作作风。研究制定《省工商联机关考核办法（试行）》，注重对工作人员平时工作效能及工作实绩的考核，抓好干部队伍建设。推进“网上工商联”建设，加快平台推广应用，建好用好“互联网+”服务体系，推动为企服务保障更加精准、便捷、高效。加强精神文明建设，荣获“省直机关文明单位”称号。

组织概况

主席、副主席名单

王翠凤　胡春华　李俊波　聂　磊　高维民　李增流　王光平　尤加林　施卫东
徐　进　徐珍玉　潘保春　余竹云　尹正龙　卢立新　李　健　吴成月　周　勇
高晓谋　薛　颖　朱圣杰　徐玉美　姚和平　冯　雷　李万军

地方商会（总商会）副会长名单

胡春华　李俊波　聂　磊　高维民　刘庆峰　高　君　程振辨　王　磊　陈冬梅
丁超毅　王正前　卢育发　吕　彬　朱玉荣　伍志伟　刘　伟　何　仿　沈　君
陈　齐　邰紫鹏　林巨广　周伊凡　徐善水　臧　牧　潘　斌　潘道伟

地级市工商联主席名单

合肥市	姚亚妹	六安市	于　军	阜阳市	空　缺	黄山市	程景梁
安庆市	杨　林	蚌埠市	储昭节	亳州市	陈昭敏	滁州市	刘江华
淮北市	胡守斌	淮南市	杜本硕	马鞍山市	贺应旭	宿州市	邵　迪
芜湖市	孙四平	宣城市	赵　艳	池州市	陈广明	铜陵市	朱前定

安徽省各级工商联组织数和执委数

项目＼级别	省	副省级市	地级市	县（市、区）	合计
组织数	1	0	16	105	122
执委数	272	0	2 313	7 780	1 0365

（注：统计截止时间为2022年12月31日）

福建省工商业联合会2022年工作综述

2022年，福建省工商联坚持以习近平新时代中国特色社会主义思想为指导，突出以迎接学习宣传贯彻落实党的二十大精神为主线，深入贯彻习近平总书记关于新时代民营经济统战工作和“两个健康”重要论述精神，深入贯彻落实中央统战工作会议、中央经济工作会议和全国工商联第十三次全国代表大会精神，按照福建省第十一次党代会和省委经济工作会议部署，传承弘扬“晋江经验”，围绕中心、服务大局，着力促进民营经济高质量发展和民营经济人士高素质成长，系统推进工商联事业改革创新，各项工作取得新成效。

一、突出政治引领，拥护“两个确立”、做到“两个维护”更加坚决

深入学习宣传贯彻党的二十大精神。组织全省各级工商联干部和民营企业家代表集中收听收看党的二十大实况转播，持续推动党的二十大精神进商会、进民企，开展各类宣传宣讲30多场次；举办民营经济人士“学习宣传贯彻党的二十大精神促进企业高质量发展”培训班和新任工商联主席、党组书记专题培训班，邀请党的二十大代表、圣农集团董事长傅光明宣讲党的二十大精神；组织文艺汇演、征文评选等活动；指导福建省民营企业商会召开“民企心向党 奋进新征程”座谈会、省青年闽商联合会举办“向榜样学习 争做时代楷模”培训班。

深化理想信念教育。推动陈嘉庚纪念馆升格为全国民营经济人士理想信念教育基地，发挥“2+3+N”理想信念教育基地作用，全年组织企业家接受世情国情党情教育2.8万人次。举办福建省年轻一代企业家纪念“晋江经验”20周年学习座谈会。细化落实谈心交心制度，开展民营经济人士思想状况调研。关注青年企业家成长，组织参加“喜迎二十大 强国复兴有我”年轻一代企业家理想信念报告会。

注重形势政策宣讲。成立由民营企业家、专家学者和公职人员组成的“闽商讲师团”，搭建“闽商讲堂”网络学习平台。开展“下基层、进企业、入商会八闽宣讲行”。配合全国工商联第二联系调研组赴漳州、三明、莆田3市、20个县（市、区）宣讲调研，召开政策宣讲会20场、座谈会42场。

二、突出服务引导，助力推动民营经济高质量发展

参与办好第七届世界闽商大会。2022年6月18日，第七届世界闽商大会在福州召开。全国政协副主席、全国工商联主席高云龙，中央统战部副部长许又声，以及来自88个国家和地区的1 600余名闽商代表和各界人士在福州主会场及5个视频分会场参加会议。50个代表性重大项目在现场集中签约，计划投资1 731亿元，数字经济、海洋经济、绿色经济、文旅经济等领域的占比达80%以上。丁思泉等100位非公有制经济人士荣获福建省政府授予的“福建省非公有制经济优秀建设者”荣誉称号。福建省工商联牵头举办以“数字融合实体 绿色引领发展”为主题的闽商发展高峰论坛。

搭建民营企业服务平台。与福建省科协签署推进民营企业科技创新合作协议，组织企业家与科学家交流。组织祥鑫集团等62家民营企业与西北工业大学、南方科技、武汉纺织大学进行科技成果对接。推动银企对接，促成工商银行为18家企业发放科技创新再贷款6.27亿元、网商银行为50万余家小微企业发放贷款294亿元。与福建省税务局开展助力小微市场主体发展“春雨润苗”行动，全年通过银税互动开展政策培训辅导108场，辅导企业4 715户次。联合福建信保为200家外贸企业提供增信保额近160亿元，为外贸企业理赔417.3万美元。推动国投高新、五矿集团等国有资本与民营企业交流合作。

推动营商环境持续优化。落实常态化政企沟通机制，参与筹备福建省委、省政府召开的民营企业家座谈会，组织12位民营企业家围绕“四大经济”提出意见建议。配合福建省委统战部召开“同心优化营商环境，助力闽商回归”异地商会座谈会。开展每季度民营企业运行状况分析调查。对口泉州开展民主监督考察调研，围绕做强做优民营经济、加快推动民营企业数字化转型提出9个方面38条建议。在福建省政协大会上作7次高质量发言、为民营企业鼓与呼，《关于传承创新“晋江经验” 建设民营经济强省的建议》作为重点提案督办。调研成果获省级以上表彰20篇次、省领导批示11件次。民营企业诉求、社情民意等信息被采用155件次。

深入实施“联百会引商引智入八闽”行动。聚焦“四大经济”，搭好桥梁，健全异地闽籍商会回归办、“回归联络专员”机制，促进闽商回归提质增效。一年来，全省工商联系统收集206个项目线索、投资额达2 080亿元。与福建省委统战部联合开展“百名干部进百企 同心赋能促发展”行动，形成调研报告，推动解决项目落地中遇到的困难问题，促进民营企业重大签约项目落地。

助力防范化解民营经济领域风险。完善民营经济领域舆情会商研判和应对处置机制，制定《福建省工商联关于防范化解促进“两个健康”工作领域风险隐患工作措施》，做好重点企业风险排查和运行状况跟踪。召开民营房地产企业座谈会，收集12家企业反映的6个方面突出问题及意见建议，专报福建省政府并推动福建省住建厅等相关部门办理落实。

依法保护民营企业合法权益。全面构建涉案企业合规第三方监督评估机制，创新“两中心一平台”（法律服务中心、仲裁服务中心、专业人士服务民营企业公共平台）服务，落实“四访四通”“法律三进”“百所联百会”等合作机制，推动54家县级工商联与59家律所、508家所属商会与452家律所建立合作关系，为上万家民营企业提供免费咨询。开展“法律三进”活动300余场次，“法治体检”200多次，惠及280多家商会、3 000多家民营企业。全年通过线上线下方式为广大中小微企业举办法律咨询、权益维护等各类公益类培训23场，受众达5 000多人次。一年来，福建省工商联共受理协调处置民营企业维权诉求21件次。

三、突出履行责任，引导民营企业参与促进共同富裕

扎实推进“万企兴万村”行动。召开全省“万企兴万村”行动工作推进会，全省共有1 450家民营企业和商会组织参与“兴村”1 628个、实施项目1 846个，认定省、市、县实验项目633个。发挥共同富裕光彩基金作用，助力仙游县、建阳区乡村振兴。安踏集团“和敏基金会”发布乡村振兴计划，帮助革命老区村发展特色产业、完善基础设施。

持续推进援宁、援藏、援疆等民族地区帮扶工作。与宁夏、新疆、西藏工商联签订帮扶协议，每年支持新疆、西藏工商联各50万元，支持宁夏工商联100万元用于实施乡村振兴。开展“百家闽商塞上行”，组织102家闽企对接宁夏“六新六特六优”产业，福建省工商联向宁夏回族自治区工商联捐赠光彩事业公益基金300万元，厦门工商联向闽宁镇捐赠光彩事业公益基金100万元。

多措并举开展稳就业保民生行动。与福建省委统战部、团省委、省职教社联合开展“百校万岗·同心就业”行动，组织718家民营企业提供1.7万多个就业岗位。与福建省人社厅开展“民企招聘月”活动，全省共有7 269家民营企业，参加招聘活动360场、签订就业（意向）协议17 683人。与福建省教育厅联合开展“民企高校携手促就业行动”，与团省委联合开展“扬帆计划”大学生实习活动，不断推动解决“就业难”与“招聘难”共存的结构性矛盾。安踏体育、海斯福化工、奥佳华集团获评全国就业与社会保障先进民营企业，吴荣照、江风阁分别获评全国关爱员工优秀企业家、全国热爱企业优秀员工。

积极参与疫情防控和光彩慈善活动。组织民营企业参与泉州、莆田、福州等地疫情防控工作，近千家民营企业和商会组织捐款4.78亿元，助力八闽抗疫、彰显闽商大爱。三棵树涂料股份有限公司、香缤集团有限公司、永荣控股集团有限公司、九牧厨卫股份有限公司及深圳信义控股集团有限公司李贤义、李圣泼父子分别捐资1亿元，成立“共同富裕光彩基金”；福建天马科技集团股份有限公司捐资1 000万元成立“同心·民办职业教育基金”。引导全省民营企业捐资助学助教1.63亿元，资助学生1.52万人。省光彩会与省残联、省读书援助协会开展关心关爱少年儿童活动，为全省5 000名残疾儿童送上饱含美好节日祝福的“爱心礼包”。安踏体育、大东海实业、鸿星尔克等企业及曹德旺、许世辉、黄涛、王文默等企业家荣获第十二届中华慈善奖。

四、突出守正创新，扎实推进工商联及所属商会改革发展

顺利完成福建省工商联换届工作。8月15日至17日，福建省工商业联合会（总商会）第十二次代表大会在福州顺利召开。福建省四套班子主要领导出席大会开幕式。597名代表出席大会。会议选举产生以王光远同志为主席（会长）的省工商联（总商会）新一届领导班子。十二届执委会共有执委473人，其中常委158人，专职主席、副主席（副会长）、秘书长7人，兼职副主席20人，兼职副会长32人。大会表彰了21个“全省工商联系统先进集体”、38名“全省工商联系统先进工作者”。

持续加强基层组织建设。开展对设区市工商联工作评价，继续完善落实企业家副主席、副会长、执委履职情况评价工作制度和联系基层工商联商会制度。按照“一个设立、五个有”标准，巩固深化“五好”县级工商联建设成果，11家县级工商联获评全国“五好标杆县级工商联”。以创建全国、省级“四好”商会为抓手，提升商会组织规范化建设水平，全省工商联所属商会数量达2 204家，79家商会获评2021—2022年全国“四好”商会。落实福建省工商联党组对所属商会党建工作的主体责任，制定出台省工商联党组《关于履行所属商会党建工作全面从严治党主体责任的实施意见（暂行）》，全力抓好所属商会党的建设。以机关党建带动商会党建，机关各党支部与所联系片区商会党组织联学共建，形成机关联商会、党建促业务的内外合力。

强化抓班子带队伍创建模范机关。细化落实全面从严治党责任清单，建立“三级四岗”责任体系，加强党员干部的日常教育监督管理。坚持新时代好干部标准，树立“干好干坏不一样”的用人导向，落实公务员平时考核制度，对干部考核抓在平时、落在一线，以正确的选人用人导向激励干部担当作为。以创建模范机关为抓手，进一步转变工作作风，教育引导党员干部保持艰苦奋斗、团结奋进的韧劲干劲，保持敢于斗争、善于斗争的精神风骨。以机关党支部达标创星活动为抓手，细化六个基本（基本组织、基本队伍、基本活动、基本作用、基本制度、基本保障）56项具体要求和加分项11项指标，促进机关党建提档升级。

组织概况

主席、副主席名单

王光远 陈 晞 陈 飚 林龙金 余 建 叶善青 许清流 吴华新 吴凯庭 吴荣照 邹剑寒 张轩松 林 湫 林孝发 林国镜 林治良 周少雄 郑 辉 郑玉琳 施天佑 洪 杰 黄世霖 曹 晖 傅芬芳 蔡劲军 蔡金钗

地方商会（总商会）副会长名单

王光远 陈 晞 陈 飚 林龙金 余 建 叶善青 方华玉 付文辉 朱志强 华祥斌 许阳阳 许明金 杨龙辉 吴 迪 吴有林 吴体芳 张桂潮 陈全炼 陈富泽 林 青 林 斌 郑 洪 柯希平 俞 凯 施锦珊 洪忠信 黄丹青 黄铁明 章高路 董加余 蒋志鹏 景 浓 傅天龙 谢伟东 谢秉昆 赖世贤 蔡秋平 魏成生

地级市工商联主席名单

福州市 林治良 厦门市 柯希平 漳州市 杨龙辉 泉州市 周少雄
三明市 朱庆添 莆田市 洪 杰 南平市 林 湫 龙岩市 郑玉琳
宁德市 黄世霖 平潭综合实验区 林 润

福建省各级工商联组织数和执委数

级别 项目	省	副省级市	地级市	县（市、区）	合计
组织数	1	1	9（含平潭）	82（不含平潭）	93
执委数	473	200	1 910	9 817	12 400

（注：统计截止时间为2022年12月31日）

江西省工商业联合会2022年工作综述

2022年，江西省工商联以习近平新时代中国特色社会主义思想为指导，深入贯彻习近平总书记关于做好新时代党的统一战线工作的重要思想、关于工商联和民营经济的重要指示批示精神，紧扣“两个健康”工作主题，推进工商联事业呈现新局面。2022年，江西省工商联工作获得全国工商联主要领导批示3次，江西省领导批示42次。2篇理论文章获评全国工商联系统2022年理论研究创新成果奖，2项工作获评全国工商联系统2022年工作实践创新成果奖。江西省工商联调查研究、组织建设、非公党建、信息报送等多项工作获全国工商联专项奖项9次。

一、强化政治引领，教育引导民营经济人士听党话、感党恩、跟党走

（一）深入学习宣传贯彻党的二十大精神

开展“贯彻党的二十大精神、推动民营经济高质量发展”系列活动，举办学习党的二十大精神辅导报告会和学习交流会、江西省民营企业100强和社会责任发布会暨理想信念教育报告会、“坚定发展信心”政企座谈会等，迅速在民营经济人士中掀起学习宣传贯彻党的二十大精神热潮。

（二）加强民营经济人士思想政治工作

实施“百千万培训工程”，举办民营经济高级研修班和全省年轻一代民营企业家培训班，教育引导民营经济人士深入学习贯彻习近平总书记关于做好新时代党的统一战线工作重要思想、关于民营经济发展重要指示批示精神，引导民营经济人士增进对中国共产党和中国特色社会主义的政治认同、思想认同、情感认同。

（三）坚定民营经济人士的发展信心

开展民营经济人士思想大调研和“入企走访连心”活动，深入企业了解民营经济人士思想状况和经营难题，向企业宣传惠企政策，传递党和政府的关心关怀，坚定企业发展信心。加强典型引领，开展“大力弘扬企业家精神”宣传活动和“百媒进千企”活动，展示优秀民营企业家风采，积极营造全社会尊崇、关爱、支持企业家发展的良好氛围。

（四）强化非公有制经济组织党建工作

开展非公党建质量提升年活动，积极支持和参与民营企业党建工作，推进商会党建工作，不断提升商会党建工作水平。发挥典型示范作用，汇编《江西省工商联系统非公党建工作典型案例选编》，宣传全省非公党建特色、亮点工作和成效，展示全省非公党建创新实践成果。

二、提升服务水平，促进全省民营经济高质量发展

（一）积极推进营商环境优化升级“一号改革工程”

开展营商环境理论研究和专题调研，形成《创新评价机制，强化结果运用，延伸评价触角，江西营商环境持续优化》《营商环境评价指标体系与实证研究——以江西省为例》等研究成果。开展2021年江西省惠企政策落实情况专项调研，形成《江西省惠企政策落实情况评估分析报告》，获得省主要领导批示。承担全省营商环境企业评工作，不断优化、完善评价流程和评价方法，按照“科学、规范、精简”原则，在全省涉税企业范围内调研企业对我省营商环境真实满意度。

（二）提升民营企业法律维权服务工作质效

江西省非公有制企业维权服务中心受理实质性维权诉求746件，办结率80%以上。加强民营企业法治宣传，编印优化营商环境服务民营经济案例，组织开展“美好生活·民法典相伴”“法律三进”“万所联万会”等活动。制订涉案企业合规第三方监督评估机制实施办法，推进江西省涉案企业合规改革工作。

（三）引领民营企业创新发展

发挥省促进非公经济发展领导小组办公室作用，认真做好创新江西“充分激发市场主体活力，切实维护企业家合法权益，推动民营经济高质量发展”专项工作。联合举办第七届“创客中国”江西省中小企业创新创业大赛、2022年湘赣两省青年创新创业大赛暨第七届“创在江西”青年创新创业大赛，开展创新型中小企业政策宣讲，依托赣商动力平台，举办9期宣政策、稳主体、促发展“政策必达”云直播宣讲活动。

（四）积极参加江西省重要经贸活动

积极参与全省“三请三回”、招大引强“五大行动计划”，在参与“5020”项目攻坚行动中，全省各级工商联共对接、推进项目60个，其中：100亿元以上项目1个，50亿~100亿元项目以上项目1个，20亿~50亿元项目17个，签约总额732.65亿元。开展以“送政策、送服务、防风险”为主要内容的“两送一防”助推民营企业高质量“走出去”行动，协助赣州市赴北京等地开展经贸对接交流。

三、加强调查研究，全力推动改革创新发展建言献策

（一）聚焦重点深入开展理论研究

围绕优化营商环境、民营企业人才服务、惠企政策落实、履行社会责任等问题开展重点课题研究。《关于江西优化营商环境工作情况的报告》得到全国工商联主要领导批示，《非公有制经济运行报告第一期决战四季度夺取全年胜全省民营经济运行情况调查报告》《关于2022江西民营企业100强情况的报告》《关于江西省民营企业社会责任报告2022的报告》等得到江西省主要领导批示。

（二）有序参政议政提供决策参考

落实常态化政企沟通机制，承办“学习宣传贯彻党的二十大精神，促进民营经济发展壮大”政企恳谈会和民营企业座谈会，多次组织民营企业家参加省直部门组织召开的政企座谈会。做好参政议政工作，向全国工商联提交团体提案15件，省“两会”期间提交立案团体提案11件、大会发言23件。向江西省政协、全国工商联报送社情民意信息353篇，被江西省委采用1篇，被全国政协采用2篇，被全国工商联采纳51篇；向江西省委统战部报送零讯42篇，其中1篇被中央统战部采纳。

四、弘扬赣商精神，大力展示民营经济人士新形象

（一）贯彻落实国家乡村振兴战略部署

开展“万企兴万村”暨回报家乡专项行动，召开现场推进会，引导民营企业发挥优势，以产业振兴助推乡村振兴。截至12月底，累计有1 615家民营企业参与全省“万企兴万村”行动，实施兴村项目数1 930个，1 645个村受益，其中投资经营类项目488个，实际投资255.15亿元；公益捐赠类项目1 442个，捐款捐物10.16亿元。

（二）开展宣传表彰活动

举办江西省民营企业100强和社会责任发布会暨理想信念教育报告会，连续10年开展全省上规模民营企业调研并发布百强名单。2022年江西民营企业100强入围门槛达到38.18亿元，为10年来的最高值，比上一年度提高了47.47%。编制《江西民营企业社会责任领先指数报告（2021）》和优秀案例，连续四年发布民营企业社会责任报告。

（三）打造赣商精神大厦

大力弘扬“厚德实干、义利天下”新时代赣商精神，引导全省民营企业、商协会积极履行社会责任。持续宣传江右商帮文化和赣商精神，开展江右商帮、赣商史料书籍征集，编纂《当代江西商会志》《当代赣商志》《江西省工商联志（2013—2022年）》。

五、加强自身建设，精心打造高效勤廉机关

（一）圆满完成换届工作

江西省工商联于2022年7月底召开第十二次代表大会，坚持凡进必评，坚持把纪律和规矩挺在前面，按照“三强一好”标准，一批高素质、有担当的民营企业家当选为省工商联新一届领导班子成员，会议选举产生由339人组成的第十二届执委会。

（二）落实全面从严治党主体责任

深入学习贯彻习近平总书记关于全面从严治党、党风廉政建设等重要讲话和重要指示批示精神。召开江西省工商联全面从严治党工作会议，制定全面从严治党主体责任清单，按照“一岗双责”要求，压实监督责任；落实意识形态工作责任制，加强网络安全管理，严格门户网站、微信公众号等网络使用、信息发布。

（三）加强新时代干部队伍建设

开展打造让党放心、人民满意的模范机关读书学习活动，引导干部夯实理论根基，提升政治素质。加强机关廉洁文化建设，开展“吃公函”问题自查工作、“3·23”警示教育活动、“重家教、树家风、传家训”活动，教育引导党员干部和家庭始终保持清正、廉洁本色。

组织概况

主席、副主席名单

谢　茹　高鹰群　周华爱　邹常军　谢松岳　李文强　熊建明　刘如强　李国勇
包建华　刘芦萍　龚　斌　李仙德　熊衍贵　方永棣　肖志峰　彭国禄　褚　浚
杨　剑　李一华　张辉勇　卜海国　王晓帅　唐俊烈　李海滨　周自吉　韩世忠

地方商会（总商会）副会长名单

胡恩雪　杨文龙　李　鑫　余军飞　林　峰　洪守伟　李强祖　张传厚　陈恩斌
李省文　黄世春　曾　彬　林　敏　艾磊华　杜桂华　李小昆　周子涵　黄　锋
傅　盛　温见远　潘建红

地级市工商联主席名单

南昌市　熊志刚　　九江市　陈世勇　　景德镇市江民强　　萍乡市　贺灿梅
新余市　孔祥筛　　鹰潭市　余红艳　　赣州市　龚　斌　　宜春市　姚世贵
上饶市　郑艳斐　　吉安市　徐年春　　抚州市　戴晓文

江西省各级工商联组织数和执委数

项目＼级别	省	副省级市	地级市	县（市、区）	合计
组织数	1	0	11	100	112
执委数	339	0	2 210	11 838	14 387

（注：统计截止时间为2022年12月31日）

山东省工商业联合会2022年工作综述

山东省工商业联合会（以下简称“省工商联”）是中华全国工商业联合会的省级单位，成立于1954年，省工商联机关是省工商联的工作机构，列入群团机关序列管理。截至2022年年底，全省153个县级以上行政区划全部建立工商联组织，全省工商联系统共有所属和所联系商会3 581个，会员235 185个。

省工商联机关行政编制46名，核定领导班子成员7名。机关设置处室6个，分别为办公室（人事处）、宣传调研处（参政议政处）、组织建设处、经济处（法律处）、联络处、商协会党委办公室，内设机关党委。下设事业单位1个（省工商联法律服务中心），核定事业编制15名。

一、突出政治引领

2022年，山东省工商联始终把坚持党的领导作为根本政治原则，把党的思想、政策主张贯彻和体现到推动工商联事业发展的各个方面。①扎实做好学习宣传贯彻党的二十大工作。在微信公众号、网站开设“喜迎二十大　奋进新时代”“民营经济人士热议党的二十大”栏目，推出“鲁企青力量”等宣传专题，推动党的二十大精神进机关、进商会、进企业、进基层，兴起了学习宣传热潮。②加强教育引导。联合山东省委统战部举办全省市县工商联新任负责人培训班，组织召开全省民营经济代表人士座谈会，认真学习贯彻省第十二次党代会、全省民营企业座谈会、全省民营经济高质量发展工作会议精神，推动思想政治引领工作走深走实。持续深化理想信念教育，在临沂设立全省第一个民营经济人士理想信念教育基地。③突出年轻一代企业家队伍建设。指导建立年轻一代民营经济人士传帮带辅导制度，创新打造全省青年企业家培养平台和“青春鲁商”工作品牌，开展“喜迎二十大 重走黄河路”理想信念教育活动，推动43名青年企业家参与全省经营管理“雏鹰”人才挂职实训工作。④注重加强舆论引导。严格落实意识形态工作责任制，建立健全宣传（舆情）员队伍建设和管理制度，举办舆论引导专题培训班，召开全省工商联系统“强党建、促发展、防风险”工作座谈会，促进营造良好环境。

二、服务中心大局

着眼提振民营企业信心、实现高质量发展，推动召开全省民营企业座谈会、全省民营经济高质量发展工作会议，山东省委、省政府主要领导出席会议并讲话，有力引导民营经济人士稳预期、强信心、添动力。坚持就业优先战略，联合组织开展招聘月系列活动；联合山东省人社厅、省教育厅等部门，制订《深化“民企高校携手促就业行动”实施方案》，举办行动新闻发布会，指导各级工商联举办就业指导等活动260余场，1.5万家民营企业提供就业岗位17.2万多个。组织召开全省“万企兴万村”行动工作推进会，累计4 372家民营企业参与实施乡村振兴项目5 431个，受益乡村5 314个。“民企高校携手促就业行动”“万企兴万村”行动均得到高云龙主席肯定性批示。持续推进东西部扶贫协作和对口支援工作，组织开展山东民企“巴渝行”“甘肃行”等活动。加强与省外山东商会走访联系，推动全国工商联医药业商会、厨具业商会、女企业家商会在山东落户。

三、强化经济服务

实施创新赋能工程，引导民营企业积极参与全省“三个十大”行动计划，与山东省工信厅联合开展产业链融链固链行动，目前已在聊城、泰安、烟台、临沂、济南等地开展5场对接交流活动，促成合作意向143项。联合开展企业“创新达人”宣讲活动、民营经济标准创新周山东专场活动，联合有关部门举办民营企业家数字化培训班、首期全省制造业高质量发展领军人才研讨班。优化金融助企，与山东省工行签订《服务民营企业科技创新战略合作协议》，与山东省农行开展“金融服务进民企”活动，推动建行“八大平台”上线网上工商联，指导鲁民投牵头发起成立山东省并购联合会，推动网商银行与滨州市工商联签署全面战略合作协议。扎实开展山东民营企业100强系列申报发布活动，入榜企业营业收入、资产总额、税后净利润三个经营指标同比稳步提升。组织做好中国民营企业500强申报工作，全省共有50家企业进入榜单，居全国第四位。持续推进“两送一防”行动，联合举办山东国际儒商会年会暨项目对接洽谈会，参与主办世界儒商文化论坛，积极组织企业参加涉外经贸活动，服务民营企业“走出去”参与“一带一路”发展。

四、优化民营企业发展环境

搭建政企“连心桥”平台，制定落实政企沟通协商机制工作措施，鼓励地市打造“亲清会客厅”“亲清驿站”“助企驿站”等工作品牌，政企沟通渠道进一步畅通。健全“工商联+N”工作机制，常态化与公检法司沟通联系，印发《关于加强法律服务促进“两个健康”工作的意见》，会同山东省检察院组织省级17家单位印发第三方监督评估机制实施意见和专业人员选任管理办法，举办专业人员培训班，山东省在全国率先实现第三方机制全覆盖，共启动合规程序并适用第三方机制案件395件，数量居全国首位。制定山东省工商联（总商会）法律维权工作实施细则，一年来共受理维权案件20件，已全部按程序办理，其中民营企业涉及财产保全、信贷限制案件得到有效化解。成立山东省工商联（总商会）民商事纠纷人民调解委员会，全省共调解案件2 712件。开展“千名律师进企业”活动，成立了习近平法治思想“进企业、进商会、进机关”宣讲服务团。持续扩大政策宣传覆盖面，加强政策宣讲解读，联合省税务局开展“春雨润苗”行动。围绕民营企业发展困境、债务风险化解新路径等热点问题深入开展调查研究，形成系列调研成果报省领导参阅。加强参政议政和信息工作，共报送社情民意信息1 600 余篇，数量、质量较上年均有较大提高；向省政协十二届五次会议提交的《关于进一步推进品牌战略实施 助力企业健康发展的提案》被列为山东省委、省政府主要领导重点督办提案。组织做好全国工商联万家民营企业评营商环境工作，山东营商环境保持在全国第一方阵，民营企业调查点工作连年位居全国前列。

五、提升系统整体效能

聚焦圆满完成换届任务，精心筹备、周密安排，坚持标准、严肃纪律，成功召开省工商联第十四次代表大会，山东省委主要领导出席大会并讲话，令全省广大民营经济人士倍受鼓舞和鞭策。深入推进“两个健康”示范创建工作，青岛市工商联被确定为温州新时代“两个健康”先行区创建经验推广试点单位之一。完善会员数据库建设，加强与新任执常委企业联系调研，完善落实强化企业家执委责任担当的意见，改进履职评价办法，推动企业家站前台、当主角。加强基层工商联和商会建设，11家县级工商联被评为全国“五好”标杆县级工商联，99家商会被认定为全国“四好”商会，296家商会被认定为全省“四好”商会，18家商会获评全省社会组织标杆，乡镇街道商会应登尽登率达到100%，指导山东省孕婴童产业服务协会、山东省陕西企业商会等注册成立，考察吸收山东省瞪羚企业发展促进会、山东省对外投资与经济合作商会等5家团体会员，泰安市工商联推行产业链上建商会的做法被评为全国工商联系统工作实践创新成果。大力推行商会组建“双建双揭”模式，探索在产业链商会开展党建工作，推进所属商会党支部评星定级管理，“一会一策”指导商会党建工作，促进了会建和党建的有机融合。

组织概况

主席、副主席名单

王随莲　张　鲲　孙美菊　高洪岩　郭建礼　于　玲　丁　杰　牛　腾　刘爱丽　刘锋杰　杨为东　张　泉　林　波　焦文玉　翟世兰　于晓怡　魏建国　于德翔　于晓宁　王永胜　刘电新　陈　亮　郑月明　赵叶青　徐鹏强　崔立新

地方商会（总商会）副会长名单

王随莲　张　鲲　孙美菊　高洪岩　郭建礼　于　玲　李湘平　林凡儒　尚吉永　黄淑玲　李晓亮　王　琳　孙　倩　李明刚　张成如　张志敏　张景伟　陈能豪　宗剑飞　宛　斌　高进华　梁训美

地级市工商联主席名单

青岛市　崔　作　　淄博市　张欣欣　　枣庄市　李　慧　　东营市　段　鸿
烟台市　李京波　　潍坊市　陈端梅　　济宁市　李　敬　　泰安市　冯能斌
威海市　杨　丽　　日照市　陈　丰　　临沂市　张秀丽　　德州市　康志民
聊城市　张芙蓉　　滨州市　杜玉杰　　菏泽市　杜　岩

山东省各级工商联组织数和执委数

项目＼级别	省	副省级市	地级市	县（市、区）	合计
组织数	1	2	14	136	153
执委数	372	603	3 024	15 110	19 109

（注：统计截止时间为2022年12月31日）

河南省工商业联合会2022年工作综述

2022年，河南省工商联在全国工商联正确指导和河南省委的坚强领导下，全面贯彻习近平新时代中国特色社会主义思想，深入学习贯彻党的二十大精神和河南省第十一次党代会精神，牢牢把握政治建会、团结立会、服务兴会、改革强会总要求，紧紧围绕“两个健康”主题履行职责、发挥作用，高质量完成了各项工作任务。

一、加强理论武装，始终旗帜鲜明讲政治

一是加强理论学习。领导班子带头学，认真落实第一议题制度和党组理论学习中心组学习安排，坚持学原文、悟原理、知原义，全年组织党组中心组学习20次，第一议题学习22次；机关干部积极学，坚持每周四下午政治学习制度，举办《党的二十大精神解读》主题课程，开展2期省工商联领导干部领学党的二十大报告读书班活动，分别组织机关党支部以党的二十大精神、青年干部以习近平总书记视察陕西延安和河南省安阳重要讲话精神为主题开展学习讨论，举办知识测试，组织党员干部通过电视广播、学习强国等多种形式持续深入学习，深刻领会“两个确立”的决定性意义，不断增强“四个意识”，坚定“四个自信”，坚决做到“两个维护”。二是深入推进“能力作风建设年”活动。制订活动方案、明确目标任务、召开动员会议、成立领导小组，定期召开推进会，每周向省能力作风建设活动办公室上报重点工作任务推进情况；将能力作风建设年活动与重点工作开展高度融合，开展大练兵活动，全面提升能力作风水平。三是严格落实意识形态工作责任制。充分发挥意识形态工作（网络意识形态工作）领导小组作用，严格落实《党组落实意识形态责任制实施细则》要求，牢牢把握意识形态工作主动权，加强与全国工商联、省委宣传部、省网信办的沟通联系，协同处理民营企业舆情。

二、围绕中心大局，始终履职尽责抓落实

（一）以强化思想引领为基础引导民营经济人士健康成长

一是不断强化政治引领。组织工商联、商会组织和民营企业家认真学习党的二十大精神，教育引导广大民营经济人士深刻领会“两个确立”的决定性意义，增强“四个意识”，坚定“四个自信”，坚决做到“两个维护”。在河南省工商联网站开设“学习二十大、奋进新征程”专栏，利用微信公众号发布专题信息12期，宣传党的二十大精神，引导全省民营企业稳定预期、坚定信心、提振精神，继续把企业做优、做强、做大。河南省工商联网站共转载发布信息1 600余条，微信公众号推送信息130余条。二是不断深化理想信念教育。面向全省广大民营经济人士扎实开展以“守法诚信、坚定信心”“不忘创业初心、接力改革伟业”“喜迎二十大、建功新时代”等为主题的教育实践活动，教育引导民营经济人士始终坚定不移听党话、感党恩、跟党走，始终与党在思想上同心同德、目标上同心同向、行动上同心同行。三是持续推动构建亲清新型政

商关系。2022年5月20日，与河南省纪委监委联合举行“5·20亲清政商日”启动暨“政企沟通面对面·共建亲清连心桥”恳谈会，河南省委常委、省纪委书记、省监委主任曲孝丽出席会议并讲话。在全国率先启动了“5·20亲清政商日”活动，开展了“5·20宣传周”活动。

（二）以提升服务效能为抓手促进民营经济高质量发展

一是积极参与筹备全省民营经济高质量发展大会。牵头承担河南省优秀（杰出）民营企业家评选表彰工作，评选10家河南省杰出民营企业；10名河南省杰出民营企业家；85家河南省优秀民营企业；87名河南省优秀民营企业家，并在2022年12月20日召开的高规格全省民营经济高质量发展大会上给予隆重表彰。策划拍摄《乘风破浪正当时——河南全力推动民营经济高质量发展》专题片，大力宣传全省民营企业和民营企业家典型。会同河南省工信厅等部门研究起草《关于推动新时代民营经济高质量发展的意见》，助推民营经济高质量发展。二是顺利完成河南省工商联换届工作。认真贯彻落实全国工商联工作要求和省委关于工商联（总商会）换届工作的文件精神，指导市县两级工商联完成换届工作。严把人选标准、严格程序要求，严肃换届纪律，认真做好民营经济代表人士综合评价工作。成功召开河南省工商联第十三次代表大会，全面总结全省工商联过去五年取得的工作成绩，认真谋划今后五年的工作任务，河南省委书记楼阳生出席大会，省委副书记周霁代表省委讲话，新一届领导机构和领导班子均全票当选，顺利实现了省工商联领导班子的新老交替。三是积极开展调研参政。为深入研究新时期民营经济面临的机遇和挑战，研究民营企业发展中面临的共性问题，推动组建中原民营经济研究院。围绕民营企业结构性改革和氢能源、传感器产业发展现状等情况开展专题调研。《关于河南省民营企业结构性改革的对策建议》得到全国政协副主席、全国工商联主席高云龙，中央统战部副部长、全国工商联党组书记徐乐江批示，被中央统战部《调研参阅》、河南省委政研室《内部参阅》刊登。《关于疫情下河南省中小微企业生产经营状况的调查与分析》得到王凯省长等多位省领导批示。在河南省政协十二届五次会议上提交团体提案13件、大会发言4篇。其中，《关于加强新业态从业者社会保障的提案》《关于发挥企业创新主体作用 建设国家创新高地的提案》被河南省政协列为重点督办提案。积极向全国工商联、河南省政协、河南省委统战部报送社情民意和工商联信息。河南省工商联信息工作先后荣获全国工商联、河南省委统战部先进工作单位荣誉称号。四是大力实施中原民营企业家“百千万”培训计划。全省各级工商联建成企业家学院149个，推动民营企业建立企业家课堂238家。第三期中原民营企业家培训计划高端培训班圆满结业，第四期高端培训班开班，第二期民营企业家素质提升工程研修班等持续举行。五是扎实开展“万企兴万村”行动助力乡村振兴。积极动员引导全省广大民营企业积极扎根乡村沃土、投身乡村振兴、助力乡村发展。据台账显示，截至2022年12月31日，河南省企业总数5 465家，“兴村”项目总数6 788个，“兴村”总数5 891个。

（三）以提振民营企业发展信心为重点帮助民营企业纾困解难

一是大力弘扬优秀企业家精神。利用《中华工商时报》《河南日报》客户端等宣传平台，大力宣传民营企业和企业家在抗击疫情、乡村振兴等方面的典型案例。组织开展2021年度河南省民营经济

"出彩河南人"标兵和年度人物评选表彰活动，引导民营经济人士做爱国敬业、守法经营、创业创新、回报社会的典范。开展上规模民营企业调研和民营企业履行社会责任状况调研，在调研基础上排出2022河南民营企业100强系列榜单，增强企业做大、做强、做优的信心。二是深入开展金融税务助企纾困系列服务活动。依托河南省建设银行搭建民营企业智慧金融服务平台，服务范围覆盖全省130个县区、21.2万家民营企业，累计投放贷款近千亿元。联合河南银保监局、河南证监局和金融机构深入开展全省金融税务助力民企纾困发展行动，与河南省税务局及25家金融机构签订战略合作协议，会同省地方金融监管局等部门出台支持民营经济发展金融财税政策，推出331项金融助企举措，截至2022年10月底，全省民营企业贷款余额20 731.13亿元，占全省企业类贷款的42.93%；新发放的企业类贷款中有54.27%投向了民营企业。三是积极开展"法治护航民企高质量发展"行动。全面铺开、持续开展"法律三进"活动，依托新时代中原民营企业家"百千万"培训计划开展各类普法宣传教育1万多场次，覆盖民营企业12万多家。全省330余家律所与县级以上工商联及所属商会开展工作对接并建立合作机制，为民营企业常态化开展"法治体检"，目前已累计服务民营企业3 229家，提供法律意见3 262条。与河南省直政法机关建立常态化联络协调工作机制，出台服务民营企业"一揽子"政策措施，实现与公、检、法、司沟通联系机制全覆盖。会同省检察院全面推开涉案企业合规改革试点工作，推动在办及办结企业合规案件50件。与公、检、法、司等部门联合开展沟通联系机制落实情况调研，遴选合作示范单位14对，通过选树先进典型，营造比学赶帮超的浓厚氛围。四是大力推动助企纾困政策落地落实。广泛宣传党中央关于"两个毫不动摇"、促进"两个健康"的大政方针，宣传党委政府的惠企纾困政策，扩大政策知晓面、覆盖面。持续打造政企沟通访谈节目《政企面面观》，全方位解读惠企政策，面对面倾听民企心声，回应企业关切，推动政策落实，助力优化营商环境。截至12月底，一共播出102期，2022年播出51期。及时向商会推送惠企纾困政策，指导商会向会员企业进行宣传推介。持续加强与发改委、工信等部门协调配合，推动省委、省政府决策部署在民营经济领域贯彻落实。五是加强"数字民经"平台建设。对原有诉求响应平台和智慧工商联系统进行迭代升级，开发新建民营企业预警分析系统和民营企业服务系统，形成面向民营企业的诉求响应、预警监测、综合服务三位一体综合性服务平台，为党委政府决策提供参考，该服务系统受到河南省委改革办的通报表扬。

三、聚焦基层基础，始终坚持不懈抓党建

一是认真履行党建工作责任制。党组书记切实履行好第一责任人职责，统筹谋划、协调推进机关党建工作，班子成员落实好"一岗双责"。落实"三会一课"、主题党日，党组班子成员、支部书记讲党课，党组班子成员支部联系点等党建工作制度，组织召开年度组织生活会、"深入学习习近平总书记视察安阳重要讲话精神"专题组织生活会，严格执行请示报告等制度。结合工作实际，积极开展机关党支部与直属商会、民营企业党组织开展"手拉手"活动，机关第五党支部联合驻部纪检监察组开展支部"手拉手"主题党日活动，开展"访民企、解难题"专项调研。二是落实全面从严治党主体责任。强化对关键少数的监督，履行"一岗双责"，严格执行民主集中制、"三重一大”集体决策制度，落实省工商联党建“三级四岗”责任清单。召开年度党风廉政建设暨以案促改动员会，逐级签订《落实全面从严治党主体责任承诺书》，制定主体责任清单，强化压力传导，强化监督执纪问责。三是筑牢支部战斗堡垒。以“逐支部观摩、整单位提升”为重点，实施党支部星级评定，打造“四强”党支部。落实民主评议党员、谈心谈话等制度，开展党支部书记抓党建述职评议，组织开展“奋进十四五，建功新时代”主题活动。发挥党员先锋模范作用，疫情防控期间，落实“双报到”制度，下沉街道社区一线，参与疫情防控工作，累计54人次下沉14个社区。四是持续抓好县级工商联和商会建设。以换届为契机，指导市县工商联加强自身建设。深入开展“四好”商会创建，河南省“四好”商会数量位居全国第二。加强商会党建工作，增强商会党组织政治功能。坚持以党建带会建，突出所属商会统战属性和政治功能，持续推进商会实现党的组织和工作全覆盖。

组织概况

主席、副主席名单

胡汉阳　曾垂瑞　赵纯武　孔火团　马跃峰　李　莉　薛景霞　陈　南　任红军
李　建　姜　明　徐　晓　徐胜杰　曹永彬　乔秋生　石聚领　李云峰　郑文青
祝春华　熊　伟　秦英林　王尚卿　王朝阳　刘卫平　陈海涛　苗拥军　赵志军
顿瑞敏　常　远　韩红安　陈占亭

地方商会（总商会）副会长名单

胡汉阳　曾垂瑞　赵纯武　孔火团　马跃峰　李　莉　王玉桥　连建伟　潘道荣
丁　剑　马文超　王　爽　王若飞　石从亮　龙　志　平本强　代纪玲　乔松涛
刘文新　孙　锋　李　芳　李　森　李静敏　张付峰　张传兵　郭　伟　郭　敏
郭启文　韩方明　蔡芳新　薛亚辉

地级市工商联主席名单

郑州市　王洪波　开封市　刘　震　洛阳市　侯建军　平顶山市　胡万涛
安阳市　侯合柱　鹤壁市　李小莉　新乡市　朱云卿　焦作市　李　建
濮阳市　李莉荣　许昌市　郑文青　漯河市　宋春华　三门峡市　吴鹏斐
南阳市　李　林　商丘市　吴英杰　信阳市　李俊杰
周口市　赵万俊　驻马店市　张新领　济源市　董亚丽

河南省各级工商联组织数和执委数

项目＼级别	省	副省级市	地级市	县（区、市）	合计
组织数	1	0	17	157	175
执委数	298	0	3 360	17 431	21 089

（注：统计截止时间为2022年12月31日）

湖北省工商业联合会2022年工作综述

2022年是党和国家历史上极为重要的一年，也是湖北发展极不平凡的一年。一年来，在湖北省委、省政府的坚强领导下，在全国工商联的关心支持和省委统战部的悉心指导下，湖北省工商联坚持以习近平新时代中国特色社会主义思想为指导，团结引领全省广大民营经济人士认真学习贯彻党的二十大精神，完整准确领会新发展理念，主动融入全国构建新发展格局先行区建设，为湖北加快建成中部地区崛起重要战略支点作出了积极贡献。

一、强化政治引领，筑牢民营经济高质量发展思想根基

（一）认真学习宣传贯彻党的二十大精神

坚持把学习宣传贯彻党的二十大精神作为首要政治任务，通过召开会议、举办专题报告会、“联企 e 课”、小分队宣讲等多种形式，在全省民营经济领域持续掀起学习宣传贯彻党的二十大精神热潮。湖北省委常委、统战部部长宁咏通过常委会议和投诉服务平台为全省民营经济人士作宣讲报告，线上线下共2 200余人聆听了宣讲，在全省工商联系统和民营经济领域引发热烈反响。

（二）持续深入推进理想信念教育

举办民营经济人士先进典型理想信念报告会，通过湖北日报、湖北卫视等媒体广泛宣传报道民营企业和民营经济人士在学习党的二十大精神、实现高质量发展、助力大学生就业、推动共同富裕中的生动事迹和先进典型，唱响民营经济“光明论”。组织年轻一代民营经济人士赴河北西柏坡开展理想信念教育专题培训，引导民营经济人士增强感党恩、听党话、跟党走的自觉。建立全省年轻一代民营企业家人才库，截至2022年12月31日，入库企业家人数达到1 034人。

（三）认真做好民营经济领域意识形态工作

组织开展全省民营经济人士思想状况调研，深入开展谈心谈话，及时了解民营企业运行状况和民营企业家思想动态。与长江云大数据中心加强合作，持续开展民营经济领域舆情监测分析工作，向负面舆情多发企业转发预警信息，并积极提供帮助。每月开展分析研判，定期报送全省民营经济领域意识形态研判报告。

二、服务中心大局，汇聚民营经济高质量发展正能量

（一）深入开展调查研究，切实加强参政议政工作

围绕湖北省委、省政府中心工作，紧扣热点难点问题，积极建言献策。先后参与《关于进一步促进民营经济发展的若干措施》和《湖北省优化营商环境条例》等重大涉企政策、法规调研起草活动，向湖北省委、省政府报送春节后企业复工复产、降低用电成本政策落实情况等多篇信息专报。持续发布民营经济景气指数，编印《湖北省民营经济发展报告》，为湖北省委、省政府决策提供参考。

（二）充分发挥民营企业就业主渠道作用，推动高校毕业生等重点群体稳定就业

为贯彻落实就业优先战略，牵头实施

"万家民企助力就业专项行动"，广大民营企业积极响应，截至2022年12月底，共有2.64万家民营企业参与，提供18.4万个就业岗位。

（三）以"万企兴万村"行动为主要载体，引导民营企业助力乡村振兴

在全国省级层面率先启动"万企兴万村"行动，形成了省级示范、三级联动的工作格局。举办全省"万企兴万村"现场推进会暨助力民族地区发展光彩事业恩施行活动，现场促成签约项目19个，签约金额超280亿元，捐赠资金1 150万元。组织全省5721家民营企业商会，结对帮扶4 451个行政村。

（四）举办"2022楚商年会"，积极组织民营企业参加重大经贸交流活动

"2022楚商年会"在十堰市成功举办，会上签约项目26个，投资总额约834.12亿元。组织民营企业线下线上参与中国民营企业500强峰会、第二届RCEP经贸合作高峰论坛、第五届中国国际进口博览会等活动，支持湖北省楚商联合会举办2022世界大健康博览会，支持宜昌、黄石等地举办楚商行等活动。

（五）开展民营企业百强发布系列活动，提振民营经济发展信心

联合湖北省发改委、省经信厅等部门，以湖北省政府新闻办名义举办新闻发布会，发布2022湖北民营企业百强榜单。2022年民营企业百强入围门槛达到39.1亿元，比上年增长30.5%。

三、助企纾困解难，当好民营企业"娘家人"

（一）深入开展"下基层察民情解民忧暖民心"实践活动

深入开展下基层察民情解民忧暖民心实践活动和"解难题、稳增长、促发展"企业帮扶活动，湖北省工商联领导班子及副处级以上干部下基层调研67次，深入基层摸清实情、了解问题、掌握需求，收集企业反映问题诉求81个，目前已全部得到解决。

（二）在金融服务上进行新探索

联合湖北省地方金融监管局、人行武汉分行等共同举办全省优化民营企业金融服务推进会，与人行武汉分行签署了《优化民营企业金融服务合作协议》，促成银企签约项目50个，融资总额29.3亿元。与"工农中建"等省内重点金融机构普遍建立联系对接机制，建设银行、光大银行等11家金融机构入驻湖北省非公有制企业投诉服务平台，促成银行授信349笔、金额10 089.6万元，为民营企业海外项目承保续保4 638万美元。

（三）在法律服务上取得新突破

与公检法司建立沟通联系机制，与省委依法治省办联合印发《关于深入推进法治民企建设的实施意见》。深入开展"法律三进"、"万所联万会"和民营企业法治体检活动，解决企业涉法涉诉困难200多件。推动省工商联直属商会全部设立人民调解委员，为调解各类纠纷奠定了坚实的组织基础。

（四）在惠企政策宣传上取得新进展

联合省税务局、人民银行武汉分行等部门开展"联企e课"系列政策宣讲活动，为民营企业讲解税收、融资惠企政策。通过湖北省工商联门户网站、"联企e站"、微信公众号等渠道发布"政策速递"95条、政策原文75篇，扩大政策知晓率，提振企业发展信心。

（五）深入构建亲清政商关系

与金融、科技等部门共同举办亲清政商座谈会，推动解决民企困难问题，助力优化营商环境。扎实推进清廉民企建设，制订出台《湖北省清廉民企建设评价标准（试行）》，在全国省级工商联率先明确"三好四有五不"清廉民企评价体系，创

新开展清廉民企示范创建活动。

（六）非公有制企业投诉服务平台作用发挥取得新成效

与省优化营商环境办联合制定《关于进一步推动非公有制企业投诉服务平台反映问题有效解决的若干措施》，进一步优化诉求办理程序。截至2022年年底，平台注册用户达104.6万户，共受理诉求2 289件，诉求办结率99.43%，满意率99.3%，累计帮助企业追回、解封、解冻资金资产超43.82亿元。

四、深化改革创新，夯实“两个健康”工作基础

（一）成功召开湖北省工商联第十三次代表大会

2022年5月26日至27日，湖北省工商联（总商会）第十三次代表大会在武汉召开。换届以来，省工商联新一届领导班子认真贯彻落实习近平总书记系列重要讲话和湖北省第十二次党代会精神，始终坚持围绕中心，服务大局，在政治引领、经济服务、优化环境、平台建设、组织建设等方面做了大量工作，取得了积极成效。

（二）持续推动“五好”县级工商联建设和工商联所属商会改革发展

坚持巩固和深化“五好”县级工商联建设成果，筑牢组织建设基础，武汉市武昌区工商联等12家工商联被确认为全国“五好”标杆县级工商联，数量排名全国第4位。以创建“四好”商会为载体，全面开展“六有”建设，共有75家商会被认定为2021—2022年度全国“四好”商会，数量排名全国前列。

（三）坚决扛起党建工作责任，扎实推进清廉机关建设

落实全面从严治党主体责任，制定机关党建暨党风廉政建设工作要点，推动全面从严治党全面覆盖有效落实。通过党组中心组专题学、支部主题党日跟进学、党组会及时学等形式，使机关党员干部在学思践悟中锤炼政治品格。全面接受驻省委统战部部纪检监察组监督，努力营造风清气正、干事创业的良好政治生态。

（四）不断加强机关自身建设

牢固树立过“紧日子”思想，全面压减行政成本，大力精简会议、差旅、培训等事项。创新帮扶方式，深入开展“美好环境与幸福生活共同缔造”活动。机关党员主动下沉社区参与封控值守，受到社区和群众广泛好评。扎实开展法治宣传教育、国家安全、保密教育和精神文明建设等日常工作，机关疫情防控、平安建设、法治建设、国家安全、机要保密、干部人事、信息宣传、厉行节约、垃圾分类、档案、信访等工作均取得新成绩。

组织概况

主席、副主席

刘顺妮　胡勇政　程　坷　李彩云　吴智勇　唐万金　刘长来　许开华　孙应安
李　健　李万清　肖凯旋　何中林　陈　军　陈纯星　陈莉莉　罗绪军　周志专
胡爱娣　高　林　黄　立　阎　志　喻　鹏　程阿罗　游　林　赖春临

地方商会（总商会）副会长名单

胡勇政　程　坷　李彩云　吴智勇　唐万金　王仁宗　王书会　王永蓬　王国华
王栎栎　王楠波　任习东　邬剑刚　刘长云　李玉保　库尔班江·泰吾克力
张文旗　陈晓林　范双涛　金　海　徐志新　徐国胜　谢耀煌　蔡开云　蹇　宏

地级市工商联主席名单

武汉市　阎　志　　襄阳市　许　俐　　宜昌市　温欣艳
黄石市　何中林　　十堰市　肖　旭　　荆州市　马林武
荆门市　王忠标　　鄂州市　陈晓林　　孝感市　陈鸿杰
黄冈市　李　果　　咸宁市　宋昵荔　　随州市　刘　玲
恩施土家族苗族自治州　王继刚

湖北省各级工商联组织数和执委数

项目＼级别	省	副省级市	地级市	县（区、市）	合计
组织数	1	1	12	103	117
执委数	412	300	1 909	8 885	11 506

（注：统计截止时间为2022年12月31日）

湖南省工商业联合会2022年工作综述

2022年，在全国工商联、省委统战部的具体指导和湖南省委、省政府的正确领导下，湖南省工商联坚持以习近平新时代中国特色社会主义思想为指导，全面贯彻落实习近平总书记关于新时代民营经济统战工作和关于湖南工作的重要讲话和指示批示精神，围绕“两个健康”主题，切实履行职责、发挥作用，工商联工作展现了新气象，为实现“三高四新”美好蓝图展现了新担当。

一、教育引导有新成效

（一）学习党的二十大精神主动深入

始终把学深悟透习近平新时代中国特色社会主义思想作为最大政治任务，始终坚持政治性作为第一属性，做到了党中央和习近平总书记有号令、上级有部署安排，工商联就有行动、企业家积极跟进，件件有着落、事事有回音，积极担当、彰显影响。深入开展“喜迎二十大 奋进新征程”主题教育，开辟“云集湘商 创业湖南”等多个宣传专栏，通过会领导进商会、进企业开展宣讲等多种形式，在全省工商联系统掀起学习宣传贯彻党的二十大精神热潮。积极开展民营经济领域风险隐患大排查，各级工商联及商协会参与安全生产风险隐患排查3 197人次，走访民营企业5 082家，为党的二十大胜利召开和学习宣传营造了良好氛围。

（二）持续深入开展理想信念教育

通过举办湘商大讲堂，“红色故事三进”活动，发挥民营经济人士理想信念教育基地作用，开展民营经济发展史、工商联事业发展史、老一代企业家现身说法等特色教育活动，组织开展教育培训。全省9个理想信念教育基地举办教育培训活动

20场次，不断夯实奋斗奋进的共同思想政治基础。持续推进亲清政商关系构建，加强与湖南省检察院、高院沟通配合，与湖南省经信委、发改委、商务厅、贸促会等部门的厅际合作，畅通企业意见诉求表达渠道和问题解决机制。开展3次廉政教育和违规收送红包礼金等2次专项问题整治。再次成功创建省文明单位。

（三）商协会党建焕发活力

组建管理60家直属商协会党组织，其中有党委8个，党总支9个，党支部108个，管理正式党员1 023名、流动党员1 048个。新成立了省总商会党支部等3家党组织，1家商协会党组织获评省级文明单位，1家商协会党组织获评两新领域标杆党组织。持续开展党建联组活动，56家商协会党组织参与新化县乡村振兴，助力县域经济发展。

二、参政议政有新影响

（一）调查研究深入扎实

以“四明白四清楚”大调研为抓手，全年完成专题调研和省领导交办的重大课题调研16个，协助全联开展专题调研1项，调研成果得到党委、政府的高度重视和积极采纳、批示。建立5 000多个民营企业信息直报点，开展4次民营企业季度运行状况网络调查，为党委、政府研判经济形势提供参考，6位省领导先后13次作出批示，2篇调研报告获全国工商联优秀调研成果评选二等奖、三等奖。

（二）建言献策坦诚务实

参加政党协商、党外代表人士座谈会活动5次，参与湖南省政协专题协商会2次。全国两会、省两会期间，组织引导工商联界别代表、委员提交提案建议110余件；提交湖南省政协集体提案10件、大会发言2件，1件提案得到湖南省领导批示。办理湖南省人大代表建议和省政协委员提案5件，答复满意率100%。

（三）优化环境积极作为

持续深化“六个一”工作品牌，省民营企业服务中心正式运行，推动10个市州成立了相应服务中心，成功发布“一榜”。贯彻落实万名干部联万企“送政策、解难题、优服务”行动，开展“春雨润苗”惠企政策大宣讲，发放政策口袋书40 030本，推动解决问题5 427个。万家民营企业评营商环境工作再创佳绩，三年三进位，2022年居全国第7、中西部地区第1，得到湖南省主要领导批示肯定，写入省委全会报告和政府工作报告。

三、促进发展有新作为

（一）推动湘商回归出色出彩

“湘商回归”工程取得新进展，全年湘商回归新注册企业949家，到位资金4 519亿元，为年度任务的2.6倍。成功牵头承办第十届全球湘商大会，签约项目151个，投资总额1 219.7亿元。开展“暖侨行动”，协助解决境外湘商实际问题，工作经验获评全联2022年实践创新奖。培优做强行动全面启动，对125家重点民营企业和413家市州代表企业开展摸底调查，出台民营企业培优做强行动方案。开展“两送一防”，培训外向型民营企业500多人次。与长沙海关、中国进出口信用保险公司湖南分公司签署战略协议，服务民营企业高质量“走出去”。

（二）助力县域发展求实求为

全面展开民营企业助力县域经济高质量发展行动，出台实施意见。组织150家民营企业、15家商会结对帮扶15个重点县。“民营企业县市行”走进新化、醴陵等10个县，签订帮扶协议85个，实施项目43个，投入资金近1亿元。针对岳阳酸菜事件，组织达漫电商等100多个企业赴华容县，线上线下承销农产品1.05亿元。协调组织湖南省山东商会等多个商协会支持张家界旅游产业，助力全省首届旅发大会。组织民营企业参与“万企兴万村”行动，4 626家民营企业参与结对帮扶4 227个贫困村，实施兴村项目5 462个，投资金额640亿元。动员民营企业和商协会捐款捐物近600万元支持抗击疫情、抗洪救灾及灾后重建，先后通过湘商公益基金捐款捐物近540万元。开展“民企高校携手促就业三湘行动”，7 000余家民营企业为高校毕业生提供就业岗位10.04万个，为历年之最。

（三）维护企业权益尽心尽力

先后赴8个市州开展讲“诚信守法、做良心产品”巡回宣讲，现场培训企业家及高管1 600多人，网络参培人数超过1万人。成立调解组织119家，累计调解纠纷13 330件。推进涉案企业合规改革试点，工作经验在全联作典型发言。“万所联万会”机制做法被全国表彰。6家民企获评“全国和谐劳动关系创建示范企业”。全年直接受理涉法涉诉、维权纠纷40多件，移送有关单位处理31件，为企业挽回经济损失超亿元。

四、自身建设有新提升

（一）圆满完成省工商联换届

选举产生50名领导班子成员、130名常委会组成人员和322名执委，一批思想政治强、行业代表性强、参政议政能力强、社会信誉好的年轻一代的非公经济代表人士进入工商联领导班子和领导机构。换届工作实现了“三好三无三全”目标，换出了新气象新形象。

（二）基层组织建设深入推进

全国工商联评定确认湖南省全国“五好”县级工商联87家，省联确认“五好”县级工商联达到100%。在各级工商联商会中开展“四好”商会建设工作，评定280家省级“四好”商会。目前，全省工商联会员总数27.87万个，省工商联所属商协会116家，业务主管20家（含1家民办非企业单位），团体会员94家；行业类78家，联合类10家，地域类28家。指导新组建2家省内异地商会（湖南省吉林商会和海南商会）。联系指导服务的异地商会823家，其中，湖南在省外成立的异地商会576家，实现了全国33个省区市和新疆建设兵团全覆盖；外省在湘成立的异地商会138家。省工商联建立常态化联系的国外湖南商会42家。

（三）干部队伍建设从严从实

严格落实中央“八项规定”、省委“九项规定”等要求，认真配合湖南省委第九巡视组的常规巡视，自觉推动落实巡视问题整改。出台执委履职管理办法，推进执委履职制度化、规范化。不断强化党风廉政建设，积极开展领导干部违规收送红包礼金问题专项整治和机关作风纪律专题教育，机关管理制度化、规范化水平得到提升。

组织概况

主席、副主席名单

张　健　刘事青　杨广林　石　红　漆平波　彭天忠　王毅清　毛　铁　付胜龙
向文波　孙易兵　李　涛　汪峥嵘　张学武　张跃文　陈旭荣　陈志强　周群飞
种衍民　姚劲波　唐　岳　颜卫彬　戴立忠

地方商会（总商会）副会长名单

张　健　刘事青　杨广林　石　红　漆平波　彭天忠　王晓彬　邓银伟　朱日晖

许君奇　李晓红　李红霞　吴培辉　余　新　张春雨　罗长林　罗订坤　罗嗣清
郑　晴　胡　硕　胡建文　胡家达　侯少斌　侯培林　聂鹏举　倪正东　陶　业
黄晓丹　曹革新　曾万辉　谭光辉　颜　涛

地级市工商联主席名单

长沙市　康镇麟　株洲市　杨胜跃　湘潭市　伍　浩　衡阳市　范振华
邵阳市　陈博文　岳阳市　陈立新　常德市　陈宏文　张家界　陈艳静
益阳市　邓象庭　郴州市　李波勇　永州市　韩顺华　怀化市　王　勇
娄底市　李德仁　湘西州　滕树静

湖南省各级工商联组织数和执委数

项目＼级别	省	副省级市	地级市	县（区、市）	合计
组织数	1	0	14	125	139
执委数	322	0	2 913	11 304	14 539

（注：统计截止时间为2022年12月31日）

广东省工商业联合会2022年工作综述

2022年，在广东省委、省政府的正确领导下，在全国工商联具体指导和广东省委统战部直接领导下，广东省工商联坚持以习近平新时代中国特色社会主义思想为指导，深入贯彻落实党的二十大精神、习近平总书记在中央统战工作会议上的重要讲话精神，认真贯彻落实广东省第十三次党代会精神，围绕“1+1+9”工作部署，紧扣“两个健康”工作主题，加强思想政治引领，深入开展五大暖企行动，顺利选出新一届领导班子，有力推动民营经济高质量发展，各项工作取得积极成效。相关工作成果共56次获得广东省委、省政府和全国工商联领导批示肯定。

一、深入学习宣传贯彻党的二十大精神，强化思想政治引领

把学习宣传贯彻党的二十大精神作为首要政治任务，在全省工商联系统和民营经济领域迅速掀起学习贯彻热潮。严格落实第一议题制度，全年召开党组（扩大）会议40次，中心组学习14次，安排第一议题92个。制订学习宣传贯彻方案，举办民营经济代表人士学习贯彻党的二十大精神座谈会，广东省委分管领导出席并带头宣讲。召开党组理论学习中心组专题学习会、宣讲会、澳门执常委学习座谈会等10多场学习活动，开设学习宣讲专栏，发布100余篇内容，阅读量超10万人次，推动党的二十大精神在民营经济领域走深走实。

二、圆满完成换届工作，开启工商联事业新篇章

成功召开广东省工商联（总商会）第十三次代表大会，选举产生以陈志列同志为主席（会长）的广东省工商联（总商会）第十三届执行委员会领导班子、常委和执委。大会得到广东省委、省政府和全国工商联的高度重视，向全省民营企业家发出新时代牢记嘱托，感恩奋进，促进民营经济高质量发展的倡议，进一步坚定了广大民营企业家奋进新征程、建功新时代的信心决心。

三、深化理想信念教育，夯实思想政治基础

启动“感恩新时代 奋进新征程 强国复兴有我”理想信念教育百场宣讲活动，组建企业家宣讲团，举办相关活动50多场次，线上线下参与人次达120多万，切实增强民营经济人士坚定不移听党话、跟党走的思想自觉政治自觉行动自觉。与新华网、南方财经全媒体集团等联合推出新粤商高质量发展深调研等专栏，累计编发各类稿件1 000余篇。联合广东电视台播出《风云粤商》53期和《粤商大讲堂》16期。严格落实意识形态工作责任制，开展民营经济人士思想状况调研，建立民营经济领域舆情监测和分析研判机制。广州市工商联推出“百年穗商情”系列报道；揭阳市工商联打造“揭商学堂”；潮州市工商联组建特色讲师团；珠海市工商联举办“产业第一·珠海创新说”访谈活动；中山市工商联开展“专精特新”企业巡礼报道。

四、开展五大暖企行动，助力稳住经济大盘

一是开展“优惠政策话你知”。联合广东省发展改革委等部门开展政策宣传解读，编印《中央及广东纾困惠企政策汇编》，在自有宣传平台定期推送纾困惠企政策。广州市工商联开展12场“读懂政策”系列活动；深圳推出“i企圳策”讲堂。二是开展“春雨润苗优服务”。与广东省税务局联合举办6期组合式税费支持政策系列宣讲活动。珠海推送345户税费“红利账单”；汕尾举行便民办税推介会。三是开展“普惠金融促融资”。联合广东省金融监管局举办金融惠企特色产品推介会，推广14家银行53款惠企特色金融产品。与广东省工商银行开展金融服务民营企业科技创新行动，设立科技特色支行，成立制造业金融服务中心。深圳市工商联启动金融驿站项目，新增授信规模11.92亿元；江门推动高新技术企业、澳资企业与澳门金融机构第三方信用评级成果互认；揭阳举办金融服务恳谈会，促成意向性融资8.5亿元。四是开展“科技服务促创新”。与广东省科技厅等单位共同实施民营中小企业“专精特新”发展行动。支持广州民科园建立四级协调联动工作小组，指导编制三年行动方案。广州开展扶优计划，首批110家企业通过国家级专精特新小巨人和省专精特新认定；珠海推动成立186个“红色技术攻关小组”，指导组建智能制造、电子科技、现代服务产业联盟；佛山举办2场品质革命精益化专题对接会。五是开展“法律护航促发展”。举办“知企暖企促发展”民营企业座谈会，邀请广东省委政法委主要负责同志，广东省法院、检察院等有关负责同志与民营企业家座谈交流。推动广东省涉案企业合规第三方监督评估机制建设。开展4期“法治民企”大讲堂活动，参加人数超44万人次。中山成立“商会公共法律服务驿站”；潮州设立市检察院驻工商联联络站。

五、助推粤港澳大湾区建设，服务重大战略部署

加强粤港澳经贸交流合作，组织企业参加粤澳经贸合作推介会、澳门贸易投资展览会、澳门国际品牌连锁加盟展等活动。配合召开2022粤港澳大湾区全球招商大会，报送投资项目29个，金额合计429.56亿元。与共青团广东省委联合开展“展翅计划”港澳台大学生实习工作，共组织74家企业提供近800个岗位。制订助推《广州南沙深化面向世界的粤港澳全面合作总体方案》实施方案，组织广东省工商联新一届领导班子赴南沙学习调研，助力推进“双区”和三大平台建设。与海关总署广东分署联合举办“稳外贸拓市场助力民营企业国际化”专题交流活动，签署合作交流备忘录。组织企业参加中国国际消费品博览会、中国-东盟博览会等活动，抢抓“一带一路”倡议机遇。深入推进“两送一防”专项行动，与香港贸发局联合开展“广东民企国际化服务计划”，推动扩大出口信用保险覆盖面，全年服务支持广东省民营企业1.76万家，整体承保规模为607亿美元，推动民营企业高质量走出去。广州在南沙建设“穗港澳商会协作中心”；深圳与澳门深圳经济文化促进会联合主办“深澳创意周”活动；东莞承办2022世界莞商大会；汕头举办潮商经济发展大会并成功申办第十届国际潮商大会。

六、引导民营企业履行社会责任，促进共同富裕

扎实推进“万企兴万村”行动，共计发动2 207家民营企业参与帮扶，实施项目1 597个，投入资金18.36亿元，2022年“广东扶贫济困日”活动广东省民营企业捐赠达11.98亿元。加强东西部协作，联合举办粤企入桂、粤企入黔共建产业园区“双百”行动启动仪式，签订项目总额340亿元。举办粤桂协作“万企兴万村”行动对接活动，签约项目23个，总投资63亿元。启动广东民企高校携手促就业行动，组织发动19 820家民营企业提供新增大学生就业岗位约20.05万个，见习岗位10.76万个。积极支援疫情防控，据不完全统计，全省各级工商联、商协会和民营企业共捐款2 256.31万元，捐物折现价值4 216.85万元，组织志愿者参加疫情防控12万余人次，引导广大民营企业大力弘扬粤商精神，争当爱国敬业、守法经营、创业创新、回报社会的典范。

七、深入开展调查研究，优化营商环境

扎实推进“大学习、深调研、真落实”，强化参政议政职能，组织企业家通过参加政企座谈会、提交建议提案等方式积极建言献策。建立民营企业运行状况感知感触体系，推进民营企业调查点建设，全省民营企业调查系统入库企业1万多家，位居全国前列。开展全省民营经济市场主体摸底等16个重点课题调研，粤港澳跨境电商发展态势研究分析报告等11篇调研报告获全国工商联系统理论研究创新成果一、二等奖或省领导、全国工商联领导批示肯定。开展民营企业评营商环境调查，广东省、深圳市连续三年分别位居全国民营企业评营商环境最佳口碑省份、最佳口碑城市榜首。联合南方财经全媒体集团举办峰会，发布“2022广东省民营企业100强”等榜单。在2022中国民营企业500强榜单中，前10强广东占一半，粤民企入围51家，居全国前列。佛山、中山均设立企业家日；清远聘任营商环境观察监督员；肇庆举办“企业家接待日”活动，助力广东打造一流营商环境。

八、加强非公经济领域党建工作，巩固“两个覆盖”成效

优化工作机制，完成广东省非公党委领导班子成员调整、广东省工商联商会党委架构职能优化调整，全省各级非公党委选派党建指导员193名，新增加党务工作者216名。分类分级推进底数摸排和组织建设“双同步”工作，中国民营企业500强广东入榜企业、广东民营企业100强党组织覆盖率分别达96%和94%，全省非公经济组织党委新建党组织315个，以高质量党建引领高质量发展。开展助力乡村振兴“强党建促振兴争先锋”行动，全省非公领域党组织实施项目251个，帮扶镇

（村）1 083个，投入帮扶资金（物资）33.3亿元，促进党建工作与乡村振兴深度融合。

九、坚持扩容拓面增量提质，推动商会改革发展

推动组建广东省智能装备制造协会、广东省数字产业联合会等7家新兴产业商会，吸收广东省商业地产租赁协会为团体会员。推动组建江苏省广东商会、山东省广东企业商会，初步实现省外广东商会工作全覆盖。修订《广东省工商业联合会省级商会管理指导办法》，召开省工商联所属商会工作会议，对运作不规范、长期不运作的商会开展专项整治。制定《广东省工商联省级异地商会联席会议制度》，举办省级异地商会第一次联席活动，推动异地商会归口工商联管理。广东省民营企业商会等102家商会被认定为2021—2022年度全国“四好”商会，3篇调研成果获全国工商联组织建设优秀调研成果表彰。茂名举办全国茂名商协会会长联席会议；肇庆成立市级异地商会工作专班；云浮召开异地商会招商引资工作座谈会，积极推动工商联商会改革提质增效。

十、加强自身建设，提升服务“两个健康”工作水平

落实全面从严治党主体责任，坚决把巡视、审计整改工作作为重要政治任务抓紧抓实，压实整改责任，已完成整改并长期坚持事项22个，取得阶段性成效并继续推进事项28个，认真做好整改“后半篇文章”，深化成果运用。加强机关党建和党风廉政建设，开展模范机关创建活动，完善干部队伍培养、考核、激励机制。加快推进“智慧工商联”建设，加强组织数据库和人才库建设。广东省工商联会员47.3万个，位居全国第一。印发《关于加强广东省工商联基层组织建设的实施办法》，开展地级以上市工商联工作评价，全省市、县级工商联顺利完成换届工作。扎实推进“五好”县级工商联建设，番禺区工商联等11家县级工商联被确认为全国“五好”标杆县级工商联，进一步夯实工商联基层基础。

组织概况

主席、副主席名单

陈志列　陈丽文　冯日光　张宏斌　陈继山　李　红　王文银　王福亮　江　南
李连柱　何小鹏　陈　涛　陈美仪　林水栖　郁　亮　赵心竹　胡德兆　黄健慧
梁耀铭　董　凡　曾智明　温志芬　廖平元　关向明

地方商会（总商会）副会长名单

陈丽文　冯日光　张宏斌　陈继山　李　红　万国江　王　岚　王来春　王明旺
吕耀华　李立勉　李积回　吴木棠　吴胜丰　张红伟　张燕航　陈　翀　陈东平
陈宏海　郭清海　黄俊辉　彭晋谦　蔡仲光

地级市工商联主席名单

广州市	李耀铭	深圳市	张春华	珠海市	董　凡	汕头市	黄俊辉
佛山市	李连柱	韶关市	张红伟	梅州市	廖平元	惠州市	陈　涛
汕尾市	彭晋谦	东莞市	黄建平	中山市	张燕航	江门市	万国江

阳江市　李积回　湛江市　林水栖　茂名市　王明旺　肇庆市　何小鹏
清远市　蔡仲光　潮州市　李立勉　揭阳市　郭清海　云浮市　温志芬

广东省各级工商联组织数和执委数

项目＼级别	省	副省级市	地级市	县（区、市）	合计
组织数	1	2	19	122	144
执委数	439	899	3 796	13 017	18 151

（注：统计截止时间为2022年12月31日）

广西壮族自治区工商业联合会2022年工作综述

2022年，广西壮族自治区工商联坚持以习近平新时代中国特色社会主义思想为指导，认真学习贯彻党的十九大、十九届历次全会和党的二十大精神，认真学习贯彻习近平总书记对广西提出的“五个更大”重要要求，深入贯彻落实习近平总书记视察广西“4·27”重要讲话和对广西工作系列重要指示精神，深入贯彻落实中央统战工作会议以及自治区党委统战工作会议精神，奋力贯彻落实自治区第十二次党代会决策部署，坚持围绕中心、服务大局，圆满完成全年各项工作目标任务。

一、强化思想政治引领，政治判断力、政治领悟力和政治执行力得到新提升

一是紧紧围绕迎接党的二十大做好凝聚人心工作。开辟“喜迎二十大·建功新时代”等宣传专栏，广泛宣传习近平新时代中国特色社会主义思想。把学习贯彻习近平总书记对广西工作以及对民营经济统战工作、工商联工作的重要指示作为工商联执常委会、党组会、班子会、中心组学习会的“第一议题”，作为民营经济人士和机关干部培训的“第一课程”，筑牢意识形态主阵地。一年来，全区各级工商联围绕迎接党的二十大开展理论学习、商会讲坛等活动 1.3 万余场次。自治区工商联 116 篇信息得到人民日报、中华工商时报、广西日报等主流媒体宣传报道。全力做好党的二十大精神学习宣传贯彻工作。

二是深化理想信念教育。深入贯彻落实自治区党委书记刘宁在自治区工商联第十三次代表大会上的讲话要求，组织自治区工商联（广西总商会）新一届领导班子沿习近平总书记视察广西的足迹，开展理想信念教育实践活动，强化思想引领，深化政治交接。举办广西工商联民营经济人士素质提升班、民营企业高级人才提升班9期，引导民营经济人士坚定理想信念。依托民营经济人士理想信念教育基地和红色教育资源，引导商会全覆盖开展理想信念教育。

二、坚持围绕中心大局，服务民营经济高质量发展彰显新担当

一是富有成效推进“民企入桂”工作。牵头抓好“民企入桂”工作专班工作，积极跟进“民企入桂”大会签约项目落实，深入重大项目调研。邀请天津市工商联来桂举办“津企入桂”活动；年内共“请进来”6795 家企业开展投资考察和项目洽谈，协助推介活动 677场次。积极配合自治区机械装备制造、高端金属新材料、精品碳酸钙等产业链工作专班开展招商活动。据统计，2022年全区对接行业商协会679 家（次），对接民营企业 15 153家（次）。

二是积极有为助力稳经济大盘行动。开展上规模民营企业调研，在柳州市举办2022 广西民营企业 100 强发布会，自治区四家班子领导出席发布会，有力提振民营企业发展信心。广西壮族自治区盛隆、南方、贵钢、力源等 4 家民企入围 2022 中国民营企业 500 强，6家民企入围 2022 中国民营企业制造业 500 强。举办商会讲坛，邀请专家为民营企业解读经济形势、金融和乡村振兴政策，在线观看累计达7 000人次。加强政企沟通，组织企业参加广西壮族自治区政府民营中小微企业座谈会，与税务部门开展“春雨润苗”中小企业税费服务专项行动，与广西壮族自治区民政厅召开行业协会商会参与稳经济大盘座谈会。深化银企对接，建立建行广西区分行向区市两级工商联派驻金融指导员工作机制，推动该行各级分行与工商联系统商会深度合作并签订团体授信协议，推广建行普惠融资平台。与工行广西分行签署战略合作协议和开展服务民营企业科技创新行动。加大科技服务，会同自治区科协启动民营企业自主创新研讨系列活动，开展广西企业“创新达人”评选和宣讲活动；配合广西壮族自治区科技厅举办中国创新创业大赛广西赛区活动；推荐民企参与“慧眼行动”创新成果遴选和参加2022国际有色金属新材料大会等。

三是多点发力服务民营企业融入新发展格局。推动第二届RCEP经贸合作工商高峰论坛暨高质量实施RCEP论坛在南宁举办，全国政协副主席、全国工商联主席高云龙发表视频致辞，自治区党委书记刘宁出席论坛并致欢迎辞。争取全国工商联支持在南宁举办 RCEP 中小企业专场培训。与广西壮族自治区发改委等单位共同举办护航民企“走出去”政策宣讲会；开展护航民企“走出去”专项调研，对重点民营企业境外安全保障开展摸排督导。协助南方锰业集团成功举办 2022 年锰基新能源材料高峰论坛暨铌在电池中应用国际研讨会。

三、加大引导服务，推动民营企业助力乡村振兴和保障改善民生展现新作为

一是创先争优推进“万企兴万村”行动。推动“万企兴万村”行动连续写进广西壮族自治区政府工作报告，列为广西壮族自治区政府年度重点工作专项督查。在玉林市举办广西民营企业助力国家乡村振兴重点帮扶县对接活动。深化粤桂工商联协作，在贺州市举办粤桂协作“万企兴万村”行动对接活动，认定行动观察点72个，表扬粤桂协作先进民企 80 家。联合农行等金融单位深化银企对接，为“万企兴万村”民企授信签约 54.8 亿元。据不完全统计，全区 8 698 家民营企业和商会组织与6 510 个村结对共建；3 527 家民营企业帮扶我区乡村振兴重点帮扶县3178 个脱贫村，594 家广东民企和173 个广东社会组织结对帮扶广西 885个村。

二是多措并举引导民营企业助力稳就业。推动开展“广西民企高校携手促就业行动”，以广西民营服务业发展交流商会和锦绣前程公司为主，走进高校开展线下和线上招聘活动，“前程派”平台保持有认证企业约2 000 家，投放岗位约2 万个，其中针对高校毕业生岗位约9 000 个。与广西税务局联合在广西财经学院挂牌设立

“助力大学生就业创业税费服务站”。与自治区人社厅等部门联合开展“民企招聘月”活动，组织1万多家民企提供岗位51.2万个，与2.9 万人签订就业意向协议。推动民企构建和谐劳动关系，4家民企获评全国和谐劳动关系创建示范企业。

三是扎实有力引导民营企业助推区域发展。积极组织民营企业参加区域性经贸活动，举办粤桂民营企业贺州行活动，签约项目23个，总投资63亿元；签约消费帮扶农产品采购项目5个，签约金额2.4亿元。组织民营企业到玉林开展产业对接，促成签约55.8亿元的投资项目。广西壮族自治区工商联与柳州市人民政府共同举办柳州市产业投资推介会，搭好企业与地方对接平台。开展“鼓励支持企业履行社会责任推动共同富裕”专题调研，更好地服务民营企业在促进区域协调发展和共同富裕中发挥作用。

四、助推全面构建亲清政商关系，优化“两个健康”环境取得新成效

一是提质增效开展调查研究和议政建言。提交政协提案21件、大会发言3篇。制订出台社情民意信息工作办法，聚焦民营企业关切的问题报送社情民意信息获采用106篇。完成“双碳”背景下广西壮族自治区工业高质量发展研究等4个自治区政党协商专题以及4个自治区政协协商专题。开展民营企业运行状况等6次线上调查，分析报告获自治区党委、政府及有关部门的重视采纳。对《广西促进民营企业发展专项行动方案》等5个重要政策文件提出修改意见。举办全区工商联建言资政培训班，加强队伍培训。柳州、来宾等市工商联以及广西农业产业商会、广西五金机电商会、广西福建总商会等单位积极报送提案和社情民意信息。

二是担当有为推进清廉民企建设。落实自治区党委关于清廉广西建设的部署，牵头推进清廉民企建设。引导民营企业党组织开展“党旗领航+清廉建设”实践活动，推动建立13个清廉民营企业建设教育基地。制定出台《广西清廉民营企业建设标杆企业培育创建标准（试行）》，选树培育首批111家清廉民企建设标杆企业。建立自治区工商联驻会领导和各部室常态化联系督导机制，划分责任区加强督导。协调解决清廉民企建设相关典型案例。

三是多方联动助力营商环境优化。配合全国工商联开展万家民营企业评营商环境工作，评价报告获广西壮族自治区党委刘宁书记批示，认真贯彻落实刘宁书记的批示要求，全力支持有关部门整改。推动法治化营商环境优化，加强与公检法司等部门联动协作，全区20对典型事例获评全国工商联与公检法司部门沟通联系机制典型事例；向广西壮族自治区党委、政法委推荐政法机关联系服务重点企业50家；与广西壮族自治区高院建立服务联系民营企业人大代表和政协委员工作站；组织广西壮族自治区检察院、自治区工商联服务联系民营企业工作站开展助力民企高质量发展法律咨询活动；联合广西壮族自治区检察院等部门开展知识产权保护发展活动和警企联动主题活动。

四是加强协作优化民营企业法律服务。深入开展“法律三进”和民企“法治体检”活动。引导全区739名商会调解员和281个商会调解组织入驻全国工商联商会调解服务平台，数量分别位居全国第一、第二；年内调解纠纷案件1 471件，调解成功率在全国排名第二。积极参与未成年人保护工作；举办广西民营经济标准化大讲堂；对8项地方性法规立法提出意见。4家民企获评全国和谐劳动关系创建示范企业，5家民企劳动争议调解委员会获选树为全国、自治区金牌劳动人事争议调解组织，10名民企劳动人事争议调解员获评全区金牌劳动人事争议调解员。联合开展企业家学法活动，邀请律师为民营企业作法律风险与合规管理、知识产权保护等专题讲座。举办广西法治民企大讲堂，邀请自治区检察院专家为民营企业作内部职务犯罪预防专题讲座。积极推进涉案企业合规改革试点第三方监督评估机制建设，指导陆川县23家矿山企业合规改革案例入选最高人民检察院合规改革典型案例，有效增强民营企业守法合规意识。

五、深化商会改革发展，推动统战工作向商会组织有效覆盖实现新突破

一是持续深化所属商会改革发展。加大“四好”商会创建，全区65家商会获认定为全国“四好”商会。乡镇街道商会建设取得新进展，全区乡镇街道商会覆盖率达 95.8%，在全国排名前列，其中注册登记率为 51.4%，25个县乡镇街道商会实现100%登记。承担全国工商联试点工作任务，创新开展诚信商会建设，全区149家工商联所属商会被认定为广西工商联诚信建设先行商会。完成8个自治区工商联直属商会的换届及所属商会年检工作。

二是扎实推进商会规范化建设。制定和完善广西壮族自治区工商联所属商会管理制度，推动商会进一步完善法人治理结构，建立健全会长会决策、秘书处执行、监事会监督的运行机制。探索设立常务会长会，大力推进符合条件的商会实行会长轮值制。加强商会领导班子建设，积极推进民主办会，指导商会健全和执行以章程为核心的内部管理制度。举办广西壮族自治区工商联所属商会秘书长联席会暨培训班，推动商会治理效能更加高效。

三是有力提升商会党建“两个覆盖”。全区各级工商联所属商会党建“两个覆盖”质量进一步提升。广西壮族自治区工商联指导4个商会成立党支部，目前自治区工商联所属商会协会党组织已有42个，覆盖率93.5%、单独组建率100%，有关经验做法得到自治区党委组织部《广西组工信息专刊》刊发。到河池东兰县举办自治区工商联所属商会协会党支部党员骨干理想信念教育培训班，强化理想信念教育和党务工作培训。指导广西福建总商会党支部获评为自治区两新组织党建工作示范点。

六、强化自身建设，工商联组织和队伍焕发新活力

一是高质量完成工商联换届。严格按照党中央和广西壮族自治区党委关于工商联换届的部署要求开展换届工作，严守换届纪律，营造风清气正的换届氛围。圆满完成全国工商联换届执委和大会代表推荐以及工商联十三大广西代表参会的组织工作。按照自治区党委的部署，扎实做好自治区工商联换届各项组织工作。高规格召开自治区工商联十三次代表大会，自治区党委书记刘宁出席大会并作讲话。精心指导广西壮族自治区市、县两级工商联开展换届，推进市、县两级工商联主席由同级领导班子成员担任实现新突破，其中，地级市6名、县级40名，比2017年换届时分别多2名、28名；柳州、来宾、崇左的市、县两级工商联主席全部由同级领导班子成员担任。

二是加大“五好”县级工商联创建。全区各级工商联加大“五好”县级工商联建设工作力度，广西壮族自治区74.8%的县级工商联获确认为全国“五好”县级工商联，钦州、贵港、贺州市实现全国“五好”县级工商联全覆盖，其中西乡塘区、鱼峰区、岑溪市、铁山港区、平南县、八步区工商联被确认为全国“五好”标杆县级工商联；认定和通报表扬56个广西“五好”标杆县级工商联，并在贵港市平南县召开全区“五好”县级工商联建设工作现场推进会。在广西社会主义学院举办两期新任县级工商联领导干部培训班。开展会员系统管理员培训，完善全区各级工商联执委和会员入库信息。

三是落实全面从严治党主体责任。全区各级工商联党组全面落实从严治党主体责任，落实“一岗双责”，持之以恒正风肃纪，强化党风廉政建设和反腐败工作，贯彻执行中央八项规定及实施细则精神，推动管党治党责任落到实处。广西壮族自治区工商联定期开展政治体检和意识形态领域分析研判；定期召开党组会议研究部署党建、思想政治、意识形态等工作；对机关各项工作制度进行全面梳理和修订，强化制度保障。根据广西壮族自治区党委巡视反馈要求，及时完成巡视整改任务，持续巩固和扩大巡视工作成果。

四是强化机关自身建设。以“五基三化”为目标，扎实推进“清廉机关”建设，推动机关党员干部当先锋作表率。树立正确的用人导向，扎实开展机关干部选拔任用、职级晋升、轮岗交流、招聘招录等工作，注重选拔任用优秀年轻干部，激励干部担当作为。推进“网上工商联”建设，抓好部门预决算和审计等工作，修订

组织概况

主席、副主席名单

眭国华　卢能干　蔡家东　叶俊茂　韦永山　宾建光　王万传　邓永源　邓秀汕
劳建铭　杨　英　陈　军　陈　俊　陈继志　陈耀宗　林梓轩　周南方　柯雪利
徐志豪　黄　东　黄学宁

地方商会（总商会）副会长名单

眭国华　卢能干　蔡家东　叶俊茂　韦永山　宾建光　丁文博　龙其生　李　鲁
杨开沈　陆炳良　林伟民　周文皓　施瑞明　莫金枝　彭　晖　董龙峰　谢志强
黎　锋

地级市工商联主席名单

南宁市　梁　展　柳州市　莫玉和　桂林市　林　莉　梧州市　欧　宇
北海市　鲁性东　防城港市　卢海清　钦州市　晏秋宁　贵港市　林　武
玉林市　曾　锋　百色市　黄彩雪　贺州市　赖　芳　河池市　兰吉阳
来宾市　朱贯莲　崇左市　吴爱红

广西壮族自治区各级工商联组织数和执委数

项目＼级别	自治区	副省级市	地级市	县（区、市）	合计
组织数	1	0	14	111	126
执委数	220	0	1 813	6 398	8 431

（注：统计截止时间为2022年12月31日）

海南省工商业联合会2022年工作综述

2022年，在海南省委、省政府的正确领导下，在全国工商联和海南省委统战部的指导下，海南省工商联坚持以习近平新时代中国特色社会主义思想为指导，深入学习贯彻党的二十大精神，贯彻落实习近平总书记关于海南工作的系列重要讲话和指示批示精神、中央12号文件和《海南自由贸易港建设总体方案》，紧紧围绕“两个健康”主题，坚持“把服务能力作为核心竞争力”，积极落实统筹疫情防控和经济社会发展要求，团结和引领民营经济人士投身自贸港建设，现综述如下。

一、强化理论武装，不断加强思想政治建设，广泛凝聚共识汇聚力量

（一）强化理论学习，抓好政治建设

狠抓中央和海南省委决策部署在工商联系统和全省民营经济领域的学习贯彻，以学习宣传贯彻党的二十大精神、习近平总书记在海南考察时的重要讲话精神、全国工商联十三大精神、海南省第八次党代会精神为重点，围绕进机关、进民企、进商会、进协会、进基层工商联和所属党组织，共开展30余次宣讲培训活动，3.2万人次参与线上、线下学习，引导广大民营经济人士紧密团结在以习近平同志为核心的党中央周围。

（二）突出政治引领，抓好意识形态工作

以民营经济人士理想信念教育和价值观教育为主要抓手，扎实做好自贸港建设战略下民营经济领域意识形态工作。组织“学政策、稳信心、促发展”线上网络培训班、年轻一代民营经济人士理想信念教育培训活动。依托民营企业助力海南自贸港发展大会等重大活动，在海南日报、中国工商时报等媒体上开展“民营企业家在海南”系列报道，宣传海南民营经济发展成就和优秀民营企业家先进事迹，发挥典型引领作用。

（三）着重作用发挥，抓实非公党建

印发实施《关于将党建工作写入商会章程的通知》等商会党建规范性文件，指导成立安徽商会联合党委等14家党组织；推进民营企业、商协会与企事业单位党建融合发展，成立首个“红色先锋”党建联盟；指导嘉兴商会创设“红船大讲堂”，打造海南民间商会红色教育培训品牌；举办海南省工商联所属商会党组织书记“能力提升”培训班、党员发展对象培训班，开展机关党支部与所属省级商会党组织结对共建工作，不断强化基层党组织战斗堡垒作用。截至2022年年底，海南省非公有制经济组织综合党委所属基层党组织发展到1 190个，党员共19 710名，创建50个党建示范点和2个党群服务中心。

（四）扛起责任担当，引导民营企业履行社会责任

海南省“0801”疫情发生后，省工商联领导班子第一时间响应省委、省政府号召，引导发动民营企业、商协会在做好

自身疫情防控的同时，积极投身志愿服务，共捐款捐物8 911.46万元，提供隔离用房25 529间。开展“万企兴万村”海南行动，召开行动推进会暨儋洋一体化（乡村振兴）招商推介会，实施乡村振兴“百企联百村”专项行动。据不完全统计，全省民营企业参加“万企兴万村”海南行动820家，参与“兴村项目”1 137个，涉及“兴村”849个、累计投入经营类项目资金71.48亿元，捐款捐物总额5 420.25万元。

二、围绕中心、服务大局，为自贸港建设贡献工商联智慧和力量

（一）主动服务自贸港招商引资

成功承办民营企业助力海南自贸港发展大会暨重点项目签约活动，签订36个投资合作协议，意向投资金额超200亿元。会后，建立民营企业重点签约项目闭环服务机制，有效推动项目落地21个。

（二）积极助推自贸港营商环境优化

全力推动“企业说了算”的评价工作走深走实，共组织 40 场企业家座谈会，线下面访 748 家企业，线上填报问卷 1 469 份，形成《海南民企评营商环境（2021年度）报告》《海南民企评营商环境（2021年度）企业家意见建议汇总表》。举办全省民营企业50强和科技研发投入20强发布活动，展现民企发展成就。推动《海南自由贸易港商会条例》作为《海南自由贸易港法》配套法规列入立法预研项目。联合海南省检察院等8家单位建立涉案企业合规第三方监督评估机制，积极维护民企合法权益，年内累计处理维权诉求14件，协调帮助海南留富乐劳务服务有限公司成功要回被拖欠的200余万元农民工工资。加强商会调解组织建设，完善纠纷解决机制，截至2022年年底，全省共有工商联商会调解组织28家，调解员58名，线上受理调解案件1 559起。

（三）全力助企纾困复工复产

“0801”疫情发生后，研究制订省工商联《贯彻落实省统筹疫情防控和经济恢复提振行动的工作方案》，建立“疫情防控日报—迅速响应—跟踪问题—问题输出—对接协调”工作机制，联合多方力量帮助虾苗出岛建立“绿色通道”，共执行虾苗政府包机20架次，运送虾苗21 853件，虾苗数量13.11亿尾，受益虾苗企业20家，得到省委省政府领导高度肯定。制订走访调研九届省工商联常执委企业工作方案，广泛开展大走访活动，参与“万名干部下企业”服务行动。以“稳经济大盘、助企纾困”“稳就业、保就业”“重点签约项目推进”“高新技术企业复工复产”等为专题，组织举办多场政企座谈会，把海南省委、省政府的惠企政策精准传送到企业，让职能部门了解企业实际情况，切实帮助企业渡过难关，推动复产达产。联合省税务局、省工信厅开展2022年助力小微市场主体发展“春雨润苗”专项行动，联合相关厅局及组织开展多场融资对接活动，与中国银行海南省分行等签订战略合作协议，共同举办金融服务民营企业座谈会，做好小微企业减税降费政策落实工作，帮助解决“融资难”“销售难”“物流难”痛点问题。

（四）积极助力清廉自贸港建设

与海南省纪委、省委统战部联合开展“市场主体廉洁从业教育活动”，首批发布保亭县“咖啡时间—政商对话加速跑”政商交往典型案例。以换届为契机，开展换届纪律教育，严格落实“十个严禁”“十个不得”。在海南省工商联举办的各类培训、会议，邀请海南省纪委领导进行廉政辅导，教育引导广大民营经济人士廉洁从商、守法经营。

（五）为自贸港建设建言献策

向全国工商联、海南省委、省政府有关部门和省政协报送团体提案10篇、社情民意信息50余篇，其中《扶持跨境电商高质量发展，为自由贸易港建设注入新动能》被省委政研室《政研与决策》第31期专刊形式呈报，并抄报中央政策研究室；《通过立法规范商协会建设的探索与思考》获全国工商联2022年度组织建设调研成果突破创新奖；《以支部结对共建为纽带进一步促进商会党建工作》获海南省委直属机关工委优秀奖；《关于建设黎安珍珠镇的提案》被列为海南省政协七届五次会议重点提案。

三、持续加强自身建设，以新面貌、新作风焕发新作为

（一）圆满完成换届工作

2022年7月，组织召开海南省工商联第九次代表大会，选举产生第九届执委会领导班子，将各层级、各行业、各领域具有代表性的242名民营经济人士吸收到海南省工商联执委会中。主席由民营经济代表人士变更为专职领导担任，领导班子力量得到进一步加强。

（二）扎实推进基层组织建设

持续推进“五好”县级工商联、“四好”商会建设，组织实施创建和认定工作，琼海、定安、琼中3个市县工商联获评全国“五好”标杆县级工商联，海南省安徽商会等15家商会被认定为全国“四好”商会。指导推进基层商会建设，全省共成立乡镇街道商会176家，覆盖191个乡镇街道，覆盖率87.6%。

（三）不断加强队伍建设

落实海南省委“两项活动”的有关部署要求，组织开展大练兵、大培训、大比武活动。全年，机关干部集中培训18次，党组理论中心组学习11次，各支部集中学习共124次，开展业务小讲堂44次，组织业务座谈会11次，向省活动办提交参评优秀课件4篇，制作完成4个微课视频。上报的5个“查破促”堵点问题和1个揭榜挂帅项目已全部完成“清零”任务。在疫情期间第一时间选派21名干部职工志愿者驰援抗疫一线，共协助社区完成核酸检测任务52 430人次，检查扫楼738栋，为居民购买物资287次，为全省打赢疫情防控阻击战作出了积极贡献。

（四）切实加强党风廉政建设

修订完善《海南省工商联党组落实全面从严治党责任清单》，进一步明确党组、党组书记和党组成员的工作责任。配合做好八届省委第二轮巡视工作，召开党风廉政建设工作部署会，做好省工商联换届、干部提拔使用等重点工作的监督检查。制订实施《2022年海南省工商联争创“让党中央放心、让人民群众满意的模范机关”推进方案》，坚持党建引领，以党建带工建、妇建，充分发挥工会、妇委会等组织作用，组织开展丰富多彩的活动。

（五）持续规范日常工作

修订完善《海南省工商联（总商会）会议活动制度》等6项规章制度，不断规范机关日常工作。深入开展社会文明系列活动，被评为创建文明单位示范点、全省慈善总会系统爱心单位，获评无烟机关、节约型机关。扎实做好国家安全、保密工作，年度保密工作获评优秀。依法推动工商联各项事业发展，积极助推平安海南建设。

组织概况

主席、副主席名单

任清华　林　胜　黄　琅　林　峰　龙丁敏　谭　辉　陈益智　刘文民　刘文军
吴汉陵　王大富　黄召华　张跃光　朱鼎健　潘永强　伍苏国　李建炜　杨　坤
李　玮　王　勇　黄　海

地方商会（总商会）副会长名单

胡　祥　许方瑜　杨　莹　戴　扬　李　辉　刘景萍　赵树华　桂金德　沈琦雅
宋　军　刘明东　邢丹丹　陈　杰　庄炳聪　徐心敬　林　鹏　杜　昂　吉　贵

地级市工商联主席名单

海口市　刘文民　　三亚市　刘江涛　　儋州市　桂金德

海南省各级工商联组织数和执委数

项目＼级别	省	副省级市	地级市	县（区、市）	合计
组织数	1	0	3	19	23
执委数	274	0	352	1 226	1 852

（注：统计截止时间为2022年12月31日）

重庆市工商业联合会2022年工作综述

2022年，重庆市工商联坚持以习近平新时代中国特色社会主义思想为指导，深入学习宣传贯彻党的二十大精神，始终坚持“两个健康”工作主题，扎实推进各项工作，为全市经济社会发展作出了新贡献。

一、深入学习宣传贯彻党的二十大精神，政治自觉更加坚定

一是强化政治引领。以深入宣传贯彻党的二十大精神为抓手，在新渝商公众号推出“喜迎二十大 书写新篇章”等专栏，制定印发《重庆市工商联学习宣传贯彻党的二十大精神工作方案》、通知，开展“党的二十大精神宣讲进商会、进企业”活动。举办工商联大讲堂4期，渝商微课13期，印发《新时代加强和改进思想政治工作的若干措施》。二是强化宣传报道。在《中华工商时报》开设“渝商视窗”专版25期刊发稿件300篇，编印《新渝商》会刊3期10 000余册，更新上传新渝商网站信息739条，刊发新渝商公众号稿件522条。聚焦全市工商联系统迎接宣传贯彻党的二十大精神、稳企惠企集中攻坚行动等开设系列专栏专题，引起较好反响。举办“2021年度渝商评选”颁奖典礼，推荐2名企业家成功获评“2021十大重庆经济年度人物”。三是强化教育培训。利用“渝商微课”开展线上培训13期15.9万人次。组织区县工商联、商（协）会和企业负责人参加全国工商联举办的民营企业法律风险防范与合规管理培训5期、劳动法进民企暨企业规范用工“云”讲堂4期。推动卢作孚民营经济学院开展市内外培训共25期。

二、圆满完成换届任务，领导班子更加团结

重庆市工商联（总商会）第六次代表大会选举产生市工商联（总商会）第六届执行委员会350人、常务委员会84人，均全票或高票当选，领导班子50人，均全票当选，顺利实现政治交接和人事交替。

三、深入开展调查研究和建言献策工作，参政议政更加务实

一是建立民营经济要情专报机制。向重庆市委、市政府报送“民营经济要情专报”4期，进一步拓展向重庆市委、市政府直接反映民营经济要情的直通车渠道。二是统筹完成调查研究工作。完成“助推成渝地区建设具有全国影响力的科技创新中心”等4个重点课题调研，统筹完成“一家牵头、多家参与”6个课题调研。《重庆市2021年民营经济发展报告》研究成果得到重庆市委主要领导圈阅，《加强民营企业风险防控研究》获全国工商联系统2022年理论研究创新成果二等奖。开展民营企业运行状况调查7次，组织6 500余家次民营企业参与调查。三是抓紧抓实参政议政工作。向重庆市政协五届五次会议提交集体提案8个，《关于推动重庆市新能源汽车产业加快发展的建议》被市政协表彰为优秀提案。承办人大建议8个、政协提案13个。四是积极参与政策法规制定。先后参与《重庆市反不正当竞争条例（修订草案）》《重庆市行政调解暂行规定（征求意见稿）》等16部地方性法规的征求意见工作，组织4批35家民营企业和商（协）会代表参加相关部门就有关条例修改征求意见座谈会和立法论证会。

四、推动民营企业渡过难关，发展信心更加笃定

一是推动政策落地。先后开展稳企惠企政策宣传月活动和“全市落实稳企惠企政策集中攻坚行动”，各类稳企惠企政策惠及市场主体约658万户（次），为企业减负约1 503亿元，帮助27万余户民营企业获得金融支持约2 680亿元。《专题宣传+集中攻坚+常态推动 保障稳企惠企政策直达快享》获评全国工商联系统2022年工作实践创新成果奖。二是加强法律服务。全年对接反映、协调解决企业涉法涉诉问题53件，涉案标的7.12亿元。组建“重庆市涉案企业合规第三方监督评估机制管理委员会”，指导成立全国首家省级企业合规促进会。全市工商联系统累计建立商会调解组织156个。三是深入助企纾困。每季度召开民营经济形势分析会、民营企业座谈会等，坚持非公经济人士接待日、困难问题交办转办督办等制度，协调解决部分重点民营企业生产经营的困难问题。四是着力防范化解风险。召开全市民营企业信用体系建设工作会议，开展信用体系建设专题培训。探索建立民营企业风险监测预警平台。与工商联所属商会签订意识形态责任书，对商（协）会举办的论坛、讲座、报告会、年会严格备案审批。及时做好民营企业舆情处置。

五、聚焦高质量发展目标，发展环境更加优化

一是助力科技创新。建立重庆市工商联专职班子成员联系国家级专精特新“小巨人”企业制度，成立重庆市工商联标准化工作委员会。发布“2022重庆民营企业100强”“2022重庆制造业民营企业100强”榜单，首次发布100强分析报告。开展2022民营企业科技创新指数百强企业展，首次发布民营企业研发投入50强榜单。推动川渝毗邻地区工商联、直属商会、司法部门签订合作协议。二是推动民企上市。印发《加快民营企业上市工作方案（2022—2025年）》。建立上市专家委员会，储备拟上市企业80家，2022年新增民营上市公司10家。三是促进金融惠企。开展“1+5+N金融服务港湾行动”，全市已建成金融服务港湾369个，为140个重点企业重大项目提供融资服务。与建行市分行合作为民营小微企业授信400亿元。与工行市分行共同开展沙龙推介等各类活动254场，向9 042户民营企业、个体工商户提供融资金额合计386.44亿元。四是创新人才支撑。积极实施“重庆英才计划”，推荐2名中国青年科技奖提名候选人和1名中国青年女科学家奖提名候选人，74名民营经济工程领域人才获评高级工程师资格。五是扎实开展经贸交流。全年共接待800余家企业来访，提供招商线索7次。累计组织民营企业参加外事经贸活动20余场次，参与人数2 000多人。与驻渝领事馆和商务机构建立常态沟通机制，加强与5个海外联络处的联系沟通。

六、积极助力乡村振兴和保障改善民生，社会责任更加凸显

一是推进“万企兴万村”。高规格召开“万企兴万村”行动推进会，全市已有5 087家民营企业和商会参与“万企兴万村”行动，结对帮扶3 645个村，实施兴村项目5 836个，产业投资240亿元，消费帮扶近5亿元，公益捐赠超过7亿元。二是促进稳岗就业。召开“民企高校携手促就业行动”推进会，2.1万余家民营企业实际吸纳31.3万余人就业。三是助力疫情防控。发动近7万名志愿者，参与志愿服务42.68万次，捐款捐物5 936.52万元。四是激发回报社会意识。编制并发布《重庆民营企业社会责任报告（2022）》和社会责任100强榜单，协调国瑞控股企业捐助10名贫困大学生共5万元。

七、持续深化改革，组织建设更加规范

一是持续推动商会改革发展。跨区域筹建重庆西部金融商会、跨体制筹建重庆市汽车产业商会、跨行业筹建重庆市数字经济产业商会等5家商会。截至2022年12月31日，全市工商联有直属商会1 844个，会员数55万个（含团体会员）。二是持续抓好示范带动。认定2021—2022年度111家市级“四好”商会，55家商会被认定为全国“四好”商会，5个区县工商联被认定为全国首批“标杆”工商联。三是持续推动党建会建融合发展。实现会建党建同步开展，组织党员参加专题组织生活会和民主评议党员工作，评选出400名优秀党员。组织举办9个市级行业社会组织发展对象培训班，全年发展预备党员25名。

八、提高工商联工作质量和效能，自身建设更加有力

一是落实全面从严治党各项任务。履行全面从严治党主体责任，编印理论学习应知应会知识200条、理论学习应知应会基本知识手册等，持续推进党史学习教育常态化、长效化。二是抓好企业家队伍建设。推荐21位民营经济人士为中国工商联十三大代表，推荐提名51位民营经济人士为市政协委员。创新开展“青年渝商成长沙龙”，《关于“年轻一代民营经济人士成长工程”实施情况的报告》得到市政府主要领导的肯定性批示，《年轻一代成长工程调研报告》被全国工商联表彰为“2022年度组织建设调研成果最具价值奖”。

组织概况

主席、副主席名单

张兴海　张洪斌　彭光远　雷文睿　王　进　黄　昕　范文佳　严　琦　宋晓平
龚大兴　易如波　徐登权　王　敏　游洪涛　张国祥　洪　敏　李兴华　洪忠进
叶定坎　尹顺新　王宗立　吉　权　巩书凯　杨璋胜　杨泽民　蒋凌峰　蒋　宇
陈　玮

地方商会（总商会）副会长名单

张洪斌　彭光远　雷文睿　王　进　黄　昕　范文佳　孙　露　高光勇　熊新翔
李　耀　肖基成　王真见　王　欣　朱刚泉　付建忠　周　达　袁凌楠　林朝阳
谢庆好　黄义奎　徐利敏　周继群　唐　斌　申　静　吴　怡　舒　畅　张宬铭

区县工商联主席名单

万州区　王　敏　　黔江区　刘元寿　　涪陵区　黄一峰　　渝中区　李　鹏
大渡口区　刘　红　　江北区　张　勇　　沙坪坝区　张兴明　　九龙坡区　徐登权
南岸区　吴江林　　北碚区　张　奕　　渝北区　况　斌　　巴南区　余亚军
长寿区　杨泽民　　江津区　邹　勇　　合川区　谭佳庆　　永川区　谢绍刚
南川区　李云强　　綦江区　朱吉彬　　大足区　夏尧宣　　璧山区　刘　华
铜梁区　王宗立　　潼南区　谭红雁　　荣昌区　肖建东　　开州区　陈为贤
梁平区　郑　权　　武隆区　罗蜀英　　城口县　胡友谊　　丰都县　朱刚泉
垫江县　谭　建　　忠　县　陈　炎　　云阳县　陈先平　　奉节县　杨　卫
巫山县　乔　澍　　巫溪县　罗兴莉　　石柱土家族自治县　冉雪梅
秀山土家族苗族自治县　王天文　　酉阳土家族苗族自治县　黄　艺
彭水苗族土家族自治县　李沛锟　　万盛经开区　李自立

重庆市各级工商联组织数和执委数

项目＼级别	市	县（区、市）	合计
组织数	1	39	40
执委数	113	237	350

（注：统计截止时间为2022年12月31日）

四川省工商业联合会2022年工作综述

2022年，四川省工商联坚定以习近平新时代中国特色社会主义思想为指导，认真贯彻党的二十大精神、习近平总书记来川视察重要指示精神和中国工商业联合会第十三次全国代表大会精神，紧紧围绕中心、服务大局，稳步推进各项工作，促进“两个健康”取得新进展新成效。

一、提高站位、加强引导，不断强化思想政治引领

一是坚持以学领做，夯实思想政治根基。精心组织开展“奋进新征程、建功新时代”“喜迎二十大”等形式多样的主题宣传及培训活动。会领导带队深入百余家商协会和民营企业，宣讲习近平总书记来川视察重要指示精神。广泛征集民营经济人士感言体会，在《新川商》杂志、“川商头条”等平台刊载，切实把民营经济人士思想行动统一到中央和四川省委决策部署上来。二是坚持川商培育，建强民营企业家队伍。在自贡江姐故里挂牌设立第8个省级民营经济人士理想信念教育基地，在国家级基地映秀镇举办省民营经济人士理想信念教育培训活动，巩固形成“1+8”理想信念教育基地格局。依托“1+1+N”培训体系，紧盯“百千万”培育目标，扎实推进“川商精英”培育工程。举办数字经济与创新驱动等6个专题培训班，培训民营经济人士350人次。创新开展“川商云课堂”在线培训，创新打造“川商云课堂”，推出800余门网络课程，组织近千位民营企业家在线学习超2万小时，培训覆盖面不断扩大。三是坚持正确导向，强化宣传阵地建设。加强与主流媒体合作，联合四川日报等举办“四川十大经济影响力人物推介活动”“青年川商发展峰会”等活动，推选宣传民营企业家先进典型60余位。全年在主流媒体报道达1 200余篇（次）。依托“川商头条”公众号推送文章1 800余篇、短视频200余条。举办全省工商联系统宣传员“创四优”竞赛活动，组织“川商诗书画院”开展走基层活动，持续弘扬主旋律、传播正能量。

二、深入调研、积极建言，有力提升参政议政工作

一是调查研究成效显著。聚焦主题深入调研，完成11项年度调研课题。开展“大宣讲大走访大调研”活动3次，走访近20个市（州），185家商会和企业，摸清全省民营企业运行态势、风险防范和营商环境满意度等情况。《民营企业运行状况报告》获全国政协副主席、全国工商联主席高云龙，中央统战部副部长、全国工商联党组书记徐乐江等领导肯定性批示。理论研究成果获全国工商联一等奖1项、二等奖2项，创造历史最好成绩。围绕“十字方针”内涵与实践起草主要领导署名文章，在中央统战部《调研参考》刊发。二是参政议政积极高效。在四川省政协大会、常委会、专题协商会上积极发言。先后报送团体提案19件、立案19件，1件被省政协列为重点督办提案。报送党外人士意见建议81件、社情民意157件，其中全国工商联采用18件、四川省政协采用17件。推动民营企业评营商环境纳入全省考评体系。三是调查工作稳步推进。全覆盖开展调查点业务培训。全年入库企业达7 562户，同比去年增长49.1%。组织6次线上问卷、23 797户（次）企业参与填报，填报总数、单次填报数均创历史新高，建设水平居全国第5位。

三、勇于创新、示范引领，持续打造特色亮点品牌

一是提升打造发布体系。持续打造民营经济高质量发展发布引导体系，高水平出版《四川省民营经济发展综合报告》，发布民营企业100强榜单和分析报告、民营企业研发投入100家榜单、吸纳就业100家榜单。组织开展2次专项问卷调查，为民营企业品牌价值榜单和绿色发展报告奠定基础。二是持续加强经济服务。出台四川民营企业数字化转型指导意见，与四川省市场监管局签署《促进四川民营经济健康发展合作备忘录》，针对性加强对民营企业的指导。协同省发展改革委持续向社会资本集中推介重点领域项目63个、总投资额702.47亿元。深化川渝两地交流合作，与重庆市工商联共同推进14项合作事项，召开川渝青年企业家峰会，成立“川渝青年企业家联盟”。累计组织200余家企业参与“科博会”“中外知名企业四川行”活动，参加“民营企业高质量共建‘一带一路’峰会”，为促进商协会和工商界务实合作牵线搭桥。三是用心做好社会服务。同四川省教育厅签署合作协议，大力推进“民企高校携手促就业”专项行动，组织各类专场招聘300余次，千余家会员企业提供就业岗位12 624个。协办6期四川省委统战部部长与民营企业家沟通协商“面对面”+“键对键”活动，收集问题建议154个、已推动解决129个，解决率达84%。组织“银企面对面”“政企面对面”等活动143次，切实为民营企业解难题办实事。积极参与未成年人保护工作，向四川省未成年人保护基金捐款391.6万元。大力支援地震灾后重建，全省民营企业自发捐款捐物超1.4亿元。四是全面助力乡村振兴。组织召开全省“万企兴万村”行动推进会，省、市、县、乡、村“五级”组织和民营企业共1万余人参会。整合各方资源，为参与“万企兴万村”行动的294家企业提供532.67亿元授信支持，贷款余额261.04亿元，切实提供务实创新的金融服务。全省9 259家企业（商协会）与7 433个村结对共建，实施帮村项目10 921个，投资额970.4亿元，消费帮扶18.4亿元，捐资捐物19.7亿元，形成民营企业踊跃参与乡村振兴的大格局。

四、倾心尽力、维护权益，优化提升法治营商环境

一是积极推动企业合规改革试点。联合印发建立四川省涉案企业合规第三方监督评估工作机制的实施意见，建立省级第三方机制。牵头制定3个配套文件，为全省第三方机制运行提供规范指引。选任72人组建省级第三方专业人员库，全省办理第三方监督评估机制案件37件。二是全力打造法律服务体系。深化与法、检、公、司联系协作，5对市级结对示范单位，11对县级结对示范单位获全国工商联与最高法、最高检、公安部、司法部联合通报表扬。依法稳慎开展个案维权工作，全年受理企业维权诉求20件。深化“法律三进”活动，发布全省工商联系统法律服务实践创新案例10个。创设“工商联法律微讲堂”线上法治宣传品牌，并推送7期。三是突破推进民营经济标准化工作。成立四川省工商联标准化工作委员会，与四川省市场监管局签订标准化战略合作协议。选报中自环保科技公司一项企业标准参选

"中国标准创新贡献奖"。乐山市环境保护产业商会2项团标入选2022年全国团体标准"领先者"榜单，均实现首次突破。四是全力优化法治化营商环境。联合公安厅、省市场监管局开展"强化商业贿赂治理、护航民企健康发展"专项活动，成为全国首个关注民营企业内部人员舞弊问题的省级工商联。与四川省法院、司法厅联合确定12家省级商会调解组织示范点。与四川省外来企业投诉中心、司法厅全国首创命名第一批"枫桥式商会"组织。全年全省调处纠纷3 271件，全国排名第7，调解成功率为72%。通威太阳能（成都）有限公司等8家民营企业获"全国和谐劳动关系创建示范企业"称号。

五、深化改革、夯实基础，深入推进组织体系建设

一是强化队伍建设。成功召开四川省工商联第十二次代表大会，选举产生第十二届执行委员会委员416名，常务委员131名。推荐35名代表参加全联第十三次代表大会，四川省代表当选全联执委18名，其中副主席1名、常委4名。推荐进行人大、政协政治安排的全国层面建议人选13名。二是强化商会建设。修订完善所属商会管理办法，全年指导20余家商会筹备组开展筹建工作，推动4家商会取得民政厅预核名通知。指导四川省矿业商会等10家商（协）会规范开展换届工作。全省80家商会组织获得全联2021—2022年"四好"商会认定。强化党建归口，加大异地商会管理，将近30家异地商会正式纳入工作覆盖范围。三是强化组织建设。召开新时代"两个健康"示范试点市县创建行动启动会，在全省范围内选择达州、宜宾、乐山3个地级市，成都新津区、泸州泸县、广安邻水县3个区县，作为首批试点。深入推进"网上工商联"会员组织管理系统建设，提升数据库填报成效，会员注册数量超过11万，较去年增加2万多家。指导各市州推进人才库建设，数据填报比去年增加1.3万余条，增幅超4倍。四是强化商会党建。积极主动争取，更名四川省工商联直属商协会联合党委为四川省总商会党委。"一会一策"开展"两个覆盖"动态清零，新成立商会党支部7个、复合型党委5个，新选派党建工作指导员6人。召开百强党建联盟及所属商会党组织学习二十大精神座谈会，组织党组织书记及党务工作者讲微党课160余场。以商会党建带动商会改革和发展有关经验做法，在全国工商联作交流发言。

组织概况

主席、副主席名单

唐　燕　唐　强

2022年8月换届前：

赵　宇（　–2022.07）　孙　宁　胡景寿　郑宗强　刘汉元　杨　铿　成　甦　江　云　严俊波　朱华忠　黄远成　陈陆文　李　飚　张建明　骆正明　颜泽文　王　麒　黄玉蛟　漆贵春　梁　伟　郝士权　耿福能　喻小春　刘国能　陈　波　雷文勇　赵相革

秘书长：杜君良（　–2022.08）

2022年8月换届后：

孙　宁　胡景寿　郑宗强　杜君良　刘汉元　王　麒　江　云　黄玉蛟　漆贵春
雷文勇　陈　波　赵相革　罗宇龙　郭代军　张　华　胡贵平　闻　涛　何建军
朱琳琳　费功全　唐　印　施　军　李　进　邱　伟

秘书长：喻晓春（2022.08-）

地方商会（总商会）副会长名单

2022年8月换届前：

陈　泉（　-2022.03）　赵　宇　孙　宁　胡景寿　郑宗强　花　欣　傅刚义
樊建川　王　剑　李　进　邱　伟　何建军　张　华　陈朝钦　罗宇龙　罗阳勇
罗启泽　胡贵平　桂　勇　郭代军　唐　印　闻　涛　戴学斌　罗相斌　施　军
朱琳琳　费功全

2022年8月换届后：

唐　强　孙　宁　胡景寿　郑宗强　杜君良　陈陆文　张建明　颜泽文　戴学斌
王　剑　陈朝钦　罗阳勇　桂　勇　唐坤银　傅仕俊　曾国勇　陈启章　廖　健
彭家琪　钟　波　李红燕　王雪颖　王有治　吕状文　向　忠　张育贤

地级市工商联主席名单

成都市　俞　建　　自贡市　杨荣春　　攀枝花市　赵　琪　　泸州市　蒲　俐
德阳市　徐春龙　　绵阳市　徐长法　　广元市　吴桂芬　　遂宁市　曹驰宇
内江市　刘国春　　乐山市　张　宁　　南充市　杨　波　　眉山市　王　超
宜宾市　刘春华　　广安市　刘　政　　达州市　马　婧　　雅安市　杨　力
巴中市　周　强　　资阳市　郭启太　　甘孜州　四郎拥吉　　阿坝州　王树明
凉山州　龚　平

四川省各级工商联组织数和执委数

项目＼级别	省	副省级市	地级市	县（区、市）	合计
组织数	1	1	20	183	205
执委数	416	353	2 453	12 101	15 323

（注：统计截止时间为2022年12月31日）

贵州省工商业联合会2022年工作综述

2022年，贵州省工商联坚持以习近平新时代中国特色社会主义思想为指导，深入学习贯彻习近平总书记视察贵州重要讲话精神，党的二十大和党的十九届六中、七中全会精神，贵州省第十三次党代会和省委十二届十次、十一次全会、省委十三届二次全会精神，紧紧围绕贵州省主战略主定位，坚持“两个健康”工作主题，团结带领全省各级工商联和广大民营经济人士主动作为、努力奋进，不断推动各项工作取得新成效。

一、深入学习宣传党的二十大精神，坚决贯彻落实中央和贵州省委决策部署

坚持把学习宣传贯彻党的二十大精神作为首要政治任务，组织机关全体党员和直属商（协）会党员集中收看党的二十大开幕会，及时召开党组会、干部职工大会、民营企业座谈会，迅速传达学习党的二十大精神。按照贵州省委关于开展“党的二十大精神大学习大落实”的有关要求，制订贵州省工商联学习宣传宣讲党的二十大精神方案，会专职领导班子成员分别到所联系的市（州）工商联、商（协）会开展各类宣传宣讲30余场，受众超过4 000人次，在全省工商联系统持续掀起学习热潮。同时，把学习贯彻党的二十大精神与学习贯彻习近平总书记重要指示批示精神，党的十九届六中、七中全会精神结合起来，与学习贯彻贵州省第十三次党代会和省委十二届十次、十一次全会、省委十三届二次全会精神结合起来，与学习贯彻中央、省委统战工作会议和全国工商联第十三次代表大会精神结合起来，紧密联系贵州省工商联工作实际制定贯彻落实措施，推动党的二十大精神和习近平总书记重要指示批示精神在全省工商联系统落实落地，以实际行动衷心拥护“两个确立”，忠诚践行“两个维护”。

二、加强思想政治引领，广泛凝聚共识

利用召开贵州省工商联执委会、常委会、换届大会等有利时机和官方网站、微信公众号等平台加强宣传引导工作，大力宣传党中央关于民营经济发展的大政方针和贵州省委、省政府推动民营经济高质量发展的政策措施，教育引导民营经济人士用习近平新时代中国特色社会主义思想武装头脑、指导实践。制订落实《贵州省工商联 2022 年持续深入开展理想信念教育工作方案》，在遵义市探索建立全省首家民营经济人士理想信念教育基地，举办理想信念教育培训班，持续深化理想信念教育。坚决落实意识形态工作主体责任和民营经济领域意识形态责任制，制定《关于防范化解促进“两个健康”工作领域风险隐患的工作措施》，加强对贵州省工商联直属商（协）会负责人网络宣传与安全的教育管理，对执委企业和直属商（协）会存在的重大风险隐患进行排查梳理、协调化解，做好重大事件、重要节点的舆情研判、预警和处置工作。组织开展2次民营经济人士思想状况专项调研，深入了解贵州省民营经济人士的所思所想所盼，及时回应广大民营经济人士思想关切。

三、深入开展调查研究，积极建言资政

按照“省委出题、党派调研”的工作安排，开展“新冠肺炎疫情常态化下的民营企业发展情况”专题调研。首度参与贵州省委改革办重点课题调研，完成《发挥民营企业作用助推乡村产业振兴研究》并通过贵州省委改革办评审。持续建好民营企业调查系统，指导市（州）工商联组织民营企业参与4次季度运行情况问卷调查和“民营企业评营商环境”问卷填报，次均填报率达到60%以上。向贵州省政协十二届五次会议提交界别提案45件，大会发言3篇，其中，贵州省工商联提交团体提案8件，2件被列为重点督办提案；2篇发言材料选为界别发言。完成贵州省委交办的3件贵州省政协十二届五次会议提案的会办工作。收集整理2017—2022年贵州省工商联机关完成的优秀调研报告、贵州省政协大会发言、政协提案，制作完成《参政议政成果汇编（2017—2022年）》。

四、聚焦高质量发展，提升服务质效

助力优化营商环境。依托全国工商联民营企业调查系统，探索开展排名到县的“民营企业评价营商环境”专题调研和“民营企业运行状况分析”，形成调研报告获贵州省主要领导批示肯定。积极建设“贵商智慧平台”，实现民营企业维权服务和投诉事件办理的闭环管理。牵头发布贵州民企100强和制造业民企20强榜单，激励民营企业坚定走高质量发展道路的信心和决心。搭建政银企沟通平台。推动贵州省委办公厅、省政府办公厅出台《贵州省省级党政领导干部联系商会制度（试行）》，明确17位省领导联系33家商会，进一步畅通政企沟通渠道。新增贵州省自然资源厅等12家省直单位为贵州省服务民营经济高质量发展工作领导小组成员单位，成员单位由17家增至29家，工作合力更加强大。与贵州省税务局、省市场监管局、省发改委等多家单位共同举办政策宣讲解读培训会。与贵州省自然资源厅建立民营企业用地保障直接联系服务机制。与省统计局协同探索做好民营经济统计工作。与工行贵州省分行、贵州银行签署战略合作协议，推动支持民营经济发展“八融”新措施落地落实，首批与10户企业签订38亿元意向融资合作协议，向10户企业发放35亿元放款支票。优化法律服务平台。建立贵州省委政法委、省委统战部、省工商联服务保障民营经济高质量发展联系协作工作机制，共同开展“民营企业涉法需求”调研。与贵州省检察院共同召开全省检察机关涉案企业合规改革试点工作推进会议，建立涉案企业合规第三方监督评估机制。与贵州省检察院联合召开护航民营企业高质量发展“两长”座谈会、全省检察机关涉案企业合规改革试点工作推进会，成立贵州省涉案企业合规第三方监督评估机制管理委员会。与贵州省高院、省司法厅共同指导推进各级工商联商会调解工作，全省建立调解组织129个，调解案件1.68万余件。助推民营企业“走出去”。开展国际化规模较大民营企业调研，启动全省工商联系统民营企业境外合规建设专项服务行动，与贵阳海关合作建立服务外贸民营企业协作机制，与中国信保湖南分公司联合推动我省535家有外贸实绩民营企业享受出口信用保险政府保单。推动成立贵州省民营经济国际合作商会，配合贵州省商务厅指导民营企业做好申报海外仓项目入库工作。积极推动落实新国发2号文件。赴全国工商联汇报对接争取政策项目支持，促成全国工商联与省人民政府签订战略合作协议，重点帮助提升贵州“两个健康”工作水平。

五、积极履行社会责任，大力促进共同富裕

助力做好“8·31”疫情防控工作。引导各市（州）工商联、各所属商（协）会、会员企业全力支持打赢疫情防控攻坚战，累计捐款捐物折合人民币约2.54亿元，捐赠资金5 000余万元。疫情缓解后，牵头在全省范围内开展民营企业复工复产复市走访调研，并形成调研报告上报贵州省委、省政府。扎实推进“万企兴万村”行动。促成全国工商联农业产业商会优强企业结对20个全国乡村振兴重点帮扶县，推动23家商会与23个国家红色美丽村庄建设试点村签订结对协议。截至2022年年末，全省共有1 569家民营企业参与贵州“万企兴万村”行动，涉及1 521个村，实施项目1 961个，涉及资金183.57亿元。引导参与稳岗就业行动。引导17个异地贵州商会与各市（州）生态移民局、工商联签订“易地扶贫搬迁群众就业结对协议”。与贵州省委统战部等部门联合举办“校企拓岗促就业专项行动”启动活动，提供就业岗位近1.5万个。

六、不断加强组织建设，夯实工商联工作基础

圆满完成换届工作任务。贵州省工商联党组多次召开专题会议，对换届工作作出安排部署、推动落实，研究确定贵州省工商联第十三次代表大会代表、执委产生及名额分配办法，完成人选推荐、考察和提名，全面总结过去五年工作，广泛听取各方面意见，完善形成工作报告草案。2022年8月29日至30日，贵州省工商联第十三次代表大会顺利在贵阳召开。会议选举产生了贵州省工商联第十三届执行委员会、常务委员会及领导班子组成人员，表彰了全省工商联系统先进集体、先进工作者。一批社会影响大、公众形象好、热心工商联事业的优秀民营经济代表人士进入工商联队伍。强化民营经济人才队伍建设。督促指导各市（州）工商联建立健全民营经济人才资源台账，完善民营经济人士“三库”建设，入库信息 11.5 万余条。与贵州省人社厅、贵州科学院联合广泛征集民营企业人才需求情况，初步筛选了18家企业的重点岗位纳入“蓄水池”。积极配合开展“两代表一委员”推荐工作，累计推荐 40 余人次。加快推进商会改革发展。编制《商会工作手册》，成立贵州省工商联标准化工作委员会，推进商（协）会和民营企业标准化工作。新组建全省性行业商会2家，新筹备行业商会1家、异地商会3家。向全国工商联推荐 68 家全国“四好”商会，认定 95 家全省“四好”商会。6 家县级工商联获评“全国五好标杆县级工商联”，评定9 家县级工商联为“全省五好标杆县级工商联”。认真履行民营经济领域党建工作责任。新批复成立6家商会党组织、积极指导2家商会筹建党支部，贵州省工商联所属商（协）会建立党组织 72个，覆盖率65.7%；贵州省工商联执委以上企业建立党组织 103 家，覆盖率58.2%。

组织概况

主席、副主席名单

李汉宇　李岳德　杨从明　陈广臣　任洲麒　施　波　龚淮平　杨兴荣　罗　鹏
张　雷　张春新　温竑平　邓正明　田　亚　向　静　许国青　李　胜　李德祥
吴海斌　张　华　张　晖　张　海　陈忠实　金　循　胡正森　夏　华　蔡文政
薛成标　霍　涛　戴正立

地方商会（总商会）副会长名单

李汉宇　李岳德　杨从明　陈广臣　任洲麒　施　波　张　钊　黄金桦　朱洪模
王　华　方　正　邓匡林　朱子阳　朱国军　刘　健　刘江明　刘迪鸿　刘建波
刘晟溥　李秋官　杨　波　吴剑平　陈　罡　周春松　郑建新　饶科亮　翁木强
黄正乾　窦雅琪　慕东泰　臧　侃

地级市工商联主席名单

贵阳市　施　波　　遵义市　曹鸣凤　　六盘水市　彭纪星
安顺市　贺未泓　　毕节市　秦天志　　铜仁市　刘鸿丽
黔东南　罗　青　　黔南　董泽琴　　黔西南　莫武安

贵州省各级工商联组织数和执委数

级别 项目	省	副省级市	地级市	县（区、市）	合计
组织数	1	0	9	88	98
执委数	258	0	1 616	6 823	8 697

（注：统计截止时间为2022年12月31日）

云南省工商业联合会2022年工作综述

2022年，在中共云南省委、省政府的坚强领导下，在全国工商联精心指导下，云南省工商联以习近平新时代中国特色社会主义思想为指导，全面学习贯彻党的二十大精神，深入学习贯彻习近平总书记考察云南重要讲话和关于民营经济统战工作、工商联工作重要指示批示精神，牢牢把握政治建会、团结立会、服务兴会、改革强会总要求，紧紧围绕“两个健康”主题履行职责、发挥作用，工商联各项工作取得新成效，为促进民营经济高质量发展作出了积极贡献。

一、理论武装更加深入

认真学习贯彻党的二十大、中央经济工作会议、全国工商联十三大、云南省委十一届三次全会等重要会议精神。持续推进民营经济人士“培根促长”素质提升行动，与浙江大学、厦门大学等知名高校合作举办各类培训班37期，开办“滇商大课堂”网络培训课程21期，线上线下累计培训民营经济人士2万余人次，不断增强“四个意识”、坚定“四个自信”，忠诚拥护“两个确立”、坚决做到“两个维护”。

二、思想政治基础更加夯实

以迎接、宣传、贯彻党的二十大为主线，扎实开展“滇商永远跟党走·同心奋进新征程”系列主题宣传教育活动，累计覆盖3 200余人次。增设昆明石龙坝水电站等省级民营经济人士理想信念教育基地4个。举办云南省年轻一代民营经济人士理想信念教育专题培训班6期，组织303位民营经济代表人士到聂耳纪念馆、扎西会议旧址接受革命传统教育和爱国主义教育。开展所属商（协）会理想信念教育活动20多期1 000余人次。主流媒体和自媒体多平台联合发力，累计刊（播）发新闻报道1 000余篇，通过网站、微信公众号推送宣传信息近2 000条。

三、民营经济领域党建工作更加出彩

帮助云南省智能与数字经济协会、省眼镜商会建立党组织，指导昆明誉联网络通信有限公司党委增设党支部4个。制定全省“两新”组织党建工作“十个好”考核激励机制，召开党建示范点建设现场推进会，开展党组织书记履行党建主体责任述职考核，推行党委委员包片挂点、党建工作指导员“一对一”选派制度。着力培育云南大山饮品有限公司党总支等“党建示范点”8个。举办“万名党员进党校”、“两新”组织党组织书记能力素质提升、入党积极分子及发展对象培训班，基层党建“三支队伍”能力素质得到提升。

四、积极引导民营企业参与乡村振兴

截至2022年年底，全省累计共2 713个商（协）会和民营企业通过产业、就业、公益等方式开展“兴村”项目达3 811个，经营类项目实际到位资金202.3亿元，公益捐赠3亿多元。“万企兴万村”行动工作经验在全国会议上进行交流。《建立完善利益联结分配机制 深入推进“万企兴万村”行动》实践创新案例，获全国工商联通报表扬。“深入开展‘云品入沪’，有力促进乡村振兴”的经验做法，被国家发改委推介为2022年度全国消费帮扶优秀案例。协调省农发行与孟连县政府签订推进乡村振兴金融服务合作协议，重点助推孟连县“一县一业”牛油果产业发展。

五、团结引导民营企业履行社会责任

组织召开“云南民企高校携手促就业行动”推进会，与云南省教育厅签订合作协议，引导1 389家商（协）会和民营企业提供就业岗位24 188个。组织367家民营企业参加全国工商联绿色发展调研，收集民营企业绿色发展案例32个。编写《民营企业履行社会责任年度调研报告》，收集社会责任案例110多个，发布优秀案例20个，祥丰集团案例入选全国工商联优秀案例。

六、调研参政工作提质增效

组织开展“千企百会调研助发展”活动，形成调研综合报告12个、咨询报告6个。《关于推进云南省智慧旅游城市建设的建议》，获省领导批示。举办调查研究暨反映社情民意信息工作培训班。推进民营企业调查点建设，入库民营企业总数达3 566户，获全国工商联通报表扬。利用民营企业调查点调查系统开展线上问卷6次，形成数据分析报告5期。《2022年第三季度民营企业运营状况调查专报》《2021年度云南省在全国工商联“万家民营企业评营商环境”中评价得分情况报告》，获省委主要领导批示。提交全国“两会”提案2份、云南省“两会”提案9份、大会发言材料5份。《关于推动云南企业科技竞争力的建议》《支持云南省美妆产业发展的几点建议》被云南省政协通报表扬为2022年度好提案。收集报送社情民意信息92篇、工商联专报10期。社情民意信息被省领导批示7次、工商联专报获省领导批示8次。

七、服务企业高质量发展工作深受好评

编印《“十四五”时期关于支持民营企业发展政策简编（2022）》《扎实稳住经济一揽子政策措施简编（2022）》2.6万余册，民营企业政策知晓率和获得感不断增强。发布“2022云南省非公企业百强”“制造业20强”“服务业20强”“创新10强”“就业10强”榜单。会同云南省发改、工信、税务、金融等相关部门帮助100多个企业解决用气、用地、融资、清欠、政策落实等方面的具体问题和困难。完善“政、银、担、商（协）会、企”五方联动机制，启动实施“金融诊疗”助力民营企业高质量发展行动。承办第6届中国—南亚博览会暨第26届中国昆明进出口商品交易会数字经济馆暨第三届中国云南国际人工智能与智慧生活应用博览会专题展馆，组织省内外52户知名企业参展，其中世界500强企业11户。就业创业工作扎实推进，“贷免扶补”扶持创业7 526人、发放贷款148 745万元、带动就业23 418人。

八、服务企业“走出去”方式更加多样

联合云南省商务厅等5个部门组成专家组赴玉溪等3个州（市）调研走访，为16家民营企业送政策、送服务、会诊把脉，护航民营企业高质量“走出去”。开展提升云南外贸企业竞争力调研，助力出台《云南省推进对外贸易高质量发展三年行动》。举办“构筑RCEP合作新愿景之中国（云南）—日本云洽会”，推荐企业参加“中日企业对接会”“中日老龄产业线上洽谈会”“日本酒品交流品鉴会”。举办滇缅经贸合作论坛第九次会议和“公私对话及商务配对会”线上活动。与泰国驻昆总领馆共同组织“泰北17府与中国企业一对一线上商务洽谈”“泰国珠宝线上商务洽谈”等活动。首次与白俄罗斯开展经贸合作，成功帮助云南企业入围采购商供货方名单。组织186名民营企业负责人赴山东、福建、湖南举办RCEP研修班和外贸企业能力提升培训班。

九、法律维权服务不断加强

举办民营企业合规管理能力提升研修班，开展“法律三进”宣讲培训活动5期、参训企业523户。开展民营企业评议政府职能部门工作，向30个被评议部门反馈企业诉求392件并有效推动解决，组织4 500余个市场主体直接评议省直机关作风、评价营商环境建设。云南省民营企业投诉中心受理企业诉求案件68件，有效解决40多件。全省“万所联万会”机制覆盖率达85%，累计完成商（协）会调解5 644件。积极构建多元化解矛盾纠纷新格局，被中华工商时报评选为2022年度“创新中国”工商联（商会）工作最佳案例。通过法院诉调平台调解的商事纠纷案，入选最高人民法院发布的“总对总”在线调解典型案例。启动涉案企业合规第三方监督评估机制，从省级各行业领域选聘专业人才78名。

十、基层组织建设进一步夯实

圆满完成云南省工商联和15个州（市）工商联的换届工作。召开全省商（协）会工作会议，推动所属商（协）会改革发展。制定出台《云南省工商联基层组织建设五年规划（2023—2027）》。组织开展“五好”县级工商联创建工作，镇雄、双柏、云县3个县级工商联被认定为全国标杆“五好”县级工商联。积极推动商（协）会规范化建设，云南省厦门商会等48家商（协）会被认定为省级“四好”商会，云南省餐饮与美食行业协会等62家商（协）被认定为全国工商联“四好”商会。全省乡镇（街道）商会注册登记率由2021年的38.1%提升至2022年的65%。

组织概况

主席、副主席名单

高　峰　潘红伟　邓恒源　岳黎松　牟洪操　康　劲　董　林　阮鸿献　李　彪
张金炉　刘　军　李如华　杨利荣　陆学伟　彭金国　蔡俊丰　钟祥刚　孔令涌
马柱宽　沈长虹　施　兢　何祖训　刘长战　曹荣根

地方商会（总商会）副会长名单

潘红伟　邓恒源　岳黎松　牟洪操　康　劲　李　莹　赵金才　吴登刚　张跃进
李卫东　李玉明　李　学　王军定　高绍阳　蓝　波　郑晓城　王国新　曾新生
袁　荣　赵　晗　郭忠诚　陈苏根　吴存良　杨朝文　李　斌　银　康　谢树枝

地级市工商联主席名单

昆明市　董　林　　昭通市　胡建普　　曲靖市　余志柏　　玉溪市　杨建敏
保山市　温仕红　　楚雄市　李红梅　　红河州　李　满　　文山州　李　军
普洱市　何　卫　　西双版纳州吴春花　　大理州　洪云龙　　德宏州　杨　艳
丽江市　施更生　　怒江州　周志雯　　迪庆州　余永红　　临沧市　王　萍

云南省各级工商联组织数和执委数

项目＼级别	省	副省级市	地级市	县（区、市）	合计
组织数	1	0	16	129	146
执委数	347	0	2 064	6 499	8 910

（注：统计截止时间为2022年12月31日）

西藏自治区工商业联合会2022年工作综述

2022年，西藏自治区工商联深入贯彻落实党的二十大、中央统战工作会议精神，贯彻落实自治区第十次党代会、十届三次全会精神，贯彻落实全国工商联第十三次代表大会精神，坚持“信任、团结、服务、引导、教育”工作方针，充分发挥桥梁纽带作用，有力促进了民营经济健康发展和民营经济人士健康成长。截至2022年年底，全区市民营经济市场主体达到42.56万户，注册资本（金）达到1.32万亿元，同比增长7.70%、6.21%，占全区市场主体的97.25%。全区民间投资同比增长-32.7%，民营经济税收总额为225.93亿元，同比增长-23.37%，民营经济占比为79.63%。全区民营经济实现增加值 778.98亿元、同比增长2.2%，对全区经济增长的贡献率达 69.9%，同比提高 32.6 个百分点，拉动经济增长 0.8 个百分点。

一、以“两个维护”铸魂，政治素质更硬

以迎接学习宣传党的二十大为主线，以理论学习为抓手，以民族团结进步模范区创建为重点，注重加强领导班子政治思想建设，带动干部队伍和民营经济人士不断增强“四个意识”，树牢“四个自信”，做到“两个维护”。

一是深入学习宣贯党的二十大精神。开展民营经济领域意识形态动态专题调研，组织展示十年来民营经济发展新成就新贡献，开展“中华民族一家亲、同心共迎二十大”慰问活动，助力营造平稳和谐的发展环境。制订党的二十大精神学习宣传方案，集中收看直播，举办学习研讨、专题辅导50余场次，机关干部撰写体会200余篇，班子成员带头宣讲。编发学习动态，及时交流工商联系统、商会、企业学习宣贯经验做法．发挥企业家领导、党员企业家、商协会会长模范作用，迅速掀起学习高潮。

二是强化思想政治引领。召开17次党组会议、13次党组理论学习中心组学习会，机关党委、各支部学习70余次。开展“读经典、强素质”活动，选购书目104套共312册，打造“学习园地”。党组书记讲党课3次，民营经济党组织书记讲党课19次、学习研讨20次。组织民营经济人士看“两会”谈体会，举办民营经济人士迎新年文艺晚会，举办7期民营经济专题培训班和《深入学习领会“两个确立”的决定性意义，坚决做到“六个表率”》等4期讲座，以思想铸魂、凝聚力量。

三是深入推进民族团结进步模范创建工作。印发年度任务清单，加强工作指导，开展创建工作“进机关”“进商协会”“进企业”活动，举办学习交流会，推荐并获评自治区模范集体3个、模范个人3名、模范单位8家、“最美家庭”4个。组织参加纪念百万农奴解放 63 周年座谈会，参观百万农奴解放纪念馆，促进各民族民营经济人士“像石榴籽一样紧紧抱在一起”。

二、以“两个健康”引领，履职能力更强

贯彻落实自治区领导批示精神，宣传

解读党的大政方针和惠企纾困政策，积极协调解困破难，用务实举措稳定人心、鼓舞人心、凝聚人心。

一是加强工商联和商会建设，打牢统战工作基础。召开自治区工商联第七次代表大会，选举产生新一届领导班子。制定企业家领导履职评价办法，开展履职培训。建立民营企业家人才库，筹备区工商联咨询委员会，发挥好民营经济代表人士作用。加强基层组织建设，获评全国“五好”县级工商联达到34家、“四好”商会达11家，工商联所属商会155家，会员企业12 196家。向区党委两新工委申报“双强六好”党组织示范点5家，新发展党员240名，培养积极分子324名。新建党组织9家，符合“三有”标准会员企业党组织覆盖率达63.64%，所属商会党组织覆盖率96.55%。

二是加强政策宣讲阐释，助力复工复产。开展“中小企业疫情影响和复工复产摸底”线上调研，为出台“扎实稳住经济一揽子政策措施”提出政策建议。编发《西藏自治区促进民营经济发展政策文件汇编》。及时发布惠企政策，邀请相关部门深入解读，助力惠企纾困政策落实到企业。以视频会议方式向商会和企业解读复工复产要求，动态掌握面临的困难，梳理复工复产市场主体清单。

三是积极参政议政，助力优化营商环境。在全面调研基础上，形成《全区民营经济发展态势调研报告》，相关建议得到领导同志批示肯定。动员民营企业房东免租减租。对民营企业租住国有房屋、民营经济工程建设领域存在问题、一揽子政策措施落实情况等开展调研，指导工商联界政协委员撰写提案、提出建议，1名委员获优秀履职称号、1名委员获优秀提案奖。

四是创新服务手段，拓宽服务渠道。主动搭台助力金融服务进企业、进商会，与税务部门联合开展“春雨润苗”政策送达活动和留底退税宣传调研，与司法厅推动“万所联万会”，与检察院等14家单位建立西藏自治区涉案企业合规第三方监督评估机制。推荐34家企业获评西藏自治区科技型企业和专精特新中小企业、2家企业获评国家级专精特新“小巨人”企业，推荐17家企业入选西藏自治区绿色建材生产骨干企业培育库。建立“一带一路”民营企业数据库，组织参加澳门国际展览会、“中国品牌日”“外交部西藏全球推介会”“中国国际进口博览会”，为民营企业赴区外开展商务活动提供条件。

三、以“四个创建”谋划，服务中心更实

心系“国之大者”，立足全区发展大局，积极引导民营企业在保增长、稳就业、调结构、促创新中发挥作用。

一是积极投入疫情防控。选派9名干部下沉社区一线，联系东风汽车集团捐赠40台新式消杀车折合400万元。倡议动员各级工商联和民营企业在严防控、稳员工、保供应、稳物价、做贡献上发挥作用，捐赠现金和各类紧缺防疫物资折合1.63亿元，选派志愿者达2.2万人次。

二是推进“万企兴万村”行动。召开启动大会，制定年度工作要点，引导民营企业积极参与新农村发展。全区324家企业帮扶333个村，项目投入2 014.51万元，消费帮扶2 964万元，带动14 759人受益，组织技能培训716人次。

三是促进高校毕业生就业。制订《民企高校携手促就业行动方案》，动员区内民企提供就业岗位3 319个。全国工商联支持在“全联人才在线”和猎聘平台开通西藏招聘专场，内地1 951家企业向西藏发布岗位7 768个。疫情期间举办两场线上直播带岗，登记注册西藏籍高校毕业生3 516人，投递简历5 742份，集中收看7 077人次，参与互动问答3 016人。

四是参与拉萨南北山绿化造林。积极动员部署，宣讲优惠政策，动员15家区内民企承包造林4.8万亩。

五是推动民营经济重大建设包保项目落地实施。制订包保工作方案，成立服务专班，建立调度机制，深入拉萨、林芝、阿里实地调度，包保的4个项目已开工2个，推进前期工作的2个。

六是筹备“中国光彩事业西藏行”活动。在全国工商联指导下，制定“百企连百村”助边行动五年规划，动员15个省市 87家民企和商会，结对帮扶西藏自治区83个边境一线村；制定“我在西藏有棵树”五年规划，通过中国光彩会定向募捐5 000万元，打造“中国光彩事业公益林”。协调光彩事业指导中心安排公益捐赠项目13个、资金2 800万元。协调全国工商联和援藏省市工商联落实拟签约招商项目16个，投资209亿元。

四、以“六个表率”要求，廉政作风更清

坚决贯彻西藏自治区党委《关于进一步转变作风狠抓落实的意见》和工作实施方案的要求，坚持从严治党，加强干部队伍建设，持续改进作风，规范机关管理。

一是抓干部教育培养。领导班子在做表率上力行，重视机关干部综合能力培养，积极选派会机关干部参加各类培训，对外出进修给予鼓励支持，选派一名干部到中央党校进修，一名干部到四川大学进修，机关各级干部按要求全员参加了区党校党的二十大精神专题研讨班和区直工委培训。

二是抓党风廉政和作风效能建设。组织“作风怎么看、工作怎么干”专题研讨会，邀请区纪委监委专题上廉政教育课。对不合规发放驻村工作队生活补助费清理查缴，细化制定领导干部配偶、子女及其配偶经商办企业管理规定禁业范围清单。围绕“四查四问”制定二十项整治措施，边学边查、立行立改、长查常改，推动机关作风持续转变。

三是抓机关规范运行。制订2022年维稳工作方案、值班安保工作制度、疫情防控方案、财政预算绩效管理考核通报制度、内部预算绩效管理工作规程等，不断健全机关运行制度，以制度管人。

四是抓重大部署落实。完善党组工作规则，将学习贯彻习近平总书记重要讲话、中央重大会议决策部署和西藏自治区党委重要会议精神等列入党组会议学习和贯彻落实。对王君正书记等西藏自治区主要领导批示指示和区党委常委会、统战部部务会涉及工商联的决策部署，第一时间传达学习，第一时间研究落实举措，明确责任人和责任部门，落实情况及时上报。

组织概况

主席、副主席名单

多吉次珠　王念东　巴桑多吉　德　吉　刘　武　才旺晋美　蔡万山　次仁多吉
褚立群　林　立　干祥土　刘建涛　扎　塔　卓　嘎　韩　宇　周　龙
苏双华

地方商会（总商会）副会长名单

王念东　巴桑多吉　德　吉　刘　武　旦增列单　宋慧华　战　堆　刘良坤
王智森　张宏林　徐子凌　李　川　刘东波　宋　明　程若琼　洛桑顿珠
鲁振才　次　仁　黄进来　路其中　聂学治

地级市工商联主席名单

拉萨市　黄前敏　日喀则市 索　朗　山南市　赤列央金　林芝市　格桑卓嘎
昌都市　斯郎旺堆　那曲市　桑珠次仁　阿里地区 卫　东

西藏自治区各级工商联组织数和执委数

项目＼级别	自治区	副省级	地级市	县（区、市）	合计
组织数	1	0	7	74	82
执委数	127	0	489	1 424	2 040

（注：统计截止时间为2022年12月31日）

陕西省工商业联合会2022年工作综述

2022年，陕西省工商联始终坚持以习近平新时代中国特色社会主义思想为指导，认真学习贯彻党的二十大精神，深入贯彻落实习近平总书记四次来陕考察重要讲话重要指示，高效统筹“疫情要防住、经济要稳住、发展要安全”的总体要求，紧紧围绕“两个健康”工作主题和“四会”具体要求，践行“强引领、畅联络、优服务”工作理念，高质量完成换届工作，以高度的历史责任感担负起新时代赋予的光荣使命，积极作为、务实进取、开拓创新，开展了一系列卓有成效的工作。

一、提高政治站位，深化教育引导，民营经济人士思想政治工作取得新进展

陕西省工商联把深入学习贯彻党的二十大精神作为首要政治任务，以习近平总书记四次来陕考察重要讲话重要指示和民营企业座谈会、企业家座谈会重要讲话精神为重点，认真贯彻中央统战工作会议、经济工作会议精神，全面落实全国工商联十三大和陕西省委全会精神，注重在融会贯通、学思悟践上下功夫，组织开展“喜迎二十大、‘陕’耀新时代”“学习二十大、聚力再出发”等系列活动和民营企业家走进《秦风热线》直播间、民营经济人士访谈录、优秀民营企业家风采展等特色活动，举办党的二十大精神和民营企业家理想信念教育培训班。同时，着力打造长乐塬抗战工业遗址、马栏革命纪念馆等10家“陕西省民营经济人士理想信念教育基地”。全省各级工商联、商会组织和广大民营经济人士深刻领悟“两个确立”的决定性意义，进一步增强坚决做到“两个维护”的政治自觉、思想自觉和行动自觉。

二、坚持“守土有责”，落实中央和省委要求，政治交接圆满顺利展现新气象

陕西省委高度重视工商联换届工作，省委主要领导同志两次主持召开省委常委会听取陕西省工商联（总商会）换届工作情况汇报，先后多次作出批示、提出要求，陕西省委统战部先后召开全省工商联换届工作会议和三次换届工作领导小组会议，为稳步推进换届筹备、顺利实现政治交接奠定了坚实基础。陕西省工商联（总商会）第十三次代表大会于2022年7月在西安召开，中央政治局委员、国务院副总理，时任省委书记刘国中到会并讲话，省委书记、时任省长赵一德，省政协主席徐新荣等领导出席会议。会议选举产生了第十三届执行委员会、常务委员会和领导班子，顺利实现政治交接。会议规格高、组织好、会风严、影响大，得到全省广大民营经济人士和社会各界一致好评。全体代表以饱满的政治热情和昂扬的精神状态，响应会议号召，履行代表职责，畅谈感想体会，集中展现了新时代陕西民营经济人士精神风貌。

三、聚焦民企关切，积极建言献策，调查研究和参政议政工作取得新成效

陕西省工商联先后围绕营商环境、新能源产业高质量发展等开展系列调研，形成《营商环境评价报告》《促进新能源产业高质量发展 构建陕西新型电力系统调研报告》等多项高质量调研成果，得到陕西省委、省政府主要领导同志批示，部分建议被纳入优化营商环境行动等决策部署。《发挥企业创新主体作用 壮大国家战略科技力量》等理论成果荣获全国工商联优秀调研成果二等奖、全省党政领导干部优秀调研成果二等奖、省政协系统优秀调研成果一等奖。陕西省工商联深化工商联驻会领导联系调研工作机制，深入市县工商联、会员企业和商会调研座谈交流，及时宣传解读政策，精准问政问需问计，准确反应民营企业“急难愁盼”。同时，积极引导民营企业家中的人大代表、政协委员履职尽责，高标准推动提案、议案和社情民意信息工作。先后向全国工商联报送团体提案2件、社情民意信息20篇，向陕西省政协提交大会发言4篇、团体提案13件、社情民意信息12篇。《自媒体乱象亟待治理》获全国工商联优秀社情民意信息三等奖，《关于缓解民营企业“用人难”“留人难”问题的建议》等3件提案和《发挥铁路运输优势 落实煤炭“公转铁”要求》社情民意信息获省政协表彰。

四、搭建服务平台，提升服务质效，促进民营经济高质量发展作出新贡献

陕西省工商联持续畅通政企沟通协商渠道，先后围绕“促进生物产业链健康发展”“聚力专精特新企业培育，谋求高质量发展新突破”“推动纾困政策落实，助力小微企业发展”等主题召开政企恳谈会3期，落实会后跟踪服务，精准解决民营企业困难。聚焦“两链融合”，发挥秦创原创新驱动优势，探索建立民营企业与科研机构合作机制，促成德福科技氢能等一批项目签约落地，《陕西民企依托秦创原发挥创新主体作用》在《陕西日报》头版头条刊出。与陕西省发改委联合举办推进高质量发展合作协议签约暨首场推介活动，组织知名民营企业走进黄龙、凤县等地开展“市县行”活动和第六届丝博会系列活动。扎实开展“送法送政策强党建进商会”“百所联百会”活动，指导120多家直属商会与省直100多家律师事务所建立结对帮扶并开展工作。联合陕西省检察院、司法厅、财政厅等单位成立第三方监督评估机制管委会，公开选任涉案企业合规第三方监督评估机制专业人员，指导各市涉案企业合规改革工作落地。发挥商会调解组织作用，省总商会民商事调解委员会受理法院委托2 000余件，众多涉诉当事人从中受益。深化护航民营企业“走出去”专项行动，持续开展“两送一防”行动，助力企业利用境外资源、技术等生产要素服务国内大循环，高水平“走出去”开展国际合作。

五、厚植家国情怀，凝聚强大合力，勇担社会责任使命实现新作为

陕西省工商联大力实施“万企兴万村”行动，与多家金融机构签订合作协议，为1 750家企业协调免息贷款27.95亿元，为38家企业给予资金支持2.64亿元。4 530家民营企业积极参与，实施“兴村”项目6 087个，涉及“兴村”数量4 268个，累计投资金额369.7亿元、捐款捐物价值68.9亿元。陕西省工商联深化陕藏交流合作，持续做好对口援藏工作，发挥互访考察、经贸交流、项目推进的交流交往交融作用，动员企业参与西藏“百企联百村”助边行动，支持阿里地区边境村牵手结对行动，为西藏发展贡献了陕西民企力量。疫情期间，全省民营企业和商会组织累计捐赠物资价值3.52亿元，现金5 169.13万元，得到社会各界的一致好评。

六、优化会员结构，狠抓“五好”“四好”创建，组织建设工作实现新发展

陕西省工商联发挥省总商会党委示范引领带动作用，推动党的组织和工作向商会组织有效覆盖，有序开展“评星晋级、争创双强”活动，助推直属商会党支部升格党委成效显著。成功创建五星级党组织3家、四星级党组织15家、省级党建工作现场教学点1家，3家党支部被全国工商联评为“商会党建示范单位”，秦商总会党委被确定为省委非公经济组织和社会组织工委党建工作联系点。持续巩固提升“五好”县级工商联建设成效，严把“一个设立五个有”标准，开展地市互学互促，切实改善基层工商联工作条件。50个县区工商联被认定为全国“五好”县级工商联，83个县区工商联被评为省级“五好”县级工商联。全面落实异地商会归口管理等改革任务，持续完善所属商会考核办法和评价细则，成功创建全国“四好”商会47家，全省“四好”商会40家。紧扣“扩面扩量扩容提质”要求，完善所属商会和团体会员管理制度，培育发展新商会，高质量吸纳新会员，行业商会和会员数量平稳增长。省工商联直属商会125家，各级工商联所属商会2 815家，会员总数13.1万个。

七、深化改革创新，提升服务能力，机关自身建设迈上新台阶

陕西省工商联以省委作风建设专项行动为契机，全面贯彻中央八项规定及其实施细则精神，持之以恒反“四风”，落实构建亲清政商关系有关要求，“亲”而有度、“清”而有为，机关形成风清气正、干净务实的良好氛围。坚持“赛场选马”，注重提升机关干部应对急难险重任务和服务“两个健康”的能力水平，组织全省工商联系统力量积极抗疫，先后派出136名党员干部下沉抗疫一线，“凭素质立身、靠实绩进步”的用人导向已经形成。

组织概况

主席、副主席名单

方光华　吴　铁　郑佩宏　鲍　剑　李　瑛　张宏伟　何金碧　钟宝申　尉竞飞
金钦法　思孝聪　刘　勇　陈高志　贺增林　范俣强　魏存成　何志方　刘英杰
杜成强　谢晓林　张勇敢　赵　力　周曙光　金新康　王文斌　王亚龙　寇晓康

地方商会（总商会）副会长名单

吴　铁　郑佩宏　鲍　剑　李　瑛　张宏伟　史贵禄　崔荣华　吕建中　周素琴
杨海明　杨尚霖　彭年才　王淑惠　吉兴镇　董小军　林贤乐　魏云章　吴联配
纪晓明　李健军　赵　超　袁　成　王方胜　樊延都　李　军　李元彬　卓宝奇
李　磊　邹小武　雷振龙　郭汶霞　安　宁

地级市工商联主席名单

西安市　姜长智　　宝鸡市　王喜平　　咸阳市　杨　军　　铜川市　井西荣
渭南市　张　开　　延安市　刘　涛　　榆林市　张修前　　汉中市　郑雪梅
安康市　马　倩　　商洛市　夏启宗

陕西省各级工商联组织数和执委数

项目＼级别	省	副省级市	地级市	县（区、市）	合计
组织数	1	1	9	107	118
执委数	334	315	1 301	4 884	6 834

（注：统计截止时间为2022年12月31日）

甘肃省工商业联合会2022年工作综述

2022年，甘肃省工商联深入学习贯彻党的二十大精神和习近平总书记关于新时代民营经济统战工作、工商联工作重要指示精神，认真贯彻中央和省委统战工作会议精神，紧扣“两个健康”主题，牢牢把握政治建会、团结立会、服务兴会、改革强会要求，主动融入全省经济社会发展大局，团结凝聚广大民营经济人士听党话、跟党走，全力服务民营经济高质量发展，各项工作取得积极进展和明显成效。

一、强化思想政治引领，促进民营经济人士健康成长

把学习宣传贯彻党的二十大精神作为首要政治任务，坚定不移拥护“两个确立”、践行“两个维护”，团结引导广大民营经济人士始终沿着正确政治方向前进。一是广泛凝聚思想共识。坚持不懈学深悟透习近平新时代中国特色社会主义思想，举办3期“陇企大讲堂”，持续开展“大走访大宣讲”活动，广泛宣传党的二十大精神等，引导广大民营经济人士认真学习党的最新理论创新成果和方针政策，正确理解把握“两个毫不动摇”“三个没有变”等重大论断。2022年7月，全国政协副主席、全国工商联主席高云龙走访甘肃省工商联机关并赴民营企业调研，2022年9月，甘肃省委书记走访甘肃省工商联机关并召开民营企业家座谈会，极大地提振了甘肃省民营企业的发展信心。持续深化民营经济人士理想信念教育，推进党史学习教育常态化长效化。召开青年企业家座谈会，加强对年轻一代的教育培养，两次开展民营经济人士思想状况调研，摸清党的二十大前后民营经济人士思想变化，及时组织开展谈心谈话，有效提升了民营经济人士的政治素养、政治认同和制度自信。二是全面学习宣传贯彻党的二十大精神。提前谋划，认真部署全省工商联系统和民营经济领域学习宣传贯彻党的二十大精神各项工作。开辟“喜迎二十大、民企展风采”专栏，集中展示新时代十年和过去五年全省民营经济发展成就。集中组织全省各级工商联、民营企业、商会收看党的二十大盛况。第一时间召开党组会议、党组理论中心组学习会传达学习大会精神，下发《关于认真学习贯彻党的二十大精神的通知》部署全省工商联系统学习宣传贯彻工作。开设“学习二十大、永远跟党走”等专栏，组织采访约稿6期、推送微视频17期，编发各类稿件近90余篇，集中宣传各级商会和民营经济人士学习贯彻的典型事迹，持续在民营经济领域掀起学习宣传贯彻党的二十大精神热潮。三是扎实开展政策培训宣讲。把强信心、稳预期、聚合力作为政治引领的重要任务，面向民营企业家开展宏观经济形势研判和惠企政策的宣传解读。克服疫情不利影响，开设“全省民营经济人士网络培训班”“学政策、稳信心、促发展”网络培训班3期，汇编今年以来甘肃省促进民营经济发展的政策文件，在官方网站、微信公众号、微信群中持续发布最新惠企政策，精准投送全省各级商会、民营企业，及时回应民营企业诉求和关切，帮助民营企业及时掌握稳企惠企政策，稳定发展预期、提振发展信心。

二、发挥桥梁纽带和助手作用，助力民营经济健康发展

不断创新服务模式，积极纾困解难，引导民营企业完整准确全面贯彻新发展理念，实现高质量发展。一是围绕民营经济发展深入调查研究。紧贴构建“一核三带”区域发展格局、实施“四强”行动等内容开展调研，完成甘肃民营经济发展状况调研、全省上规模民营企业调研、培育和发展中国特色商会组织实践探索等重点课题调研，通过政党协商、政协协商等平台建言献策，多篇建议转化为优化营商环境、促进中小企业发展的政策措施。在全省2 731家民营企业建立日常运行监测调查点，发布全省民营企业50强榜单，配合全国工商联开展“万家民营企业评营商环境”调查，参政议政能力和助手作用得到提升。二是搭桥聚能提升服务水平。深化“千企调研纾困”行动，走访企业、商会1 006家，征集问题线索1 311件，推动惠企纾困政策落实。《2022年“千企调研纾困”行动报告》获省政府主要领导同志批示：“很具体、针对性强，万事开头难，要持之以恒抓下去”。会同省税务局联合实施“春雨润苗”行动，与市场监管局开展“民营经济标准创新周”活动，与省人社厅开展“民企高校携手促就业”行动、民企直播带岗、省外异地商会专场招聘活动。同8家金融机构签订战略合作协议，累计发放贷款53.46亿元，支持中小微企业减负稳岗发展。同公检法司协作联动，健全法律服务体系，深入开展法律维权、法治宣传、商会调解、企业合规工作，全省民营经济人士诚信守法意识和合规经营理念得到增强。三是搭建平台汇聚民企力量。实施“万企兴万村”甘肃行动，广泛发动民营企业深度参与乡村振兴，有3 089家民营企业，在1 263个村实施投资经营类项目1 163个，投资总额179.79亿元，到位资金97.17亿元；在1 482个村实施公益项目2 566个，捐款款物15.7亿元。开展“民企陇南行”活动，邀请甘肃省内外重点企业代表400余人赴陇南县区观摩考察产业项目，达成招商引资项目97项，签约投资额425亿元，组织省内外民营企业向陇南捐赠资金和公益项目6 926万元。截至12月底，已开工项目95个，到位资金84.27亿元；新签约项目16个，签约资金28.87亿元，公益捐赠资金全部拨付到位，在服务县域经济发展中取得了丰硕成果。

三、全面加强自身建设，推动工商联及所属商会改革发展

新一届领导班子以换届为新起点，在强基固本、守正创新中全面加强自身建设，着力推进履职能力适应新时代新任务新要求。一是圆满完成三级工商联换届任务。在甘肃省委和省委统战部高位支持推动下，全国首家完成省级工商联换届，市级工商联专职副主席职数增加39个，市县级工商联编制增加47个，一些制约工商联发展的难题有效破解，基层工商联领导班子和工作力量显著加强，“五好”县级工商联覆盖率达到64%。代表人士队伍结构更加合理，省工商联兼职副主席和副会长企业产业分布更加多元，执常委年轻一代企业家比例达到32.3%，中小微企业和基层组织代表比例得到提高。实施会员制改革，省级只发展团体会员，市县级不设置资产门槛，全省工商联直属会员达到8 6294家，先进性、广泛性和代表性得到增强。二是稳妥做好代表人士政治安排。省市县三级工商联推荐担任各级人大代表、政协委员2 289名，其中全国人大代表1名、全国政协委员2名、省人大代表14名、省政协委员37名。担任市级和县级人大代表、政协委员的分别为663名和1 572名。三是推进中国特色商会组织建设。成立省总商会党委，进一步理顺商会党建管理体制，开展全省所属商会党组织建设情况调研，召开商会党建工作推进会，指导和支持商会成立党组织，省级所属商会党组织覆盖率达到78%。指导商会开展标准化建设，制定《甘肃省工商联商会管理办法（试行）》《甘肃省工商联商会成立登记和换届工作指南（试行）》等五项文件，积极推进在新兴行业和乡镇街道组建商会组织。截至2022年12月31日，全省各级商会组织达到1 115家，全国“四好”商会达到50家，省级“四好”商会达到138家，统战工作覆盖面不断扩大。四是加强工商联机关建设。坚守政治责任，牢牢把握工商联政治组织、统战组织的定位，充分发挥党组领导核心作用，强化党建引领，贯彻全面从严治党要求，落实意识形态工作责任。加强领导班子建设，完善党组会议、主席办公会议议事规则，建立兼职副主席、副会长日常履职管理规范、轮值制度和年终履职评价制度，切实发挥代表人士作用。加强机关建设，深入开展“喜迎二十大、深化模范机关创建”活动，完成省直机关文明单位、无烟机关、节能机关创建，推进机关廉政文化建设，严格落实公职人员与商会、民营企业交往正负面清单，持续做好省委巡视反馈问题整改，加强年轻干部的培养锻炼，开展机关疫情防控和服务保障，做好联系村帮扶工作，工商联的影响力、凝聚力、向心力显著增强。

组织概况

主席、副主席名单

郭奇志　张耀宇　朵雪青　毛　赟　张文军　伊建敏　叶仁航　鲁鸿宙　夏　祥
刘羽桐　李成勇　周志刚　马鹏举　李忠鑫　王友斌　林熙明　田炫宏　韩泽华
王浩宇　金于熙

地方商会（总商会）副会长名单

张耀宇　朵雪青　毛　赟　张文军　房　忠　张国军　安春锋　王金生　岳建武
张建忠　周占琪　南振岐　丁小福　黄亚新　何　斌　汤宝金　李晓龙　韦诗彬
李辛泽

地级市工商联主席名单

兰州市　杨德智　　嘉峪市　　崔明瑞　　金昌市　张绍民　白银市　冯汉颋
天水市　董小平　　武威市　　陈一夫　　张掖市　娄金华　平凉市　陈玉梅
酒泉市　靳巧荣　　庆阳市　　连　锴　　定西市　王社宁　陇南市　何红梅
临夏市　鲁鸿宙　　甘南市　　敏文祥　　兰州新区夏　祥

甘肃省各级工商联组织数和执委数

级别 / 项目	省	副省级市	地级市	县（区、市）	合计
组织数	1	0	14	87	102
执委数	285	0	1 751	4 440	6 476

（注：统计截止时间为2022年12月31日）

青海省工商业联合会2022年工作综述

2022年，受疫情等国内外多重超预期因素冲击，民营经济发展遇到暂时困难，但在以习近平同志为核心的党中央团结带领下，青海省工商联全面贯彻党的十九大和十九届历次全会精神，深入贯彻党的二十大精神，全面落实“疫情要防住、经济要稳住、发展要安全”的要求，在青海省委、省政府的坚强领导中坚定信心，在全国工商联和青海省委统战部的具体指导中迎难而上，牢牢把握“两个健康”主题，克服疫情带来的不利影响，主动作为、精心履职，以民营经济平稳健康发展助力稳住全省经济大盘，各项工作取得了良好成效。

一、把政治建会摆在工作首位，巩固扩大思想政治共识

始终从政治上把方向、看问题，从政治上谋划部署、推动工作。一是青海省工商联换届工作圆满完成。顺利召开青海省工商联第十二次代表大会和十二届一次执委会议，按照“三强一好”的要求，选举产生新一届工商联领导机构、领导班子，各项工作规范、紧凑、圆满，展现了新时代青海省民营企业家的风采，得到了省委、省政府和社会各界的充分肯定。二是政治引领和思想引导持续强化。以党的二十大、青海省第十四次党代会胜利召开为契机，加强理想信念教育，分层次、分类别开展专题教育，组建青年理论学习宣讲团等“线上+线下”常态化、长效化理论宣讲，成立学习贯彻党的二十大精神民营企业家宣讲团开展宣讲15场次，宣教工作更接地气、更有人气。强化舆论引导，首次召开工商联系统宣传工作会议，举办宣传员培训班，争取省委宣传部的支持共同推进加强新时代民营经济领域宣传工作，拓展自有宣传平台作用，和新闻媒体密切合作，一年来45篇稿件在省内外主流媒体刊登转载50余次，筑牢舆论“主阵地”。三是民营经济领域党建工作成效显著。经过多次调研论证，拟订商会党组织建设三年行动方案草案，完善所属商会党建工作考核办法，并与省委“两新”工委联合指导商会党建工作，理顺党建工作管理体制。发展所属商会党员，新发展预备党员42名，预备党员按期转正43名，社会组织党委管理党员达到428人，为党的组织工作挖掘潜力、注入新鲜血液。

二、把团结立会贯穿工作始终，充分展现了民营企业时代担当

把凝聚人心、汇聚力量作为根本任务，推动形成新时代民营经济统战工作新格局。一是增强企业家的荣誉感和使命感。突出民营经济人士人选的代表性、贡献度和热心度，推荐16名代表参加全联十三次代表大会，同心建真言、同向聚共识，圆满完成各项任务，8名代表当选执委，4名代表当选常委，扛起了政治责任和社会责任。注重典型引领示范，推荐一批优秀的民营企业和民营企业家获得国土绿化贡献奖、全国就业与社会保障先进奖、全国关爱员工奖等国家级荣誉表彰，营造了干事创业的社会氛围。二是调研工作因地制宜、因企制宜。由新一届省工商联领导班子带队，围绕党建、助企纾困、政策落实等深入基层进行常态化调研，民企调查点、课题委托研究等工作有序推进，实现调研主体全覆盖、调研对象全覆盖。在全方位了解基层工商联和民营企业家所思所想的基础上，转化调研成果，通过大会发言、团体提案、社情民意等多种渠道建言献策，推动惠企政策落实落地。一年来，向全国“两会”、全国工商联、省政协等提交团体提案18件，书面大会发言4份，报送社情民意17篇，其中《将青海省冰雪“冷产业”变成体育“热产业”》的建议得到吴晓军省长肯定和批示，深受鼓舞。三是团结民营经济人士扛起共同富裕使命担当。“百企兴百村”行动助力乡村振兴，“一体系三专项”引导民营企业参与国家战略，从而更好履行社会责任，210家企业实施项目221个，投入资金23.06亿元。发挥民企就业主力军作用，在门户网站增设公共就业招聘服务平台，通过“民企招聘月”“民企高校携手促就业”等专项行动，提供就业岗位7.5万余个，有效改善供需不对等和招工难的问题。弘扬无私奉献精神，引导企业家捐资助学、扶危济困，疫情期间有974家商协会、民营企业捐赠物资2 683余万元，

249家企业为大通、互助洪涝灾害地区捐款捐物1 300余万元，彰显了民营企业家的责任与担当。

三、把服务兴会作为工作重点，持续推动了民企健康发展

发挥桥梁纽带作用，秉持“主动服务、靠前服务”的工作理念，与企业家同心同向、共促健康发展。一是服务民营企业高质量发展。面对疫情反复带来的不确定性，大力宣传稳住经济大盘的一揽子政策，通过和民营经济人士座谈、联合政府部门推进“春雨润苗”专项行动、“携手行动”促进企业融通创新等，推动“政策红利”直达快享。调研省内规上企业，亚洲硅业（青海）股份有限公司成功入围全国工商联“2022民营企业发明专利500家”榜单。建立常态化政银企沟通协商机制，发挥“资金池”带动作用，为近2 500户中小微企业提供首贷、信用贷资金达33亿元。二是维护企业合法权益。畅通维权服务渠道，指导所属商会设立商会调解组织，形成集“万所联万会”“法律三进”“法治体检”等为一体的法律服务平台，扎实开展企业家学法活动，建立执委企业征信修复问题治理台账，企业法治体检300余家，面对面提供法律咨询130余件，有效帮助企业合理规避风险。积极探索涉企合规建设新路径，与省检察院等9部门合力进行涉案企业合规改革，组建80名专业人员名录库，已对13家涉案企业启动合规评价，首例案件已按规定作出不起诉处理，企业合规改革取得初步成效。三是以商招商富有成效。邀请国内知名民营企业家来青海考察、参加生态博览会等活动，请进来合作发展，克服疫情阻碍，青洽会期间促成签约项目2个、金额6.3亿元。组织企业家参与“进博会”、民营企业共建“一带一路”峰会、澳门考察等经贸活动，拓展交流合作渠道，服务保障“走出去”。

四、把改革强会作为工作关键，稳步提升了工作能力水平

聚焦组织体制、工作机制、自身建设等领域改革创新，强化问题导向，主动求变应变，不断增强凝聚力、影响力和执行力。一是基层组织建设更加坚强有力。高标准开展商会年检，以问题为导向找差距补短板、交流工作经验，助推商会健康发展。探索成立新型商会组织，克服困难完成设立水井巷、力盟商圈商会前期筹备，开启商会发展新路径。加强商会“四好”标准化建设，8家商会评为全国“四好”商会，11家商会评选为省级“四好”商会，3家县级工商联评为全国“五好”标杆县级工商联，强化典型引领示范。二是工商联队伍建设更加全面过硬。建立了适应新时代要求的民营企业与民营企业家人才库，提高年轻一代民营经济人士和基层组织代表在执常委中的比例，增强执常委队伍的进步性、代表性和广泛性。探索建立“开放式”“组团式”履职机制，拟制执委履职分工方案、履职评价办法和执委学习制度，发挥企业家副主席（副会长）主体作用主持开展专题活动3期，提高了执委的政策理论水平和履职能力。三是学习机关建设更加务实高效。拓展党史学习教育成果，党组和理论学习中心组集体学习50余次，有力推进机关党支部标准化建设、互动式交流，干部素质得到有效提升。认真研究民营经济发展规律，总结形成“一盘棋、两张网、三平台、四联结、五个员”工作思路，稳步推进“网上工商联”建设，提高了履职尽责的政治性和有效性。严格落实全面从严治党工作责任制，组织开展巡视整改“回头看”，紧跟省委步伐高质量开展“转作风 树新风”作风建设专项行动，建立完善各项制度机制30余项，机关工作绩效有效提升。

组织概况

主席、副主席名单

李　青　刘伯林　马常德　陈广君　罗顺邦　祁永红　徐志群　周启伦　尹东林
薛　婷　韩文林　鲍武章　罗　乾　李德清　牛豫娟　张文郡　马丽萍

地方商会（总商会）副会长名单

王伟明　郑永建　李方瑞　崔海品　李洪岭　王政邦　周康明　张世军　鲁水龙
金锦伟　袁建发　冯彦亮　张吉青　马明清　钟阳君　任黎明　王同玲　陈　琪
李思瑾　才让卓玛

地级市工商联主席名单

西宁市　肖向东　　海东市　（空缺）　　海西州　高海源　　海南州　独金萍
海北州　杨　德　　玉树州　郭虎春　　果洛州　汤向军　　黄南州　王桂莲

青海省各级工商联组织数和执委数

级别 项目	省	副省级市	地级市	县（区、市）	合计
组织数	1	0	8	45	54
执委数	157	0	543	1 359	2 059

（注：统计截止时间为2022年12月31日）

宁夏回族自治区工商业联合会2022年工作综述

2022年，宁夏回族自治区工商联深入学习贯彻党的二十大和习近平总书记视察宁夏回族自治区重要讲话指示批示精神，认真贯彻落实自治区第十三次党代会精神，聚焦民营经济高质量发展，抓引领、聚共识，搭平台、促发展，优服务、助纾困，圆满完成工商联换届等重点工作任务，促进“两个健康”工作取得新成效。

一、聚焦思想政治引领，强化理想信念教育，为民营经济人士健康成长强内力

制定实施《关于开展民营经济人士“双引”行动的意见》，推行“谈、育、导、帮”等方式，筑牢民营经济人士思想政治根基。一是加强理论武装。开展党的二十大和习近平总书记视察宁夏重要讲话指示批示精神“大学习、大讨论、大宣传、大实践”活动，提请召开自治区工商联新老班子成员暨民营企业家代表座谈会，凝聚大抓发展、抓大发展、抓高质量发展的民营经济力量。汇编印发党的创新理论学习辅导材料1 000本，指导编制“三个讲清楚”宣讲提纲，引导民营经济人士听党话、跟党走。二是深化教育培训。制订民营经济人士教育培训计划，举办自治区第十三次党代会精神专题培训班9期、培训530人次。在民营经济领域宣讲党的二十大和自治区第十三次党代会精神18场次，举办工商联大讲堂7期和青年企业家委员会专题学习宣讲2次，覆盖面超过3 200人次。三是加大引导宣传。充分发挥“一网一刊两平台”宣传主阵地作用，开设“奋斗担当谱新篇”“民营企业家谈”等专栏，编发《宁夏商会》杂志7期18 900册，推送理论文章和工作信息超过1 200条。在宁夏日报、中华工商时报等媒体宣传报道“两个健康”典型案例，推送民营经济人士学习典型19批，为党的二十大胜利召开营造良好舆论氛围。

二、聚焦平台载体建设，强化桥梁纽带作用，为民营经济高质量发展添活力

深化部门协同联动，发挥桥梁纽带和助手作用，多措并举提高民营经济服务质效。一是搭建政企沟通平台。全区各级工商联会同有关部门，开展送政策进民企系列活动超过50场次，召开政企座谈会30多场次，为1 500多名民营企业家面对面解读惠企政策，发放政策汇编解读资料3 100册。联合宁夏税务局开展“春雨润苗”专项行动，推动落实各项新的组合式税费支持政策。二是搭建金融服务平台。落实与建设银行宁夏区分行、宁夏银行合作协议，构建融资服务、创新支持、善融撮合等金融服务机制。开展“百行千企融资行”活动，举办服务民企科技创新等银企座谈会27场次，助力缓解融资难。三是搭建法律服务平台。联合司法部门推进涉案企业合规改革和公司律师试点，指导建立健全商会人民调解组织，推动214家商（协）会与156家律师事务所结对共建，常态化推进“法律三进”“法治体检”，帮助企业普及法律知识、完善治理结构、防范化解司法风险。

三、聚焦问题困难纾解，强化民营经济研究，为民营企业纾困发展增动力

完善风险防范、调查研究和建言献策等工作机制，促进优化民营企业发展环境。一是深入调查研究。完善上规模民营企业调研、民营企业调查点等系统建设，研究制定民营企业季度运行情况调查分析办法，开展大走访、大调研活动，归纳梳理企业反映的问题提交自治区党委办公厅转办，形成问题收集、交办、解决、反馈的闭环机制。《2022年第二、第三季度宁夏民营企业运行情况调查分析报告》等调研成果，受到自治区主要领导批示肯定。二是积极参政议政。围绕经济社会发展的热点、难点和焦点问题，在精准建言献策上持续用力，向全国政协提交提案2件，立案2件；向自治区政协提交提案15件，2件被列为重点提案，报送社情民意60件。三是防范风险隐患。落实日报告、周研判、月调度工作机制，定期开展风险隐患排查和调查分析。加强直属会员单位自办媒体信息审核监管，指导所属商会清理规范宣传资料，排查不当表述信息和文字，防范化解意识形态领域舆情风险。

四、聚焦商会组织建设，强化工作指导协调，为基层组织改革发展扩张力

始终把基层建设作为重中之重，在守正创新中不断完善会员队伍组织体系，有效发挥职能作用。一是当好会员队伍的服务员。积极发展团体会员，指导成立晋商宁夏商会和广西宁夏商会，吸收宁夏消防协会和宁夏企业科技创新服务联合会2家会员单位。严格所属商会依法规范运行管理，组织商会会长年度述职，督促按时依规完成年检工作。二是当好商会党建的指导员。严格换届程序和要求，组织完成直属会员单位党委换届，指导太阳能协会党支部等3家商会党组织完成换届。开展所属党组织专项清查整治、半年工作检查和星级评定，召开所属党组织支部书记述职暨商会党建推进会，培育党建示范点3个，促进“两个覆盖”取得新成效。三是当好评先选优的考核员。创新开展“五好”县级工商联和“四好”商会评选工作，组织五市工商联交叉互查互评，实现互学互促。兴庆区、同心县、原州区工商联被评为全国“五好”标杆县级工商联，银川泉州商会、平罗县企业家协会等13家商会被评为全国“四好”商会。认定银川浙江临海商会、石嘴山市温州商会等16家自治区“四好”商会。

五、聚焦经济社会发展，强化正向激励引导，为促进共同富裕聚合力

引导民营企业和商会组织致富思源、义利兼顾，在参与“三区建设”中发挥自身优势、贡献智慧力量。一是助推乡村振兴建设。推进“万企兴万村”行动，采取逐县推进的办法，深入动员民营企业和商会实地考察对接，召开座谈会19场，现场推进会5场。截至2022年12月31日，促成632家企业（商会）与乡村结对，开展产业、消费、劳务等多元化帮扶，累计投入各类帮扶资金20.7亿元。二是鼓励履行社会责任。开展“民企高校携手促就业行动”，累计动员234家民营企业参与，提供招聘岗位超过15 300个。引导民营企业踊跃投身科技创新、污染防治和公益慈善事业，累计投入光彩事业资金超过6亿元，青龙管业、百瑞源等9家民营企业和党彦宝等8位民营企业家获得第三届“宁夏慈善奖”表彰。三是助力地方经济发展。发挥商会“两地熟”作用，先后组织开展执常委企业家和商会会长“石嘴山行”“宁东行”“银川行”等活动。紧密对接福建省工商联，开展“百家闽商塞上行”活动，围绕扩大合作覆盖面、用好用足闽宁协作机制等方面签订合作协议，促进闽宁更宽领域更深层次的经贸交流协作。

六、聚焦职能作用发挥，强化工商联自身建设，为“五型”模范机关创建提能力

坚持问题导向，把深化党的全面领导作为加强自身建设的重要抓手，促进工商联各项工作有效落实。一是抓换届工作。坚持把党的领导贯穿工商联换届全过程，紧扣“三强一好”标准，严格换届程序、严格人选条件把关，精心组织召开换届及选举大会，常委和领导班子人选均全票当选。线上线下深入宣传会议精神和兼职副主席履职承诺，进一步增强了工商联的凝聚力。二是抓班子建设。制定实施“加强和改进机关作风建设八条规范”，落实“三重一大”民主决策议事规则和党组会议、主席办公会议等制度，严格班子成员、机关党总支、各党支部责任落实。发挥企业家副主席、副会长和执委常委作用，在教育培训、课题调研、建言献策等重大活动中站前台、当主角。三是抓素质提升。完善机关干部考核方案，强化考核结果运用，激励干部履职尽责、担当作为。举办全区工商联系统学习贯彻自治区第十三次党代会精神等培训班，加强系统干部教育培训和实践锻炼，切实提升干部能力素质和作风。四是抓机关党建。以推进“五型”模范机关创建为牵引，促进机关党建和中心工作齐头并进、融合发展，及时查漏补缺、完善长效机制，成功创建区直文明单位、全区民族团结进步示范单位。

组织概况

主席、副主席名单

何晓勇　周兆川　范　瑜　尤文涛　范海龙　党彦宝　马玉山　郝向峰　张成保
李玉忠　闫建国　袁　辉　黄添进　赵四海　代良云　杨志泰　张时荣

地方商会（总商会）副会长名单

何晓勇　周兆川　范　瑜　尤文涛　范海龙　彭　凡　何学虎　阮世忠　黄金耀
郭　嘉　贾小东　郑子盛

地级市工商联主席名单

银川市　郝玉峰　石嘴山市　张成保　　关忠市　边　卞　　固原市　何学虎
中卫市　王文华

宁夏回族自治区各级工商联组织数和执委数

项目＼级别	自治区	副省级市	地级市	县（区、市）	合计
组织数	1	0	5	22	28
执委数	191	0	633	1 142	1 966

（注：统计截止时间为2022年12月31日）

新疆维吾尔自治区工商业联合会2022年工作综述

2022年，在新疆维吾尔自治区党委的坚强领导下，在全国工商联和自治区党委统战部精心指导下，新疆维吾尔自治区工商联坚持以习近平新时代中国特色社会主义思想为指导，深入学习宣传贯彻党的二十大精神、习近平总书记视察新疆重要讲话重要指示精神以及中央经济工作会议、中央统战工作会议、第三次中央新疆工作座谈会精神，按照自治区党委决策部署，聚焦完整准确贯彻新时代党的治疆方略，积极发挥桥梁纽带和助手作用，围绕中心、服务大局，较好地完成了推动民营经济高质量发展、民营经济人士健康成长等重点工作任务，为自治区经济社会发展作出了应有的贡献。

一、坚持政治引领，凝聚民营经济发展正能量

坚持政治建会，加强民营经济人士思想政治建设，教育引导民营经济人士用习近平新时代中国特色社会主义思想武装头脑、指导实践、推动发展，坚定不移感党恩、听党话、跟党走。各级工商联组织将铸牢中华民族共同体意识贯穿到民营经济统战工作各领域全过程，开展了丰富多彩的民族团结进步创建、“民族团结一家亲”联谊活动。全疆广大民营经济人士通过各种方式旗帜鲜明反对民族分裂，理直气壮发声亮剑，以实际行动自觉维护社会稳定和长治久安。持续开展理想信念教育和社会主义核心价值观教育，选派80名企业家参加全国工商联举办的年轻一代民营经济人士理想信念教育培训示范班和教育报告会。党的二十大召开以后，迅速在全疆工商联系统掀起学习宣传贯彻党的二十大精神热潮。在新疆日报组织宣传了8家商会企业贯彻二十大精神的典型事例，在中华工商时报、新疆电视台、新疆日报等媒体刊发稿件和视频33篇（件），营造了学习宣传贯彻党的二十大精神的浓厚氛围。

二、坚持团结引领，参政议政水平得到提升

坚持把参政议政作为巩固党在民营经济领域的执政基础和促进民营经济发展、服务党委政府科学决策的重要职能。推动召开了自治区民营企业座谈会暨投资签约活动，完成了自治区首次“疆企·主席面对面协商座谈会”组织保障工作，积极参与自治区党委、政府邀请“亚布力论坛企业家来疆考察”接待工作，完成“民营企业助推新疆丝绸之路经济带核心区建设座谈会”和“民营企业助推南疆发展大会”相关筹备工作。完成的《关于推动民营经济高质量发展情况专题调研报告》《我自治区民营企业评价营商环境调研报告》《关于对我区民营经济发展中存在的风险隐患和对策建议的分析报告》《疫情影响下民营企业生产经营状况调研报告》等调研报告，得到自治区党委主要领导、分管领导批示。

三、坚持服务引领，助推民营经济健康发展

充分发挥桥梁、纽带和助手作用，推动营造有利于民营经济发展的政策环境、法治环境、市场环境、社会环境。主动加强与政府职能部门的横向联系，组织民营企业走进自治区发改委等6个职能部门开展“党政部门与民营企业面对面”系列活动。持续推动化解拖欠民营企业账款有关工作的落实。推动有关部门和金融机构共同帮助民营企业拓宽融资渠道、疏通融资堵点。聚焦疫情对经济运行带来的冲击和影响，开展“落实政策纾困惠企”专项走访活动，协调帮助企业稳妥有序复工复产。加大与政法机关协作力度，构建立体维权网络，推进“万所联万会”和“法官联络室”“检察联络室”“警官联络室”“在线诉调对接机制”等法律维权服务有效开展。全疆434家律师事务所组织1 945名律师为345家商会以及所属3 213家会员企业开展法律服务，提供法律建议3 175条，解答法律咨询3万余次，化解矛盾纠纷7 650余件。加强商会调解服务平台建设，已有53家“调解组织”、68名调解员入驻“工商联商会调解平台”，在线成功调解773起案件。

四、坚持改革引领，组织建设稳步推进

不断推动新时代工商联组织建设工作，积极服务治理体系和治理能力现代化。推进民营经济统战工作向所属商会组织有效覆盖。认真落实《关于鼓励、引导和规范工商联所属商会开展团体标准化工作的意见》和《全国工商联商会团体标准体系建设方案》精神，加强商会组织自身建设。建立新疆维吾尔自治区工商联直属商会会长定期联席会议制度，加强商会秘书处专职化、规范化建设。持续做好“四好”商会认定工作，推荐自治区工商联直属会员商会等19家商会认定为2021—2022年度全国“四好”商会。发挥直属商会党委政治引领作用，制定《新疆维吾尔自治区工商联直属商会党建工作考评标准（试行）》，遴选推荐6家商会党组织为自治区级非公有制经济组织党建示范点培育对象。以换届工作为契机，指导完成13个地（州、市）工商联、94个县（市、区）工商联领导班子换届工作，顺利实现了新老交替和组织交接。在2021年疫情期间，克服各种困难，全力召开自治区工商联（总商会）第十二次代表大会。自治区党委书记马兴瑞同志出席大会开幕式并作重要讲话。大会选举产生了自治区工商联（总商会）新一届领导机构。同时，会同自治区党委统战部组织做好全国工商联十三大18名代表人选、10名执委人选的推选工作，张新同志当选为全国工商联副主席。向自治区第十三届政协推荐工商联界别委员人选36人。

五、坚持责任引领，打造民营企业履行社会责任工作品牌

充分发挥组织优势和资源优势，引导民营企业在乡村振兴、稳岗就业、抗击疫情、抢险救灾中彰显社会责任。按照自治区党委马兴瑞书记“实事求是的推动”重要批示精神，在喀什、和田地区组织召开自治区“万企兴万村”行动推进会。截至12月底，全区录入万企兴万村行动台账系统民营企业957家，“兴村”总数1 062个，“兴村”项目总数1 181个，投资经营类项目投资总额为58.57亿元、公益捐赠类项目捐款捐物总额1.24亿元。去年疫情期间，全区各级商会组织、民营企业积极投身疫情防控，累计捐款捐物价值1.4亿余元，帮助采购、销售农牧产品价值13.94亿元。

六、坚持党建引领，不断加强自身建设

认真履行党组主体责任、党组书记第一责任，坚持党建工作和党风廉政建设一体部署落实，推动全面从严治党向纵深发展。带头贯彻执行民主集中制，组织开展党组议事规则修订完善工作，不断增强领导班子的凝聚力战斗力。带头落实党风廉政建设主体责任和监督责任，定期向驻部纪检组报送《政治生态分析报告》《自治区工商联党组落实全面从严治党主体责任情况报告》和开展部室及部室负责人落实中央、自治区党委重大决策部署履职尽责和履行“一岗双责”考核评议工作。建立机关县处级及以下职务、职级公务员日常现实表现纪实档案。健全平时考核、年度考核、试用期满考核“三位一体”的考核体系，不断提升干部队伍能力素质和工作水平。

组织概况

主席、副主席名单

刘会军　刘　斌　陆卫东　许业平　张　新　葛永品　刘　伟　朱　军　张文凯
勇　军　刘　成　肖志海　孙伟挺　刘永亮　徐志宗　韩键刚　马春军　赵小红
潘锦海　斯日古楞　艾尼瓦尔·艾白都拉　穆太力普·努尔麦麦提
乌布力艾散·乌布力喀斯木　艾尼瓦尔·阿不都热合曼

地方商会（总商会）副会长名单

陆卫东　斯日古楞　许业平　艾尼瓦尔·阿不都热合曼　郑茶妹　陈　伟　惠新茹
蒋　楠　吐尔逊江·木哈提　韩复兴　居来提·库尔班　林　勇　尹　强　谈继强

地级市工商联主席名单

克拉玛依市　徐天昊
阿克苏地区　高　焰
昌吉回族自治州　李　武
克孜勒苏柯尔克孜自治州　卢兴伟
阿勒泰地区　简庭卫
哈密市　杨瑞芳
乌鲁木齐市　钱金耐
伊犁哈萨克自治州　江尔森·努尔阿西
博尔塔拉蒙古自治州　杜应昆
和田地区　张文江
塔城地区　马学武
巴音郭楞蒙古自治州　哈　热
吐鲁番市　阿力木·加拉力
喀什地区　多鲁昆·依萨木丁

新疆维吾尔自治区各级工商联组织数和执委数

项目 \ 级别	自治区	副省级市	地级市	县（区、市）	合计
组织数	1	0	14	94	109
执委数	203	0	1 822	5 104	7 129

（注：统计截止时间为2022年12月31日）

新疆生产建设兵团工商业联合会2022年工作综述

2022年，新疆生产建设兵团工商业联合会（以下简称“兵团工商联”）坚持以习近平新时代中国特色社会主义思想为指导，把学习宣传贯彻党的二十大精神作为首要政治任务，深入学习习近平总书记关于新时代民营经济统战工作和工商联工作重要讲话重要指示批示精神，深入学习贯彻习近平总书记视察新疆和兵团时的重要讲话重要指示精神，完整准确贯彻新时代党的治疆方略，牢牢扭住新疆工作总目标，聚焦新时代兵团维稳戍边职责使命，认真贯彻落实兵团第八次党代会精神，聚焦高质量推进兵团现代化建设，努力构建“1+2+3+N”常态化长效化工作机制，服务兵团经济社会发展大局，引导民营企业主动融入兵团经济体系，推动民营经济高质量发展。

一、强化政治理论教育，加强工商联机关建设

一是加强思想建设。以习近平新时代中国特色社会主义思想为指导，把学习宣传贯彻党的二十大、第三次中央新疆工作座谈会、习近平总书记关于新时代民营经济统战工作和工商联工作重要讲话重要指示批示精神，特别是把习近平总书记视察新疆和兵团时的重要讲话重要指示精神作为理论学习的重要内容，深刻领悟“两个确立”的决定性意义，忠诚践行“两个维护”。二是加强政治建设。贯彻落实巡视整改长效机制，修改完善《新疆生产建设兵团工商联党组议事规则》《新疆生产建设兵团工商联“三重一大”决策制度》，制定印发《新疆生产建设兵团工商联党组2022年工作要点》，认真落实“三会一课”等组织生活制度。三是加强作风建设。持续开展机关作风“能力提升年”活动，加强干部队伍建设，建立工商联每月工作调度机制，再次印发《兵直机关工作人员行为规范》，不断提升工商联党员干部促进“两个健康”的能力，推动工商联作风建设再上新台阶。

二、突出政治引领，筑牢理想信念根基

一是推进商会党建。印发《关于报送直属商（协）会党建工作相关情况的通知》《关于积极推动新疆生产建设兵团工商联直属商（协）会党组织建设的通知》，拟于2022年年底前召开总商会党委成立大会。召开直属商会党员党建工作座谈会，举办8期“所属商（协）会党建主题日暨会长活动日”，印发3期《新疆生产建设兵团工商联（总商会）党建信息简报》。二是加强民营经济人士引导教育。与兵团党委统战部联合举办2022年兵团民营经济人士培训班；组织企业家参加党外人士培训班；组织企业家代表赴井冈山、厦门、嘉兴等地参加年轻一代民营经济人士理想信念教育培训、组织收听收看理想信念报告会；组织参加全联“学政策、稳信心、促发展”等相关业务培训。兵团工商联微信公众号，全年发布180余期，审核稿件900余篇。三是引导民营经济人士履行社会责任。印发《关于组织开展服务民营企业稳生产战疫情献爱心活动的通知》，多渠道宣传报道典型事迹。组织开展“万企兴万村”项目对接，开展企业家任第一书记或名誉指导员、第一连长或副连长试点。组织对口帮扶第五师91团、第三师51团；促成一牧场、91团对口帮扶招商引资项目签约；组织开展支援河南抗洪救灾、疫情防控、捐资助学等公益慈善活动，合计捐款捐物3 000多万元，参加抗疫志愿者服务2 600多人。四是积极弘扬企业家精神。组织申报第十二届“中华慈善奖”，六师铝业、博润祥农牧、畅美家政服务入选捐赠企业，副主席赵品入选慈善楷模、浙江商会会长葛永品入选捐赠个人。组织申报年度全国优秀企业家，六师铝业党委书记、总经理李庆新获评全国优秀企业家称号。向全联、兵团乡村振兴局推荐11个兵团“万企兴万村”行动典型案例，向兵团发改委推荐4个优秀民营企业家典型案例。组织申报中国光彩会“光彩人物”和“光彩项目”，六师铝业党委书记、总经理李庆新进入“光彩之星”宣传名录。唐锦纺织、浙江商会会长葛永品荣获2021年度自治区“民族团结一家亲”和民族团结联谊活动先进集体、先进个人荣誉称号；石河子国民村镇银行、甘肃商会会长刘登峰荣获2021年度兵团“民族团结一家亲”和民族团结联谊活动先进集体、先进个人荣誉称号。

三、围绕中心工作，服务民营经济高质量发展

一是加强政策宣传。筹备召开兵团民营企业高质量发展座谈会，自治区党委副书记、兵团党委书记、政委李邑飞出席会议并讲话。截至2022年12月，共收集整理并发布国家、兵团出台的惠企政策措施90多项。二是扎实开展调查研究。组织开展兵团上规模民营企业调研，推选六师铝业入选2022年度中国民营企业500强、天山铝业入选制造业民营企业500强。分赴14个师市的17个园区、56家企业调研民营企业高质量发展情况。上报全国工商联调研、理论研究、实践创新成果14篇和团体提案3篇，《兵团民营经济领域风险隐患及应对思路》《新疆兵团中小微企业面临的机遇挑战及应对思路》社情民意信息并被采纳，六师五家渠市工商联撰写的《关于“13710”工作机制创新成果的报告》荣获全联系统2022年工作实践创新成果奖。三是拓宽渠道、做实服务。印发《新疆生产建设兵团工商联“我为民企办实事”活动方案》，全年办成实事65件，刊发《“我为民企办实事”信息简报》2期。与自治区税务局共同印发《2022年助力小微市场主体发展“春雨润苗”专项行动的实施方案》；与工商银行新疆区分行协作开展服务民营企业科技创新发展工作，向兵团民营企业投放融资近70亿元，提供免费服务项目149项；与兵团科技局、财政局、教育局等部门共同推荐16家民营企业参加并入围全国创新创业大赛；组织申报2022年“高新技术企业”和“专精特新”小巨人企业，52家民营企业入选兵团“专精特新”中小企业，23家入选2022年自治区高新技术企业，2家入选国家“专精特新”小巨人企业，1家入选国家技术创新示范企业，1家入选国家知识产权示范企业，3家入选国家知识产权优势企业。向全国工商联报送“2022年民营企业南疆行”14个师市招商引资重点项目及投资环境政策；协助部分师市向中东部省市推介重点招商投资项目；落实中国光彩基金会与一师阿拉尔市共同实施电商人才培训项目。四是推进企业法治建设。向全联上报与兵团法院、检察院、司法局、公安局沟通联系机制建设情况，推荐13家示范单位；推荐4家企业参加全国就业与社会保障先进民营企业暨关爱员工实现双赢表彰活动、全国和谐劳动关系创建示范活动；与9部门共同成立兵团涉案企业合规第三方监督评估机制管委会；与兵团法院联合印发《关于加快落实在线诉调对接机制的通知》，在15家商会挂牌设立“商事调解室”，推荐30名“特邀调解员”。向兵团领导报送《关于兵团11对工商联与公检法司机关全国沟通联系机制及“万所联万会”机制典型事例的报告》。

四、加强组织体系建设，更好促进“两个健康”

一是加强自身建设。指导师市工商联完成换届工作，推动9个师市工商联增加编制或领导职数。落实《兵团党委统战部关于兵团工商联（总商会）2022年换届工作的实施意见》．克服突发疫情等多重困难，召开兵团工商联（总商会）第六次代表大会，选举产生新一届兵团工商联（总商会）领导班子。二是推动所属商会改革。召开年度直属商会评议工作会议，完成2021年度兵团本级社会团体年检，指导筹建兵团投资商会和兵团农业产业协会，推荐3家师市工商联申报全国“五好”标杆县级工商联并入选2家，推荐6家商会申报全国“四好”商会。三是加强信息工作。加大信息宣传力度，规范信息报送制度，制定《新疆生产建设兵团工商联信息工作管理办法》《新疆生产建设兵团工商联信息审核发布管理办法》。截至12月，累计在人民网刊载8篇、《中华工商时报》13篇、全国工商联《工商动态》16篇、《全联社情民意》2篇、全国工商联网站15篇、中华工商网8篇，学习强国App、兵团零距离公众号等新媒体平台34篇，兵团网10篇、胡杨网10篇、《兵团日报》9篇、《每日要情》7篇、《兵直机关党建工作动态》4篇。

组织概况

主席、副主席名单

穆坦里甫·买提托合提　刘军国　朱桂花　苏虹云　于永良　王继松　刘　浙　刘登峰　严　竟　张文茂　陈建斌　赵　品　赵庆云　荣　成　胡珍超　夏军民　栾立新　黄建朋　蒋胧菁

地方商会（总商会）副会长名单

刘军国　朱桂花　苏虹云　王选锋　勾成盖　左恩生　申玉霞　朱　凯　乔　艺　江　伟　杜玉峰　吴汉兴　沙亚东　汶建军　罗开明　黄阿德　靳新湖

县工商联主席名单

第五师双河市	王汉全	第八师石河子市	扎马斯
第十四师昆玉市	杨建玲	第七师胡杨河市	刘宗光
第十一师（建工师）	李志和	第十师北屯市	辛　耕
第十三师新星市	张　琳	第六师五家渠市	张冬梅
第二师铁门关市	陈建华	第十二师	胡三虎
第三师图木舒克市	曹文斌	第一师阿拉尔市	康小平
第九师	哈尔逊拜·达那别克		
第四师可克达拉市	哈力木·拜多拉		

新疆生产建设兵团各级工商联组织数和执委数

级别 项目	生产建设兵团	县（区、市）	合计
组织数	1	14	15
执委数	150	1 130	1 280

（注：统计截止时间为2022年12月31日）